"十四五"普通高等教育本科规划教材
高等院校经济管理类专业"互联网+"创新规划教材

品牌学概论

程志宇◎编著

图书在版编目(CIP)数据

品牌学概论 / 程志宇编著. ——北京： 北京大学出版社,2025.8. ——（高等院校经济管理类专业"互联网+" 创新规划教材）. ——ISBN 978-7-301-35768-2

Ⅰ.F273.2

中国国家版本馆 CIP 数据核字第 202473HR23 号

书　　名	品牌学概论 PINPAIXUE GAILUN
著作责任者	程志宇　编著
策 划 编 辑	韩兆丹
责 任 编 辑	韩兆丹
数 字 编 辑	金常伟
标 准 书 号	ISBN 978-7-301-35768-2
出 版 发 行	北京大学出版社
地　　址	北京市海淀区成府路 205 号　100871
网　　址	http://www.pup.cn　新浪微博:@北京大学出版社
电 子 邮 箱	编辑部 pup6@pup.cn　总编室 zpup@pup.cn
电　　话	邮购部 010-62752015　发行部 010-62750672　编辑部 010-62750667
印 刷 者	河北滦县鑫华书刊印刷厂
经 销 者	新华书店
	787 毫米×1092 毫米　16 开本　22 印张　549 千字 2025 年 8 月第 1 版　2025 年 8 月第 1 次印刷
定　　价	59.00 元

未经许可，不得以任何方式复制或抄袭本书之部分或全部内容。
版权所有，侵权必究
举报电话： 010-62752024　电子邮箱： fd@pup.cn
图书如有印装质量问题，请与出版部联系，电话： 010-62756370

前言

党的二十大报告指出，要"以中国式现代化全面推进中华民族伟大复兴"，"中国式现代化是人口规模巨大的现代化，是全体人民共同富裕的现代化，是物质文明和精神文明相协调的现代化，是人与自然和谐共生的现代化，是走和平发展道路的现代化"。品牌在满足中国人的物质精神需求、促进普惠共富、"天人合一""天下大同"、实现中国式现代化中发挥重要作用。党中央、国务院一直非常重视我国自主品牌的发展，2023年2月印发《质量强国建设纲要》，提出必须"把推动发展的立足点转到高质量和效益上来，培育以技术、标准、品牌、质量、服务等为核心的经济发展新优势，推动中国制造向中国创造转变、中国速度向中国质量转变、中国产品向中国品牌转变"，并要求"完善品牌培育发展机制，开展品牌创建行动，打造中国精品和百年老店，争创国内国际知名品牌"。

党的二十大报告还强调，要"全面贯彻党的教育方针，落实立德树人根本任务，培养德智体美劳全面发展的社会主义建设者和接班人"。为贯彻这一要求，各高校必须全面推进课程思政建设，寓价值观引导于知识传授和能力培养之中，帮助学生塑造正确的人生观、世界观和价值观。

在这一时代背景下，本书编者始终坚持贯彻落实党的二十大精神，力求所编教材实现价值引领、知识传授和能力培养三者融为一体的特征要求。

第一，将价值引领融入全课程体系。为落实立德树人根本任务，本书根据品牌学知识特点，为每一章设计了价值引领目标，力求将正确价值观与专业知识有机融合。每一章的课程导入都聚焦于近年中国品牌实践中的现实问题与案例，力求培养读者的民族自豪感和经世济民的情怀。此外，本书在品牌学专业知识体系中有机融入课程思政内容，增强读者对党的二十大精神、中华优秀传统文化以及法治精神、职业理想和道德修养等方面的理解。

第二，介绍品牌学知识体系全景。品牌学涉及经济学、管理学、传播学、心理学、社会学等众多学科，品牌创建主体有企业、非营利组织、个人，创建的对象有企业品牌、产品品牌、个人品牌，甚至国家品牌、区域品牌等，本书力求从多学科、多主体、多对象视角介绍品牌学知识。此外，品牌学的理论和实践发展非常迅速，为更好地理解和指导中国品牌实践，本书在介绍品牌学知识时注重在经典与前沿结合中凸显新时代特征，在理论与实践结合中突出思想性，力求展现国内外品牌学知识的全景。

第三，以中国话语解读中国实践。现代品牌的理论源于西方，但在中国古代就有品牌的雏形，并有丰富的品牌实践和经验总结，21世纪的中国品牌实践更是在全球大放异彩。因此，本书立足中国品牌实际，兼顾国际视野，力求以中国话语来解读中国实践。一方面，为每一章设置名言警句，主要选取与品牌思想契合的中国名言警句，增强读者对品牌思想的领悟；另一方面，在选取品牌案例时，尽量选取近年发生的、发生在读者身边的中国品牌案例，便于读者结合自身体验深化对品牌的理解。

本书按照概述、品牌创建、品牌提升、品牌扩展、品牌延续的逻辑编写，清晰地反映了品牌从无到有并做大、做强、做久的过程，有利于读者理解和掌握不同发展阶段的品牌知识，搭建完整的品牌学知识体系。全书共分为 5 篇 16 章。第一篇是概述，主要介绍品牌的概念、应用、发展简史以及品牌学的概念、品牌思想简史、品牌理论丛林等。第二篇是品牌创建，主要介绍品牌创建的相关理论和关键策略。第三篇是品牌提升，主要介绍如何强化品牌建设，提升品牌建设水平的相关理论和关键策略。第四篇是品牌扩展，主要介绍将品牌扩展到不同行业和不同区域市场的相关理论和关键策略。第五篇是品牌延续，主要介绍确保品牌长期延续发展的相关理论和关键策略。

本书的每一章按名言警句、学习目标、导入案例、正文（穿插品牌知识、品牌案例、品牌思政和扩展阅读）、思考与讨论顺序编写。其中，"名言警句"部分将品牌学知识与读者平时的学习生活联系起来，帮助读者从名言警句中深化对品牌思想和理论的理解与感悟；"学习目标"部分帮助读者明确本章学习的知识学习目标、能力培养目标和价值引领目标，更好地实现价值塑造、知识传授和能力培养的有机融合；"导入案例"部分以问题为导向，通过介绍中国品牌实践中遇到的问题或案例，引导读者带着问题与思考进入本章的学习；"正文"部分分节系统介绍本章相关理论和知识，穿插介绍前沿品牌知识、品牌案例以及相关的品牌思政内容，并提供便于读者进一步扩展阅读的二维码资料；"思考与讨论"通过提问的方式，帮助读者检验每一章知识的掌握情况，并引导读者运用品牌学知识和理论研讨实践中的各种品牌现象。

总的来说，本书立足中国实际，兼顾国际视野，从多学科、多主体、多对象视角介绍品牌学的理论与实践、经典与前沿等知识全景，并体现了对强化中国话语、顺应国家战略、强化立德树人、引领价值塑造的重视。本书可以作为国内高等院校相关专业品牌学、品牌管理、品牌策划等课程的教材，也可以供对品牌理论和实践有兴趣的各类人士阅读与参考。

最后，在本书酝酿、写作、定稿、出版的过程中，导师、领导与前辈，同事、同学与同行等给予我很多鞭策、鼓励、支持和帮助；学生们也给予了我灵感启发和写作建议；北京大学出版社的编辑们的支持更是让我受益良多。在此，请允许我一并向他们表示诚挚的谢意。

程志宇
2024 年 10 月

目 录
CONTENTS

第一篇 概 述

第一章 品牌概述 ⋯⋯⋯⋯⋯⋯⋯⋯⋯⋯⋯⋯⋯⋯⋯⋯⋯⋯⋯⋯⋯⋯⋯⋯⋯⋯⋯⋯⋯⋯⋯⋯⋯⋯ 3
　　第一节　品牌的概念与作用 ⋯⋯⋯⋯⋯⋯⋯⋯⋯⋯⋯⋯⋯⋯⋯⋯⋯⋯⋯⋯⋯⋯⋯⋯⋯⋯ 4
　　第二节　品牌的应用 ⋯⋯⋯⋯⋯⋯⋯⋯⋯⋯⋯⋯⋯⋯⋯⋯⋯⋯⋯⋯⋯⋯⋯⋯⋯⋯⋯⋯⋯ 10
　　第三节　中外品牌发展简史 ⋯⋯⋯⋯⋯⋯⋯⋯⋯⋯⋯⋯⋯⋯⋯⋯⋯⋯⋯⋯⋯⋯⋯⋯⋯⋯ 16

第二章 品牌学概述 ⋯⋯⋯⋯⋯⋯⋯⋯⋯⋯⋯⋯⋯⋯⋯⋯⋯⋯⋯⋯⋯⋯⋯⋯⋯⋯⋯⋯⋯⋯⋯⋯ 23
　　第一节　品牌学的概念 ⋯⋯⋯⋯⋯⋯⋯⋯⋯⋯⋯⋯⋯⋯⋯⋯⋯⋯⋯⋯⋯⋯⋯⋯⋯⋯⋯⋯ 24
　　第二节　品牌思想简史 ⋯⋯⋯⋯⋯⋯⋯⋯⋯⋯⋯⋯⋯⋯⋯⋯⋯⋯⋯⋯⋯⋯⋯⋯⋯⋯⋯⋯ 25
　　第三节　品牌理论丛林 ⋯⋯⋯⋯⋯⋯⋯⋯⋯⋯⋯⋯⋯⋯⋯⋯⋯⋯⋯⋯⋯⋯⋯⋯⋯⋯⋯⋯ 31
　　第四节　品牌管理 ⋯⋯⋯⋯⋯⋯⋯⋯⋯⋯⋯⋯⋯⋯⋯⋯⋯⋯⋯⋯⋯⋯⋯⋯⋯⋯⋯⋯⋯⋯ 40

第二篇 品牌创建

第三章 品牌定位 ⋯⋯⋯⋯⋯⋯⋯⋯⋯⋯⋯⋯⋯⋯⋯⋯⋯⋯⋯⋯⋯⋯⋯⋯⋯⋯⋯⋯⋯⋯⋯⋯⋯⋯ 47
　　第一节　品牌定位概述 ⋯⋯⋯⋯⋯⋯⋯⋯⋯⋯⋯⋯⋯⋯⋯⋯⋯⋯⋯⋯⋯⋯⋯⋯⋯⋯⋯⋯ 48
　　第二节　品牌定位过程 ⋯⋯⋯⋯⋯⋯⋯⋯⋯⋯⋯⋯⋯⋯⋯⋯⋯⋯⋯⋯⋯⋯⋯⋯⋯⋯⋯⋯ 52
　　第三节　品牌定位策略 ⋯⋯⋯⋯⋯⋯⋯⋯⋯⋯⋯⋯⋯⋯⋯⋯⋯⋯⋯⋯⋯⋯⋯⋯⋯⋯⋯⋯ 57
　　第四节　品牌价值主张 ⋯⋯⋯⋯⋯⋯⋯⋯⋯⋯⋯⋯⋯⋯⋯⋯⋯⋯⋯⋯⋯⋯⋯⋯⋯⋯⋯⋯ 63

第四章 品牌要素 ⋯⋯⋯⋯⋯⋯⋯⋯⋯⋯⋯⋯⋯⋯⋯⋯⋯⋯⋯⋯⋯⋯⋯⋯⋯⋯⋯⋯⋯⋯⋯⋯⋯⋯ 67
　　第一节　品牌要素概述 ⋯⋯⋯⋯⋯⋯⋯⋯⋯⋯⋯⋯⋯⋯⋯⋯⋯⋯⋯⋯⋯⋯⋯⋯⋯⋯⋯⋯ 68
　　第二节　品牌名称 ⋯⋯⋯⋯⋯⋯⋯⋯⋯⋯⋯⋯⋯⋯⋯⋯⋯⋯⋯⋯⋯⋯⋯⋯⋯⋯⋯⋯⋯⋯ 71
　　第三节　品牌标识 ⋯⋯⋯⋯⋯⋯⋯⋯⋯⋯⋯⋯⋯⋯⋯⋯⋯⋯⋯⋯⋯⋯⋯⋯⋯⋯⋯⋯⋯⋯ 79
　　第四节　品牌形象代表、品牌包装与品牌音乐 ⋯⋯⋯⋯⋯⋯⋯⋯⋯⋯⋯⋯⋯⋯⋯⋯⋯ 85

第五章 品牌营销 ⋯⋯⋯⋯⋯⋯⋯⋯⋯⋯⋯⋯⋯⋯⋯⋯⋯⋯⋯⋯⋯⋯⋯⋯⋯⋯⋯⋯⋯⋯⋯⋯⋯⋯ 93
　　第一节　品牌营销组合 ⋯⋯⋯⋯⋯⋯⋯⋯⋯⋯⋯⋯⋯⋯⋯⋯⋯⋯⋯⋯⋯⋯⋯⋯⋯⋯⋯⋯ 94
　　第二节　品牌商业模式 ⋯⋯⋯⋯⋯⋯⋯⋯⋯⋯⋯⋯⋯⋯⋯⋯⋯⋯⋯⋯⋯⋯⋯⋯⋯⋯⋯⋯ 99
　　第三节　平台品牌 ⋯⋯⋯⋯⋯⋯⋯⋯⋯⋯⋯⋯⋯⋯⋯⋯⋯⋯⋯⋯⋯⋯⋯⋯⋯⋯⋯⋯⋯⋯ 102
　　第四节　品牌体验 ⋯⋯⋯⋯⋯⋯⋯⋯⋯⋯⋯⋯⋯⋯⋯⋯⋯⋯⋯⋯⋯⋯⋯⋯⋯⋯⋯⋯⋯⋯ 106

第六章 品牌传播 ⋯⋯⋯⋯⋯⋯⋯⋯⋯⋯⋯⋯⋯⋯⋯⋯⋯⋯⋯⋯⋯⋯⋯⋯⋯⋯⋯⋯⋯⋯⋯⋯⋯⋯ 114
　　第一节　品牌传播概述 ⋯⋯⋯⋯⋯⋯⋯⋯⋯⋯⋯⋯⋯⋯⋯⋯⋯⋯⋯⋯⋯⋯⋯⋯⋯⋯⋯⋯ 115

第二节	品牌传播信息	118
第三节	品牌传播方式	122
第四节	品牌传播策略	128

第三篇 品牌提升

第七章 品牌认知 … 141
- 第一节 品牌认知概述 … 142
- 第二节 品牌认知测量 … 145
- 第三节 品牌认知策略 … 148
- 第四节 品牌类别策略 … 151

第八章 理性路径 … 155
- 第一节 理性路径概述 … 156
- 第二节 感知质量内涵 … 160
- 第三节 感知质量构成 … 163
- 第四节 感知质量提升 … 167

第九章 感性路径 … 173
- 第一节 感性路径构成 … 174
- 第二节 品牌形象 … 176
- 第三节 品牌联想 … 182
- 第四节 品牌个性 … 188

第十章 品牌关系 … 198
- 第一节 品牌关系概述 … 199
- 第二节 消费者—品牌关系 … 203
- 第三节 品牌社群 … 207
- 第四节 品牌—利益相关者关系 … 214

第十一章 品牌杠杆 … 222
- 第一节 品牌杠杆概述 … 223
- 第二节 国家与区域 … 227
- 第三节 代言人、赞助与第三方认证 … 232
- 第四节 品牌联合与品牌授权 … 236

第四篇 品牌扩展

第十二章 品牌延伸 … 245
- 第一节 品牌延伸概述 … 246
- 第二节 品牌延伸的影响因素与步骤 … 251
- 第三节 品牌延伸模型 … 255

第四节　垂直品牌延伸 258

第十三章　品牌国际化 263
　　第一节　品牌国际化概述 264
　　第二节　品牌国际化模式 268
　　第三节　品牌国际化策略 272
　　第四节　全球品牌 275

第十四章　品牌组合 283
　　第一节　品牌组合概述 284
　　第二节　品牌架构 287
　　第三节　建立品牌组合 291
　　第四节　优化品牌组合 296

第五篇　品牌延续

第十五章　品牌生命周期 303
　　第一节　品牌生命周期概述 304
　　第二节　品牌维护 307
　　第三节　品牌更新 313
　　第四节　品牌激活 319

第十六章　品牌监测与评估 325
　　第一节　品牌监测 326
　　第二节　品牌评估 328
　　第三节　品牌 ESG 337

参考文献 340

第一篇

概 述

第一章

品牌概述

> 名不正，则言不顺；言不顺，则事不成；事不成，则礼乐不兴；礼乐不兴，则刑罚不中；刑罚不中，则民无所措手足。
> ——《论语》

学习目标

知识学习目标：
1. 懂得品牌概念的类型及相应的内涵。
2. 了解品牌的作用与意义。
3. 理解微观和宏观角度的品牌化。
4. 了解中外品牌的历史演进。

能力培养目标：
1. 能够辨析品牌与品牌化、名牌、商标等概念。
2. 能观察和分析不同领域的品牌化现象。

价值引领目标：
引导学生体会国家改革开放取得的历史性成就和党的二十大精神，增进"四个认同"，坚定"四个自信"。

导入案例

买东西看牌子，我们是从几岁学会的？

"我想买个包。"

"买哪个牌子的呀？"

每个人都知道品牌很重要，但人们从什么年龄开始认识到这一点？或者说，从什么年龄开始认识品牌？小朋友对品牌重要性的认识是否与成人相似？

中国科学院心理研究所行为科学重点实验室李纾研究组针对这个问题设计了两个实验（游戏）来探讨。两个实验比较一致地表明，儿童9岁之后，开始认识到品牌是商品的本质特征，能够根据品牌分类商品。9岁以下的儿童，虽然认识到品牌是商品的属性之一，但仅仅把品牌与商品颜色、形状等表面特征同等对待，甚至往往被其他突出特征所吸引。

儿童要成长为社会人，需要获得在社会中生存成长所需要的知识、技能以及价值观。儿童作为一股实在的、强大的消费力量，理应受到父母、教育工作者、工商企业界、儿童权益保护的社会团体和政策制定者以及学术界等多方面的关注。这些群体大致可分为矛盾双方，一方是代表品牌制造者和拥有者的工商界（商品制造企业、广告商和市场营销人员等），对他们来说，如何把更多的商品销售给儿童消费群体、实现企业的利益最大化是基本的和最重要的目标，为实现这些目标，熟悉儿童的消费心理，了解儿童的消费知识、技巧和偏好及其发展是非常重要的；另一方是父母、教育工作者及儿童权益保组织等，目前针对儿童的商品、广告及种种营销手段已经相当普遍并且形式复杂，为了维护儿童的健康成长，促使儿童成为一个适应当前消费环境的消费者，父母及儿童权益保护相关方也应该了解儿童演变成一个消费者的过程的特点，并且根据儿童的发展特点，对其进行相应的教育或者实施特定的保护政策。

资料来源：Wang Fei, Li Shu. When does product brand matter to children? [J]. International Journal of Market Research, 2019, 61 (4): 380-393. 有改动。

第一节　品牌的概念与作用

一、品牌的概念

自20世纪50年代美国的大卫·奥格威第一次提出品牌（brand）概念以来，由于来自不同理论和实践背景，关联不同的营销和管理行为，指向不同的企业和消费者，人们对"品牌"的理解众说纷纭，业内外对品牌的概念没有形成共识，归纳起来有如下几类。

第一，符号说。这一类概念定义从品牌的识别功能进行表述，从最直观、最外在的表现出发，将品牌看作是一种标榜个性、区别其他产品或服务的特殊符号，与"商标"有一定的相似之处。1960年，美国市场营销协会在《营销术语词典》中提出，品牌是一种名称、术语、标记、符号或设计，或是它们的组合运用，其目的是借以辨认某个销售者或某群销售者的产品或服务，并使之同竞争对手的产品或服务区别开来。从这类定义看，首先，品牌与可视性符号有关，品牌外显为一个看得见的符号，符号代表了品牌；其次，品牌是一种工具，品牌存在的意义在于辨认和区别，存在的前提是有同类产品（服务）的竞争者；最后，品牌的界定将消费者与企业处于两个维度，消费者利用品牌来辨认产品（服务），而企业利用品牌来区别自己与竞争品。

第二，综合说。这一类概念定义从品牌的讯息整合功能上入手，将品牌置于营销乃至整个社会的大环境中加以分析，不仅包括品牌名、包装、标志等有形的东西，而且将品牌放入历史时空，做横向和纵向的分析，指出和品牌密不可分的环节，如历史、声誉问题、法律意义、市场经济意义、社会文化心理意义等。奥格威在1955年提出，品牌是一种错综复杂的象征，是产品（服务）的属性、名称、包装、价格、历史、声誉、广告风格的组合。品牌同时也因消费者对其使用的印象及自身的经验而有不同的理解。1978年，莱维指出,品牌是存在于人们心中的图像和概念的群集,是关于品牌知识和对品牌主要态度的集合。科特勒教授则认为品牌至少包括属性、利益、用户、个性、文化和价值六个方面的内容。这类定义阐明品牌的联想是多方面的,是分散的,需要组合才能产生强大的效应,而品牌就是分散要素组合的载体,只有品牌才能将这些分散的联想集合起来,并集中传递到消费者的心中。

第三,资产说。这一类概念定义着眼于品牌具有的价值,站在经济学的立场上,从品牌的外延(如品牌资产方面)进行阐述,突出品牌作为一种无形资产给企业带来的财富、利润,给社会带来的文化及时尚等价值和意义。贝尔1992年提出,品牌是一种无形资产,是一种超越生产、商品及所有有形资产以外的价值;品牌带来的好处是:其未来的品牌价值远远超过推出具有竞争力的其他品牌所需的扩充成本。开普费雷尔认为,品牌对于公司来讲代表了一份价值连城的合法的财产。这份财产能够影响消费者的行为,并且在它被购买和出售的过程中确保它的主人以后会有源源不断的收入。何佳讯认为品牌是产品价值和产品以外的附加价值的总和。把品牌定义为一种无形资产,强调了品牌能为顾客提供比一般产品更多的附加价值,为企业提供超额的利润回报。

第四,关系说。这一类概念定义从品牌与消费者沟通来阐述,强调品牌的最后实现由消费者来决定,品牌最终能够被确认是同消费者的情感化消费密不可分的,消费者的选择性消费往往决定了一个品牌的命运。奥美广告公司认为,品牌是一个商品透过消费者生活中的认知、体验、信任及感情,挣到一席之地后所建立的消费者与产品之间的关系;消费者才是品牌的最后拥有者,品牌是消费者经验的总和。王新新认为,品牌是一种关系性契约,不仅包含物品之间的交换关系,而且包括其他社会关系,如企业与顾客之间的情感关系;企业之所以要建立品牌,是为了维持一种长期、稳定的交易关系,着眼于与顾客未来的合作。"关系说"注重从流通领域对品牌进行阐述,认为品牌属于生产者,而根本上它更属于消费者。一个品牌从建立到完成必须经过生产领域、流通领域,这两个环节缺一不可,而消费者是流通领域的"把关人",一个产品设计得再好,得不到消费者的认可也只能是功败垂成。

阿克晚年重新定义品牌

阿克(D. Aaker)对"什么是品牌"的阐述,呈现出认知不同的两个阶段。1991年在《管理品牌资产》一书中,阿克认为:"品牌就是一个独特的名称或标志(如徽标、商标或包装设计),用来区别竞争者的产品或服务。"这与美国营销学会的"标准定义"可谓如出一辙。23年之后的2014年,晚年的阿克以其30年之学术和实践的修炼,又对品牌定义给出另一个精妙的答案:什么是品牌?品牌绝非仅仅是一个名称或标志,而是一个公司对消费者的承诺,它传递给消费者的不只是功能性利益,还包括情感利益、自我表达利益和社会利益。但品牌又不仅仅是承诺的兑现,它更像一段旅程的体验,是消费者每次与品牌接触的感知与经验中不断发展的消费者关系。很清楚,阿克的早期答案,显然就是"差别论"的品牌观点。阿克的后一个答案,却揭示出了品牌的五个丰富多彩的核心内涵:名称—承诺—多种价值—体验—关系。

资料来源:卢泰宏. 品牌思想简史[M]. 北京:机械工业出版社,2020. 有改动。

综上，可从狭义和广义两个层次来理解品牌的概念。狭义的品牌可称为"小品牌"，是品牌名、商标、标识、符号、包装，或其他可以识别企业产品（服务）并将之区别于竞争者的产品（服务）的一系列有形物的组合。品牌拥有对内对外两面性的"标准"或"规则"，通过对理念、行为、视觉、听觉四方面进行标准化、规则化，使之具备特有性、价值性、长期性、认知性。广义的品牌可称之为"大品牌"，是指品牌有形要素在顾客心目中建立起来的品牌认知和品牌联想，以及由此促使顾客对其产品的正面感受、积极评价和购买等的总和。品牌是用抽象化的、特有的、能识别的心智概念来表现其差异性，从而在人们意识当中占据一定位置的综合反映。可以说，品牌就是顾客对产品（服务）及其供应商的所有体验和认知的总和。

二、相关概念辨析

（一）品牌与产品

产品是品牌的基础，但品牌超越产品。品牌增加的部分是消费者对产品符号的认知、情感的寄托、体验的感受等附加在产品上的精神价值，以及赋予产品本身之外的资产净值。

第一，产品是具体的存在，而品牌存在于消费者的认知中。品牌是消费者心中被唤起的某种情感、感受、偏好信赖的总和，同样功能的产品被冠以不同的品牌之后，消费者心中会产生截然不同的看法，从而导致产品大相径庭的市场占有率。

第二，产品最终由生产部门生产出来，而品牌形成于企业整体运营中。品牌对顾客的承诺是由企业运营和管理的所有环节保证的，每一个环节都传达一致的、优异的和易于感受的信息，才能使消费者形成对品牌的认同，而这涉及企业的每一个部门。

第三，产品重在质量与服务，品牌贵在企业整体表现。功效是建立品牌最为重要的因素，要达成卓越的功效，企业必须为产品确立独特的价值定位，并通过整体的努力，将这种独特价值始终如一地交付给消费者，并与消费者清晰地沟通该价值。

第四，产品有市场生命周期，成功的品牌可以持久不衰。产品存在市场生命周期，产品要更新换代，推陈出新，这既是品牌赢得消费者认知和忠诚的重要条件，也是市场竞争的有效手段，同时也使得品牌赖以存活的基础得以确立，从而长期延续下去。

（二）品牌与商标

商标是用来区别一个经营者的品牌或服务和其他经营者的商品或服务的标记。品牌和商标既有联系又有区别。

第一，商标是品牌的一部分，品牌包括商标。商标是品牌的标志部分，便于消费者识别不同的商品或服务，而品牌最持久的含义和实质是其价值、文化和个性，是人们对一个企业及其产品、服务、文化价值的一种评价、认知和信任。

第二，商标是法律概念，品牌是市场概念。商标属于法律范畴，指通过一系列法律程序，如商标专用权的注册、续展、转让、使用许可、争议处理等，保护商标所有者合法权益。品牌是市场概念，强调通过企业与客户关系的维系与发展，引导客户选购产品或服务。

第三，商标要注册审批，品牌则可自己决定。商标需向商标注册部门提出申请，经过形式审查、实质审查和公告等程序后，才能取得商标证。在不侵犯他人合法权益的前提下，公司用什么品牌和怎么用不需要谁来批，由企业自定，不过，品牌最好和公司商标一致。

第四，商标有国界限制，而品牌没有。商标具有地域性，世界上每个国家都有自己的商标法，在一国注册的商标仅在该国范围内使用才受法律的保护，超过国界就失去了该国保护的权利。只要不侵犯他人合法权益，品牌的使用范围无国界限制。

（三）品牌与名牌

品牌与名牌是一组既紧密联系，又相互区别的概念。业内外对于品牌与名牌的关系有不同的观点。

第一种观点，品牌发展的结果是形成名牌。名牌是知名的品牌，具有较高的市场知名度和占有率，拥有较好的品牌形象。当品牌成为名牌后，能够帮助企业创造更大的经济效益和社会效益。这种观点认为名牌是品牌的一部分，但不是任何品牌都是名牌。

第二种观点，名牌突出的是品牌的知名度。品牌资产包括品牌知名度、品牌忠诚度、品牌联想、认知的品质及其他特有的部分，如果只讲"知名度"，显然很不全面；"有名"是一个相对的、模糊的概念，不同的参照有不同的结果，难以科学评估。

第三种观点，名牌和品牌具有颇多共通性。从初始含义看，brand一词引入到商业领域后成为产品标示，将其翻译为名牌强调的是品牌的名称和标识等；从引申意义看，重视品牌的知名度和美誉度，即名气和名誉。

波司登：老字号"民牌"变"名牌"

波司登作为本土品牌成功晋升为国际品牌，主要源于自身不断开发适应大众消费水平的市场化产品，提高波司登品牌的知名度和美誉度。在波司登的羽绒服板块，波司登、雪中飞、康博和冰洁四大品牌几乎覆盖了高中低端各个消费阶层。最为可贵的是，作为纺织服装业的一面旗帜，波司登始终倡导自己与生俱来的品牌意识，以自主品牌、原创设计、质量把关和创新发展成功地在发达国家树立了中高端精品的良好形象。

波司登为尚未走出价值洼地的中国服装乃至中国制造业走向世界，探索出了一条可以借鉴的成功路径，实现了从"民牌"向"名牌"的转变。

资料来源：黄永春，李光明. 品牌管理：塑造、提升与维护 [M]. 北京：机械工业出版社，2021. 有改动。

（四）品牌与品牌化

品牌（brand）与品牌化（branding）是一组既有联系又有区别的概念，但两者往往混淆不清，容易造成误读和误解。

第一，两者的翻译不同。brand和branding常常笼统地译为"品牌"，导致在中文语境中出现混淆不清的现象。其实brand当表述为"品牌"，branding当表述为"品牌化"。branding=brand+building，是品牌创建或走向品牌的过程，称之为"品牌化"比较准确。

第二,两者的概念不同。品牌是一个名称、术语、标志、符号或设计,或者是它们的结合体,以识别某一个销售商或某一群销售商的产品或服务,使其与它们的竞争者的产品或服务区别开来;品牌化是赋予产品或服务以品牌力量的过程,其创建一种心理结构,帮助消费者组织有关产品或服务的知识,在某种程度上明确他们的决策,在这个过程中为公司创造价值。

第三,两者的性质不同。"品牌"对应"什么是品牌",是追问"何谓"(WHAT),是追求对品牌内涵和真谛理解的不断深入,关乎品牌学术和品牌意识;"品牌化"对应"如何品牌化",是探索"如何"(HOW),关注品牌是如何创立(如何从 0 到 1)、如何发展(如何从 1 到 N)的,关联的是品牌战略和行为导向。

三、品牌的作用

(一) 对消费者的作用

1. 降低交易成本

在市场经济中,参与交易的买卖双方除了按商品价格支付货款外,为了完成交易还需支付的其他费用称为交易成本。品牌能帮助消费者辨认和识别所需要的产品或服务,从而减少因信息搜索而产生的成本,加快做出购买决策的过程。

2. 减少购买风险

品牌代表了企业对消费者的承诺、契约和协定,是产品和服务质量的象征。品牌能够帮助消费者确定产品或服务的提供者,可以减少消费者购买过程中的购买风险;消费者购买知名度、美誉度高的品牌产品或服务,可使日常生活更加简单、安全和幸福。

3. 建构自我身份

后现代社会中,消费者不再单独地根据产品的功能做选择,还根据产品的象征意义做出选择。与一般产品或服务相比,品牌能够带给消费者更多附加价值和文化意义,帮助消费者建立和维持身份和地位等,反映消费者不同的价值观或特质。

海底捞:"好火锅自己会说话"

"海底捞"中的"海"表面上指大海的无穷无尽,实际上指海底捞在全国已经打响的品牌。"底"是指海底捞的用人原则,即员工都必须从底层做起。"捞"是指员工只有提升自己的综合素质,才能用双手改变命运。此外,"海底捞"还含有人们在吃火锅时"捞菜"的意味。总之,"海底捞"这个名称与中国传统文化相契合,暗含海底捞的理念,得到了人们的广泛认同。海底捞深知品牌的重要性——它是消费者识别产品、形成良好企业印象的最重要的符号。因此,为满足不同地区消费者的口味差异,"海底捞"推出了与当地风俗相结合的极具特色的菜品,满足了广大消费者的个性化需求,让"好火锅自己会说话"的品牌理念深入人心。

资料来源：黄永春，李光明. 品牌管理：塑造、提升与维护［M］北京：机械工业出版社，2021. 有改动。

（二）对企业的作用

1. 创造竞争优势

企业利用品牌可以占据某一市场，获得更多忠诚顾客，赢得更高的市场份额，冲破地区、国别市场的各种壁垒，并通过品牌延伸开发新产品，进入新市场，实现企业发展的战略目标。强势品牌还能面对竞争对手进攻筑起森严壁垒，让未进入市场者放弃进入该市场的念头。

2. 提高边际收益

消费者很多情况下乐意为购买知名品牌支付相对于无牌产品更高的价格。一方面，定价被作为质量的暗示认知，品牌资产所体现的品质支持更高的定价；另一方面，追求拥有知名品牌的满足感和优越感使得消费者不介意支付更多金钱。

3. 利于权益保护

品牌是企业的无形资产，企业的品牌及其附属物（如商标、标识、广告语、包装等）等知识产权，经过合法申报注册程序后，企业的这些独有权利受到相应法律的保护，可以避免或减少企业利益被假冒、模仿等侵权行为带来的伤害。

（三）对国家和社会的作用

1. 推动经济发展

品牌是推动产业转型升级、提高国家竞争力的首要途径，是一国经济发展和综合国力的集中体现。大量研究表明，品牌价值更大的地区往往也是经济更为发达的地区，发展品牌经济是提升各区域尤其是经济欠发达地区经济发展质量的有效途径。

2. 反映国家形象

一个国家在国际上的品牌声誉和知名品牌的多寡反映了国家形象和经济实力；反过来，国家形象又不断扶持、强化品牌的国际地位。从某种角度上说，世界级品牌是一个国家的"名片"，是在世界市场和人类命运共同体中"国家品牌"的重要支持。

3. 促进社会稳定

品牌是人与人之间共享价值观的介质，能把具有共同价值主张或生活方式的人联系在一起，为人们提供一个稳定的心灵港湾。在后现代社会，人通过拥有品牌，从而建立与品牌之间的情感关系，可以起到支撑社会持续安全的作用。

劲霸男装：落实党的二十大精神，力推"高端新国货"之路

专注夹克的劲霸男装，从晋江走到上海，从中国走向世界，一路创变发展，既是中国商务休闲男装的领导品牌，也是时尚产业领域的排头兵。

顺国家综合实力强盛、文化自信增强时代之大势，承家族企业"劲三代"掌门人洪伯明守正创新之成效，劲霸男装以夹克为商务休闲品类核心，外接国际视野，以中国品牌讲述中国故事，展现中国文化自信和大国风貌；内承现代化东方美学与人文精神，凝聚创新中国时尚力量，匠心造衣，正踔厉奋发在高质量可持续发展的"高端新国货"大道上。

谈及企业未来的规划，洪伯明坦言，听党话、跟党走，全体劲霸人会以实际行动践行党的二十大精神，为消费者持续提供符合当下着装、审美、精神文化需求的物超所值的产品体验。从艺术人文美学、产品焕新设计、新消费场域探索、行业可持续发展、未来消费者情感链接等维度，秉承创业初心，与国人一同打造高端新国货，做新时代民营企业高质量发展的践行者与推动者，讲好中国故事、传播好中国声音，以饱满的热情和行动奋进中国式现代化，投入全面推进中华民族伟大复兴的新征程。

资料来源：郭春花. 劲霸男装：落实二十大精神，力推"高端新国货" [J]. 纺织服装周刊，2022（46）：13. 有改动。

第二节　品牌的应用

一、品牌的微观应用

（一）产品与服务

品牌适用于一切营利性的工商企业——包括有形产品和无形服务的企业，时至今日它们仍是品牌的最核心和最主要的应用范畴。绝大多数品牌领域的理论、方法都源自微观层面的品牌应用。

1. 消费品

消费品是最早引入品牌理念的行业。消费品公司的一系列品牌营销活动使一些原本在消费者心目中认为是无差异的通用品最先涌现出强大品牌，曾经被认为普通不过的商品由此变得高度差异化了，如调味品（海天）、腌菜（涪陵榨菜）、牙膏（云南白药）、香皂（雕牌）。若以行业品牌为企业销售或利润所做的贡献大小来衡量的话，消费品的品牌贡献率是最大的。正因为如此，在 Interbrand 每年测量和公布的世界品牌 100 强中，消费品品牌（包括快速周转消费品、耐用消费品等）占有最大比例。

中国新消费品牌门店的空间分布及影响机理

以我国新消费品牌企业的 4.9 万多个门店为基础，运用最近邻指数、核密度、不均衡指数等空间分析工具探讨了新消费品牌门店的空间分异特征及影响因素。结果表明：①从类型结构来看，新消费品牌类型以餐饮食品、鞋服饰品、彩妆护肤、日用品4类为主，共计占比为76%。不同类型的新消费品牌门店的空间分布集聚区域具有差异性，基本以长三角、珠三角城市群为核心，但文化潮玩新消费品牌的聚集区域具有特殊性，在湖南地区形成了高密度区，在南京、北京、天津等文化历史底蕴悠久的地区形成了次高值区。②全国新消费品牌分布呈现"2+5"组团格局，2个高密度区为长三角与珠三角城市群，围绕北京、郑州、成都、武汉、长沙5个城市形成次高密度区；从地理区划来看，华东地区占比最高，西北地区分布最少。③从影响因素来看，经济水平是新消费品牌聚集的外在驱动力，客源市场是新消费品牌分布的内在驱动力（人口数量与新消费品牌门店分布区位选择的相关性最大），而技术创新是新消费品牌发展的诱发因素，公共服务水平是新消费品牌建设的潜在推力，交通条件是新消费品牌布局产生偏移的向导力量。

资料来源：龙樊榕，唐健雄，刘雨婧. 中国新消费品牌门店的空间分布及影响机理[J]. 资源开发与市场，2022，38（05）：568-575+584. 有改动。

2. 产业用品

在产业用品市场，公司的品牌活动重点放在了公司而非业务层面。尽管公司的顾客多是公司客户，但强大的产业用品品牌也针对公众实施营销推广与传播，从而建立起积极的公司形象和企业声誉。如英特尔公司的Inter Inside品牌转型对其迈向国际一流品牌具有里程碑意义，从产业用品品牌获得的知名度和美誉度大大帮助他们开拓公司客户和赢得政府采购。每年，有不少产业用品品牌入榜Interbrand世界品牌100强，其影响力非常显赫，如华为、IBM、3M等。

3. 服务

品牌命名、品牌标识和符号等品牌化活动会让无形和抽象的服务变得具体、生动。由于不同服务员工提供的服务在质量上具有多变性和不稳定性，这会使顾客产生心理担忧，品牌会让服务供应商规范服务操作流程和标准，提高服务供给的质量稳定性，对顾客起到减缓焦虑和担忧的作用。此外，品牌化还有助于服务企业向顾客展示多样化的服务项目。服务业诞生了许多知名的品牌，如顺丰、锦江、中国南方航空、长隆、万事达、花旗、迪士尼、星巴克等。

品牌即信誉主体与信任主体的关系符号

品牌的背后是主体的人，因此品牌首先具有信誉主体性，同时品牌信誉又由作为他者的信任主体建构；如此，便逻辑性地揭示出了品牌本质即信誉主体与信任主体的关系符号达成。作为信誉主体与信任主体的关系符号之品牌，有狭义与广义之分。狭义品牌为人们所常指代的企业或产品品牌，是由企业或产品之信誉主体与消费者为核心的利益关系人之信任主体共同达成的关系符号。而广义品牌有着丰富的呈现，其中个人品牌、国家品牌作为企业主体不同方向的延伸，其双主体的关系符号也同样逻辑清晰。以品牌即信誉主体与信任主体的关系符号来解读品牌，有望使品牌成为促进社会发展最具有公约数的崇高理念。

资料来源：舒咏平．品牌即信誉主体与信任主体的关系符号［J］．品牌研究，2016（01）：20-25．有改动。

（二）个人

品牌不仅仅与企业、产品有关，还与个人息息相关。个人品牌化就是让个人能够被别人识别，并让个人从竞争中脱颖而出，给别人留下清晰、独特的印象。政治精英、社会名流、体育明星、企业家、职业经理人以及其他任何个人都可以成为品牌。

1. 企业家

企业家是识别企业和品牌、区分竞争对手的最有效的元素之一。企业家个人品牌一旦被成功塑造，将会成为企业和品牌鲜明的标志和独特的标签，有助于消费者对企业和品牌的识别。如马云之于阿里巴巴、雷军之于小米、马斯克之于特斯拉、乔布斯之于苹果、比尔·盖茨之于微软。塑造企业家个人品牌能够帮助企业和品牌吸引关注，深化公众对企业和品牌的认知，从而有助于企业品牌的传播和销售。成功的企业家个人品牌不仅能吸引眼球，还能引起崇拜，产生粉丝经济效应，将企业家的个人粉丝转化为品牌的粉丝。

福布斯中国最佳 CEO 榜单

2023 年 7 月 12 日，福布斯中国发布了最佳 CEO 榜单，比亚迪王传福，宁德时代曾毓群，拼多多陈磊、赵佳臻位列前三，中国电信柯瑞文、农夫山泉钟睒睒、紫金矿业邹来昌、网易丁磊、山西汾酒谭忠豹、顺丰控股王卫、万华化学寇光武分列第四到第十位。

资料来源：福布斯中国官网，有改动。

2. 名人

传统名人是指被人们熟知的，具备一定内在特质，或具备技能性、真实性、明星力或超凡个人魅力的人。其能被生产、消费、敬仰和崇拜，不仅能够为自己创造观众和市场，从而带来经济效益，还可构建"名人品牌—产品品牌"的联合品牌，改变原产品品牌的信用度，实现代言品牌的市场与经济效益。随着媒介技术的变革，网红成为我国一种主要的新型名人，其除了赞助和代言等方式以外，还有依靠粉丝打赏、付费和电商等方式实现价值转移和资本变现。当网红成为电商时，网红的身份不仅仅是新型名人更是一个个体创业者，他们在塑造个人品牌的同时，也深刻影响着与其合作的产品品牌，两者相互依存，共同发展。

3. 虚拟人

虚拟人是现实世界中根本不存在的，由人们根据想象创造出来的全新形象，其与真实的人存在肉眼易辨的差异，如初音未来、洛天依和女团 A-SOUL 等。数字人指通过 3D 扫描、数据建模等技术手段，100% 复刻真人后生成的完全数据化的人，如英伟达以其创始人黄仁勋为原型制作的数字人"Toy Jensen"。虚拟数字人是现实世界中根本不存在,但具有真假难辨的人类外貌特征、表演能力和交互能力的"人",如天猫的数字主理人"AYAYI"、创壹科技的美妆博主"柳夜熙"和湖南卫视的数字主持人"小漾"等。在实际生活和工作中,虚拟人、数字人和虚拟数字人在习惯上被统称为"虚拟人"。研究表明,消费者不但愿意与虚拟人建立情感连接,更愿意信赖其背后的品牌。

中国虚拟人百强榜单

在 2023 年（第二届）中国虚拟人产业大会暨 AIGC 创新发展论坛中,艾媒咨询公布了艾媒金榜《2023 年中国虚拟人百强榜单》,本次榜单前 20 名的虚拟人 IP 依次是:洛天依、柳夜熙、伊拾七、A-SOUL、天妤、希加加、苏小妹、多多 poi、星瞳、颜之初、冰糖 IO、AYAYI、Reddi、默默酱、方小锅、Vince、luya、宫玖羽、Vila、翎_ _ Ling。从地区分布来看,企业分布在北京（50 位）的虚拟人最多,其次是上海（19 位）,广州（8 位）排在第三名。

资料来源:艾媒网,有改动。

（三）组织

组织品牌是指以某一组织为载体的品牌。组织是一个特定的社会单元或集团,包括企业、政府或非营利组织等,有明确的组织活动目标,有精心设计的结构和协调的活动系统,并与外部环境相联系。

1. 企业

企业品牌是指以企业名称为品牌名称的品牌,用以传达企业经营理念、企业文化、企业价值观念及对消费者的态度等。在产品品牌越来越多的今天,每种产品品牌很难在短期内建立消费者信任,打造企业品牌是建立消费者信任识别的一条捷径,如宝洁公司旗下有众多产品品牌,但在其所有产品品牌广告的最后都会有一句让消费者难以忘怀的话:"宝洁公司优质产品"。在产品流通领域,分销商和零售商在不遗余力塑造品牌,许多分销商推出了自己的品牌,如宝通在服务器分销领域树立良好品牌;零售商通过出售的产品、提供的服务、定价、选址等,在顾客心目中创建品牌形象和定位,有些还进而推出自有品牌出售产品,如盒马鲜生和山姆会员店的自有品牌销售占比都已达 35%。

2. 平台

平台品牌是指以互联网技术为基础,联结产品（服务）交易或信息交互的双方或多方,为其提供直接交易、信息互动的服务中介品牌。包括平台企业品牌,如京东、亚马逊、拼多多等;平台产品品牌,如苹果手机等;平台服务品牌,如微信、支付宝、爱彼迎等软件平台,以及海尔智家、掌上生活、东方航空等公司服务平台。无论哪类平台品牌,顾客选择、购买和消费的体验都被数字化,具有双边或多边市场特征,同时面对两种或多种类型的使用者;具有跨市场的"网络效应",规模巨大的网络使得平台中的供给和需求有了更好的匹配性；具有高度价值交换的特征，用户的信息和互动是平台品牌资产的主要来源；平台品牌的创建主体属于多方共创，品牌创建具有动态性和开放性特征。

3. 雇主

雇主品牌是由雇佣行为提供，并与雇主联系在一起的功能、经济和心理利益的组合。其主张企业在人力资源市场上找到恰当定位，从潜在雇主的角度向目标群体描述企业的特定优势，建立独特的雇主形象，其中包含一个重要的价值主张，即企业作为雇主能够给予雇员的价值。企业在雇主品牌领域的所有努力都是为了更好地吸引、激励和保留企业所需要的优秀人才，以支撑企业实现战略目标。雇主品牌包含外部品牌和内部品牌，外部品牌是在潜在雇员中树立品牌，使潜在员工愿意来企业工作，现有员工愿意留在企业工作；内部品牌是在现有的员工中树立品牌，是企业对雇员作出的某种承诺，是企业和雇员之间所建立的关系。雇主品牌在宣传时，应牢牢把握品牌宣传时的关键定位与功能，即内部深度体验及结果、外部口碑与可感受。

福布斯全球最佳雇主榜

福布斯全球最佳雇主榜单调查了来自 57 个国家的 15 万名在跨国公司和机构工作的员工，上榜的中国企业展现了全球对中国企业雇主品牌建设、人才发展路径、社会责任等方面的高度认可。福布斯 2022 全球最佳雇主榜单前十名主要为大型科技巨头，前五名分别为韩国三星、微软、IBM、Alphabet 和苹果。有 55 家中国企业上榜，包括华为、京东、平安保险、小米、字节跳动、美的、潍柴、海尔智家、安踏等。

资料来源：福布斯中国官网，有改动。

（四）其他微观应用

能够品牌化的事物还包括故事、事件、活动、技术、概念和思想等。特别是在体育、文艺、技术和思想领域有很多品牌成功应用，形成了巨大的商业价值和社会影响力。

1. 体育

体育组织或项目在创建品牌方面有相当多的创新性贡献。很多体育组织已不再只是依赖观众出场率、财务收入等硬性指标来评价自己的表现，其通过创建品牌名、品牌符号，通过遴选品牌代理人（体育组织的精神领袖）等基础工作，借助广告、促销、赞助、特许和衍生品开发等营销手段，打造出公众熟知和喜爱的体育品牌。如奥林匹克运动会、世界杯足球赛、美国职业篮球联赛等体育赛事，国际奥林匹克委员会、皇家马德里足球俱乐部、洛杉矶湖人队等体育组织，以及李宁、梅西、乔丹等体育运动员。

2. 文艺

文化艺术产业同样需要通过打造品牌构筑产业竞争优势。电影、电视、动漫、音乐、图书等文化艺术作品都是体验性产品，购买者无法通过观察来形成判断，创作者往往通过

IP 的形式将这些作品进行品牌化运营，产生巨大经济社会效应。如，《哈利·波特》以其主人公（哈利·波特）、情节（霍格沃茨魔法学校的学习生活和冒险故事）、导演等形成一套模式来吸引观众，从而塑造成有影响力的品牌；迪士尼公司利用影视作品里的 IP，通过品牌化形成了有影响力的品牌，然后通过品牌授权等手段不断扩大商业版图，积累起巨大的品牌资产；《王者荣耀》以数字化 IP 为载体，通过丰富的叙事能力为玩家搭建起与传统文化、科学领域之间的沟通桥梁，成为品牌跨界合作的"香饽饽"。

1.1 我国电影IP与品牌联名的快速发展

3. 技术

品牌不是技术，但是技术却可以打造成品牌。所谓技术品牌，是指企业在进行品牌建设与传播的过程当中，把"技术"作为品牌建设的核心，其他一切品牌要素均以此核心为标准进行设计、统一与规划的品牌。重大的革新通常都是由技术驱动的，技术能够颠覆性地改变品牌的地位，所以技术品牌化在品牌管理中至关重要。技术品牌有两种主要类型：一是工艺技术品牌，如 INTEL 的迅驰，杜比实验室的 DOLBY，丰田的 JIT，马自达的创驰蓝天，特斯拉的 V3 超级充电桩技术，长城汽车的柠檬、坦克、咖啡智能等；二是成分或者元件品牌，如服装业的天丝、莫代尔、GORE-TEX 和杜邦莱卡，凯迪拉克的北极星发动机，潘婷的 PRO-V 维他命原 B5，华为的麒麟等。

4. 思想与价值观

要想他人接受你的思想和价值观，同样要运用品牌的理念与方法。在社会运动中，非营利组织往往通过品牌化过程，将思想或主张传达给公众。常见的做法是，设计一个短语、口号、符号来传达某个思想或理念，促使人们养成某种正面的社会行为，规避某种有害的行为，如体育运动会的口号"友谊第一，比赛第二"。品牌的理念及其相关技术同样适合于价值观的培育和宣导，如韩国借助韩剧等文化产品向世界传递其价值观。

二、品牌的宏观应用

（一）区域产业

区域内的某一产业在长期发展过程中形成的整体形象和声誉能够产生品牌效应，使该区域产业获得竞争优势。例如，在实施区域产业品牌化后，法国葡萄酒成为消费者心目中的葡萄酒品质的象征，来自法国波尔多、勃艮第和香槟区的葡萄酒更是天下驰名。区域产业品牌名称构成通常为"区域地理名称+产业（产品）名称"，如安溪铁观音、诸暨珍珠、海宁皮革、烟台苹果、安化黑茶等；此外，还有一些以地区为载体的多品类区域农业品牌，如丽水山耕、寒地黑土、湘赣红和甘味等。区域产业品牌具有公共属性，拥有消费上的共享性、非排他性、公益性等特点。

（二）城市

城市的品牌化是指通过设计城市标志，挖掘城市精神内核，提炼城市口号，利用广告、体育赛事、文化活动、事件营销等手段传播城市品牌元素，提高城市知名度，塑造积极的城市形象，以吸引个人或机构前来旅游、投资和居住等。纽约是一个成功的城市品牌化的例子，北京、上海、香港、杭州、长沙等城市也在城市品牌化建设方面取得不错成绩。城市品牌的建立是一项社会化的系统工程，除发展一套名称、标志象征和口号外，更重要的是要从全社会发展和城市竞争的角度找到自己的核心价值和品牌定位，培育和提炼城市自身的独特个性魅力，整合全社会的资源，持续不断地经营和推广自己的核心价值。

（三）国家

国家品牌是基于国家物质存在和国家现实行为的无形资产，是国家在与国际社会互动过程中形成的国际社会公众对国家的正面评价、认可或信任。国家品牌能给国家主体带来溢价，并在一定程度上增强国家行为的合法性，帮助国家在国际社会占领道义高地。因此，也可以把国家品牌视为国家威望或国家的软实力。现在，塑造国家品牌已成为提高国家竞争力的重要战略之一。如韩国政府在 2009 年成立了国家品牌委员会，确立了提高国际社会贡献度、扩展尖端技术及产品、培养文化及观光产业、加强对异国联姻多文化家庭和外国人的关怀、培养地球村公民意识等战略建设国家品牌。

第三节　中外品牌发展简史

一、中国品牌发展简史

（一）中国古代的品牌发展

1. 商周时期

商周时期的手工艺人在其生产的物品上刻上图形标记，这些标记即早期商标和品牌的雏形。在西周墓葬出土的文物中，发现有封建领主产品的标志和各种官工的印记。在山东寿光市出土的西周"己候"虢钟，铭文刻有"己候作宝钟"五字；称作"良季鼎"的铭文上有"良季作宝鼎"字样，如果这些产品用来进行了交换，那就可以看成早期商标和品牌的萌芽。

2. 春秋战国时期

春秋战国时期，社会经济已经发展到了"国有六职""市有百工"的程度，商业已经作为一门独立的职业从生产劳动中分离出来。市场中，行商坐贾"通四方之珍异以资之"，人们可以在这些大市场买到"郑之刀、宋之斧、鲁之削、越之剑"等商品。为了明确身份，在淄博、邯郸、洛阳等城市有固定营业场所的商人打出招牌和幌子。战国时期的陶器上也有印记，河南登封古城镇发掘出土的大约春秋战国时期的陶瓷上刻有篆体的字迹"阳城",这些印记可以被认为是我国品牌的雏形。

3. 两汉时期

西汉时期朦胧的品牌意识深入社会生活之中,商家的品牌宣传方式是实物招牌,比方说卖灯笼的店铺就在门口挂一只灯笼。长沙马王堆一号汉墓出土的"封泥"(将货物捆扎好,在绳结上用泥封上,按上印章)正如现代的火漆印固封手续一样,上面刻有"侯家丞"字样。东汉时期在市场上流行的著名文具品牌有"张芝笔""左伯纸""韦诞墨"等。据史书《三辅决录》记载:"夫工欲善其事,必先利其器,用张芝笔、左伯纸及臣墨。"

4. 唐宋时期

唐朝是我国封建社会的鼎盛时期,商业贸易异常繁荣,品牌意识得到充分张扬,唐朝诗人杜牧有诗句"千里莺啼绿映红,水村山郭酒旗风",就是当时人文活动,特别是叫卖、酒幌、幡旗、铭牌、挂饰、灯笼、刻碑等使用情景的写照。另外,市场上出现了在商品上用店铺、作坊名称作为标记的情况。宋代,国家取消了统一管理的市肆,城乡联系得到加强,市坊制度被打破,广告宣传深入大街小巷。如北宋时期(公元960年至1127年)湖州、杭州等地生产的铜镜上就有"湖州真石家念二叔照子"和"湖州真正石念二叔照子"等印记,以申明自己的产品不是冒牌货。北宋时期,山东济南刘家针铺以"白兔捣药图"为独家标记,是我国一个使用较早、设计完整的品牌标志。

中国古代印刷广告实物上的品牌表述

1985年8月在湖南沅陵发掘的一座元代墓葬中发现了印有商业广告的产品包装纸,广告纸上的品牌表述清晰准确:"潭州升平坊内,白塔街大尼寺相住危家,自烧洗无比鲜红紫艳上等银朱,水花二朱,雌黄,坚实匙筋。买者请将油漆试验,便见颜色与众不同,四方主顾请以门首红字高牌为记。"

资料来源:余明阳,薛可,杨芳平. 品牌学教程[M]. 3版. 上海:复旦大学出版社,2022. 有改动。

5. 明清时期

明清时期,资本主义生产关系开始萌芽,商品经济较以前更为发达,出现了具有一定知名度和影响力的老字号。反映明后期南京城的写实画卷《南都繁会图卷》中能数出的招牌就有100多个,如"涌和布庄""立记川广杂货""西北两口皮货发售""东西两洋货物俱全""大生号生熟漆""应时细点名糕""杨君达家海味果品""万源号通商银铺""张楼"等,字号林立,"人烟数十里,贾户数千家"。这一时期建立起来的一些老字号经历了上百年的风云变幻,一直传承至今,如"六必居""陈李济""同仁堂""王致和""全聚德""内联升"等。

从"德聚全"到"全聚德"

中华著名老字号"全聚德"创始人杨全仁初到北京时在前门外肉市街做生鸡鸭买卖，生意越做越红火，再加之他平日省吃俭用，积攒的钱如滚雪球般越滚越多。同治三年（1864年），杨全仁拿出他多年的积蓄，买下了"德聚全"干果铺的店铺。为了给自己的铺子起个字号，杨全仁请来一位风水先生。这位风水先生围着店铺转了两圈，建议将"德聚全"的旧字号倒过来。"全聚德"这个三字正合他意：一来他的名字中有一个"全"字；二来"聚德"就是聚拢德行，可以标榜自己做买卖讲德行。于是，他请来秀才钱子龙，书写了"全聚德"三个大字，制成金字匾额挂在门楣之上。

在杨全仁的精心经营下，全聚德的生意蒸蒸日上。杨全仁深知要想生意兴隆，就得有好厨师、好堂头、好掌柜。他时常到各类烤鸭铺子里转悠，探查烤鸭的秘密，寻访烤鸭的高手。当他得知专为宫廷做御膳挂炉烤鸭的金华馆内有一位姓孙的老师傅，烤鸭技术十分高超，就千方百计与其交朋友，说动孙师傅来到全聚德。孙老师傅把原来的烤炉改为炉身高大、炉膛深广、一炉可烤十几只鸭的挂炉，还可以一边烤一边向里面续鸭。他烤出的鸭子外形美观、丰盈饱满、颜色鲜艳、色呈枣红、皮脆肉嫩、鲜美酥香、肥而不腻、瘦而不柴，为全聚德烤鸭赢得了"京师美馔、莫妙于鸭"的美誉。

资料来源：苏勇，史健勇，何智美．品牌管理［M］．2版．北京：机械工业出版社，2021．有改动。

（二）中国近代的品牌发展

1. 第一次鸦片战争到洋务运动时期

第一次鸦片战争以后，欧美列强向中国倾销产品，棉纺织品、毛纺织品、金属制品等大量洋货涌入中国市场，冲击着中国传统的自给自足的小农经济，农民和手工业者大量破产，中国沦为列强的商品市场和原料产地。中国的本土品牌在洋货的冲击下失去优势，同仁堂、陈李济等传统老字号品牌未取得明显的发展，中国传统上大量向世界出口的强项产品，如茶叶、丝绸和瓷器等也相继失去优势。

2. 洋务运动到辛亥革命时期

随着洋务运动的兴起，轮船、铁路、电报、采矿、纺织等新式民用工业先后被创办。这一时期涌现出一批著名的民族资本企业，如张謇创办的大生纱厂、荣宗敬和荣德生创办的保兴面粉厂、周学熙创办的启新洋灰公司、刘懋赏和冯济川创办的保晋矿务局等，中国本土品牌的发展也随之开始重新起步。如张謇在开办大生纱厂之时就有强烈的商标意识，采用多品牌来区分旗下多企业的产品，大生一厂的面纱用"魁星"，二厂用"寿星"，三厂用"三星""老人桃"；大生一厂的布用"财神""孔雀""刘海"等；二厂用"寿星""龙凤""一支桃"等；三厂用"双龙""团龙""云龙"等具有民族特色的商标。

百年张裕：开启中国工业化酿造葡萄酒新纪元

1871年的一个夏夜，著名的爱国侨领张弼士在印度尼西亚雅加达出席法国领事举办的酒会，法国领事端着葡萄酒走近张弼士，讲述了自己的故事：第二次鸦片战争期间，他曾随英法联军来到烟台，发现那里漫山遍野长满了野葡萄，士兵们将野葡萄采摘后私自酿成酒，口味竟然不错，苦于征战的法国士兵甚至梦想过战后留在这里开办公司，专做葡萄酒生意。此后，张弼士公务之余专门考察了烟台的葡萄园种植和土壤、水文状况，并于1892年斥资300万两白银买下了烟台东部和西南部的两座荒山，雇用了2000名劳工开辟了1200亩葡萄园，又在市区近海处购地61亩，建起一座两层生产工作楼。至此，中国第一座带有现代工业色彩的葡萄酿酒公司初现格局。清朝直隶总督、北洋大臣李鸿章和清廷要员王文韶亲自签批了该公司营业准照，光绪皇帝的老师，时任户部尚书、军机大臣的翁同龢亲笔为公司题写了厂名。"张裕"二字，冠以张姓，取昌裕兴隆之意，以实现"实业兴邦"的梦想。张裕酿酒公司的创建，被北京中华世纪坛记载为中国1892年所发生的四件大事之一。中国葡萄酒工业化的序幕由此拉开。

资料来源：苏勇，史健勇，何智美. 品牌管理 [M]. 2版. 北京：机械工业出版社，2021. 有改动。

3. 辛亥革命到抗日战争时期

辛亥革命后，中国民族资本主义工商业出现短暂的繁荣，民族品牌在第一次世界大战的间隙得到发展机遇，出现"美丽牌"香烟和"三星牌"牙膏等著名品牌。当时，品牌宣传的载体也扩展到橱窗、路牌、霓虹灯、交通工具和广播等媒介。"五四运动"后，在"抵制洋货，使用国货"思潮的推动下，许多爱国实业家创办了许多久享盛誉的民族品牌，如百雀羚、人丹、冯了性药酒、五羊牌电池、双妹化妆品、固本肥皂等。抗战爆发后，为了挽救濒临灭绝的中国品牌，人们发起了"用国货最光荣"的保护民族品牌运动，品牌第一次和中国的政治命运结合在一起，并正式成为社会生活和国力象征的一部分。

（三）新中国成立后的品牌发展

1. 新中国成立到改革开放前

在新中国成立到改革开放前的这一时期，中国品牌发展主体从多种企业结构发展为单一的国企主导的结构，很多知名品牌因公私合营更换了品牌主体后得到重视和保护，如茅台酒、张小泉、王麻子等，市场上出现了一些受大众追捧的品牌，如海鸥牌相机、上海牌手表、凤凰牌自行车等。遗憾的是，因更新换代不及时，或受政策环境影响，导致品牌战略落后，众多品牌从继承、发展到近乎消失。这一阶段是中国品牌史上的一个相对灰暗的时期，在整体上发展较为有限甚至出现了较大的倒退，但是这一时期初步完整的工业体系建设等却为品牌在改革开放之后的迅速发展奠定了坚实的基础。

2. 改革开放到"三个转变"提出前

改革开放以后，中国品牌迅速恢复，经历了一个从无到有、从小到大、由弱渐强、从国内到国际的发展之路。改革开放初期,品牌在短暂的萌芽之后实现了迅速的带有恢复和反弹性质的发展,同仁堂、全聚德、内联升等老字号恢复商标并快速发展,万科、海尔、联想等知名品牌创立;私营成分品牌的再次出现,万达、娃哈哈、华为等品牌创立,中国品牌便经历了许多根本上的变化。20世纪90年代,在空前激烈的竞争中,政府推行"名牌战略",企业形成"名牌热",在价格战、广告战的推动下,中国品牌在家电、日化等领域发展壮大,对外资品牌形成了强势的挤压。1998年前后,新兴的互联网产业迸发,诞生了百度、阿里巴巴、腾讯等互联网品牌。2001年中国加入世贸组织后,中国在拥抱全球化和自身消费市场迅速扩大的过程中成功崛起,中国品牌在品牌规模、品牌价值、国际化、技术能力等方面得到了长足的发展。这一时期,联想、海尔、华为等品牌更是将生产基地、研发中心等铺向海外,成为全球性品牌。

海尔集团的品牌国际化升级路径

海尔集团作为我国大型家电企业的领跑者,其是中国"走出去"的企业中在品牌国际化战略上少数取得成功的企业之一。在开拓国际市场、创全球化品牌方面,海尔集团总裁张瑞敏结合企业国际化实际情况提出并实施了"走出去、走进去、走上去"三步走的战略转型升级。企业国际化的三个阶段具有明显不同的战略要义和阶段特征:"走出去"阶段的战略要义在于,使企业从法律和经营层面走出国际化的第一步,形成品牌国际化的载体和实体,在海外市场开辟自己的"根据地"。"走进去"阶段的特征是"求同"。该阶段的战略要义在于使目标品牌在东道国获取合法性,从心理认知层面走进东道国市场,并获得消费者的认同,使目标品牌进入消费者的认知集,进而在决策阶段进入消费者的考虑集。"走上去"阶段的特征是"存异"。该阶段的战略要义在于使目标品牌获取较高的品牌溢价能力和竞争力,并使其成为高价值、高溢价的全球品牌,使目标品牌在消费者认知集中具有一个较高的位势和偏好顺序。

资料来源:谢佩洪,朱一. 海尔集团的品牌国际化升级路径[J]. 清华管理评论,2018(12):52-60. 有改动。

3. 提出"三个转变"后

2014年,习近平同志提出"三个转变"重要论断,中国品牌开始进入从大到强的关键转型期。这一时期品牌的转型以提高核心技术水平、数字化水平和品牌全球化为特点。中国企业在高铁、云计算、人工智能、大飞机、航空航天、5G技术等领域实现突破,华为、中国中车、阿里巴巴、科大讯飞等成为品牌创新的典型代表。随着互联网、大数据、云计算、人工智能等的深入发展,传统品牌加快转型、调整,通过高质量发展推动品牌升级。中国品牌全球化进一步深化,美的、腾讯、华为、小米等中国本土品牌通过深化全球的研发中心、生产基地、销售渠道等布局,实现全球市场的新突破,不断冲击着世界原有的以西方品牌为主导的格局。此外,随着"国潮"的来袭,中国本土品牌成为大势所趋的消费潮流,李宁、波司登、回力、大白兔、老干妈、六神、娃哈哈等代表中国传统文化的国货品牌重新成为消费市场的焦点,成为中国新世代消费者支持国货、表达个性的不二之选。

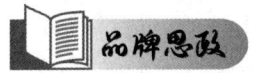

"中国品牌日"的设立

2014年5月10日，习近平总书记提出："推动中国制造向中国创造转变、中国速度向中国质量转变、中国产品向中国品牌转变。"2016年6月，国务院印发《关于发挥品牌引领作用推动供需结构升级的意见》，提出设立"中国品牌日"，以凝聚品牌发展社会共识、营造品牌发展良好氛围、搭建品牌发展交流平台、提高自主品牌影响力和认知度。2017年，国务院正式批准将每年的5月10日设立为"中国品牌日"。

"中国品牌日"的设立具有里程碑意义。设立"中国品牌日"，有助于发展我国自主知识产权的品牌，开启我国自主品牌发展的新时代；同时有助于宣传我国知名自主品牌、讲好中国品牌故事、提高我国自主品牌的影响力和知名度。设立"中国品牌日"，有利于推动我国由经济大国向经济强国转变，有利于满足人们更高层次物质文化的需求，有利于弘扬中华文化、提升中国形象。"中国品牌日"就像一把火炬，照亮中国企业不断深耕品牌的前行路，激励中国企业加快对具有国际影响力的一流品牌的培育，让中国品牌成为满足人们对美好生活向往的有力支撑，让中国向品牌强国迈出坚实的步伐。

资料来源：余云珠. 品牌管理 [M]. 北京：中国人民大学出版社，2023. 有改动。

二、国外品牌发展简史

（一）品牌的原始萌芽

在1450年古腾堡发明金属活字印刷术之前，品牌是在一种原始的、无意识的状态下发展的。但是，人们在商业活动中已经不自觉地运用到了品牌的观念。当时随着经济的繁荣和商业活动的增多，人们开始以口耳相传的方式传播品牌。直到古埃及出现文字广告，情况才有所改观，实物品牌开始出现。在已出土的古埃及莎草纸和泥板，古希腊和古罗马时期的陶器、金器和灯具上都刻有文字或图案标记，这些可以被认为是最早的广告商标品牌。特别是公元前6世纪罗马建立奴隶共和国，经济繁荣，商业旺盛，闹市和商业贸易区设有大量的招牌广告和墙壁户外广告，以促进品牌广泛传播。

（二）品牌的发育与发展

古腾堡发明金属活字印刷术之后，媒介传播技术水平得到了显著提高，品牌发展进入了一个新时期。1472年，英国第一个出版人威廉·坎克斯印刷了一份宣传宗教书籍的广告，强调书籍的内容特色与宗教品质，品牌传播开始与先进的纸质传播紧密结合在一起。之后的几百年间，品牌与广告一直这样伴随着商人的经商活动而传播。直到1666年，《伦敦公报》在报纸上开辟了广告专栏，品牌传播才在大众传媒上有了一席之地。17世纪，英国首先出现了广告代理商，专门负责与品牌有关的设计策划事宜。1610年，英国国王詹姆斯一世令两名骑士在伦敦成立了世界上第一家广告代理店。两年后法国也出现了一家名为"高格德尔"的广告代理店。广告代理职业的出现，使品牌的发育与发展有了内在推动力。随着社会经济的发展，人们对品牌产品的需求不断增加，品牌传播也越来越需要具有专业水准的人员进行策划和维护。18 世纪中期，英国等欧洲国家出现了一批广告画家，周刊屡屡刊登他们的插图广告，促进了品牌设计水准和广告水平的提高。在这一历史时期，英国因其最早完成资产阶级革命和工业革命，成为世界经济中心，也相应成为品牌发展和广告活动的活跃地带。到了 19 世纪，伴随着美国经济的崛起，品牌传播的中心逐渐转移到了美国。

（三）品牌的成长与壮大

18 世纪末和 19 世纪初，或者说工业革命之后，西方国家经济发展迅速，产品增加，竞争加剧，品牌发展进入了成长与壮大期。工业革命使机器大工业代替了手工生产，制造业更为发达，为了加强对品牌的保护，商标制度应运而生，现代意义上的品牌便是此后产生的。以 1886 年德国制造的第一辆配有单缸发动机的汽车为起点，1886 年可口可乐诞生，1895 年吉列剃须刀出现，1898 年柯达品牌诞生，1908 年福特 T 型车问世，1917 年波音品牌悄然落地，1924 年万宝路品牌问世，1938 年雀巢咖啡问世，品牌大量涌现，一批品牌逐渐发展壮大起来。19 世纪初，法国出现了世界上最早的有关商标的法律条文。随后，英国、美国、德国、日本也相继颁布了各自的商标法。商标制度风行全世界，品牌得到了法律的认可和保障。

（四）品牌的兴盛与繁荣

19 世纪末和 20 世纪初，品牌作为重要竞争手段的作用逐渐显现出来。尤其是第二次世界大战之后，科学技术快速发展，高科技广泛应用于生产，企业集团走向成熟，消费需求日新月异，企业竞争空前激烈，从而迎来了所谓的"品牌经济"时代，品牌发展进入了兴盛与繁荣期。品牌传播的全球化趋势明显，但又有民族特色。大量具有独特内涵和先进理念的品牌诞生了，对品牌的研究也日益深化。这一时期出现了"肯德基""麦当劳""迪士尼""丰田""日立""松下""索尼"等著名品牌，已进入品牌激烈竞争的时代。从 2000 年开始，美国涌现出了一大批由互联网企业创建的 e 品牌，如微软、雅虎、美国在线（AOL）、谷歌、亚马逊、脸书、YouTube、网飞（Netflix）等，这些品牌创办后便得到了快速成长，品牌价值迅速超越大批传统行业品牌。

思考与讨论

1. "麦当劳的 M 形招牌就是它的品牌"，这是品牌定义中的哪一类观点？请进行分析说明。
2. 《流浪地球》是品牌吗？如果是，是哪种类型的品牌，为什么？
3. 改革开放后，中国品牌发展经历了哪些阶段？有何发展趋势？

第二章

品牌学概述

无名，天地之始；有名，万物之母。

——《道德经》

学习目标

知识学习目标：
1. 理解品牌学的学科来源和学科体系。
2. 了解实践和学术角度的品牌及品牌化认识的演变过程。
3. 了解不同学科视角的品牌理论丛林现象。
4. 理解品牌管理的演进阶段以及品牌管理的组织关系。

能力培养目标：
1. 能够梳理品牌与品牌化理论的演进过程。
2. 能够从不同学科视角观察和分析品牌现象。

价值引领目标：
引导学生领会国家品牌发展战略，提升学生爱国情怀，追求国家富强。

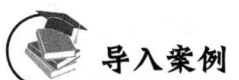 导入案例

艺术VS科学，大数据时代的品牌运营

移动互联网和大数据技术的飞速发展，从根本上改变了营销的环境，也在改变企业决策品牌运作的方式。都说品牌建设是艺术和科学的结合，用专业的表达就是"创意+媒介+数据"。信息技术爆发以前，创意一直被看成是品牌建设的灵魂，媒介只是品牌内容的载体。如今，数据科学家正在抢走当年"广告狂人"的风头。前WPP首席执行官苏铭天明确表示，由于大数据在营销中扮演重要角色，媒介和数据的重要性已经超过了创意，品牌营销似乎变成了一门数据学问。企业品牌运作模式正在经历一场革命，重心从艺术向科学倾斜。真的是这样的吗？

互联网时代媒介与内容的关系竟然可以是互动的。创意内容可以选择媒体，反过来媒体也影响内容的选择。运营品牌的传统和互联网两种模式最大的差别是媒介策略如何与品牌内容建立有机关系。传统模式是先决定创意内容，然后去寻求合适的媒介渠道。在移动

互联网时代，企业会先决定合适的媒体，然后再决定品牌的内容。

产生这种转变的原因主要有三点。首先，产品品牌的建设可以看成是一项投资。投资就要有预算和回报。企业高层最关心的问题是如何取得更高的投资回报。其次，企业需要依靠媒介提供用户数据，作为优化广告素材的基础，企业会优先考虑能够分享数据的媒体伙伴。只有在媒体愿意分享数据的情况下，才会去发展个性创意内容。最后，媒介资源越来越集中在BAT、头条和抖音等几个互联网巨头手中，这些巨头的广告位和合作的方式都不同。企业只能按照巨头们的游戏规则去制定展示品牌传播的内容，所以决定用哪种媒介资源会影响创意内容。

总之，企业在品牌建设的过程中，应该充分运用大数据和移动互联网的优势。媒体不能只被看成品牌信息的载体，要根据媒介特点制定创意内容，"先媒介，后创意"。这就要求企业根据品牌和营销目标去选择媒介，在品牌计划阶段就引入媒体伙伴，用数据去指导媒体信息和品牌信息的关联方式。品牌建设仍然是艺术和科学的结合，数据和媒介在品牌建设过程中的作用上升到了与艺术创作一样，甚至是更重要的位置。

资料来源：段培力．艺术VS科学，大数据时代的品牌运营［J］．中欧商业评论，2019（4）：6．有改动。

第一节　品牌学的概念

一、品牌学的概念及特点

世界著名的广告大师大卫·奥格威于1950年提出"品牌"概念。最初，对品牌的研究并非一门以品牌为研究对象的独立的研究科目。随着市场经济由卖方市场转入买方市场，品牌在市场竞争中的作用日益显现，越发成为学术界研究的重点。随着品牌实践的发展，品牌研究开始融合营销学、传播学、管理学、公共关系学、社会学、心理学等多个学科，成为一门独立的学科。

所谓品牌学，就是研究品牌的结构及其运动的基本规律的一门学科。品牌学是一门边缘科学，是营销学、管理学、形象学、广告学、系统工程、结构学、心理学、传播学、符号学、现代物理、自组织科学、模拟仿真技术、领导学、信息科学等诸多学科交叉而成的一门交叉科学；品牌学是一门方法论科学，着重研究品牌创建及传播管理、运营的基本原理，为各行各业的品牌建设提供方法论工具与指导；品牌学是一门应用性科学，来源于商业实践，重在实践、应用，从实践中吸取灵感为有效地经营品牌提供理论依据；品牌学是一门综合性科学，需要通过多学科整合与多视角切入，来解释社会生活中与品牌相关的各种现象。

二、品牌学的研究对象

品牌学的研究对象，既包括以追求经济利益为第一目标的工商业、服务业的商业品牌，也包括以追求公共利益为宗旨的非营利机构的品牌，例如大学、公益团体、慈善机构等；品牌学的研究对象也涉及个人、组织机构、城市、地区，乃至国家。事实上，在当今信息高度发达的时代，社会的诸多内容与现象皆已符号化，或者说品牌化。狭义品牌与广义品牌的并存，是一种客观存在。因此，凡是具有品牌特征，其运作带有品牌化意识的活动，都应当进入品牌学的研究范畴。

本书内容以工商企业创建、提升、扩展、延续和评估商业品牌的活动及其规律总结作为重点，同时兼顾个人品牌、城市品牌、国家品牌等的运作和塑造。

三、品牌学的研究方法

品牌学属于社会科学的范畴，其研究方法不会独立于一般社会科学的研究方法之外。但品牌学也有其特殊性，在运用一般社会科学研究方法时要特别注意以下四点。第一，理论与案例相结合。品牌研究是一门应用性很强的研究，其理论的产生与演进来自现实的企业实践活动。因此，运用理论与案例相结合的方法分析不同企业成功或失败的案例，为品牌研究注入活力。第二，定性与定量相结合。品牌研究中的资产评估、市场调研等必须以数学、统计学、经济学等学科理论作为分析的工具，从而印证定性分析得出的结论。第三，宏观与微观相结合。品牌运营是在一定的社会政治经济的宏观环境中进行，同时离不开企业本身的微观环境。因此，要宏观与微观相结合来分析品牌。第四，历史资料与现实调查相结合。品牌研究的历史不长，但理论随实践一直处在动态变化中。因此，要发展品牌理论必须在已有的理论上结合实际的品牌情况来修正、完善乃至提出新的品牌理论。

第二节　品牌思想简史

品牌思想和活动的历史进程中有两条延缩不断的主线，即"什么是品牌"和"如何品牌化"的反复追问。品牌思想史中的这两个重要的基本问题具有多层面解释的可能性，可采取追溯演进的视角和综合的立场，从实践和学术两个方面对这两个问题的踪迹和走向进行分别论述。

一、品牌认知的实践推进

品牌认知实践的长期发展中有若干个关键的节点：印记—品牌名称—商标—承诺—促销工具—附加价值和无形资产。其在演化中呈现出的两大趋势是：从企业的立场转向顾客的立场、从战术的层面上升到战略的层面。

（一）古代作为区分的印记

品牌的原始含义是印记、标记、标签。据说早在公元前 3000 年前后，古埃及人就开始用烙印区分牲畜的所有权或来源。一些文献说，品牌的英文"brand"一词源于古斯堪的纳维亚语"brandr"，意为"烙印"，即动物身上作区分的标记。中国古代自秦朝开始使用商品的"封印"作为区分的凭证。

（二）品牌 = 品牌名称或标识

在各种标识方法中，命名或品牌名称逐渐受到重视而居核心的位置。在品牌名称之外，又加上图形标识，就有了品牌标识（logo）。有了一个可以识别的名字及图标，似乎就有了品牌。品牌好像就是添加在产品（服务）外面的一件引人注目的漂亮外衣。

（三）品牌 = 商标

如果只有标识或名称，而得不到保护，就难免鱼目混珠，于是又追求商标（trademark）。商标在商业活动中早于品牌的出现，是被法律保护的标识。在 19 世纪末，品牌和商标曾经是混为一谈的，那时的商业主流认为商标可以实现品牌的目标。因为商标在前，品牌在后，品牌被商标掩盖。

（四）品牌 = 促销工具

20 世纪 80 年代之前的主流观念是"品牌 = 促销工具"。"品牌就是为了销售"是很长时间内企业对品牌的看法。在营销 = 推销的时代，做广告、做品牌都是为了促销，品牌建立的主导模式是依赖设计公司、广告公司，设计和广告的思维当时也是促销至上。

（五）品牌 = 承诺

18 世纪末，欧洲的银行家已经认识到银行品牌的核心是对顾客的保障和承诺。后来，这种思想也影响了制造业品牌。20 世纪 80 年代奔驰汽车曾经在美国报纸上刊登大幅广告，声称："谁如果在高速公路上发现任何一辆抛锚的奔驰车，就可以凭此广告领取 5 万美元奖金！"显然，这是奔驰车的一个品牌承诺——奔驰车是不会抛锚的！在奔驰汽车的案例中，品牌意味着承诺，是诚信的保证。

将品牌作为诚信的载体，意味着品牌的视角从企业自身转向顾客，"品牌"暗示了消费者可能感知和买入的价值和承诺，意味着减少风险。

（六）品牌 = 附加价值和无形资产

在品牌发展的初期，人们将品牌作为区分或防御的工具。品牌被激发的更强大的内在驱动源自经济利益，即品牌意味着溢价，意味着附加价值。这种附加价值之大，从数倍到数十倍，令商人趋之若鹜。公司在产品之外，费尽心机建设品牌，是为了更大的（经济）回报，早期化妆品、奢华品尤其突出。品牌就是附加价值，在公司对品牌的理解中这一观念是根深蒂固的。

改革开放以来国家品牌观念的历史演进

改革开放后，我国政府的品牌观念经历了一个短时间内跨越式成熟的演进过程：20世纪80年代，政府将品牌看作一种标识，并用法律概念的商标加以保护；90年代，政府将品牌看作一种可以带来更高交换价值的资产，强调知名度；加入世贸组织之后，政府将品牌看作国家软实力的组成部分，认为品牌需要有自主创新；进入经济新常态之后，政府将品牌视作国际市场竞争的门票和良好关系构建的手段，将品牌提升至国家战略的高度进行规划和安排。我国政府品牌观念在短短四十年的时间内完成了这种转变，横向对比世界其他国家是少有的。

资料来源：黄升民，张驰. 改革开放以来国家品牌观念的历史演进与宏观考察 [J]. 现代传播（中国传媒大学学报），2018，40（03）：1-9. 有改动。

二、品牌认知的学术推进

品牌认知的学术踪迹有三个值得格外留意的关键节点：品牌不同于产品—品牌是象征—品牌是心理暗示和联想。在卡普费雷尔的眼中，品牌本质上是为了回答"我是谁"的问题，因而注重品牌识别系统。阿克和帕克却认为，品牌既是实在的也是象征的。凯勒则确定，品牌就是顾客心智中的联想。

（一）品牌不同于产品

在学术的道路上，认知品牌是从将其与产品的比较开始的。1955年，《哈佛商业评论》发表的加德纳和列维的文章《产品与品牌》，第一次将产品和品牌从理论上区分开来，该文分析了产品和品牌在消费者心目中的不同，并且提出了"品牌形象"这个重要的概念，使得形象建立一度成为品牌化（使之有别于其他产品）的主要目标。1960年，史蒂夫·金在《什么是品牌》的论著中说过的一段话清晰而深刻，不愧是经典之言：产品是工厂生产的，品牌是顾客购买的。产品可能被竞争对手复制，品牌却是独一无二的。产品可以很快过时，成功的品牌却可以经久不衰。

（二）品牌是象征

1986年，帕克（C. W. Park）对品牌概念的三维结构进行解析，第一次将品牌的内涵（和价值）区分为功能的（functional）、符号的（symbolic）和体验的（experiential）三个维度，从而奠定了品牌是象征的思想。从标识到象征，是品牌从外显的印记进入内隐的象征意义的重大一步。当然，品牌不再限于功能或产品了。因为象征是广泛的、多样的、意味深长的，有无穷的想象空间。品牌可以象征质量、价格，可以象征承诺、情感、个性、关系，也可以象征思想、价值观和文化等。

（三）品牌是心理暗示和联想

品牌心理学家发现，知名度高的品牌都能产生心理暗示。同样的商品，例如可乐，第一杯没有标志，第二杯标有可口可乐品牌，消费者大多数会觉得第二杯的口感更好。这是被称为"盲眼测试"的心理学实验的结果。这类心理实验在药品效果、同类竞争品牌比较等项目中做过不少，结论都证明强势品牌具有明显的心理暗示作用。从20世纪50年代学者提出"品牌是消费者心中的形象"的思想，到20世纪90年代阿克和凯勒开发的"品牌联想"的概念，这是品牌思想发展的一大步。品牌联想是现代品牌理论中的关键概念之一，也是通向品牌内隐含义的桥梁，品牌的新含义即品牌是顾客联想的集合。

三、如何品牌化——实战的演进视角

如何品牌化？公司的实践贯穿于品牌化的实战历程和进化过程之中，呈现出四个关键的节点：以品牌识别为中心—以品牌传播为中心—以顾客关系为中心—以共创共享为中心。

（一）以品牌识别为中心的品牌化

在品牌化即差异化的初期阶段，将品牌化的目标定为品牌识别是理所当然和顺理成章的，可以简略表述为：品牌化=命名+设计标记+塑造形象。早期的公司创建品牌，无不以品牌命名、设计标记为中心，并且延续了较长时期。20世纪50年代中期，"品牌形象"概念出现之后，将品牌创建归结于形象设计及品牌形象广告的影响力。这一时期，品牌化的中坚力量是设计公司和广告公司，他们将品牌化等同于形象设计，反复宣扬"品牌化不是别的，就是塑造形象"，在价格、品质、形象三者的组合中，形象对品牌的贡献最大的观点，说服并赢得了一大批公司客户，也令市场上CI或CIS大行其道。如，美国可口可乐公司以全新的企业形象，向世人展示了一个成功的饮料品牌；"太阳神"通过实施"三位一体"的CI战略，用公司名称涵盖产品特征，较好地展现了品牌的经营理念和经营风格。

（二）以品牌传播为中心的品牌化

20世纪中叶，随着大众传媒时代的到来，品牌化的中心从识别转移到传播，广告成为品牌化实施的重中之重。这种依赖广告建立品牌的战略开始于20世纪80年代之前，并且延续了几十年。以传播为中心的品牌化，包括广告创意和媒体投放两个主要环节，可以简单表达为：品牌化=品牌创意+大力传播。创意的贡献是让品牌具有市场瞩目的焦点或闪光点，不过，扬名天下显然更加重要。20世纪大众传媒的强大威力，使得品牌化的实践焦点倒向大众媒体和传播。借助强势的媒体，有可能赢得高的知名度和突破性的销售业绩，创建品牌就是卖广告、就是强力传播的想法也成为理所当然的事情。如，可口可乐、宝洁、麦当劳都通过这种依赖广告建立品牌的战略取得令人羡慕的市场业绩；步步高电器、娃哈哈等也通过这种战略取得了一定的市场地位。

(三) 以顾客关系为中心的品牌化

1997年,阿克与合作者在《哈佛商业评论》上发表《创建公司品牌无需大众媒体》的文章,指出"依靠大众媒体来创建强势品牌的时代,已经一去不复返了",并提出"让消费者(体验)参与品牌创建"。20世纪90年代崛起的美国品牌星巴克,完全没有做广告而成功建立起强势品牌,将品牌化战略推进到一个全新的境界——以顾客体验和关系为中心的品牌化,可以将其简单表达为:品牌化=强化顾客关系+顾客体验。顾客关系的核心是顾客价值。品牌体验虽然非常重要,但只是创新顾客价值的一种方式,复杂和技术程度高的公司其实还有另外一种品牌化的撒手锏——创新产品或服务的顾客价值,再通过顾客体验放大创新的顾客价值从而脱颖而出。这一模式可简单表达为:品牌化=创新顾客价值。20世纪中后期,丰田汽车、戴尔电脑、微软、苹果、海底捞等优秀的基于产品建立品牌的公司,将品牌化聚焦在创新顾客价值上,获得品牌的超越性成功,中国的海底捞(餐饮)也是着眼消费者的品牌体验和品牌关系而走向成功。

(四) 以共创共享为中心的品牌化

2010年之后,数字化极大地改变了创建品牌的方式,连接—互动—参与—浸合显示出超强的力量,这股强大的新势力改变或创新了品牌化的法则。根本的改变在于创建品牌的主体不再是"我",而是"我们"。这个"我们"包括顾客和利益相关者共同创造,也共同分享品牌价值,其前提是大家都认同某个"品牌愿景"。品牌化意味着建构"品牌生态圈",是建立共创共享的愿景或理想。简单表达为品牌化 = 共创共享。例如,谷歌、苹果和亚马逊因势利导而在商业世界成为超级巨人,中国的阿里巴巴、腾讯和小米也因抓住品牌化的这一新趋势而腾飞。

无印良品——品牌化的另类实践

品牌化在全球高歌猛进几十年,其中也出现了抵制过分品牌化的思潮,并衍生出表面看似相反的行动。最具有代表性的品牌是20世纪能源危机和经济不景气时期,1980年日本人创立的"无印良品"(MUJI)——MUJI的原意是"无品牌标的好产品"。MUJI宣称其不是卖产品而是卖一种"舒适主义+极简主义"的生活方式。今天,MUJI的产品已经涵盖日常用品为主的7000个品类,包括家居、服装、文具甚至汽车等。产品注重以人为本、纯朴、简洁、环保等理念,采用低成本的简洁包装,在包装与产品设计上皆无品牌标识,市场推广主要通过顾客体验和口碑驱动。MUJI就像一个素面朝天、天生丽质的女子,没有浓妆艳服,从不花枝招展,给人舒适自然放心的喜悦感觉。这种风格自有其独到的魅力,尤其在实用消费品的市场上,迎合并且受到越来越多消费者和"无印粉"的追捧而显示出生命力。1983年以后,无印良品已经从日本走向世界,包括美国、中国在内的不少国家。其实,在许多消费者心目中,无印良品也是品牌的一个变种,是"没有商标的商品,没有品牌的品牌"。本质上,无印良品不过是另类价值观的"品牌",它的价值观是追求自然舒适,崇尚简约质朴,信奉返璞归真。在某种意义上,无印良品突破了产品品类的藩篱，突破了市场细分—目标市场的规则，突破了不同文化的壁垒走向全世界。

资料来源：卢泰宏. 品牌思想简史 [M]. 北京：机械工业出版社，2020. 有改动。

四、如何品牌化——代表性的学术思想

"如何品牌化"有三种基本的学术思想：创造品牌识别—创建基于顾客联想的品牌资产—点燃品牌激情和幸福。品牌化因而呈现出三个维度的空间：低维空间是物的空间，诉求品牌的功能；中维空间是精神空间，诉求品牌的情感和关系；高维空间是心灵的空间，诉求品牌的信念和信仰。

（一）品牌化是建立和完善品牌识别

卡普费雷尔提炼和充实了品牌区分的实践，并且将其品牌识别概念化。他于1992年出版的著作《战略品牌管理》代表了这样一种思想：创建品牌首要的任务是品牌识别，品牌识别是品牌化的核心。重视产品和基于企业的视角是其基本思想。比较而言，卡普费雷尔强调主观自我，是企业视角的品牌化思想。2014年，阿克在《品牌大师》一书中提出了品牌化成功的20条法则，将"品牌愿景"和"品牌活力"等企业因素放在品牌化的凸显位置。

（二）品牌化是通过品牌营销创建品牌资产

凯勒从1998年第一版的《战略品牌管理》开始，提出品牌化就是以品牌营销的三部曲来创建和发展品牌资产，其基于顾客的视角，强调客观投射结果。他认为品牌化的目标是积累品牌资产，品牌化的路径是品牌营销。凯勒的品牌营销是一个全面的流程，包括创建品牌元素—以品牌为中心的整合营销—丰富品牌联想。所以，顾客品牌关系、品牌体验的重要性不言而喻。凯勒的品牌化理论从整体上是偏向理性逻辑的，林斯特龙在2005年出版的《感官品牌》一书中，极力证明采用感官的路径建立强势品牌的必要性和可行性，掀起了品牌化感性趋势浪潮。

（三）品牌化是"注入燃烧的品牌激情"

曾经提出过"品牌形象"概念的列维，重新思考品牌化概念，在2012年发表的著作中通过辨析历史源头的广泛文献，从希腊神话中取出比喻，强调品牌化的过程是"火—点燃—赋予内在精神"，"点火"是一种赋予生命的隐喻。列维说，品牌化的源头是"火"（fire）和"燃烧"（burning），核心本质或本源含义是精神的激活，是将品牌价值注入内心。"火"意味着温暖的、内在的创生。与以前相关文献将"燃烧"与"烙印"联系，将品牌引向"区分的标记"不同，列维将"燃烧"与"注入生命力"联系，摆脱了对品牌和品牌化的陈旧的理解和束缚，找到了现代意义的、积极的、富有启发的新立足点。因此，"成熟的品牌化是象征+情感+伙伴"，品牌化需要塑造象征意义、强化品牌情感以及连接品牌伙伴。"品牌象征"在文化层面展开；"品牌情感"有"品牌至信、品牌至爱和品牌至尊"三个维度，"品牌伙伴"（brand partner）在跨界和品牌生态圈战略中开始体现。

中国品牌化理论与实践的历史发展

对中国品牌化相关思想进行了梳理，总结出中国品牌化进程的发展脉络，即由古代中国随经济发展而出现的品牌萌芽，过渡到近代中国因战乱和经济落后而产生的"品牌缺位"，发展到社会主义市场经济下的品牌化理论和实践的突飞猛进。品牌化理论的发展也经历了由代表产品产地的品牌标识到代表产品质量的品牌承诺，再到代表情感价值和关系价值的品牌个性和品牌关系。中国的品牌化理论与实践发展有如下的特征：第一，中国品牌化理论与实践的发展受到工商业与政府之间关系的影响。第二，中国学术界对品牌化理论做了一定的发展。第三，中国品牌化理论与实践已有了一定程度的结合。

资料来源：顾雷雷. 中国品牌化理论与实践的历史发展路径研究 [J]. 经济学家, 2016 (10)：53-60. 有改动。

第三节　品牌理论丛林

品牌知识的思想视角是多元化的，其知识的来源和成长表现出不同的学科特色，呈现出学派林立的状况。

一、基于识别—传播的品牌理论

早期的品牌理论，集中在品牌识别和品牌传播的范畴，知识的背景和来源是心理学、广告学和传播学；提出了"品牌认知""品牌形象""品牌个性""品牌体验"等概念。

（一）品牌认知

品牌认知（brand awareness）反映消费者在不同环境中识别出该品牌的能力，即品牌元素能在多大程度上为识别产品服务。创建品牌认知，就要把品牌元素与产品类别、相关购买和消费或者使用环境联系起来，从而让产品有一个身份。

品牌认知由品牌再认和品牌回忆共同作用而成。品牌再认指当出示某个品牌时，消费者能加以辨认的能力。品牌回忆指当看到某一类产品，或某种需求得到满足，或身处某种购物、使用环境时，消费者从记忆中搜索出某个品牌的能力。以饮料消费为例，当口渴了想喝水，一个消费者头脑里会出现"农夫山泉""怡宝"等知名的品牌，这些属于品牌回忆；到超市之后，发现还有许多品牌是见到过或者听到过的，可以识别出来，这些属于品牌再认。显而易见，品牌回忆要求的层次更高，对营销人员而言也更难实现。

品牌认知在消费者的购买决策中起着重要的作用。首先，提高品牌认知能使该品牌产品成为消费者购买"考虑集合"中的一个；其次，品牌认知能影响消费者在"考虑集合"

中选中某品牌，在低参与度情形下，消费者只要知道品牌就可能购买，比如买口香糖，在消费者缺乏必要的产品知识时，会选择自己熟悉的品牌，比如购买高科技产品；最后，品牌认知能影响构成品牌形象的品牌联想的形式和强度。

（二）品牌形象

品牌形象论（brand image）是大卫·奥格威（David Ogilvy）在20世纪60年代中期提出的创意观念。他认为品牌形象不是产品固有的，而是消费者联系产品的质量、价格、历史等，每一品牌、每一产品都应发展和投射一个形象。消费者购买的不只是产品，还购买承诺的物质和心理利益。

品牌形象可以被定义为由消费者记忆中的品牌联想反映出的对品牌的直觉。品牌联想是消费者品牌知识体系中与品牌相关联的一切信息节点，包含消费者对特定品牌内涵的认知与理解。对于一个品牌，消费者最直接的联想可以是一个符号、一种产品、一个企业或一个人，可以是产品功能性、象征性或体验性的利益，也可以是消费者对品牌的总体态度与评价。消费者对于一个品牌的每一个联想都可以用强度、认同度和独特性三个指标进行测量。

品牌联想与这三个指标的总和构成品牌形象，其对构成品牌资产的差别化效应，尤其是对于那些消费者参与度高、动机强的购买决策，起着决定性的作用。

（三）品牌个性

在心理学中，"个性"（personality）又称人格，是个体之间差异的、独具的、稳定的个性特征，及其对环境的行动与反应方式。马里诺最早对产品个性概念进行了研究，而后维茨和约翰逊发现品牌个性在消费行为中的作用，厂商创造的产品个性和消费者的个性类型之间存在很大关联。

学者从不同的角度对品牌个性进行了定义。一些定义从品牌个性的功能出发，认为品牌个性是一个理想的自我，使消费者可以表达自己；品牌个性旨在描述拟人化的品牌，为品牌提供一个象征性的或自我表达的功能，使其成为消费者偏好和习惯的核心驱动力。另一些定义则从品牌个性的表现出发，认为品牌个性约等于品牌形象或声誉，是指一个品牌的外在面貌，其借由人和动物的形态，使得品牌具有多变的属性。阿克从实质出发，认为品牌个性是"与一个品牌相关联的人类特征的集合"。

品牌形象是一个涵盖面更广的概念，其不仅包括品牌个性，还包括产品属性、用户与品牌有关的利益。品牌形象与品牌个性之间的区别是：前者包括硬性和软性的属性，后者强调软性的属性。可以说，品牌个性是品牌形象中最能体现差异、最活跃激进的部分，通常用形容词加以描述。举例来讲，可口可乐的品牌形象包括独特口感、弧线瓶包装、历史悠久、质量过硬、真实、可信等，而其品牌个性是真实和可信。

（四）品牌体验

在品牌思想史上，品牌体验改变了品牌关系的方向，并且产生了巨大的品牌效应。品牌体验在学术领域的开山学者，是美国哥伦比亚大学商学院的施密特（B. H. Schmitt）教授，他在其《体验式营销》中将体验分为感觉、情感、思维、行动、关系五种类型，即SEMs（战略体验模块）。他认为交流、信誉、产品、品牌、环境、网络和人员构成体验战术工具，每个战术工具的运用都可以和 SEMs 的五个层面进行组合。其中，品牌在表面上是企业产品和服务的标志，代表着一定的质量和功能，深层次上则是人们心理和精神层面诉求的诠释，可以作为一种独特的体验载体。

体验营销者将体验这一全新的营销理念运用到品牌中，创造出个性化、互动的营销方式——品牌体验。他们认为品牌体验是顾客个体对品牌的某些经历（包括经营者在顾客消费过程中以及品牌产品或服务购买前后所做的营销努力）产生回应的个别化感受。也就是说，品牌体验是顾客对品牌的具体经历和感受。当然，"体验"的内涵要远远超出品牌旗帜下的产品和服务。其包含顾客和品牌或供应商之间的每一次互动——从最初的认识，通过选择、购买、使用，到坚持重复购买。品牌体验的最终目的就是要使品牌与消费者结成某种关系，通过提升品牌体验，利用品牌体验的调节效应，放大其他驱动因素对品牌忠诚的正面影响作用，提升顾客品牌忠诚度。

二、基于资产的品牌理论

始于 20 世纪 80 年代的现代品牌理论，建立在"品牌资产"的基石之上发端于金融市场，关注品牌资产和品牌财产，是经济-市场的视角；产生了战略品牌管理、品牌资产测量、品牌全球化等重大理论和全球品牌排行榜等。

（一）品牌资产

品牌资产可解释为有品牌名称的产品与没有品牌名称的同样产品相比，获得的营销效果或结果。阿克是品牌资产理论的奠基人，其构建的品牌资产理论是后期所有理论流派和分支发展的共同基础之一。他构建的品牌资产模型包括品牌忠诚（brand loyalty）、品牌认知（brand awareness）、感知质量（perceived quality）、品牌联想（brand associations）和其他专属性品牌资产（other proprietary brand assets）等。

凯勒提出的"基于顾客的品牌资产"理论认为，营销的核心在于理解顾客的需要和要求并加以满足，品牌资产的实质是顾客对品牌的知识会引起其对该品牌营销的不同反应。当顾客熟悉品牌且对其持有正面、强烈、独特的品牌联想时，顾客更倾向于选择标明品牌的产品，并对它的营销做出更积极的反应。所以，品牌知识是创造品牌资产的关键。品牌知识由品牌认知和品牌形象两部分特性组成。

站在实践的角度，凯勒提出了品牌资产金字塔模型（又称品牌共鸣模型，见图 2-1），这是在基于顾客的品牌资产理论基础上所发展的关于如何建立品牌的实践模型。

根据该模型，创建强势品牌需要按照从品牌识别—品牌含义—品牌响应—品牌关系的顺序展开，也就是说，只有在建立品牌识别之后，方可考虑品牌意义，而只有在确定正确的品牌含义之后，才可能有品牌响应；也只有在引导适当的品牌响应之后，才可能建立品牌关系。只有当品牌处于金字塔塔尖时，才能产生具有深远价值的品牌资产。在整个过程中，金字塔左侧倾向于建立品牌的"理性路径"，金字塔右侧倾向于建立品牌的"感性路径"——理性的路径是做实际表现，感性的路径是做品牌形象。绝大多数强势品牌的创建都是通过两条路径"双管齐下"的。

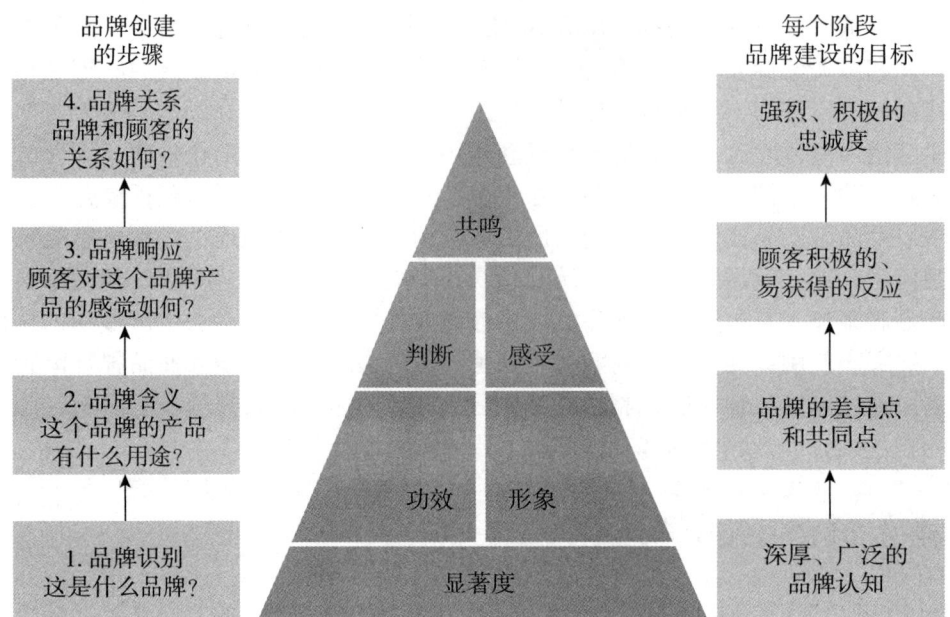

图 2-1 基于顾客的品牌资产金字塔模型

(二) 品牌价值链

凯勒和莱曼提出"品牌价值链"（brand value chain）模型（见图 2-2）。后来，凯勒和莱曼又提出"品牌前因后果系统模型"。两者的共同点在于都以营销活动、顾客心智、品牌业绩和资本市场收益这四大核心组成要素表达品牌价值产生的前因后果关系，不同之处在于后者在前者的基础上增加了反馈效应，并指出了实践中的复杂性和随机性。

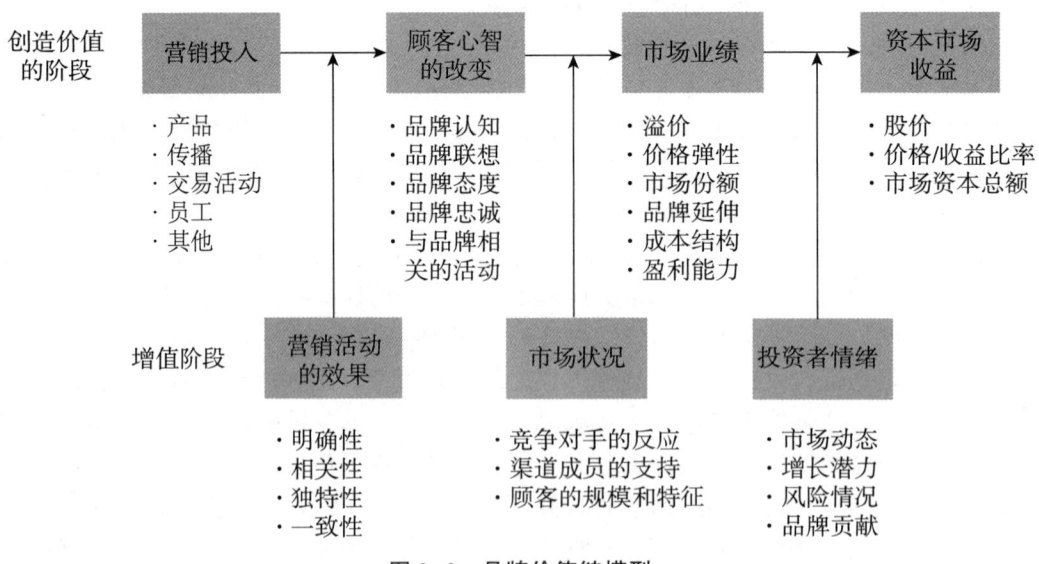

图 2-2 品牌价值链模型

品牌价值链模型以一个全面的、整合的途径表达品牌价值的产生过程。根据这个模型，品牌价值的产生开始于公司的营销活动，其影响顾客，转而影响市场上的品牌表现，最终被基本市场确定价值。在这个过程中，三个重要的"乘数器"调适了这些价值阶段的传递程度。这三个"乘数器"分别是活动质量、市场状况和投资者情绪，其影响可能是正面的，也可能是负面的。为了实现品牌管理的获利性要求，成功地设计和执行品牌资产测量系统是十分关键的。

（三）品牌资产测量

凯勒使用基于顾客的定义，把受制于消费者知识结构的品牌资产来源与品牌资产的市场结果（即以市场为基础的品牌资产）区别开来。于是，学界对品牌资产的评价就分为两派。一派聚焦于品牌的市场评价，他们认为品牌资产测量应该依赖于市场为基础的客观测量，因为消费者的态度和偏好测量在本质上是主观的。另一派则持反对意见，认为一个品牌的部分价值是由消费者给出的评价确定的，因此他们的看法必须考虑进去。

这两派实际上对应于被更多的学者认可的两种测量（目的）角度：组织/公司的角度以及顾客的角度。前者探究的是品牌资产对于公司的价值，是从财务的角度，主要基于未来现金流的贴现盈余来看待品牌资产。这种品牌资产（asset）包含在公司资产中，出现在公司的资产负债表中。后者探究的是品牌对于顾客的价值，这个视角关注的是产品或服务品牌是如何被顾客知觉的。

这两种测量角度间接表达了品牌资产来源与结果之间的关系。按多伊尔的解释，品牌资产来源于顾客对公司品牌的信任，这种信任产生顾客与品牌之间的一种关系，其激励偏好、品牌忠诚和对公司在品牌名下提供新产品和服务的意愿。因此，品牌资产既对消费者产生价值，又对公司（股东）产生价值。这在业界已取得广泛共识：品牌应该被当作一项资产，其在组织的长期的、根本的业务战略中必不可少。

三、基于社群的品牌理论

基于社群的品牌理论从社会学中吸取相关的思想和概念，应用于品牌理论的开发；影响最大的是2000年后提出的"品牌社群"概念和2010年后提出的"品牌浸合"概念，其他如"品牌关系""品牌网络""口碑传播"等都来自社会学。

（一）品牌关系

社会心理视角和关系方法认为，品牌资产来源于消费者与品牌关系的强度和深度。随着关系营销逐步确立了新营销范式的地位，从消费者-品牌关系角度研究和管理品牌资产成为重要方向。1992年布莱克顿（Blankston）在关系营销理论和社会心理学的人际关系理论的基础上，率先提出品牌关系（brand relationship），他认为品牌关系是指消费者对品牌的态度与品牌对消费者的态度之间的互动。弗尼亚（Fournier）认为消费者与品牌之间的关系发展是一个渐进的过程，分为六个阶段，即注意、了解、共生、相伴、分裂和复合。在消费者-品牌关系学术探索和营销实践中，以"时间"作为主轴，顾客品牌关系的进化可以用五个特征性节点简洁描述出来，它们是：感觉—满意—体验—依附参与—

浸合。

弗尼亚（Fournier）开创性地把品牌关系质量定义为：作为一种基于顾客的品牌资产测量，反映消费者与品牌之间持续联结的强度和发展能力。她通过对人际关系概念的改造使之适合品牌领域，并结合定性研究数据，提出品牌关系质量的六个构面：爱与激情、自我联结、相互依赖、个人承诺、亲密感情、品牌的伴侣品质。何佳讯从中国文化价值系统出发，提出中国消费者-品牌关系质量概念模型，其由六个构面组成：社会价值表达（social value expression）、信任（trust）、相互依赖（interdependence）、真有与应有之情（real and assumed emotions）、承诺（commitment）和自我概念联结（self-concept connection），揭示了在中国社会文化背景中消费者与品牌关系的特别之处。

（二）品牌社群

蒙库尔（Mundkur）将品牌互动关系扩展到品牌-品牌、品牌-消费者、消费者-消费者，形成品牌社群关系。莫尼兹（Muniz）最早提出品牌社群这一概念并将其定义为"由拥戴某一品牌的顾客以一定社会关系构成的非地域性专门社群"，同时也指出品牌社群的出现为品牌传播以及提升品牌价值提供了全新的思路。麦克莱森德（Mcalexander）进一步指出品牌社群为其参与者构建了全新的社交网络，并利用该网络传播各种信息与体验，进而提升品牌价值。品牌社群已突破了传统社群意义上的地理区域界限，是以消费者对品牌的情感利益为纽带。尽管社群概念随社会的发展而不断发展，但其主要特征还是由共同的群体意识、仪式和传统、道德责任感三方面组成。

对参与成员来说，品牌社群降低了成员的购买成本，为成员提供了信息，给成员归属感，提高了成员的社会地位，赋予成员一种个性。对企业来说，品牌社群是自然形成的细分群体，品牌社群帮助传播正面的品牌形象，品牌社群是顾客意见反馈通道。影响品牌社群形成及稳定的因素包括品牌体验、社会认同、信息价值、种族或文化差异。根据品牌社群的理论基础和形成机理，企业应当提高品牌社群顾客的让渡价值，充分利用口碑效应来发展品牌社群，履行甚至超越对会员的承诺，挑选会员成为品牌社群的忠诚者。

（三）品牌浸合

21世纪初品牌学中出现的最重要的新概念是"品牌浸合"，又称为品牌融入、品牌互动、品牌契合、品牌誓约等，是反映和统领数字化时代营销和品牌巨大变革的新坐标。在数字化营销和社交媒体环境中，当顾客参与互动时，他们愿意在品牌上投入比在购买和消费时更多的时间、精力、金钱或其他资源。例如，顾客可以选择加入一个与品牌相关的俱乐部，接收最新消息，并与其他用户、品牌的正式或非正式代表进行交流。这些行为可以描述为品牌浸合。顾客浸合的定义虽然有多种说法，但其重点都是指向行为方面。"品牌浸合量表"反映出，"浸合"是消费者和品牌已经浸为一体的一种状态，例如"我心爱的品牌就是我的一部分""我心爱的品牌能够显示我是谁"等。

根据消费者在不同行为中的浸合度，我们划分出顾客浸合的三个层次，第一层次为低度品牌浸合，这类消费者可以称之为对品牌"漠不关心"；第二层次是中度品牌浸合，这类消费者希望了解更多关于产品或服务的信息，或为公司提供一些关于新口味的反馈；第三层次是高度品牌浸合，这类消费者是品牌的"布道者"，他们积极加入品牌社群，或在网站上解决顾客的投诉，帮助其他人找到能满足其需要的合适产品等。另外，一些消费者也可能有负面的品牌浸合，这类消费者可能会以降低购买频率、抱怨产品或服务等方式来脱离品牌，甚至在评论网站上发布关于品牌的负面评论或者劝阻他人购买该产品。

四、基于生态类比的品牌理论

一些学者将自然生态和生物学的概念引入商业研究，如美国的巴斯金（K. Baskin）在1998年提出市场生态和公司DNA的概念，巴斯金的研究角度是公司组织，如果转向品牌，则可能从品牌基因的角度研究品牌化。特别是穆尔（J. F. Moore）在1993—1996年提出的商业生态圈思想，在21世纪孕育出了品牌生态圈思想；里斯在2004年提出了品类品牌化思想。

（一）品牌基因

"品牌基因"理论是将品牌理论与细胞生物学基因理论相结合的一种复合型理论。自然界的物种都有基因，把品牌视为一个商业物种，同样也具有基因。基因决定了物种的基本特性，具备品牌基因才能实现品牌效应，品牌基因决定品牌成长的最终成果。品牌基因是附着在产品上的、在品牌经营中具有显著文化表征且具有遗传特征的信息体系，携带产品基因和文化基因的多种遗传信息，是决定品牌进化的基本依据。品牌基因理论就是将品牌物质化，使产品有自己的品类，以品类的方式去思考，用品牌的方式去表达；将品牌精神化，使产品拥有自己的精神品质和价值。品牌基因包括品牌核心价值和品牌个性。品牌核心价值是品牌的精髓，代表了一个品牌独一无二的价值，也是与其他品牌形成差异化的根本因素。品牌基因是产品资产的重要组成部分，能让大众群体在众多商品中一眼识别，且能产生粉丝效应，驱动客户群体认同并喜欢这个产品。因此，我们必须找到产品的品牌基因，并塑造品牌基因。

（二）品牌生态

随着研究和实践的深入，人们发现品牌与其外部环境构成了一个生态系统，品牌的发展不仅要处理好与直接消费者的关系，而且要处理好与品牌的整个外部环境的关系，有利于品牌与其相关利益者的共同进化和相互提高。1998年，阿克（Aaker）明确提出了基于单个企业品牌系统的"品牌族群"概念，首次将生态学的种群概念引入品牌理论的研究中，指出这是研究品牌的一个全新视角，并指出通过精心地组建相互联系、互相促进的品牌族群，可以创造持续的竞争优势。品牌族群概念整合了品牌延伸和种群生态理论，从动态过程的视角，为基于生态系统的品牌延伸、品牌传播和品牌构建提供了合理解释和有意义的洞见。

1999年，温克勒（Winkler）在其著作中正式提出和系统探讨了"品牌生态系统"的概念和管理问题，并指出品牌生态环境是一个复杂的、充满活力的、不断变化的有机组织。品牌生态系统的结构可以从个体与整体的角度加以描述。个体品牌生态系统主要指基于单个品牌的品牌生态系统，系统边界划定在包括品牌顾客以及品牌供应链与资源供应链之内;整体市场品牌生态系统则描述某特定市场中,由多个品牌系统共同组成的品牌生态系统,包括区域市场品牌生态系统与产业品牌生态系统。品牌系统是一种远离平衡状态的开放系统,能够通过不断地形成新性质或新功能来适应外界的挑战或变化。

社会商业领域的生态圈强调企业的核心平台作用,企业与生态系统内的其他企业是合作共赢的关系,企业之间的竞争不仅是个体竞争,更是协作系统之间的竞争。在社会商业生态系统中,知名品牌的生态系统是最具竞争力的生态子系统,拥有名牌产品数量众多的消费者顾客以及强大的系统成员,因而是社会生态系统中的重要组成部分,在社会商业生态系统中起决定性的作用。品牌生态圈是基于个体企业构建的品牌生态圈,其边界是基于个体品牌构建的生态系统,即顾客、供应商、经销商合作伙伴、政府、股东等共同构成的品牌供应链与资源供应链上的利益相关者圈层,其核心支撑平台即企业内部的品牌系统。

(三) 品类品牌

2004年,艾·里斯与劳拉·里斯的著作《品牌的起源》出版,书中指出:自然界为商业界提供了现成模型。品类是商业界的物种,是隐藏在品牌背后的关键力量,消费者"以品类来思考,以品牌来表达",分化诞生新品类,进化提升新品类的竞争力。他进一步指出,企业唯一的目的就是开创并主导新品类,苹果公司正是开创并主导新品类取得成功的最佳典范。这本书表达的思想就是商业和品牌世界演化的达尔文主义,是里斯类比生物进化而对品牌化做出的一种新的逻辑推论。

里斯的新主张包括四个要点:第一,分化才是商业发展的动力;第二,分化出新品类是创建品牌的唯一方法;第三,创建品牌就是要成为新品类的开创者或代名词;第四,品牌大树是由品类的不断丰富而形成和壮大。里斯的观点是:品牌=品类+品牌名称。一个企业品牌一旦成为某个(新)品类的代名词,企业就成功创建了品牌。里斯品牌创立法则的核心思想可以表述为:开拓新品类以及品牌要成为顾客对某品类的第一联想。不难看出,里斯的品牌战略是他的定位战略的发展和升华,因为他进一步明确了要在顾客心智中建立的"第一联想"就是"品类联想"。从品牌实战的角度,里斯的品牌化战略不仅是创新的,而且常常是有效的,因而他获得了商业世界的积极肯定。

五、基于文化的品牌理论

社会心理学的文化视角立足于文化来建立新的品牌理论,是强调社会心理学的文化学术视角。品牌作为文化符号,开始于1986年帕克教授提出品牌的符号象征意义。欧洲学者首先开拓了这个视角而有所收获,美国学者也开始注重这一方向,2013年,托雷利(C. Torelli)的著作《全球化、文化和品牌化》提出文化资产(culture equity)是品牌全球化的杠杆;2017年,斯廷坎普在其著作《全球品牌战略》中凸显出文化变量的关键作用。

(一) 品牌文化

品牌文化指的是在与某一品牌有关的群体成员之间形成的一种与品牌有关的共同知识、信仰、价值观、仪式等的总和。品牌文化不等于企业文化,但属于企业文化的范畴,而民族文化是品牌文化的根基。品牌文化由品牌物质文化、品牌行为文化和品牌精神文化三个部分构成。其中品牌物质文化属于表层文化，品牌行为文化属于中层文化，品牌精神文化属于核心文化。品牌物质文化、品牌行为文化和品牌精神文化构成了一个完整的品牌文化体系，彼此互相影响、互相渗透。品牌精神文化是品牌行为文化和品牌物质文化产生的基础，品牌行为文化是品牌物质文化和精神文化的动态反映。品牌文化不仅能够满足消费者的物质需求和精神需求，而且能够帮助品牌实现深层次的差异化，还能够影响包括消费者在内的与品牌相关的群体，提高品牌的竞争力。

（二）品牌精神

品牌精神是指消费者对品牌所蕴含的意义、象征、个性、情感等综合文化因素的认知。品牌精神决定品牌个性、品牌形象、品牌态度，以及品牌在营销活动中的行为表现。品牌精神既是决策者对事物的认识，也是企业长期发展过程中全体员工自觉实践形成的，表现内容可以是具有代表性的人物、事件、信念、思想等。品牌精神受不同的经营领域内容、方式、历史传统和现实追求的制约而具有差异性，是品牌在生产经营活动中逐步形成的具有个性化色彩的思想表述，例如在竞争观念、质量观念和创新观念等方面的认识。品牌精神满足了消费者情感和心理层面的需要，成为竞争的关键要素。品牌精神的共鸣从消费者的情感需要出发，帮助消费者达到情感上的满足，使消费者的情感依赖转化成品牌依赖，不断提升品牌在消费者心中的好感度。

（三）品牌价值观

品牌价值观是人类价值观对品牌概念的解释，是品牌与消费者的价值观互相影响的产物，其决定着品牌的个性特质，决定着品牌将成为什么样的品牌，是品牌精神文化中的核心。从消费者的视角看，品牌价值观是由企业提出的、消费者感知到的一系列价值观条目在品牌中的体现程度与消费者赋予各价值观条目重要性的总和；是某一消费群体对某一品牌长期倡导的主流思想或主流理念的认可、接受和信任。从企业视角看，企业品牌价值观来自组织传统和文化，是一种管理工具和手段，是为实现品牌使命而提炼出来并予以倡导的，是企业文化在品牌上的集中体现。因此，品牌价值观是结晶在品牌产品生产、销售、服务等价值链活动中的价值观念形态的总和；是品牌在追求经营成功的过程中所推崇的基本信念和奉行的目标，是品牌经营者一致赞同的关于品牌意义的终极判断。从整体视角看，品牌价值观是组织价值观与消费者价值观相互作用的结果，是企业管理层希望在企业内部根植的、被外部消费者感知的组织核心价值观。

2.1 现代品牌学术思想的九座里程碑

从过去到未来，影响品牌发展的重大因素有三个，其一是顾客；其二是颠覆性技术；其三是文化。一般而言，品牌理论的未来发展离不开三个维度：经济的、技术的、文化的。品牌思想和理论的未来，就是以下三个维度的发展交汇和整合。第一，基于品牌资产的品牌理论方向。以"品牌资产"为核心的方向，是20世纪80年代开创的现代品牌理论的继续深入，基本是在经济-管理维度上继续深化展开。第二，基于技术的品牌理论方向。颠覆性技术（互联网—数字化技术—人工智能）的问世，数字化和智能化时代的到来，促使品牌理论从技术维度跨入崭新的境界，呼唤技术人才加入营销学者的共同体中。技术基因将会如何改变现代品牌理论？从大数据对消费者的实时精准"画像"、智能商业的数据自动生成和智能平台取代自然人就可以初步感觉到，其前景将是充满挑战且魅力巨大的。第三，基于文化的品牌理论方向。品牌文化的方向尽管早已发端，却发展迟缓，虽然前景诱人，却尚未有重大的突破，在人工智能时代，品牌文化的价值在于可以为保留人类的人文精神和人类文化情感而大放异彩。基于文化的品牌研究已经挖掘出一个引人入胜的新主题——品牌与幸福（感）的关系研究，从市场经济的角度来看，品牌是增加或激起人的欲望的东西，品牌可以满足人更大的欲望。

2.2 运用马克思主义指导中国特色品牌学知识体系构建

第四节　品牌管理

一、品牌管理及特征

品牌管理是指品牌主体（企业、个人、区域等）对品牌设计、延伸、维护、推广等与某一个品牌发展过程相关的各种活动进行有效的计划、组织、协调、控制。品牌管理具有系统性、长期性、战略性三个特征。

（一）系统性

品牌管理是一项系统工程。从品牌关系而言，它是涉及所有品牌利益人的关系系统；从品牌价值链而言，它涉及采购、生产、营销、财务、人力资源等价值链的各个环节；从品牌管理的范围而言，它从最初的原材料选择一直延伸至最终的用户服务，涉及企业的整体业务规划；从管理参与者的广度而言，它涉及品牌管理机构各个部门的所有人员，更是一个庞大的系统。作为一项系统工程，品牌管理需要企业科学、严谨地遵循品牌创建及发展规律，从战略角度出发，持之以恒地进行品牌发展规划，以提升企业品牌的核心竞争力。

（二）长期性

品牌管理不是一个短期工程，其创造与运营并非一蹴而就、立竿见影，而是需要企业持之以恒、长久统一地进行。作为企业发展战略之一的品牌战略，更是一场持久战，往往需要经过几代人的努力。以完善品牌美誉度和提高品牌忠诚度为指数，扎扎实实地培育、塑造和管理品牌，才能使品牌健康、稳定、快速地发展，实现品牌价值的最大化。

（三）战略性

随着市场竞争的加剧，企业管理者越来越强调将品牌运营上升到公司战略，即将品牌作为企业核心竞争力，以获取差别利润和价值。从品牌管理的战略性地位来说，强势品牌都把品牌管理上升到战略管理的高度,设立战略性品牌管理部门。其主要职责包括:制定品牌管理的战略性文件,规定品牌管理与识别运用的一致性策略方面的最高原则;建立母品牌的核心价值及定位,并使之适应企业文化及发展需要;定义品牌架构与沟通组织的整体关系,并规划整个品牌系统,使企业每一个品牌有明确的定位;解决品牌延伸、提升等方面的战略性问题;进行品牌检验、品牌资产评估、品牌传播的战略性监控等。

二、品牌管理的发展

在过去近一个半世纪的品牌管理发展历史中,品牌管理存在多个阶段的划分。20世纪80年代中期以来,美国大量企业兼并和收购活动的发生,促使"品牌资产"(brand equity)概念出现,提高了过去相对为人所忽视的品牌在整个营销战略中的作用,引发了营销人员对品牌管理的兴趣和研究人员对品牌研究的重视。

中国改革开放以来,随着市场经济制度的建立与发展,竞争日益加剧,越来越多的中国本土企业开始关注品牌,品牌发展历程大致经历了品牌意识启蒙、自主品牌创立、品牌市场竞争、品牌国际化以及品牌全球化与数字化等阶段。在不同阶段,品牌的角色以及品牌管理的目标、任务与能力要求都存在明显差异,归纳起来大致可以分为品牌作为传播、营销以及战略三个阶段。

(一) 品牌作为传播阶段

在这个阶段,企业把品牌作为销售(推广)的工具,以品牌知名度提高产品的市场占有率。这个阶段的品牌管理人员往往是企业基层员工。企业如果处于这一阶段,提升管理的方式是以完善营销管理职能、强化整合营销沟通(IMC)为核心进行品牌管理。这种管理模式适合大多数中小企业,特别是刚创立的新公司。中小企业往往资源和实力有限,不可能进行大规模的品牌投资,因此,宜以强化营销沟通职能、提升整合营销沟通水平为品牌管理的核心任务。这个阶段的品牌管理实际是品牌传播,首先是把品牌传播当作广告和其他传播手段的交叉使用;其次是着眼于塑造品牌形象的传播;最后是真正的整合营销传播,表现为外部沟通与内部沟通保持一致,线上传播与线下传播联动整合。其中一个核心的要求是,从终端用户而非公司的角度来规划传播,即从以产品类别为基点转变到以目标市场为基点。

(二) 品牌作为营销阶段

在这个阶段,企业把品牌作为营销工具,以品牌定位建立营销战略,并通过品牌体验建立良好长久的顾客关系,衡量指标是品牌资产。这个阶段的品牌管理人员往往是企业的中层管理人员。企业如果处于这一阶段,提升管理的方式是以强化营销管理职能、推行全方位营销管理为核心进行品牌管理。这种管理模式适合已有较长时间品牌传播经验但往往还存在着营销职能不全、缺乏营销战略计划等情形的企业。这类企业要实施品牌管理,当务之急是建立一个强大的市场营销部门。除了销售部门外,营销部门要依赖大量的市场调研和商业分析从事新产品开发、包装设计、顾客服务、通路设计等。企业在不断完善营销职能、提高营销水平的过程中进行品牌管理。在当前环境下,迫切需要建立和完善数字营销职能，甚至成立独立的数字营销部门。

（三）品牌作为战略阶段

在这个阶段，企业把公司战略与品牌战略融合起来，以建立品牌领导地位、提升品牌价值为目的进行全方位管理。这种模式适合我国管理基础良好的大中型企业。这类企业比较强大，拥有竞争优势，在行业中排名靠前，正迈向或者已经国际化，追求更高、更长远的发展。其有完善的营销管理职能以及各方面的营销专家，有明确的战略目标。在这一阶段品牌管理人员处于企业的高层位置，或者直接由 CEO 负责品牌战略，往往建有一个专门的部门（委员会）或团队来负责品牌管理。其主要职责是把公司战略落实到品牌战略中，具体包括：制定品牌政策（包括品牌并购），建立品牌身份系统，导入并实施品牌导向，规划品牌架构和品牌系统，建立业务战略与品牌战略的关系，进行品牌审计、品牌战略性监控和品牌价值评估，等等。在品牌作为战略阶段，企业还需要认真研究公司治理、内部控制对品牌战略发展与价值变化的关系。

三、品牌管理的组织关系

品牌管理的整体架构中有三大组织关系要素：消费者、公司和合作联盟，如何有效地对其进行组织和管理，关系到品牌战略管理的成效。

（一）消费者

通俗地讲，品牌资产就是消费者与品牌的关系。品牌的竞争力来自消费者的支持、肯定与欣赏。唯有和顾客建立长久而亲密的关系，才能掌握持久优势。因此，在创造品牌价值的时候，应该把消费者当作战略的核心，经常与消费者保持接触，展开调查，洞察消费者需求的变化。因此，品牌管理要通过在线环境和技术，建设发展顾客数据库，建立高效消费者回应系统，从而更好地管理顾客满意度。

（二）公司

品牌战略需要企业在组织上予以保证，设立品牌管理系统。每个品牌由一位品牌经理负责，并配备品牌工作团队，全面负责品牌管理的各项工作，如制定品牌的各项计划、负责组织产品的设计开发、市场（特别是竞争对手）调查，协调生产、储存、原料采购、产品销售和售后服务等。当品牌工作团队里的每一个人都能不断提升、聚合与品牌相关的知识、智慧和经验时，品牌自然会富有竞争力，变为强势品牌。

（三）合作联盟

与合作单位的关系状态，影响到品牌决策的效力。通常，品牌建设和发展要与渠道商、传播代理商（也包括品牌顾问公司等）、其他品牌和跨国联盟等建立关系。在数字化环境下，传统企业要积极创立数字化交互平台，实现数字化转型。由于平台的基本特性是资源的连接器，因而平台如何组织资源并有效提供给顾客，成为竞争优势的焦点所在。不论是纯数字化企业，还是传统企业，构建数字化交互平台都是企业提高利润、提升顾客体验、创造竞争优势的有力手段。

四、品牌管理的组织方式

品牌管理的组织形式根据品牌的成长阶段、产品的类别多寡、企业规模等因素进行不断的调整，并安排人员组织品牌设计、品牌定位和品牌传播等活动，确保品牌形象和管理方案的有效实施。以下是一些被证明有效、适合不同企业的品牌管理的组织方式。

（一）品牌经理制

1931 年，宝洁公司为防止品牌之间相互雷同的品牌组织方式，由品牌管理者麦克·埃罗伊起草了具有历史意义的"品牌管理备忘录"，其核心思想是为每一个品牌设置一名经理，具体负责分析研究消费者、竞争者和市场环境，制定品牌管理具体方案；制定品牌年度营销计划，确定广告和销售代理商，策划广告方案和宣传活动；激励品牌的销售队伍和经销商，收集有关客户、竞争者经销商等方面的信息，不断寻找新问题和新机会；组织产品的改进和创新计划，适应不断变化的市场需求。现在，这种品牌经理制已经被全世界很多企业继承和演绎。美国强生公司、法国娇兰公司、美国福特公司、美国通用公司等先后采用了这一管理方式。近年来，江苏森达、上海家化等知名企业也相继采用了这种品牌管理制度。

（二）品类经理制

20 世纪 80 年代后期，品牌经理制的弊端逐渐显现出来，宝洁开始探索是否有更好的品牌管理组织方式，品类经理制应运而生。品类经理制是品牌经理制的演变，也称为"品牌事业部制"，是指为多个品牌构成的一个产品类别，设置一名经理，由其负责该品类的管理和盈利。品类经理制与品牌经理制本质上是一样的，都是设置专职管理人员来负责品牌管理，而且都是由各职能部门人员共同组成的一种矩阵式管理组织形式；不同之处在于品牌经理制是负责具体一个品牌的管理，而品类经理制是负责几个同类产品的品牌管理。

（三）首席品牌官制

21 世纪初，一些跨国公司的品牌管理组织又演变成一种新的模式，这种模式由高层管理者直接担任品牌负责人，称为首席品牌官（CBO），首席品牌官下面设置品牌管理委员会，各职能部门和各品类负责人担任委员，注重各品类以及各职能协调，还聘请品牌方面的专家学者作为"外脑"。首席品牌官是企业品牌管理的顶层组织，负责品牌战略制定、建立品牌定位及核心价值、确定品牌架构及整体关系、制定品牌危机预案，及时为决策层提供品牌信息和其他具体的品牌管理工作。另外，有些跨国公司把品牌经理的概念扩展到全球范围，在每个国家设立一个全国品牌经理（national brand manager）在各自的国家维护品牌，企业还设置一个全球品牌，负责在全球建立品牌形象，确保每个国家的子公司忠诚于整体的品牌战略。

思考与讨论

1. 品牌学融合了哪些学科？不同学科视角的品牌理论有哪些？它们之间有何差异？
2. 工商业界、学术界和政府对品牌认识是一致的吗？如果不一致，它们之间有何差异？
3. 品牌管理的发展经历了哪些阶段？品牌管理的组织方式有哪些？两者之间有何关联？

第二篇

品牌创建

第三章

品牌定位

审名以定位,明分以辩类。

——《韩非子·扬权》

学习目标

知识学习目标:
1. 理解品牌定位的定义,了解品牌定位思想的演进。
2. 了解品牌定位的过程。
3. 了解不同角度的品牌定位策略。
4. 掌握发展品牌价值主张的方法。

能力培养目标:
1. 能够辨析品牌定位与相关概念的关系。
2. 能够为一个新品牌确定品牌定位。

价值引领目标:
1. 引导学生确立正确的人生定位。
2. 引导学生理解国家发展的宏伟目标。

导入案例

管他剑宗气宗,能打赢最好

定位:有人深信不疑,有人深疑不信

成功的商人,比的就是谁能够率先找到信息差。任何事情不要忘了基础概率,一件事情的发生概率=基础概率×本身这个事情的概率。

品类是生意的基础与天花板,在一个没落的行业里,你无法逃出生天——品类的基本盘在很大程度上决定了成败的概率。在一个市场被验证过的成功,往往在另一个市场也更容易成功,或者成功的概率更大。2017年推出轻功能茶饮"燃茶",对标日本伊藤园与三得利的茶饮料;2018年上线无糖气泡水"元气森林",巴黎水+圣培露+0度可乐;2019年定位"0蔗糖""0防腐剂""低脂肪"的"乳茶",对标日式"乳茶";2020年力推能量

饮料"外星人电解质水",对标 Monster。

定位:识别并占据一个有利于自己的位置

对于元气森林来说,第一个无糖气泡水就是他的有利位置;对于三顿半来说,第一个精品速溶咖啡就是他的位置;对于妙可蓝多而言,占据奶酪棒成为领导者就是他要去的位置;对于妙飞来说,在与妙可蓝多的竞争中占据0蔗糖这个点就是他的位置。再比如,对于蜜雪冰城来说,这个位置是1万家渠道店的规模优势造就的极致性价比(低价本身不是战略,基于规模优势的低价策略才是战略);对于同样是奶茶的和颜悦色来说,守长沙比战武汉更有价值,成为长沙文化的代表是和颜悦色的绝佳位置。

一个生意首先是占据一个相对优势的位置。从行业上看有行业市场价格段、从品类上看有品类分化与品类特性,从竞争角度看有前浪在、更有后浪来。孙子兵法讲:知战之地,知战之日可千里会战。知道在哪里开战、选择在哪里开战,比开战这个动作更重要。

资料来源:后山客居,新消费品牌:11个多元思维框架,有改动。

第一节 品牌定位概述

一、品牌定位的概念

(一)定位概念的起源与定义

"定位"的概念源于1972年艾·里斯(Ai Ries)和杰克·特劳特(Jack Trout)在美国专业期刊《广告时代》上所刊载的一系列有关"定位时代"的文章。里斯与特劳特的定位学说最初应用于产品定位,是基于对本产品与竞争产品的深入分析和对消费者需求的准确判断,从而确定产品与众不同的优势及其在消费者心目中的独特地位,并将其传达给目标消费者的动态过程。该理论认为,消费者头脑中存在一级一级的小阶梯,他们将产品在小阶梯上排队,而定位就是要找到这些小阶梯,并将产品与某一阶梯建立联系。定位理论的提出开创了一种新的营销思维和理念,被评为"有史以来对美国营销影响最大的观念"。

所谓品牌定位,就是对品牌进行设计,从而使其能在目标消费者心目中占有一个独特的、有价值的位置的行动,或者说是建立一个与目标市场有关的品牌形象的过程与结果。品牌定位是市场营销发展的必然产物与客观要求,是品牌建设的基础,是品牌成功的前提,是品牌运作的目标导向,是品牌全程管理的首要任务,在品牌经营中有着不可估量的价值。因此,品牌定位理论自诞生之日起就发挥着重要的作用,甚至被提升到品牌经营战略的高度。每个品牌都必须有一个清晰准确的定位,以便在宣传推广时能向消费者传达有效的信息。可以说,品牌经营的首要任务就是品牌定位。

(二) 品牌定位概念辨析

1. 品牌定位与市场定位

定位概念提出后，在市场营销领域形成了从市场细分、目标市场选择到市场定位的三个步骤，也通常被称为营销战略的构成。市场定位就是公司根据竞争者的情况而在市场上采取的差异化竞争战略，借此占有特定资源，从而在产品市场建立自身优势。品牌定位关注的是如何创造与改变消费者对某公司产品或品牌的感知或认知。相对于市场定位关注企业自身及其竞争者的客观态势，品牌定位更加关注品牌在顾客心智中的概念或形象。

2. 品牌定位与产品定位

在产品同质化越来越严重的今天，企业在生产产品之前，就要想好自己产品的目标购买者是谁，从而做到与竞争者相比在产品质量、性能、款式、用途等方面的差异化。这一过程叫作产品定位。产品定位在于该产品的利益和价值，如果没有创新，那么这种利益和价值可能是品类共有的利益和价值。品牌定位在于品牌独特的价值，品牌定位以产品定位为支撑和依托，但往往从超越产品价值的层面对品牌进行定位，即品牌附加值定位，由此为品牌的长期发展奠定基础。

3.1 李宁的三次品牌定位调整

二、品牌定位思想演进

品牌定位思想的历史演进经历了心理定位、竞争定位和全面定位三个阶段，理解他们之间的区别和联系十分重要。

(一) 心理定位

该定位战略由艾·里斯和杰克·特劳特提出。心理定位战略认为定位的基本原则不是琢磨产品，而是洞悉并操纵顾客心中的想法。这种"定位"是把功夫下在产品问世之后，目的是让产品在消费者心智中牢牢占据一席之地。例如，美国维克制药公司的研究人员发明了一种能够治疗感冒的糖浆，不但能祛痰，也能止住泪水，但副作用很大，患者服用后昏昏欲睡。按里斯和特劳特的定位方法，只需为这种产品取一个对传达定位概念有效的名字"夜宁"，广告只要强调它是"第一种夜间使用的感冒药"就可以了。

心理定位的有效性建立在对消费者心理法则和心理机制的掌握和运用上。例如，有一个基本法则是"第一法则"，因为"第一"容易被记忆，所以要把产品、品牌定位在第一；还有一个法则叫"品类法则"，在原有品类中已存在很多强大成熟品牌，品牌在该品类当中缺乏竞争优势，很难在消费者心中占据独特的位置时，可以选择开创新品类来获得第一的地位，一旦成功就很容易在消费者心目中占据位置，因为消费者有对事物进行分类的基本心理。

对整个品牌定位来讲，产品、价格、渠道、促销等工作是前面90%，心理定位则是最后的10%。前面的工作做得再好，仍然需要运用恰当的传播方式，以一个比较明确、直接、鲜明的说法，解决品牌进入消费者心里的最后的10%问题。而这最后的10%的工作可以通过心理定位来完成，因此，尽管心理定位存在只考虑心理法则，而未解决产品、价格、渠道等其他问题的局限性，但还是有其应用价值。

元气森林：通过品类创新打造第一品牌

在消费者日益注重健康的趋势下，传统软饮料的销量已经大幅下滑。近些年来，健康饮料已经成为很多公司重点发力的方向。但以往的健康饮料都不具备系统性，大多只是单点突破。元气森林则是开创了全新的"0糖、0脂、0卡"气泡水品类，使用了天然甜味剂——赤藓糖醇，在饮料健康化的基础上还能保证很好的口味。产品的整体风格借助了日本心智资源，用日本的语言风格，请日式的代言人，这对于年轻的女性群体有极大的吸引力。无论从产品概念、包装风格，还是从传播方式来看，元气森林都是以往从来没有过的新品类。元气森林正是通过打造新品类，占位"无糖专家"，抢先占据无糖饮料专家、领导者身份，抢占消费者的心智。

资料来源：作者根据网络资料编写。

（二）竞争定位

与心理定位在产品问世之后再考虑定位，通过推广与广告手段促进达成销售的逻辑不同，竞争定位战略强调"必须从零开始，开发所有的营销组合（4P），使产品特色确实符合所选择的目标市场"。从实践的角度，企业可以从产品、服务、人员、渠道和形象等各个方面开发差异点，建立竞争优势；即依据定位开发出产品、定价、渠道和促销，使各个元素协调一致地执行，恰如其分地整合在一起。

营销管理框架的基本逻辑是先进行宏观环境分析、中观环境分析和微观环境分析，然后进行市场细分、选择目标市场以及定位，最后在定位的基础上实施营销组合（4P）策略。在该逻辑框架中，在进行定位的时候还未有产品面世，此时的定位只是一种抽象地存在于头脑中的价值、概念或者说谋略。

品牌定位需要进行三方面的考虑：目标市场、竞争以及建立在功能利益和情感利益基础上的品牌价值主张。因此，选择目标细分市场之后应当考虑到与之相关联的竞争范畴。一是要根据自己的资源、基础和能力进行选择；二是竞争范畴分为种类、产品线类型等不同的层面，在选择时不能过于狭窄。竞争范畴不同，涉及的定位概念不一样，品牌定位的价值也不一样。

猫人定位科技内衣 速取行业战略高地

从老牌的爱慕、都市丽人、曼妮芬，到新锐品牌Ubras、蕉内、内外，内衣行业竞争异常激烈。为摆脱同质化竞争，猫人定位为科技内衣领先品牌，将内衣行业划分为"传统内衣"与"科技内衣"两大阵营，推动猫人迅速跻身内衣行业新趋势的引领者，大幅提升企业的竞争势能。明确科技定位之后，猫人在战略配称上做出一系列升级，不断加大资源投入，推广科技爆品。从采用中空翼暖科技的热八度暖衣，到蜂巢科技文胸，持续引领内衣行业科技浪潮。在门店方面，猫人重新进行渠道布局，在武汉开出全球第一家科技内衣旗舰店，采用新锐科技形象，彰显科技内衣全新定位，门店销量迅速引爆。未来，猫人将继续围绕科技方向，持续展开业务深耕与研发创新，打造千亿猫人。

资料来源：作者根据网络资料编写。

（三）全面定位

公司通过差异化利益可以满足所选择的目标市场的需求，却并不能把竞争对手的目标市场吸引过来，因为它们需要另外的差异化利益。全面定位认为在一个定位的价值当中有两种利益或者两种联想，一个是差异点联想，另一个是共同点联想，二者共同影响到定位确定怎样的价值组合。若想全面赢得竞争优势，品牌需要对二者进行综合考虑。

差异点联想指的是那些深深植入消费者头脑中，并受到赞誉的、独特的品牌联想。这些差异点可建立在任何一种类型联想的基础上——属性、利益或者态度，联想的层次越高、越抽象，就越有可能成为一种长期的品牌资产来源。共同点联想指的是那些不一定为品牌所独有，而可能与其他品牌共享的联想，分为两种。一种是产品大类共同点联想，即在某特定的产品大类中，消费者认为是合理的、可信任的产品所必须具有的联想，它帮助品牌建立起与品类的密切联系。另一种是竞争性共同点联想，即那些用以抵消竞争对手差异点的联想。也就是说某品牌针对竞争对手设计的品牌联想要和竞争品牌的品牌联想一样深入人心，同时，要建立另外的同样有力、受欢迎且独特的联想作为其差异点，这样该品牌才能占据比较优势。换言之，关键在于将竞争对手的差异点化为己有。

值得重视的是，建立竞争性共同点联想相比建立差异点联想更难。通常意义上的品牌定位环节，与其说是建立差异点联想，还不如说是建立必要的竞争性共同点联想。拥有差异化的优势，很多时候并不是一个很明显或强大的优势，因为差异点联想所对应的市场和发挥作用的机会较小。在很多情况下，尤其对于中小企业的初创阶段来讲，建立差异化优势是无可非议、常用并有效的；但如果品牌谋求其市场上的领导地位，那么建立共同点联想更为重要，实际也更难。通常，行业的标准与发展趋势是由大公司引领的，它们引领的即是竞争性共同点联想或者说品类共同点联想。所谓主流，是指具有品类的共同点联想；而非主流，可以只考虑差异化优势。通常我们说的"短板"，指的是在竞争性共同点联想方面存在的欠缺。在品牌战略升级实践中，我们需要重视差异点加共同点的定位战略。

第二节　品牌定位过程

品牌定位对于打造成功的品牌至关重要。从战略上确立品牌定位过程可以按照消费者洞察、企业与竞争者分析、品类决策的步骤展开。

一、消费者洞察

里斯强调，定位不是去创作某种新奇的、与众不同的东西，而是去操作已存在于受众心智中的东西，以受众心智为出发点，以顾客需求为导向，寻求一种独特的定位。因此确立定位的首要步骤是洞察消费者的内在需求。所谓消费者洞察，即发现消费者的显性需求和隐性需求，为发现新的市场机会、找到新的战略战术提供条件，从而成为能够提高营销成效的有效途径。

消费者洞察的内容主要包括消费者的特征辨析和识别、消费者的心理（动机、需求态度等）、消费者的行为（是什么、为什么、影响因素、变化趋势等）等。菲利普·科特勒说过，营销就是在满足需求的同时获利。由此可见，需求才是消费者洞察的核心，因此，我们可以通过马斯洛（A. H Maslow）的需求层次理论来洞察消费者的需求。马斯洛提出人一共有五种基本需求，从低层次到高层次依次为生理需求、安全需求、社交需求、尊重需求、自我实现需求。一个人同时会存在多种需求，但在某一个特定时期每种需求的重要性并不相同，所以人们会优先追求居主导地位的需求的满足；而且一般而言，人类的需求由低层次向高层次发展，低层次需求得到满足以后人们才会追求高层次需求的满足。在进行品牌定位的时候，消费者需求洞察的重点在于找到消费者未被满足或未被充分满足的需求，这才是让品牌在消费者心智中占据独特位置的关键。

对国货品牌感兴趣人群的类型及特征如表 3-1 所示。

消费者洞察可以使用传统的方法，比如问卷调查、小组讨论、深度访谈等；也可以借助大数据、人工智能等技术进行消费者洞察。由于在效率和精准度等方面更有优势，使用大数据和人工智能技术的消费者洞察方法越来越受欢迎。通过数据挖掘、机器学习和适合的算法，大数据和人工智能技术不仅可以精准地完成用户画像，勾勒出顾客的人口统计学、心理以及行为特征，还可以有效地识别和预测消费者的需求，帮助提高品牌决策的准确性。比如，使用了人工智能技术的数据分析平台 SAS Viya，已经可以实现在消费者洞察的基础上提高消费者需求预测的准确性，从而帮助企业增加利润、降低库存水平并与客户建立更有意义的连接。

3.2 消费品与零售行业中国消费洞察五大趋势

表 3-1　对国货品牌感兴趣人群的类型及特征

人群类型	人群特征
次元文化者	二次元、cosplay、模玩手办、洛丽塔、jk
颜值主义者	CHIC 风、设计风格、白瘦幼
趣味养生者	健身、瑜伽、养生滋补、无糖、萌宠
精致生活者	居家控、黑科技、收纳、智能家电
国风潮范者	国漫、汉服、中国风

资料来源：赵致毅. 新国货：品牌打造、跨界创新与营销重构［M］. 北京：化学工业出版社，2022. 有改动。

二、企业与竞争者分析

分析企业与竞争对手之间的优劣势，找到不同品牌之间的差异，是品牌定位需要完成的重要战略分析工作。在品牌定位的任务情境下，关于企业的调研主要聚焦于与品牌有关的现状方面。调研内容主要包括企业的产品特征，企业现有的目标市场，企业在消费者心目中的品牌形象，企业现有的品牌传播策略，企业现有的品牌知名度、美誉度以及忠诚度等。针对竞争者的调研主要包括企业的主要竞争品牌、企业在竞争中的地位、竞争品牌的产品特征、竞争品牌的品牌定位与品牌形象、竞争品牌的传播策略等内容。

品牌定位图能够准确、直观地指出企业的主要竞争品牌在消费者心智中的位置，是一种直观的、简洁的定位分析工具。其一般采用平面二维坐标图对品牌识别、品牌认知等状况做品牌之间的直观比较，以解决有关的定位问题。其坐标轴代表消费者评价品牌的特征因子，图上各点则对应市场上的主要品牌，其在图中的位置代表消费者对其在各关键特征因子上的表现的评价。品牌定位图的制作包括两个步骤。第一，确定关键的特征因子。企业需要通过市场调查了解影响消费者购买决策的因素及消费者对其重视程度，然后通过统计分析确定出重要性较高的几个特征因子，再从中进行挑选。第二，确定各品牌在定位图上的位置。选取关键因子后，接着就要根据消费者对各品牌在关键因子上的表现的评价来确定各品牌在定位图上的坐标。当然，在确定位置之前，要保证各个品牌的变量值已量化。

除品牌定位图外，ZMET 技术也被广泛应用于与品牌有关的问题。ZMET 技术是查特曼隐喻解释技术（Zaltman Metaphor Elicitation Technique）的英文缩写，诞生于 1995 年。这一技术提出的理论依据是，80% 以上的人类沟通是非语言的，因而传统的问卷调查、焦点访谈、个人深度访谈等都不能很好地获得人们内心深处的真正感受。为此，哈佛大学商学院的查特曼教授提出，消费者调查最好用非语言的方式让他们表达内心的思想、观点、感觉和情感。ZMET技术的操作流程如下。首先，利用计算机动画技术或照相机拍摄几幅图片，代表品牌可能象征的意义。其次，请接受测试的消费者选择，哪一幅画能恰当地表达该品牌。被测试的消费者一般为20~24人。接着利用凯利（Kelly）的记忆联想测试技术来解释选择的背后原因。最后，根据测试分析结果画出一个心智思考图。

能够帮助我们进行品牌定位分析的工具有很多，除品牌定位图和ZMET技术外，还有品牌定位排比图、投射技术等。由于限于篇幅，本书不再对其他的品牌定位分析工具进行详细阐述。

三、品类决策

在对顾客、自身及竞争对手有了充分了解以后，企业接下来就应该根据前期分析结果制定自身的定位方向：到底是在原有品类上与已有品牌进行竞争，还是创建一个新的品类？不管是与原有品类的已有品牌进行竞争，还是创建新的品类，企业都要先建立竞争参照系，确定品牌差异点，然后作出是否进行品类创新的决策。

（一）界定竞争参照系

界定竞争参照系的起点是确定品类成员（category membership），品类成员即品牌与之竞争的产品或产品集合，以及功能与之相近的替代品。典型的定位方式是在陈述产品的差异点之前，告知消费者品牌的成员资格。不同的品类成员资格决定了会有不同的竞争参照系以及不同的差异点。有三种确立品牌品类成员资格的方式：第一，宣传品类利益。例如，香水的基本利益点是"香味"，药品的基本利益点是"疗效"，洗衣粉的基本利益点是"衣物清洁力"。第二，与榜样比较。利用品类中现有的知名或高档品牌来确定自己的品类成员身份。第三，依赖产品说明。例如，福特汽车公司推出一款全新汽车X-Trainer，结合了SUV、小型货车和旅行车的优良性能，为使其区别于探险者和乡绅型汽车，将这款汽车定位为"运动型旅行车"。

（二）确定品牌差异点

一种有效的市场定位策略需要将市场品类具体化。同时，该品牌还应该优越于其他竞争品牌，形成与众不同的竞争点。差异点是指顾客能强烈联想到的、给予积极评价的、竞争性品牌不具备的品牌特征或利益。无论是采用建立新品类的定位方向还是采用进入原有市场的定位方向，品牌都必须具有与众不同的差异点，才能有效地吸引消费者。一般而言，选择差异点需要考虑两个重要的因素：差异点对消费者有吸引力；消费者相信产品能实现差异点。

吸引力包括相关性、独特性和可信度三个方面。相关性是指目标消费者必须感觉和发现品牌的差异点和自身是相关联的，且很重要。独特性是指消费者感受到品牌的差异点具有独特性和优越性。可信度是指一个品牌要能给消费者提供一个可信的理由来选择。可传达性包括可行性、沟通性和持续性三个方面。可行性是指企业能实际创建出品牌的差异点。沟通性是关于能否向消费者很好地传达品牌及其相应联想的问题。持续性是关于能否长期实施某种定位的问题，取决于企业使命、资源利用状况、外部市场力量状况等多种因素。

（三）是否构建新品类

并非所有产品都适合采用品类构建的方式来进行新品牌定位。是否适合构建新品类一般有两个参考指标。第一，企业是否有能力引导消费需求，支持品类品牌获得市场。是否适合创建新品类，取决于企业能否洞察和挖掘消费者的潜在需求，并能采用不同的产品和市场开发策略把这些潜在需求转变成现实需求。这一过程的实现需要企业主动地考察、研究消费者潜在需求并加以开发，力争在消费者提出具体要求和竞争者拿出合适的产品之前，率先把适销对路的产品研制出来，投入生产并推向市场，让消费者逐渐了解它、接受它以至喜欢它。而且，如果没有品类开创者对品牌长期持续的培育和推广，品类很难成长，品牌也很难做大。因此，相对于与已有品类中的品牌竞争，创建新品类具有更大的风险性。第二，市场上品类是否饱和。品类构建需要立足于消费者心智中的价值定位。由于消费者的心智是有限的，当某个大品类中的小品类越来越多时，消费者可能会陷入新一轮的信息风暴，从而并不能有效地分清和记住新创建的品类。因此，开创新品类需要符合消费者的心智特点以及市场成熟程度的规律，品类创建应从主流到支流分化，不可逆反；当现有市场为零时，是开创新品类的最佳时机。

（四）创建品类差异点

1. 开创新品类的方式

对于品类创造者而言，除了要具有与众不同的竞争差异点，还要注意差异点建立的方式。建立品牌差异点，开创新品类的方式主要有五种。

（1）科技创新开创新品类。这种方式包括技术革命开创新品类，如通用电气的创始人爱迪生是电灯的发明者，西门子的创始人是被誉为"电动机之父"的西门子；技术创新（对现有技术进行较小的革新、升级或改良）开创新品类，如苹果公司的图形界面电脑、ipod、触屏手机、平板电脑。

三顿半用新科技开创咖啡新品类

速溶咖啡（如雀巢咖啡）方便快捷，但是口感不如现磨咖啡（如星巴克）。现磨咖啡口感好，但是不够方便快捷，只能去咖啡馆里喝。瑞幸试图用模式创新的方式解决这个问题：既方便快捷又好喝。但是从制作到送达，中间过去的20分钟也会影响口感。三顿半用技术创新解决了这个问题，传统的速溶咖啡需要水（而且是热水）冲之后搅拌，但是三顿半不需要搅拌（而且可以不用热水），三秒钟就可以速溶于水和奶，更重要的是保持了现磨咖啡的口味。这个创新源自现磨咖啡的低温萃取技术和医疗行业中的冻干技术，能够保证在去除咖啡水分的同时保持原有的风味。三顿半把这个技术迁移到速溶咖啡的品类中，兼顾了便捷和口感，开创了咖啡产品的一个新品类——精品速溶咖啡。

资料来源：张知愚. 网红爆款方法论：三顿半、元气森林和Lululemon［J］. 销售与市

场（管理版），2021（3）：79-82. 有改动。

（2）新趋势开创新品类。环保、肥胖、全球变暖等社会问题为创建新品类建立了基础，可开创低碳、健康、有机、低糖便携等新品类。如水和茶原本是在某一固定地点喝的，为了方便，瓶装水、瓶装茶、杯装奶茶、罐装凉茶、小包装油等不断涌现，甚至还有纯天然化妆品，如美体小铺等。

（3）心智差距开创新品类。发现市场和消费者心智之间的差距，开创"市场中有，心智中无"的新品类。如袜子已经诞生了很多年，但在消费者的心智中，浪莎或许代表女袜，却没有一个公认的男袜品牌；喜之郎并非果冻的发明者，也不是国内果冻品类的开创者。但喜之郎首先建立鲜明的形象，是第一个在央视投放广告的果冻品牌，抢先占据消费者心智，"果冻我要喜之郎"有力地锁定了品类和品牌，最终成为果冻品类的代表。

（4）聚焦开创新品类。任何行业或者品类要获得成长，必然走向分化，企业可以将现有的品类进行分化聚焦，直到成为第一为止，一个可能的新品类就诞生了。例如，在瓶装水行业，分化出天然水、纯净水、矿物质水等品类，分别有农夫山泉、娃哈哈和康师傅等品牌；格力没有发明空调，也不是第一个进入消费者心智的空调，能在海尔、美的等竞争对手面前建立起优势地位，正是得益于竞争对手的疯狂延伸和自己的长期聚焦。

（5）对立开创新品类。对立面战略可以让品牌与既有的领导者产生很好的关联效果，消费者心智总是会把相反的概念关联起来，起到借助领导品牌建立认知的作用。在一个成熟的品类中，消费者会分为两个群体，一个群体倾向于选择领导品牌，一个群体则不愿意选择领导品牌，并且通常选择与领导者对立的品牌。如，"经典"可口可乐与"年青"的百事可乐之间的对立、"开宝马"与"坐奔驰"之间的对立、老字号"王老吉"与新品牌"加多宝"之间的对立等。

2. 开创新品类的要点

在新品类开创的过程中，有以下几个要点需引起关注。

（1）"现有市场为零"最佳。越是革命性的、具有强大潜力的品类，现有的市场就越小。如，可口可乐推出前，消费者并不清楚可乐是何物，可口可乐的市场规模很小。企业了解品类未来的一个重要的参照是新品类对手（可能是完全替代性品类也可能是部分替代性品类）的现有市场有多大。

（2）命名至关重要。品类命名要求通俗、容易理解、具有通用性。例如，维生素水、葡萄糖饮料、绿茶等都是简洁、清晰、容易理解的品类名。有些企业往往采用新奇却难记的名字来为新品类命名，这常常导致市场失误。例如，消费者无法理解"情绪饮料""心动饮料"等品类到底是什么产品，因为在其心中并不存在这些品类。

此外，新创品类应当采用新品牌名，而且新品牌命名的科学性与艺术性十分重要。例如，海尔在高端家电市场上的成功与新品牌名——"卡萨帝"分不开；丰田在高档汽车市场取得成功，很大程度上得益于其高档品牌"雷克萨斯"（Lexus）的品牌命名；劳力士是在推出高档产品时采用新品牌名，推动了劳力士品牌在高档手表领域取得成功。

3. 避免过度的品类创新

品牌创新并非越多越好，过度的品类分化战略会稀释企业资源，分散企业竞争力，增加品类成功的难度,而且会使企业不能占据最具有价值的市场。如康师傅相继推出了柠檬茶、菊花茶、冰红茶、绿茶、乌龙茶,但取得成功并占据其主要销量的是冰红茶和绿茶。目前,绿茶是康师傅销量最大的品种,这正是品类分化的规律:从主流到支流。

4. 警惕新品类杀手

当一群老品牌在新品类上展开竞争,优势又回到了老品类的品牌领导者时,这时老品类领导品牌成为新品类杀手。如在瓶装茶饮料市场上,冰红茶、茉莉花茶等都有开创新品类的机会,由于领导品牌康师傅采用品牌延伸的方式推出了相应的产品,统一也采取了相应的策略跟进,消费者逐渐不认为冰红茶是一个新品类,这个新品类的机会已经被新品类杀手康师傅和统一成功扼杀了。当然,老品类的领导品牌也无法随心所欲地扼杀所有新品类机会,如果新品牌在品类机会出现的早期诞生,那么新品类杀手也对其无可奈何。

(五) 寻找有竞争优势的定位

如果企业发现自己不适合开创新品类,就只能在原有的品类上与已有品牌进行竞争,此时给品牌找到一个有竞争优势的定位就显得尤为重要。事实上,由于开创新品类并不是一件容易的事情,所以在大多数情况下,企业只能在原有的品类基础上努力寻找消费者心智中的品牌差异点,为新品牌确定一个有竞争优势的定位。品牌差异点是有效吸引消费者的前提,也是品牌定位的关键。只有给品牌找到有吸引力的品牌差异点,品牌才能够进入消费者心智,具备成为强势品牌的潜力。

经过消费者洞察、企业与竞争者分析、品类决策等步骤,企业可以确认自身的竞争优势,从中选出特定的、有价值的竞争优势作为品牌与竞争品牌的差异点,以此进入消费者心智的确定品牌定位。品牌定位确定下来,并不意味着就可以一劳永逸,随着市场环境的变化以及企业自身经营战略的调整,还可以对品牌进行重新定位。如果品牌需要重新定位,那么为了确定新的品牌定位,企业需要重新开展消费者洞察、企业与竞争者分析、品类决策等工作。

第三节 品牌定位策略

基于品牌定位过程中的关键要素——产品、消费者、竞争和品牌自身等,可以从不同视角采取不同的品牌定位策略。

一、产品角度的品牌定位策略

基于产品角度的品牌定位策略的基本思路是以产品的物质属性为出发点,可选择和确定的品牌定位策略包括属性定位、利益定位和价格定位等。

（一）属性定位

产品属性是指产品或服务自身所具有的特征。这种特征通常是竞争品牌所不具备的。经研究发现，一些看似无关紧要的微小属性却能成为品牌定位成功的关键。例如，索尼推出的"笑脸快门"属性，对相片清晰度、色彩等关键功能其实没有显著的影响，但在其推出这一微小属性后却广受顾客好评。产品属性定位的本质在于将鲜明的产品特色与品牌相联系，但可能面临的问题是产品特色很容易被竞争者模仿，而且竞争者在此基础上添加一些新元素后还可能会超越本品牌。

（二）利益定位

产品利益是产品带给消费者的好处。产品属性说明了"产品是什么"，而产品利益则强调了"产品能给你什么"。很多产品具有多重利益，定位时向顾客传达单一的功效还是多重功效并没有绝对的定论，但由于消费者能记住的信息是有限的，往往只对某一强烈诉求产生较深的印象。因此，向消费者承诺一个功效点的单一诉求更能突出品牌的个性，更易获得成功的定位。如沃尔沃轿车的"安全"、佳洁士儿童防蛀牙膏的"防蛀牙"等。由于同类产品能给予消费者的利益大同小异，因此，必定会有很多品牌采用相同的利益点来定位，从而加剧了品牌竞争程度。

（三）价格定位

"一分钱一分货"，价格是品牌档次或品质的象征。部分显示成就感和社会地位的高价格品牌是奢侈品品牌，如价值800多万元人民币的"迪拜之心"香水；还有一些代表高质量的高端品牌，如"为绅士和淑女服务"的世界顶级酒店丽兹卡尔顿酒店。如果企业具有成本优势，可选择定位于高经济性价比。如雕牌定位于"只选对的，不买贵的"，暗示着雕牌的实惠价格。虽然产品价格定位能够旗帜鲜明地吸引到目标消费者，但容易出现的问题是今后很难将品牌向上或向下延伸。如定位于"感动人心，价格厚道"的小米在向高端手机延伸时就遇到较大困难。

二、消费者角度的品牌定位策略

品牌从消费者角度进行定位是基于对消费者需求的了解与把握，可采取的定位策略有购买目的定位、消费群体定位、生活情调定位、情景定位等。

（一）购买目的定位

购买目的定位是从消费者角度来阐述选择某一品牌的原因。消费者购买某一产品或品牌的目的因人而异，但一般而言有两种情况：一是自用；二是送礼。一些品牌在深入了解市场需求与消费者购买目的后，围绕其购买目的进行品牌定位并大获成功。多数的耐用型产品均为自用品牌，如众多的家电和汽车品牌。在定位于送礼的品牌中脑白金可谓是一大典型。尽管其广告被评价为"又土又恶俗"，甚至广告语都是自相矛盾的，但其"今年过节不收礼，收礼只收脑白金"的送礼保健品定位却深入人心，在很长一段时间内牢牢锁住消费者心智并领跑同类品牌市场。

（二）消费群体定位

消费群体定位是将品牌定位成某一类细分群体专用的产品或服务，以便给消费者"我自己的品牌"的感觉。这种定位的关键是找到一个可以盈利的、竞争者尚未进入的细分群体，并突出品牌专为该类消费群体服务，把品牌与消费者结合起来，增进消费者的归属感。如金利来定位为"男人的世界"、海澜之家定位为"男人的衣橱"、百事可乐定位为"青年一代的可乐"、哔哩哔哩定位为"年轻人的文化社区"等。

（三）生活情调定位

生活情调定位就是使消费者在产品的使用过程中，能体会到一种良好的、令人惬意的生活气氛、生活情调、生活滋味和生活感受，而获得一种精神满足，该定位使产品融入消费者的生活中，成为消费者的生活内容，使品牌更加生活化。如青岛纯生啤酒的"鲜活滋味，激活人生"给人以奔放、舒畅和激扬的心情体验；美的空调的"原来生活可以更美的"给人以舒适。

（四）情景定位

情景定位就是将品牌与一定的环境、场合下产品的使用情况联系起来，以唤起消费者在特定情境下对该品牌的联想。使用情景定位的关键点有两个：一是确定使用场合或时间的重要性，让消费者觉得某个场合或时间有必要使用某种特定的品牌；二是将品牌与使用场合或时间相联系，使该品牌成为该场合或时间消费时的指定品牌。例如，瑞幸聚焦外带消费需求市场，定位于写字楼外卖，以实现"让咖啡找人，而不是人找咖啡"；奥利奥利用"扭一扭、舔一舔、泡一泡"广告将饼干与牛奶关联起来，成为全球最畅销的饼干之一。

"生活很简单"的江小白

江小白在最初定位时便有意避开传统白酒的竞争红海，专注开发年轻人的蓝海市场，定位为青春小酒。其以年轻、时尚的姿态问世，喊出"我是江小白，生活很简单"的品牌口号，瞄准年轻人小聚、小饮、小时刻、小心情等饮用场景，根据年轻人简单纯粹的饮酒需求，在酒体上也进行了创新，口感偏向于轻口味，还创造了很多混饮的喝法；在包装上采用磨砂瓶，主打蓝白色调的简单包装，契合年轻一代追求简约的生活理念和审美偏好。

资料来源：黄永春，李光明. 品牌管理：塑造、提升与维护［M］. 北京：机械工业出版社，2021. 有改动。

三、行业竞争角度的品牌定位策略

行业竞争角度的品牌定位策略是指品牌以竞争对手为参照物，有针对性地提出本品牌的定位，其目的是使得本品牌在市场竞争中占据有利的地位。常见的品牌定位策略有首席定位、比附定位、俱乐部定位、空当定位和进攻定位等。

（一）首席定位

首席定位主要是指追求品牌成为本行业中领导者的市场定位。广告宣传使用"正宗的""第一家""市场占有率第一"等口号，就是首席定位策略的运用。在每个行业，每一产品类别里，"第一"只有一个，而厂商、品牌众多，并不是所有的企业都有实力运用首席定位策略，只有那些规模巨大、实力雄厚的企业才有能力做到。对大多数厂商而言，重要的是发现本企业产品在某些有价值的属性方面的竞争优势，并取得第一的定位，而不必非在规模上最大。如高露洁是防蛀牙膏的第一、麦当劳是快餐行业的第一等。

（二）比附定位

当本品牌产品质量具有较好基础但品牌知名度不高的时候，通常可以采用关联比附定位的方法来攀附一个更具实力的品牌，以低成本加速提升自身在消费者心目中的影响力的方式。具体来说，有两种关联比附定位的方法。一是同业比附，指的是与同一产品类别的领导品牌相关联。如成立初期的蒙牛曾在广告牌上印出"向伊利学习，为民族工业争气，争创内蒙古乳业第二品牌"的标语，让很多人记住了这个内蒙古乳业第二品牌。二是跨业比附，指的是与其他产品类别或者类别当中的强势品牌相关联，如东阿阿胶率先提出"滋补三大宝，人参、鹿茸、阿胶"的口号，将自身聚焦于主流人群，并日渐显露"奢侈药品"的特点。

（三）俱乐部定位

如果品牌自身实力在同类产品当中并不靠前，既不能取得本市场第一，又无法攀附第二位，便退而采用俱乐部定位。有的品牌希望利用群体的声望和模糊数学的手法，借助限制严格的俱乐部式的高级团体，强调自己是其中一员，从而借助俱乐部其他市场领先品牌的光辉形象来抬高自己的地位。在消费者看来，能够进入行业品牌俱乐部的品牌一定实力不俗，自然也应该成为购买时的选择对象。如四大会计师事务所普华永道、德勤、毕马威、安永是许多会计专业学生的就业目标；中华餐饮老字号成为吸引年轻人到目的地旅游的一大动力；黑色经典、墨茉点心局都希望能和茶颜悦色、文和友一起组成长沙新派特产"三巨头"。

品牌摆架子：高不可攀还是平易近人

在人际中，"摆架子"是位于里子和脸面之间的一个环节，要以好的、扎实的里子为基础，以建立和维持好的脸面为支撑的人格形象，围绕自我认知的较高心理定位，做出一系列行为架构的适当选择。其中，里子是内在的、实的，体现为能力或权力，必须要好，因为它是摆架子的基础和资本；而脸面是外在的、虚的，体现为道德和成就指向，它是摆架子支撑的人格形象。

在品牌领域，产品质量代表的是里子，是内在的、有形的、实的，不仅要优而且要异，它是品牌摆架子行为的基础和资本。而品牌定位和品牌形象是脸面，是外在的、无形的、虚的，它们是摆架子行为架构支撑和外化的对象。一个品牌强调象征意义的程度越强，品牌的架子就需要摆得越足；程度越弱以至于没有象征意义，则品牌无须摆架子。

在营销实践中，品牌摆架子该如何操作呢？第一，对产品销量进行限制，这符合经济学所讲物以稀为贵的逻辑；第二，定价极高，而且从不降价打折，甚至还会不断地提价；第三销售的渠道网点非常稀少，难以见到；第四，广告代言人常表现一副高冷的姿态；第五，终端销售店面气势逼人，让人看了没有底气进去消费；第六，终端门店销售服务人员对进店购物的普通消费者态度冷漠傲慢。

资料来源：王新刚，张琴. 品牌摆架子行为对消费者购买意愿的影响 [J]. 经济管理，2018, 40（06）：86-99. 有改动。

（四）空当定位

寻找为许多消费者所需要，但企业并没有发现的市场空当。任何产品都不可能拥有同类产品的所有竞争优势，也不可能占领同类产品的全部市场。市场中的机会是无限的，只是看企业能否发现和挖掘市场机会，从而赢得市场。企业可以从以下几个方面考虑：时间空当、空间空当、年龄空当、性别空当、适用量上的空当、民族空当、职业空当、高价市场空当、低价市场空当等。如足力健利用年龄空当，定位为专注于老年人脚部健康的鞋类品牌，在竞争激烈的鞋类市场上异军突起。

（五）进攻定位

在品牌具有比较优势的时候，企业可以指出竞争品牌的弱点，提出更胜一筹的定位点，即采用进攻定位。在音乐市场内，一个成功抵御强势品牌并实现弯道超车的例子就是网易云音乐。网易云音乐虽然上线晚，但在音乐评论方面进行了创新，满足了用户的自我表达欲望，引起用户的共鸣，同时能实现歌曲个性化推荐，通过喜欢的歌曲和歌单还可以达到社交功能。传统的音乐市场头部品牌酷我、酷狗、QQ 音乐虽然也推出了类似的功能，但都没有形成大规模的使用习惯，且在版权的影响下也始终没能撼动网易云音乐在年轻群体中的使用习惯，这是因为网易云音乐做到了品牌的系统化，在品牌可能涉及的每一个方面都进行了相应的设计。

四、品牌身份角度的品牌定位策略

戴维·阿克和埃里克·乔基姆塞勒认为，品牌身份（brand identity）指的是一个品牌的永恒的精髓、本性和价值，它为品牌提供了方向、目标和存在的意义。品牌身份的核心其实就是品牌核心价值，企业建立品牌要考虑通过顶层设计来建立其核心价值，即把价值观内化于品牌概念之中，使其成为长久性品牌价值主张的来源，并统领品牌的可持续发展。

(一) 品牌价值观的基本框架

著名社会心理学家施瓦茨（Scwartz）1992年提出人类价值观框架包含11项基本价值观范畴，即仁慈、关注自然、社会关注、自我导向、刺激、享乐主义、成就、权力、安全、传统和顺从。它们又可划分成四类高阶价值观维度，即自我超越、自我提升、保守和乐于改变，相邻的价值观彼此兼容，相对的价值观彼此冲突。对全球20个国家的调查证明，这一人类价值观框架在内容和结构上是稳定且成立的。

品牌的实际行为（即手段）千差万别，丰富多样，但它们在追求终极目标方面存在趋同性，意即在高层面的价值观方面，存在普适性的框架能够加以概括和描述。近年的一项跨国研究显示，当要求消费者用人类基本价值观框架表征品牌价值观时，除了少数个人价值观，品牌价值观的内容框架与施瓦茨的人类价值观框架大体相似。这表明，品牌价值观以人类价值观为隐喻来源，在反映和体现不同文化体中价值观存在的基本差异之外，更是具备跨文化的适应性。

(二) 品牌价值观定位的方法

要想建立既合乎企业发展又为消费者接受的品牌价值观，可以从三个来源考虑产品与品牌特征、创始人理念和来源国文化。

1. 产品与品牌特征

企业需对待建立价值观的品牌进行系统盘点，检查内容包括目标消费者需求、品牌化产品的自身优势、自身品牌有别于竞争对手的差异性特点等，从中分析得出品牌在三个方面的共同属性特征，进一步推演出该特征所对应的人类价值观上。不同的产品具有不同的属性，支撑不同的价值观目标。对于象征性品牌概念，从产品与品牌特征角度提炼价值观要素是非常重要的实现途径。

2. 创始人理念

需要指明的是，创始人或管理层的个人价值观并非构建品牌价值观的充分条件。一方面，对于很多企业而言，其领导者的形象对市场而言并不鲜明。另一方面，品牌始终面临着创始人影响力下降甚至创始人离开、离世的潜在危机。但是，如果创始人具有传奇色彩，或者有着特殊的身世和经历，或者有着独到的企业家精神和思想，则可以发展出明确的价值观，成为品牌价值观的构成要素。

3. 来源国文化

如果说产品与品牌特征和创始人理念是品牌创建价值观所应进行的基本考虑，那么，来源国文化则更有可能成为中国品牌区别于西方品牌的价值观来源。因而对于中国的全球品牌而言，来源国文化是需要更为关注的重点。中国企业可以开拓源自本国文化的品牌创建新模式，通过内蕴中国核心文化的价值观进行品牌定位，选取"传统""仁慈""安全"等代表中国的独特文化价值观，通过商业活动影响世界，为人类贡献文化价值。需要指出的是，对品牌随意地杜撰概念或虚拟故事的做法，会使品牌缺失传统以及基础牢固的价值支撑而不具真实性（authenticity）。

3.3 不断优化定位的文和友

李白从不将自己定位为诗人

千百年来，一提到李白，人们总是不约而同地将他归为诗人，并且给其戴上了一顶顶诗人的桂冠，诸如"诗仙""大诗人""千古诗人之冠"等。但通过对李白生平的研究发现，李白本人从不愿意将自己定位为一个诗人，更不以自己是一位诗人而引以为荣。李白一向具有远大的政治抱负，常常将自己视为"济苍生、安黎元"的王佐之才，也就是通常所说的将相之才。而对于诗人、文人，李白一向不屑一顾；至于写诗，不过是其排遣内心忧愁、寄情山水的"孤愤"之语。因此，李白对人们将其视作诗人、文人，从内心感到莫大的悲哀，曾有"剑非万人敌，文窃四海声"的自嘲名句，认为自己有了闻名天下的诗名、文名，是出乎自己预料的、让自己感到惭愧的事情，是自己的政治抱负无法实现而让世人轻看了自己的结果。年轻的时候，李白就仗剑去国，出门远游，幻想出将入相，干出一番惊天动地足以名垂千古的大事业，即使垂暮之年，李白也积极从政，出任永王璘的幕僚，只可惜看错了人，在永王璘兵败被杀之后，李白自己也因受连累而成了罪人，遭受流放夜郎之苦。由此可见，无论当世人或是后世人，将李白定性为一位诗人，都与李白自己的主观愿望和人生奋斗目标大相径庭。

资料来源：陈东林. 李白从不将自己定位为诗人 [J]. 南京理工大学学报（社会科学版），2006（02）: 42. 有改动。

第四节 品牌价值主张

品牌定位需要用文案表达出来，这个表现形式就是品牌价值主张。品牌价值主张也可称为品牌口号、箴言、真言或品牌主题语，其不仅能与品牌名称和标识等联合起来，构成品牌身份系统的重要元素，持续不断地建立并维护本品牌和竞争品牌之间的差异化，更是能超越通常的营销传播领域，成为品牌定位和品牌战略的灵魂与统帅。

一、品牌价值主张的特性

品牌价值主张是品牌定位的沟通传达形式，清晰认识品牌价值主张的特性，才能真正发挥其作用，使之成为品牌顶层设计的重要组成部分。

（一）兼具识别性与沟通性

品牌价值主张与品牌名称在传播上都担负着两种使命：识别（表示与其他品牌的差异和联结）与沟通（传达具体的信息和含义）。相较而言，沟通性的获得更依赖于标识语本身的内容，即策略水平；而识别性的获得主要靠创意的形式，此外还依赖于传播的强度。

它们处在"跷跷板"上,一个作用强时,另一个的作用必然变弱。一般情况下,两者的分工稍有些不同,品牌名称的使命首先是识别性,而品牌价值主张的使命首先是沟通性,可以补强品牌名称本身沟通性的不足。但品牌价值主张也有识别性的一方面,如果品牌价值主张很独特、很显著,那么可起到很强的差别化效果;如果它很有趣味、与产品类别有关、易被理解,那么就有很强的可记性,对扩大品牌知名度和销售很有帮助。因此,正是因为品牌价值主张兼具识别性和沟通性的特征,期待或要求品牌价值主张能反映品牌的所有特点或优势的想法是不切实际的,因为这不仅违反了品牌传播的一般原则,也是对语言功能有限性的忽视。

(二) 统率品牌价值创造活动

由于品牌价值主张不是形式上的传播手段,而是具体传播的品牌含义的体现,因此,要求品牌主张的价值与顾客对品牌的全方位体验一致。要做到这一点,必须把品牌价值主张当作企业运营和管理的尚方宝剑,统率品牌价值创造活动,切忌品牌所说的与品牌所做的不一致。通过品牌价值主张统率所有价值创造活动,其实就是要做到品牌用行动来兑现承诺。比如,瑞幸咖啡的品牌价值主张是"好的咖啡,其实不贵",要真正实现这个价值主张,就必须让顾客体验到,它的味道和品质与得到市场认同的好咖啡并无明显差异,同时它的售价明显便宜,而不是牺牲咖啡品质换取定价优势。这就需要瑞幸设计独特的整体商业模式,降低各个环节的运营成本,确保最终售价的优势。这是瑞幸品牌存在的独特价值,也是它的使命和面临的挑战。需要注意的是,品牌价值主张可以成为广告中的口号,但是广告口号不是品牌价值主张,因为广告口号仅用于传播活动,而品牌价值主张能统率企业的所有价值创造活动。

天安门城楼标语的演变

1949年开国大典前夕,大典筹委会在天安门东西两侧红墙布置两条大标语,内容为"中华人民共和国万岁"与"中央人民政府万岁"。1950年国庆节前夕,天安门城楼东侧的巨幅标语"中央人民政府万岁"改为"世界人民大团结万岁"。

"中华人民共和国万岁"与"中央人民政府万岁"两条标语凝结了中国共产党28年艰苦卓绝奋斗的初心,是中国共产党带领中国人民实现民族独立、人民解放的见证;这短短17个字也是全体中华儿女的心声,展现了在中国共产党领导下,中国人民实现了民族解放、当家做主的愿望。从"中央人民政府万岁"到"世界人民大团结万岁",体现了中华人民共和国的国际担当与伟大胸怀。从"世界人民大团结万岁"这条标语的内涵,到"构建人类命运共同体"的提出,都体现了新时代的中国将为人类社会发展注入源源不断的动力。

资料来源:张玲玲,郑志远.中华人民共和国成立后天安门城楼标语的演变[J].北京档案,2021(04):56-57.有改动。

（三）成为品牌强度的保障

品牌价值主张有明确的价值含义，保持一定的稳定性，就能在顾客心里不断强化主张的价值，最终形成市场竞争力。在全球市场上，很多著名的强势品牌，拥有传世隽永的品牌口号。比如，诞生于1839年的瑞士奢侈品手表百达翡丽（Patek Philippe），把品牌定位于"传家宝"，通过文字创意发展出极具魅力的品牌价值主张："你从来没有真正拥有过百达翡丽。你只是为下一代保管。"视国家不同，品牌价值主张可以受商标法、著作权法或反不正当竞争法的保护。例如，IBM的品牌价值主张"Solutions for a Small Planet"（四海一家的解决之道）就被注册为商标。受商标法保护的品牌价值主张更加灵活，既能提供品牌识别的作用，又能为品牌提供额外的联想，传达更多的信息，而且比名称和标识少了很多的法律限制和其他方面的限制，具有更强的开发新价值能力。

二、发展品牌价值主张的策略

品牌价值主张通常用数个词语，或数句短语表现出品牌定位和品牌价值的绝对精髓或精神。需要注意的是，企业不应只是简单地把一堆反映核心价值的词组串成一段话，而应以顾客价值为导向，可从理性或感性的角度，很好地把各个核心价值要素捏合起来。

（一）坚持顾客价值导向发展品牌价值主张

品牌价值主张要直接体现品牌带给顾客（包括B2B业务的客户）的利益和价值，其完全是顾客导向的。品牌价值主张可以在形式上有变化，但要万变不离其宗，保持含义的一致性。比如，海飞丝在不同时代的广告中其口号是变化的，有"去头屑，让你靠得更近""无屑，无限自由""头屑去无踪，秀发更出众"等，但其始终强调核心价值"去屑"，这就使得品牌有了始终一致的价值主张。我们在实践中不难发现，不少品牌口号是站在企业角度的传播，其是企业导向的，因而不能直接让消费者明白从品牌中可以得到什么好处和利益。这类口号可以说是品牌口号，但并不是真正的品牌价值主张。此外，我们还经常发现不少企业的品牌口号虽然是顾客导向的，但在含义表达上空洞无物，或人云亦云，未能挖掘或聚焦于品牌独特的利益点，这也是我们要力图避免的。

（二）从理性或感性视角发展品牌价值主张

理性导向体现品牌的功能性利益，感性导向表达品牌的情感性利益。无论是理性还是感性，都要在语言修辞技巧上下功夫，使价值主张充满识别的力量。理性导向主要从抓住品牌特殊利益点发展价值主张。如在国际上瞩目并得到全球一致性贯彻的有：M&M巧克力糖的"只溶在口，不溶在手"；宝马轿车的"终极驾驶机器"（The ultimate driving machine）；麦斯威尔咖啡的"滴滴香浓，意犹未尽"（Good to the last drop）。感性导向主要是以消费者的情感和心理需要为依据，运用感性的诉求手法进行创意。这方面的例子有："搭乘联合航空，遨游友善天空"（Fly the friendly skies of United）、"为你所做的一切，这罐百威属于你"（For all you do, this Bud's for you）、"孔府家酒，叫人想家"、"人头马一开，好事自然来"等。需要注意的是，不管是理性还是感性角度发展的品牌价值主张，都要引领品牌行动，让顾客得到的品牌体验与品牌价值主张一致。

腾讯：用户为本，科技向善

腾讯是中国非常具有影响力的互联网公司之一。腾讯公司的业务横跨社交媒体、游戏、影视与新闻传媒智慧产业与云计算、金融科技等领域。长久以来，腾讯公司以"通过互联网提升人类生活品质"，成为"最受尊敬的互联网企业"为使命愿景。2019年11月，腾讯成立21周年纪念日之际，腾讯发布了新的使命愿景——"用户为本，科技向善"。"用户为本"指的是一切以顾客价值为依归，做好用的产品，为顾客考虑，并将社会责任融入产品和服务中。"科技向善"指的是让科技在社会的发展中发挥积极作用，让科技联系善意。腾讯公司应当致力于推动科技创新与文化传承，助力各行各业的升级，促进社会的可持续发展。在腾讯这种多业务的公司中，"用户为本，科技向善"的品牌价值主张促使不同的业务板块调整自身以适应经营策略。

资料来源：凯文·莱恩·凯勒，[中] 王海忠，陈增祥. 战略品牌管理（全球版·原书第4版）[M]. 北京：机械工业出版社，2021. 有改动。

思考与讨论

1. 品牌定位思想演进经历了哪些阶段？你熟悉品牌的定位是基于哪种思想？
2. 为什么品牌定位首先要进行消费者洞察？
3. 企业如何选择和管理品牌代言人？
4. 品牌联合和品牌授权有哪些类型？品牌联合有哪些条件与原则？

第四章

品牌要素

> 散名之在人者：生之所以然者谓之性；性之和所生，精合感应，不事而自然谓之性。性之好、恶、喜、怒、哀、乐谓之情。情然而心为之择谓之虑。
> ——《荀子·正名》

学习目标

知识学习目标：
1. 了解品牌要素的构成，熟悉品牌要素的设计标准。
2. 熟悉品牌命名的原则和步骤，了解品牌名称的类型。
3. 了解品牌标识、标准色、标准字的类型，熟悉品牌标识的设计原则。
4. 了解品牌形象代表、品牌包装和品牌音乐的作用和设计原则。

能力培养目标：
1. 组织开展品牌要素设计及整合能力。
2. 一定的品牌要素设计质量的评判能力。

价值引领目标：
1. 引导学生增强文化自信。
2. 引导学生关注主流官媒。

 导入案例

加多宝与王老吉的三次"大战"

"怕上火，喝王老吉！"这句洗脑的广告词早在2003年的时候，便已经传遍了全国的大街小巷。王老吉凉茶也成为大家聚餐时的首选。然而当年的一罐凉茶，居然引发了一场长达十余年的争夺拉锯战。在公堂之上，加多宝与王老吉两大集团主要展开了三次大战。

第一战便是商标争夺战，也就是"王老吉"这个商标到底应该归属于哪个集团。由于当初广药集团和加多宝公司签订的合同确实已经到期，而加多宝公司和广药集团签订的补充协议是采用贿赂的手段从广药集团原经理处拿到的，并且这件事还被广药集团拿到了证据，因此这一战广药集团完胜，随后加多宝集团便将产品更名为加多宝凉茶。

第二战是广告语争夺战。失去"王老吉"商标后，加多宝公司做广告宣称"全国销

量领先的红罐凉茶改名为加多宝凉茶"。广药集团直接以虚假宣传为由,将加多宝集团告上了法庭。最后,法院判决加多宝撤回宣传,并且向广药集团公开道歉。此外,加多宝还将之前的广告语改成"怕上火,喝加多宝"。2014年3月,广药集团在广州市中级人民法院对加多宝集团进行起诉,认为对方"怕上火,喝加多宝"这句广告语涉嫌不正当竞争,并向其索赔500万元。2015年12月,法院给出了一审判定,认为"怕上火,喝×××"是王老吉品牌的专属广告语,加多宝集团侵权,必须立刻停止使用并赔偿经济损失500万元。广药集团胜诉。

加多宝集团不服,向广东省高级人民法院提起上诉。2017年11月,广东省高院对案件做出判决,认为加多宝"怕上火,喝×××"等广告语句式改用在"加多宝凉茶"产品上,不构成不正当竞争。加多宝集团胜诉。面对这样的判决结果,广药集团当然不能接受,于是提出了再审请求。2020年6月18日,最高人民法院做出了终审判决:驳回广药集团再审申请,加多宝可继续使用"怕上火,喝加多宝"这一广告语。

第三战则是红罐争夺战。一直以绿盒示人的广药集团在得到"王老吉"商标后,随即推出红罐王老吉,市场上出现了加多宝红罐凉茶和广药生产的红罐凉茶两种包装十分相似的产品同时销售的局面,由此引发了广药集团与加多宝关于商品"包装装潢"的法律争端,并上升到了专利权、商标权等知识产权领域。2014年,红罐之争一审结束,根据法院的判决,加多宝集团再次败诉。加多宝直接失去了红罐的使用权,并且被判赔偿广药集团1.5亿元的侵权费,随后,加多宝的包装便换成了金罐。2017年8月,最高人民法院终审判决:广药集团与加多宝公司对涉案"红罐王老吉凉茶"包装装潢权益的形成均作出了重要贡献,双方可在不损害他人合法利益的前提下,共同享有"红罐王老吉凉茶"包装装潢的权益。

资料来源:作者根据网络资料编写。

第一节 品牌要素概述

一、品牌要素的内涵

品牌领域权威学者凯文·凯勒(Kevin Keller)认为,品牌要素(brand element),有时也称为品牌特征(brand characteristics),是指那些用以识别和区分品牌的各种有形或无形元素的总称。可见,品牌要素本身是商标设计系统,用来帮助市场上的消费者及其他利益相关者识别和区分目标品牌与竞争品牌。

品牌要素是品牌有形的、可捕捉的、可感受的骨架和躯干,支撑并表达着品牌的内涵、情感、精神或灵魂,有助于消费者理解品牌的精粹,提高消费者对品牌的认识;形象化的、熟悉的、高知名度的品牌要素(如名称、标识等)有助于消费者简化购买选择集,并增加他们对自己决策的信心。通过接触品牌,消费者在头脑中存储了关于品牌名称、品牌标识等具体品牌要素的记忆,这些记忆经过再次加工形成了品牌知识,它们引导消费者发展与品牌的进一步关系,最终给公司带来财务回报。品牌要素的重要性体现在能传递品牌形象外观,并通过这些形象化的外观传递品牌的精神或灵魂,从而形成品牌资产、增强消费者决策信心并为公司的长期财务收益作出贡献。

二、品牌要素的构成

品牌要素主要包括品牌名称、品牌标识、品牌口号、品牌音乐、品牌包装、品牌形象代表等。一般来说,品牌名称对于任何一个品牌都是必需的,除此以外,每个品牌可以根据自身条件和竞争情况来选择其他品牌要素。然而,不管选择哪几个品牌要素,在理想状态下,各品牌要素之间应该能够互相融合和支持,而且能够方便地应用到品牌及营销方案的其他方面。

需要注意的是,产品成分标签并不是品牌要素。在日常生活中,食品、服饰等产品类别会标注产品的成分构成或质量等级等信息,但这些信息并不具有差异性,差不多每个品牌的产品都需要标示这些产品成分信息。因此,这些成分标签并不是品牌要素。

此外,品牌形象代言人也不是品牌要素。一个品牌可以借助品牌代言人提高自身的知名度和可信度。但品牌形象代言人(通常为影视娱乐和体育明星等)与某一品牌间的关系是暂时的、非唯一的,品牌代言人并不能帮助消费者区别竞争品牌和目标品牌。同时,鉴于品牌要素本质上属于商标设计系统,品牌代言人不满足这一属性。

三、品牌要素的设计标准

为将品牌要素的作用最大化,在设计品牌要素时需要遵循一定的标准。从利用品牌要素创建品牌资产角度看,品牌要素设计应遵循可记忆性、寓意丰富、可爱性等标准;从维护和提升品牌资产角度看,品牌要素设计应遵循可转换性、可适应性和可保护性等标准。

(一)创建品牌资产角度的标准

1. 可记忆性

可记忆性(memorability)是指品牌要素在消费者头脑中很容易被识别、被回忆和被提取。根据认知心理学的观点,注意产生于记忆之前。因此,一种品牌要素具备可记性的前提是其能够引起消费者的注意。哪些特征更能引起消费者的注意呢?一般而言,独特、与众不同的特征易引起注意、能增加记忆。例如,麦当劳的黄色"M"标识,既是"Mcdonald's"的首字母,其黄色的造型又富有趣味性,消费者很容易在店铺繁多的闹市区一眼认出。

2. 寓意丰富

寓意丰富(meaningfulness)是指品牌要素要同时能表达两类信息:关于品类特性的一般信息,以及关于品牌属性和品牌利益的具体信息。对于第一类信息而言,消费者希望看到某种品牌要素就知道它所代表的具体产品品类。比如国产食品品牌南方黑芝麻糊就明确告诉消费者具体的品类信息。但是一旦某品牌要素代表了相应品类，消费者的固有印象已经形成，此时很难对该品牌进行延伸。第二类信息常被用在品牌定位和形象传播中。例如瑞士名表欧米伽以"Ω"为品牌标识，寓意欧米伽追寻"卓越品质"的理念，赋予了品牌"非凡品质"的内涵。

3. 可爱性

可爱性（lovable）可以从两个方面去理解：美学或视觉、听觉等方面的吸引力，以及形象丰富、富有乐趣。美学以及五官的吸引力可以通过设计品牌元素时采用的风格和主题来体现，同时风格和主题必须一致才能传达品牌形象。比如茶饮连锁品牌"CoCo 都可"的"CoCo"源于 16 世纪西班牙文中"笑脸"的意思，其品牌标识以品牌名和可爱的动漫头像组合而成，字体通过高低不一的排列来展现律动感，搭配拟人化的火焰图形，展现品牌热情待客的理念。至于形象丰富和富有乐趣，则主要表现在品牌要素所表达的含义上，品牌要素要能引起消费者的好感并激发正面的情绪体验。

花西子：品牌要素传承东方美学

花西子秉承"打造国人引以为傲的东方彩妆品牌"初心，坚持"东方彩妆，以花养妆"的品牌定位，在品牌名称、品牌标识、产品包装等关键品牌要素设计上采用东方美学设计风格，给消费者留下了深刻的印象。品牌名称中的"花"寓意"以花养妆"，"西子"二字取自苏东坡的"欲把西湖比西子，淡妆浓抹总相宜"，完美契合了品牌"东方彩妆"的定位。品牌标识中的图案部分把花卉的轮廓与江南园林的轩窗相结合，形成了东方的古典美感。花西子的品牌标志色是被称为中国彩妆"本命色"的粉色和黛色。粉黛原指白粉和黑粉，古人用"粉墙黛瓦"形容江南建筑的独特风格，也代指年轻貌美的女子，还借指化妆品。花西子的产品包装更是将东方美学发挥到极致，不仅精美，而且善于把中华民族的传统工艺元素以及文化元素融入产品的包装设计中，视觉效果令人惊艳。如花西子的同心锁口红包装将东方雕刻工艺与同心锁的浪漫寓意相融合，取同心之意、寓同心之愿，打造出爆款同心锁口红。

资料来源：花西子品牌官网和官方公众号，有改动。

（二）维护和提升品牌资产角度的标准

1. 可转换性

可转换性（transform ability）首先体现在品牌要素是否有助于品牌延伸。一般而言，品牌要素越宽泛，越不包含具体的品类和属性信息，就越容易在跨品类间进行转换。比如维珍（Virgin）集团涵盖的业务极为广泛（包括旅游、航空、音乐唱片、可乐等），使得维珍的品牌延伸非常成功。此外，可转换性还表明品牌要素能够在不同地区和文化间传播时不会引起歧义或误解。例如，中国西南地区的消费者不太喜欢"锤子"这个手机品牌的名字，因为"锤子"在当地方言中是粗话。国际品牌在全球营销时，尤其要注意品牌在特定地区其品牌要素是否遇到文化障碍,是否在当地被误解或引起歧义。

2. 可适应性

可适应性(adaptability)指的是品牌要素的更新难易程度。由于竞争环境、消费者价值观和生活方式等会随着时间发生变化,因此品牌要素也要与时俱进,做出相应调整。相对而言,品牌名称最难发生改变,因为品牌名称是一个品牌的精髓,更名代表着整个旧品牌的逝去、老用户的流逝以及品牌资产的消失。与品牌名称相比,品牌标识、形象代表、口号和广告语等的更改则较为容易。每个品牌都有自己最核心的价值理念,这些价值理念往往通过品牌要素来体现。尽管一些品牌要素需要适时更新,但在更新时必须将这些核心价值理念传承和延续下来,否则该品牌以前的所有努力都将前功尽弃。肯德基每次更改品牌要素时都延续使用了其品牌创始人哈兰·山德士上校的头像,用以传递肯德基品牌的家乡风味和烹调传统内涵。

3. 可保护性

可保护性(perfectibility)是指品牌要素要便于阻止竞争者模仿和获得法律保护。从防止竞争者模仿角度来讲,品牌营销经理人在设计品牌要素时要事先考虑该要素是否独特、是否容易被模仿。独特、较难被模仿的品牌要素可以给公司省去很多打击赝品、仿冒品的时间和精力投入。从法律保护角度来讲,设计好品牌要素后,品牌营销经理人首先要在国际范围内检验该要素有无被使用。如果未被使用,则应该在第一时间向合适的法律机构正式登记注册。值得一提的是,营销者要时刻铭记登记注册只是获得法律保护的第一步,在注册后还要积极投入财力和物力对商标侵害者以及未授权使用者等进行查证和打假。

4.1 卡萨帝:品牌要素设计的典范

第二节 品牌名称

一、品牌命名原则

品牌名称是品牌的核心要素,是形成品牌概念的基础,影响消费者的识别与购买,也在一定程度上影响品牌资产的形成速度与规模。品牌名称一旦确定,一般不轻易更改,因此,给品牌命名时要符合一定的原则。

(一) 合法性原则

合法性是品牌命名的首要原则。再好的名字,如果不能注册,得不到法律保护,也会给今后的发展留下隐患。例如,根据我国法律,政治文化等领域的公众人物姓名不能用作品牌名称;同时,使用影视、体育明星姓名或是影视作品及其角色名称作为品牌名称时需要全面考量;使用"麦肯基"这类山寨名称时也应该慎重。

中乔体育的"IPO"长跑

中乔体育原名乔丹体育,公司的主营业务为生产销售运动鞋服。早在2010年,乔丹体育就开始筹备上市。当年9月,公司的IPO申请即获受理,次年11月,顺利过会,眼看即将以A股"运动鞋服第一股"的身份亮相资本市场。2012年2月,美国篮球明星乔丹提出申请,认为乔丹体育损害了其姓名权,乔丹体育的上市之路中断。2017年,乔丹体育二度IPO过会,还是因为与乔丹之间的纠纷,让公司的上市之路再度中断。2020年3月4日,最高人民法院作出判决,认定乔丹胜诉。虽然乔丹体育发表公开声明称该判决不会对公司的正常经营造成影响,但从品牌角度看,这一纠纷正在潜移默化地影响着乔丹体育的品牌美誉度和品牌价值。2023年,在解决了与乔丹之间的纠纷之后,"乔丹体育"变身"中乔体育"卷土重来,再续其13年的IPO长跑。

资料来源:作者根据网络资料编写。

(二)易于识记原则

品牌名称要认起来容易、读起来好听、记起来简单。易认、易读、易记的名称不仅能使消费者很快地识别和理解品牌,方便传播,甚至会进入人们的书写和话语系统,还能够降低消费者指名购买和销售人员推荐的难度。

首先,品牌名称尽量选择一些高熟悉性的词,也就是使用频率比较高的词,避免使用一些生僻字。心理学研究发现,人们对高频词的认识,无论是在速度还是在精确度方面都优于低频词。

其次,品牌名称要容易发音。比起名称难发音的品牌,名称易读的品牌更容易让人感到亲近,也容易让人产生记忆。品牌名称最好具有明确的单一发音,避免品牌名称发音不统一产生歧义,有些品牌名称在不同语言中都拥有相同的发音,提高了其在不同文化环境中的可转换性,如Sony、小米(mi)、TCL、IBM、OPPO、vivo等。心理学实验表明,人的短期记忆每次最容易吸收的信息量是7比特,就相当于英文两三个音节或汉字两三个字的长度,因此品牌名称多由两三个音节组成,如苹果、大宝、光明、美的、拼多多等,也有少数四个音节的品牌名称,如农夫山泉、元气森林、奈雪的茶、茶颜悦色、鄂尔多斯等,超过四个音节的品牌名称会增加拼读和记忆的难度,不利于品牌的辨识与传播。为了便于发音,品牌的名称最好具有节奏感和愉悦感,例如格力、旺旺、娃哈哈等,有很多企业使用拟声法给品牌命名,以达到节奏顺口、令人愉悦的目的,如钉钉、滴滴、当当、bilibili、巴拉巴拉等。

最后,品牌名称要有独特性。品牌名称要避免千篇一律,与众不同、独一无二的品牌名称很容易与别的品牌名称相区别,从而给消费者留下深刻的印象,增强品牌意识。如体育用品品牌361°的品牌名称就具有独特性,让消费者产生极大的兴趣和深刻的记忆。据一份资料介绍,全国取名为"长城"的产品(企业)有200多个,诸如"东方""新世纪"

"新天地"之类的名称也被广泛使用。尽管这些名称因用于不同的产品类别而被法律许可，但其显著性大打折扣。还有一些山寨品牌利用同音字或相近字等拉近与知名品牌的关系，甚至意图混淆视听，这样会破坏在消费者心目中的品牌形象，不利于打造自己的强势品牌。

（三）有利联想原则

因为品牌名称是品牌传播中最简洁的信息形式，因此确保消费者能够获取明确和隐含的意义至关重要。

首先，选择高意义性的词。在单位时间内，一个高意义性的词能够联想到更多的词，选择这样的词做品牌名称，可以强化品牌定位里的属性或利益联想。如，提到健力宝，人们能在很短的时间内联想到"力量""健壮""体育""活力""矫健"等品牌带来的功能利益，类似的品牌名称还有舒肤佳香皂、海飞丝洗发水、劲霸男装、饿了么外卖等。除了功能，品牌名称的选择还可表达一些更加抽象的信息。以蔚来汽车为例，"蔚来"这个品牌名称是值得称许的，这个名称的寓意是"蓝天即将到来"（Blue Sky Coming），暗示了产品的环保属性，传递了新能源汽车的技术初衷；这个名字与常用词"未来"谐音，这个经常出现在科幻电影中的词易读易理解，为消费者打开了富于科技感的想象空间。需要引起注意的是，强调最初品牌定位的品牌名称能令人产生特定联想，但在当需要重新定位时，这种名称会带来困难。

其次，选择高意象性的词。高意象性的词是能够快速唤起人们心理图像的词，这些词很容易让人联想起该词所指事物的表象，能够进行言语和表象的双重编码，留在脑子里被记忆得比较牢固，提取时也更加便利。例如，"雀巢"在中国很快被人们所接受的一个原因是，"雀巢"这个名称让人很快联想到燕窝，而燕窝是高营养的高档食品，在中国消费者心目中一直是高品质和健康的代名词，这个品牌名称让消费者自然而然就将"雀巢"的产品与"高质量""高营养""健康"等正面意象联系起来。同理，谭木匠、三只松鼠、六个核桃和椰树牌椰汁也是如此。

最后，创造具有积极联想的新词。有意义的品牌名称并不限于真词，消费者若想了解一个名称的意思，甚至会从生造或者虚构的品牌名称词中领会意义。如，因为 Legend 在海外市场被注册太多，最终联想自创了 Lenovo 一词，Le 取自原先的 Legend，承接"传奇"之意，novo 是一个拉丁词根，代表"新意"，整个单词寓意为"创新的联想"。创造一个新词，可以查找、发现我们想要的最接近的单词，然后进行适当的变换，如 SONY 就是 sonny 去掉重复的 n 生成的；也可以找两个单词，然后通过拼接进行增删组合，如海尔把两个字的拼音 hai 和 er 组合成一个单词——haier。

4.2 这些品牌为啥要起个"读不出来"的名字

二、品牌名称类型

通过对中外知名品牌的考察，可以发现这些品牌的名称可以按照文字类型、出处和意义来源等分类。

（一）按照品牌名称的字符类型划分

1. 文字命名

文字型品牌即品牌完全由文字的组合来命名。这种品牌命名方式最为常见，例如在国际市场上颇有竞争力的中国品牌：华为、格力、海尔和联想，以及全聚德、六必居、荣宝斋、西泠印社等一些中国的老字号；外国品牌中有擅长以第一个大写字母 H 为图标来刺激人们视觉的本田（Honda），四个连接在一起的圆环使人联想起四只车轮的奥迪（Audi），还有苹果（Apple）、特斯拉（TESLA）、谷歌（Google）、微软（Microsoft）和亚马逊（amazon）等。

2. 数字命名

数字型品牌即品牌名完全由数字或部分由数字组合来命名。因为阿拉伯数字通行全球，所以这种品牌很简洁、醒目、易读、易记，容易给人留下深刻印象。例如，全部由数字组成的品牌名称有 999（感冒灵）、555（电池）、7（男装）和 360（软件）等，部分由数字组成的品牌名称有 361°（体育用品）、58 同城和国窖 1573 等。

（二）按照品牌名称的出处划分

1. 人名命名

以人物姓名作为商品品牌名称时，大多选用创业者、设计者或名人姓名来命名，选择不同的人物命名，反映不同的意义。这是一种传统方法，如中国品牌的王守义、羽西、李宁、张小泉、褚橙等都取自创始人的名字；外国品牌中的宝洁公司（P&G）的名称由两位创始人威廉·普罗克特（Wilian Procter）和詹姆斯·甘布尔（Games Gamble）名字的首字母 P 和 G 组合而成，李维斯（Levis）牛仔裤以创业者也是设计者李维·斯特劳斯（Levi Strauss）的名字命名，"奔驰"（BENZ）以汽车发明人本茨（BENZ）先生的名字命名。以创始人姓名为品牌命名体现了品牌创始人将自己的信誉和品牌的信誉绑定在一起，强调对产品负责的态度，能够加强消费者的信任感，而且随着时间的推移，还能够提醒人们回忆它悠久而光荣的历史。在世界畅销商品中，以人物姓名作为商品品牌的名称占相当大的比重，几乎涉及各类产品，如酒类中有轩尼诗、马爹利；食品中有雀巢、麦当劳；汽车产品中有福特、丰田、劳斯莱斯；化妆品中有郑明明、羽西、丁家宜等。现在，有些品牌未采用真实的人名命名，而是采用品牌名称人格化的方式，赋予品牌个性化的人设，用以增强消费者的好感度与记忆度，如老干妈、江小白、沪上阿姨、莫小仙等。

2. 动植物名命名

以动植物命名的品牌很多，传统的方式是直接以动植物名为品牌命名，如以动物命名的品牌有熊猫、孔雀、斑马、鳄鱼（Crocodile）、蝴蝶等，以植物名称作为品牌名称的有梅花、椰树、牡丹、菊花、兰花、苹果等。现在，有些品牌将产品类别加入品牌名称中，形成"动植物名+产品"的结构，如瓜子二手车、西瓜视频、芒果 TV、虾米音乐、蚂蚁金服、蜻蜓 FM 等。还有些品牌以"副词+动植物名"命名，如圣象、白兔、天猫、菜鸟、酷狗、闲鱼、搜狐、飞猪等。

3. 地名命名

以产品的出产地或所在地的山川湖泊名胜名称为品牌名称，目的是突出产品的地域特色，强化消费者对它的信赖。如科涅克（干邑）是法国地点名称，现成为法国多家著名白兰地通用品牌。香槟是法国北部的一个地区名，因盛产美味的葡萄酒，香槟已成为该地区诸多葡萄酒的通用品牌。再如我国啤酒业中青岛啤酒、哈尔滨啤酒、重庆啤酒和燕京啤酒也采用此种命名方式，黄果树、香山、太阳岛、富士、古越龙山、天山、西藏、珠江等品牌名称都在此列。此外，宁夏红、蒙牛、东阿阿胶等品牌名称中也有地名要素。

4. 典故命名

使用古代诗歌典故来命名品牌的方法，解决品牌命名困难的问题，同时增加品牌名称的文化遗产。用诗歌和歌曲来命名品牌在营造品牌文化氛围的同时，也可以从美学的角度为品牌创造色调。如杏花村来自"借问酒家何处有，牧童遥指杏花村"、白云边来自"且就洞庭赊月色，将船买酒白云边"，这些名诗配酒的品牌名称让人产生丰富的联想。化妆品品牌"露华浓 REVLON"中文名字来源于"云想衣裳花想容，春风拂槛露华浓"，洗发水品牌"清扬"（Clear）来自《诗经》中的"有美一人，清扬婉兮"。此外，还可以从其他古籍或古代传说中寻找灵感，为品牌命名。华为经常用古籍中的形象来命名品牌，比如华为智能终端操作系统命名为鸿蒙、华为的手机芯片叫麒麟、PC 处理器芯片名为鲲鹏、人工智能芯片名为昇腾、路由器芯片名为凌霄。

5. 缩写命名

此类名称中以企业名称或功能名称的缩写词来命名，这种方法的好处是简单易记、特色鲜明，尤其能根据词性联想到一些对品质服务正面评价的含义，这种方法在电子类产品中运用较多。例如，国际商用机器公司（International Business Machine）简称为"IBM"，充分表现了 IBM 的经营哲学、品质感和时代感，成为"前卫、科技、智慧"的代名词。汽车品牌 BMW（宝马）是 Bayerische Motoren Werke（巴伐利亚发动机制造）的缩写。另外，华为的名字来自"心系中华，有所作为"；TCL 来自"The Creative Life"的首字母。这种命名方法虽方便记忆，但容易产生混淆。

（三）按照品牌名称的意义来源划分

1. 产品要素命名

以产品本身所具有的属性、功能、成分等要素命名可以让消费者更了解产品。例如，养生堂、支付宝、农夫山泉等暗示了产品的类别；曹操租车、健力宝、美图秀秀体现了产品的利益；超威（电源）、倍耐力（轮胎）等突出了产品的性能。这些名称本身就是一则简单的广告。这种命名方法的弊端在于固化品牌形象，不利于品牌延伸到其他产品领域；另外，它也有可能演变为该类产品的通用名称，从而失去识别性或商标注册法的保护，如"暖宝宝"原本是小林制药株式会社的注册商标，现在则成为暖贴的统称。

2. 目标消费者的特征命名

品牌名称可以明确地告诉市场，该产品的目标消费者是谁，从而将品牌与这一目标群体绑定在一起，并使目标群体产生认同感和主动消费行为。如太太（口服液）是一种专为已婚妇女设计的补血口服液，它的名字清晰地指出了所针对的目标消费者，类似的还有好孩子、方太等品牌。另外，很多品牌名称还会暗示目标群体的特征，如小护士、雅倩等名字暗示了消费群体为女性这一特征；七匹狼、劲霸、劲牌等名字代表了其男性产品的属性；带娃字（如娃哈哈）、乖字（如乖乖虎）、咪字（如妈咪乐）等品牌名称会被认为是儿童或母婴产品。

3. 寓意命名

这种寓意可以是某种情感形象与价值，也可以是一定的文化内涵，这样有助于丰富品牌形象，激发人们对品牌的想象力和联想力。例如，旺旺、自嗨锅、喜茶、茶颜悦色等营造积极快乐氛围，传递品牌情绪感染用户，是对消费者情感和精神需要的满足；环球音响、优信二手车、华为、中兴等传达的是品牌的经营理念和价值观，能帮助企业建立品牌形象。这种命名方法传达的是一种比较抽象的概念，并不局限于特定的产品，适合多产品线的品牌。采用这种命名方法时，需要注意目标消费者的特征，针对追求时尚的消费者可以赋予品牌名称时尚、另类、叛逆的气息；针对白领一族，可以赋予优雅、尊贵的气息；针对家庭主妇，可以赋予亲切与温馨的气息。例如，知乎给自己起了个文绉绉的名字，和它的目标用户的调性是吻合的。

三、品牌命名步骤

品牌命名是一个系统的工程，为了给品牌取一个好的名称，往往需要经过一系列的命名步骤。

（一）界定命名目标

根据产品、目标消费群体、竞争品牌、企业品牌战略、企业形象和文化等情况，界定品牌的命名目标。品牌的命名目标需要明确：新品牌应该传递的最理想的含义；新品牌在企业品牌战略中的角色和定位，例如新品牌与现有品牌之间是什么关系等。

（二）建立品牌名称库

界定好命名目标后，接下来是尽可能多地创造品牌名称，建立一个有几十、几百甚至几千个名称的品牌名称库，以供下一步筛选。为建立有足够数量的品牌名称库，可以尝试不同的品牌名称命名来源，包括公司的员工、客户、供应链上的合作伙伴、品牌命名公司、广告公司等。随着商业社会的繁荣发展，品牌越来越多，给品牌取一个新颖的好名字也越来越困难。在此背景下，品牌命名的重要性日益凸显，所以有越来越多的企业开始将品牌命名的工作交给专业的品牌命名公司或者广告公司来完成。

（三）初步筛选

根据品牌命名原则以及品牌的命名目标，对品牌名称库里的名称进行初步筛选，以得到一份10个左右备选名称的名单。例如，拥有哈根达斯、湾仔码头等品牌的通用磨坊公司（General Mills）会筛掉的新品牌的名称包括：有不必要的双重含义的名称；比较难读、已被使用或与已有名称过于接近的名称；明显会引起法律纠纷的名称；与产品定位有明显冲突的名称；等等。

（四）备选名称调研

经过初步筛选后，得到一份备选名称的名单，接下来就要针对这些名称进行充分的调研。评价者除了创作者、市场营销人员、产品开发人员等内部人士以外，还要包含目标消费者和企业外部的专家。针对目标消费者，进行品牌名称联想、记忆、偏好等测试得到最后的几个品牌名称选项。调查人员须调研多样的消费者以把握不同地区和不同民族消费者对品牌名称诉求的理解差异，还要考虑品牌名称的持续曝光效应，以及听到、看到、读出和写下品牌名称时消费者的反应差异。专家分析可起到消费者调查无法达到的效果，即评估在国外市场上的适用性。专家由语言学、心理学、美学、社会学、市场学等方面的人士担任，参与人数在15~20人，具体做法包括初议、反馈、修改和取得共识四个过程。

（五）确定名称和注册

基于前五个步骤收集的信息，管理层就能在最后的几个品牌名称选项中，敲定品牌的最终命名，并进行法律注册。如果一个优秀的名称已经被人注册在先，那么意味着公司要么放弃，要么购买。

四、品牌命名策略

如何让品牌名称尽可能直接地服务于企业的目标，需要考虑独立性与描述性的选择策略以及当地化与全球化的选择策略。

（一）独立性与描述性的选择策略

品牌名称有两种基础作用：识别产品和服务、传播信息。一个品牌名称越是独立的字词组合，越是区别于其他名称，那么它发挥的识别作用就越强。相反，一个品牌名称越是采用有明确含义的词语，越是接近于其他名称，那么它发挥的传递信息作用就越强。这显示了品牌命名的两种极端的策略导向——独立性策略和描述性策略。前者的优点是名称充满个性，商标的保护力强；缺点是需要大笔的传播投资。后者的优点是名称本身可能就是一个活广告，可以节省传播开支；但缺点很明显，即商标的保护力很弱，有时可能演变为产品的通用名称而得不到商标注册和保护。一般来说，大公司宜采用独立性导向的策略，小公司宜采用描述性导向的策略。

作为一种折中，联想策略介于两者之间，它既有特色、保护力（识别作用和显著性），又能给消费者暗示适当的信息。因此，这种策略的风险较小，被绝大多数的营销人士采用。我国的一些知名品牌如白猫、旺旺、养生堂都运用了联想策略。实验研究表明，在广告所传递的产品利益主张与品牌名称所传递的信息相一致的情况下，明确地传达公司产品特色的品牌名称的广告回忆度较高；相反，具有暗示性的品牌名称相比于没有暗示性的品牌名称，对引发广告中与产品意义无关的利益主张的回忆度更低。

（二）当地化与全球化的选择策略

不同国家在意识形态、宗教、语言、习俗等方面千差万别，因此品牌命名不能仅考虑在本国范围内适用，而应力图使之全球通用。从比较语言学的角度来看，一个完美的品牌名称应当易于被世界上尽可能多的人发音、拼写、认知和记忆，在任何语言中都没有贬义，这样才利于品牌名称在国际市场上的传播。但要做到这点谈何容易，而且做到绝对的全球通用也并不现实，所以在执行上，更多地采用"全球思考，本土执行"或"全球兼顾当地"的做法。

首先要考虑如何使品牌名称适合当地。既可以另起炉灶为当地市场取个独立的品牌名，也可以把原有的品牌名翻译成适合当地的名称。例如，美国宝洁公司的"飘柔"洗发水，在美国名为Pert-Plus，在亚洲地区改名为Rejoice，在中国则是"飘柔"。如果国际品牌对中国市场采用当地化策略，那么采用音译和意译结合的策略是一种上佳之选。Nike在中国被翻译成"耐克"而非"娜基"之类，就在于它显示了一个清楚的含义：经久耐用、克敌制胜，与原意"胜利女神"不谋而合。其他成功的例子如高露洁（Colgate）、佳能（Canon）、锐步（Reebok）、舒肤佳（Safeguard）等，都是音译和意译结合而成。中国产品出口国际市场时，也要注意外国消费者的语言系统、文化习惯和审美心理，不能简单地音译或意译了事。

其次，从一开始就选择一个全球通用的名称可谓是明智之举，否则可能要走些弯路。西欧语言与汉语存在较大的差别，汉语的符号书写系统不允许类似英语命名过程将某些字母凑拢在一起的杜撰方式。因此可以一开始从英语的角度，采用现成词或现成词的变异组合，取一个英文名称，然后把它意译或音译（或两者结合）成中文。这样一旦企业进入国际市场，就可以直接使用它的英文名称了。例如，1935年4月4日，上海正泰公司正式注册了中文"回力"和英文"Warrior"品牌。回力商标的创意源于英文"WARRIOR"意为战士、勇士、斗士，由此将"WARRIOR"谐音才得来"回力"中文商标名，而"回力"含寓"回天之力"，喻指"能战胜困难的巨大力量"。再如，厨具品牌苏泊尔的英译名Supor与super（超级的）形意相似，反映出使用苏泊尔厨具能给消费者带来优越感和身份感。

给洋品牌起中文绰号：祛魅与自信

20世纪末，西方全球性品牌进入中国市场的过程中，为了突显来源国效应，利用当时中国消费者较为普遍的崇洋心理，往往会精心打造品牌"洋气"的汉译名，甚至直接用英文原名或字母缩写，利用"高大上"的语言符号来建立一种高不可攀的"仰视感"。21世纪以来，特别是最近几年，一种奇特的品牌文化现象在网络环境中悄然流行，中国消费者不再一味接受国外品牌的官方汉译名称或字母缩写，他们自发创造了一大批"接中国地气"的品牌绰号："开封菜"（肯德基）、"星爸爸"（星巴克）、"牙膏厂"（英特尔）、"香奶奶"（香奈儿）、"驴牌"（路易威登）、"雕牌"（迪奥）、杨树林（圣罗兰）、"卤蛋"（卢丹氏）、"腊梅"（海蓝之谜）、"M记"（麦当劳）、"油管"（YouTube）、"灯厂"（奥迪）、"哭泣"（古驰）等。消费者在社交媒体上主动参与创造和分享品牌绰号的过程，个性化地利用这种品牌的非正式称呼展开广泛的互动。从内部语言要素和外部社会因素来理解，这既是对西方品牌的祛魅，也是一种文化自信的表现。

资料来源：吴晶晶，林升栋. 给洋品牌起中文绰号：祛魅与自信［J］. 中国广告，2023（01）：76-78. 有改动。

第三节　品牌标识

一、品牌标识的类型

品牌标识（brand logo），又叫品牌标志，是指用于区别品牌的视觉符号。它能将品牌的诸多信息用图案、造型等精炼而艺术的方式传递给消费者，不仅能够帮助消费者识别品牌，而且能够引发消费者产生联想，促进消费者对品牌的感知和理解。根据品牌标识的构成要素，可将其划分为文字标识、图形标识和图文标识。

（一）文字标识

文字标识是指以某种字体、字体造型或字体所衍生出来的图案作为品牌标识。其中，中文、英文、阿拉伯数字、罗马数字等都可以作为这种标识设计的要素。文字标识简洁，又可利用字母或文字的变形和排列来加强标识性，富有艺术表现力和视觉感染力。文字标识大多数都是品牌名称、名称的缩写或代号，为了增强美感和可接受度，会进行一定的变形、装饰和色彩点缀。这就使得品牌名称在听觉效果的基础上又有了视觉效果，直观明了、识别性强，可加强消费者对品牌的认知。例如，海信的品牌标识用的是英文"Hisense"；海澜之家的品牌标识由"海澜之家"和"HLA"共同组成；中兴在海外使用的标识是"ZTE"，在国内使用的标识是"ZTE 中兴"。

（二）图形标识

图形标识通过具象或抽象的图形来表达品牌。这种标识形象性强，如果设计恰当则能通过丰富的图形结构及其规律组合来传达品牌的内涵，比文字标识更加生动传神，更易于识别和记忆。此外，图形在进行跨文化传播方面，通常比文字更有优势。图形标识有具象型和抽象型两种。具象型图形标识借助客观存在的事物向受众传达某种寓意，意象性高，人们看到后能够很快地唤起心理图像和联想，如奔驰的品牌标识形似汽车的方向盘；Jordan 将篮球飞人迈克尔·乔丹（Michael Jordan）的扣篮动作制作成标识；喜茶的标识是一人端着一杯正在喝起来的样子的简单黑白简笔画，希望消费者看到这个标识时像看见自己一样，引起共鸣。在设计具象型图形标识时，为了加强表达力，并形成独特性和专有性，往往需要进行相应的艺术提炼和加工。抽象型图形标识使用抽象的造型元素，提取事物本质，并进行高度概括甚至夸张的方法，传达出一种感觉意象，且往往暗含品牌的某种精神和理念，不易被很快理解，但相比具象型图形标识而言更具现代感和神秘感。如奥林匹克、耐克和奥迪的品牌标识就属于抽象图形。

（三）图文标识

图文标识中既有文字又有图案，可以在展示品牌名称的同时，用醒目的图案吸引消费者、引发消费者的联想，拥有更多的表现空间和更为丰富的艺术语言，更有利于品牌的区别和记忆，因此被大多数品牌采用。例如，阿迪达斯标识中的三条纹图案代表了不断前进、不断超越的体育精神；安踏的品牌标识中，ANTA 是品牌的英文名，在希腊语中的意思是大地之母，标识中的图案由字母 A 抽象变形出升腾而起的飞行姿态，以简约、概括的手法展现了力量、速度与美在运动中的优美组合，意指安踏追求卓越、超越自我的理念；彪马的品牌标识由飞速奔跑的猎豹加上品牌名称 PUMA 构成，传递了品牌超越自己，更快、更强的寓意；奶茶品牌茶颜悦色的标识由小说《西厢记》中的崔莺莺执扇图加上品牌名称构成，传递了一种温柔娴静，为悦己者容的感觉，让人记忆犹新。

4.3 小米的新标识

二、品牌标识的设计原则

为了增强消费者的品牌意识、便于品牌传播和记忆以及积累品牌资产，品牌标识设计应遵循寓意性、适应性、易识性和艺术性等原则。

（一）寓意性原则

品牌标识不仅仅是一个符号，还是品牌价值理念的一种体现。寓意性原则要求赋予品牌标识以寓意，生动地传达品牌的形象和理念，引发消费者的正面联想。比如，同样是以字母 M 标识，麦当劳的 M 棱角圆润、色调柔和，代表着美味、干净和舒适，而摩托罗拉的 M 棱角分明、双峰突出，充分表现了品牌的高科技属性。

（二）适应性原则

品牌标识会被广泛应用于企业的建筑物、产品包装、办公用品、员工服饰、广告媒体等，因此在设计时需要考虑在这些场合的适用性。另外，还要保证品牌标识应用不同的传播方式（如印刷品、电子屏幕等）、采用不同的制作材料以及放大、缩小时表现出的视觉效果。品牌标识的设计应考虑到目标市场所在国家和地区的商标法等相关规定，以及当地的风俗习惯。如果违反了相关法律法规或是触碰了某些禁忌，则会严重影响该品牌的市场发展。品牌标识还要适应时代的潮流。品牌标识的设计应考虑将来可能的产品延伸。一般而言，虽然品牌标识具有相对稳定性，但随着时代的变迁或品牌自身的变革和发展，原来的标识可能需要进行相应的变动，像奔驰、宝马、华为、QQ、小米、支付宝等品牌的标识都曾经历多次演变。

（三）易识性原则

品牌标识要通俗易懂，容易被人识别、记忆。在现代社会，由于信息繁杂、生活节奏加快，人们对于各种媒体所传达出来的信息或是惊鸿一瞥，或是走马观花。品牌标识只有简单易识，且具有明确而强大的表现力，才能与其他品牌相区别，并给消费者留下较为深刻的印象。例如，苹果的被咬了一口的苹果标识、抖音的音符标识等。

（四）艺术性原则

品牌标识的设计是一门艺术，设计者力求使用恰当的艺术表现形式和手法，使品牌标识具有高度的整体美感，以获得最佳的视觉效果。第一，品牌标识是一种独具符号艺术特征的图形设计艺术。它把来源于自然社会以及人们观念中所认同的事物形态、符号（包括文字）、色彩等，经过艺术的提炼和加工，重新组合为具有完整艺术性的图形符号，来传达一定的品牌信息。第二，品牌标识图形所体现的不是个别事物的个别特征，而是同类事物整体的本质特征。通过对这些特征的艺术强化与夸张，可以获得共识的艺术效果。第三，构图紧凑、图形简练是品牌标识设计必须遵循的原则，但是凝练不是简单，凝练美只有经过艺术提炼和概括才能获得。品牌标识的艺术语言必须力戒冗杂，要高度单纯而又具有高度美感，这也正是品牌标识设计的难度所在。

App 图标特征对消费者偏好的影响

通过二手数据分析和两项实验研究，发现：在触屏媒介上，App 图标的尖锐（vs. 圆润）特征对消费者偏好存在一个负向的主效应，即尖锐（vs. 圆润）特征会降低消费者对 App 的偏好。这是因为，图标的尖锐特征通过触觉心象引发了消费者的感知威胁。即使消费者在不同智能终端对不同类型 App 图标的实际触摸感没有明显差别，或者不直接触摸 App 图标，此效应依然存在。上述效应仅在消费者处于预防导向时显著。而当消费者处于促进导向时，该效应会减弱甚至消失。即当消费者处于促进导向时，圆润（vs. 尖锐）与温暖（vs. 能力）的匹配带来正向的效应。

资料来源：费显政，肖登洋. 移动端应用软件图标的触觉心象对消费者偏好的影响研究［J］. 管理世界，2020，36（07）：153-171. 有改动。

三、品牌标准色

色彩能激起人精神上的愉悦感，使人获得美的享受，从而成为展示品牌魅力的独特手段。它通常与品牌标识和品牌包装设计结合运用，成为品牌识别的有力支持。例如，可口可乐包装为红底白字，给人以浓重感和冲击力；健怡可乐包装为白底红字，给人以清爽之感，与不含糖分的特点相协调；雪碧突出的是绿色，给人一种晶晶亮、透心凉和回归自然的感觉；芬达包装的底色为橘黄和白色，名称为蓝色，表现出果汁型饮料的特征。这些都是经过精心思考、反复测试的结果。色彩不但带来美感，更可以传送不同的情绪、联想和象征意义。

（一）基本原理

自然界中的众多色彩基本由七种颜色组成，它们是红色、橙色、黄色、绿色、靛色、蓝色和紫色，其中红黄蓝是三个基本色，又叫三原色，其他四种色彩可以用三原色调配出来，例如，红与黄等量调配出橙色，红与蓝等量调配出紫色。

每一种色彩都由色相、明度和纯度构成其物理性能。所谓色相是指色彩的相貌和独立的表相特征。所谓明度是指色彩本身的明暗纯度，往往是指用同一色相在不同光度条件下呈现出的不同明暗程度，是决定配色的光感、明快感和清晰感的基础。所谓纯度是指每一种色彩鲜明的程度，纯度高的色相明确，视觉兴趣大，反之则模糊不清。

（二）考虑因素

色彩运用于商业上的基础是它给人带来的丰富感觉和联想。对于品牌标识和包装来说，色彩的变化比较灵活，关键是综合考虑产品、象征、对象、季节、文化和时代等，掌握色彩在同色相、同明度、同纯度上变化。

1. 产品

色彩可以传达产品的特性，因此，在设计上对于不同的产品类别，应选择相应的色彩及其组合。例如，对于食品，人们习惯于接受红色等暖色调；对于化妆品，人们习惯于中性的素雅色调；对于药品，人们习惯于中性偏冷色调，尤以蓝绿为多；对于机电产品，人们习惯于黑色、深蓝色等稳重、沉稳、朴实的色调。总结世界上著名品牌的标准色实践，发现红色系用于食品业、交通业、百货业、药品业较多，橙色系用于食品业、建筑业、石化业、百货业较多，黄色系用于电器业、化工业、建筑业、百货业较多，绿色系用于金融业、农林业、建筑业、百货业较多，蓝色系用于药品业、交通业、百货业、化工业较多，紫色系用于美容业、服装业、出版业较多。

2. 象征

色彩刺激往往由于接受者的丰富的心理体验而自然地将其与某种心理感受、情绪甚至概念联系起来，不同的色彩可以引发不同的感觉和联想，带来不同的意义。同一种色彩往往具有正面和负面两种联想意义，如红色系给人以温暖的感觉，和热情、喜庆、积极相联系，但同时也和危险、不安、嫉妒相联系；蓝色系给人以清冷的感觉，和宁静、理智、高雅相联系，同时也和孤独、伤感、忧郁相联系。为了显示品牌的特殊意义，要选择相应的色彩及其组合。如"黄+黑"配色被很多品牌标识设计青睐；"黑+蓝+白"配色除了安全、信任感和稳定等含义外，还能够传递"创新科技"和"智能技术"等印象；"红+蓝"配色非常经典，它们在视觉表现上相互对抗互不相容，一个是热情、冲撞和危险，一个是平静、安全和理性，代表着对抗冲撞但又密不可分；在国潮色彩的搭配中，"红+金+绿"搭配最受欢迎，黄色代表帝王贵族，红色代表吉祥和幸运，绿色代表财富、成长与和谐，低彩度、低明度的红色系，再搭配古典色系绿色为标识打造厚重且温暖的气息，很适合用在餐饮标识设计中。

3. 对象

人们对色彩的喜爱是千差万别的，其差异的产生主要源于民族、性别、年龄、文化修养等因素。例如，婴儿喜爱红、黄二色（纯色），儿童喜欢红、蓝、绿、黄（纯色），年轻人喜欢蓝、红、绿，中年人喜欢紫、茶、蓝、绿；男子喜爱坚实、强烈、热情之色，而女子喜爱柔和、文雅、抒情的色调；经济发展水平较高、文化教育程度较高的地区较喜欢素雅的色彩，而在经济发展水平较低、文化教育水平落后的地区，浓艳亮丽的色彩更受欢迎。

4. 季节

色彩具有季节感，寒暖分明，红、橙、黄属暖色，蓝、绿属冷色，黄绿、紫属中性色。如以温度感而言，由暖至冷的顺序为：红、橙、黄、绿、蓝、紫、黑。一年四季，冬凉夏暖，大自然不断地变换着色彩，同时也影响着人们对于色彩的直接感受，因此在不同的季节，色彩的运用上也要有所区别。比如，在冬天，万物萧条，自然界的色调仅剩下黄褐与灰白。人们的心情是瑟缩的、蛰伏的、渴望温暖的，因而低调的、安静的、温暖的颜色受到人们的青睐。

5. 文化

在不同的文化背景中，人们对色彩的理解和运用具有各自的习俗和禁忌。跨文化的品牌标志（包装）设计尤其要加以注意。例如，在亚洲，人们把灰色与廉价等同起来，然而在美国却把它当作昂贵、高品质的象征；亚洲人认为紫色有富贵之感，美国人却认为有廉价感；生活在北欧地域的人们，习惯了湖泊、雪峰的自然景观，对青、绿色系比较喜欢。

6. 时代

人们对色彩的喜好随时代而发生变化。通俗地讲，就是在特定的时候出现流行色。比如，中国历史上的秦朝统治时代崇尚玄色，到了汉文帝时期，黄色代替了玄色的位置，直到明清时代，黄色被统治阶级应用了两千多年，成为权力的象征。

"新国潮"品牌的标志用色趋势

"新国潮"品牌标志在符号与象征意义上具有民族性和辨识度，无论是老字号复兴或者新中式创新，在标志的颜色选择上往往相似。"新国潮"品牌标志中的色彩，源于我国独特的色彩文化，给人们带来视觉上的人文体验，让品牌中的中国文化精神融入人们的生活。目前，市场上"新国潮"品牌标志的颜色以黑、红为主。黑色为大部分"新国潮"品牌的标志用色，其往往与书法字体相结合，如古代书法家书写时的挥毫泼墨，赋予品牌"精气神"，其中的中国审美特征更是一目了然。如雪糕品牌钟薛高的标志就以黑色为主，表达中国传统文化的色彩属性，突出有"中国味道"的雪糕品牌。红色最初被应用于陶器，在近现代被赋予了更多的意义与精神，如"中国李宁"品牌的标志是红色飞扬的旗帜和"中国李宁"四个红色大字，用一抹"中国红"引领了中国潮流品牌的风尚。奶茶品牌茶颜悦色的标志也采用了黑红配色，将中式元素融入品牌的方方面面，在同类奶茶品牌设计中脱颖而出。红黑两色在中国传统文化的发展过程中逐渐完善，在传统色彩体系中的文化属性已经远超于其表面的视觉表现意义，其意象表达不言而喻。

资料来源：陈琦，史悠鹏. "新国潮"品牌标志中的色彩应用［J］. 美术教育研究，2023（11）：105-107. 有改动。

四、品牌标准字

品牌标准字（brand standard fonts）是对品牌所涉及的主要文字和数字等进行统一的设计，通过个性化的字体来表达品牌的内涵。经过精心设计的标准字与普通印刷字体除了外观造型不同之外，更重要的差异在于：它是根据品牌个性而设计的，其形态、粗细、字间的连接与配置、造型等，都有着细致严谨的规划，与普通字体相比更美观、更具特色，能够将品牌的特性、经营理念和精神等，通过具有可读性、说明性、鲜明性、独特性、艺术性的组合字体，在各种媒介上进行传播，以达到识别的目的，并进一步塑造品牌形象，提升品牌的认知度和美誉度。

标准字体的设计可划分为书法标准字体和装饰标准字体两种。书法是中国具有三千多年历史的汉字表现艺术的主要形式，既有艺术性，又有实用性。比如：中国国际航空公司、中国银行、健力宝、元气森林等。装饰字体是在基本字形的基础上进行装饰、变化加工而成的。其特征是在一定程度上摆脱了印刷字体的字形和笔画的约束，根据品牌或企业经营性质的需要进行设计，达到加强文字的精神含义和富于感染力的目的。书法字体的设计虽然很有个性、很美观，但识别性差；装饰字体的设计，应用范围非常广泛。

不同的字体会给人带来不同的感受。例如，手写体显得比较随意，往往可以体现以人为本的经营理念；印刷体看起来比较工整，往往可以体现稳重、庄重的品牌理念；高而窄的瘦金体透露出一种优雅感；大而圆的无折线字体可以让人产生一种友好亲切的感觉。不同类别的产品匹配的字体也有所不同。例如，食品品牌的字体大多明快、流畅，以表现食物带来的美味与快乐；女性化妆品品牌的字体大多纤细、秀丽，以体现女性的秀美；高科技品牌的字体大多锐利、庄重，以体现其技术与实力；男性用品品牌的字体大多粗犷、雄厚，以表现男性的特征。

中国邮政的品牌标识

中国邮政品牌标识由经典的鸿雁图标的中文及英文专用字体组合而成。鸿雁图标是先秦金文里的"中"字与邮政网络的形象互相结合、归纳变化而成，并在其中融入了翅膀的造型，使人联想起"鸿雁传书"这一中国古代对于信息传递的形象比喻，表达了服务于千家万户的企业宗旨，以及快捷、准确、安全、无处不达的邮政形象。

中国邮政品牌标识

先秦金文"中"字

标识的标准主色为绿色和黑色,副色为绿色和白色。中英文标准字为装饰字体,两者在视觉上达到了平衡和统一。

资料来源:作者根据网络资料编写。

第四节 品牌形象代表、品牌包装与品牌音乐

一、品牌形象代表

品牌形象代表(brand character)是品牌要素的一种,是品牌形象的传递者,其不仅能够帮助消费者区分和辨别目标品牌与竞争品牌,而且能帮助吸引消费者的注意力,直观、生动地传递品牌形象。

(一)品牌形象代表的类型

品牌形象代表一般包括现实人物原型和虚拟形象两类。

1. 现实人物原型

品牌形象代表的设计也可以以现实中的人物作为原型,例如,肯德基的山德士上校、马戏小丑打扮的麦当劳叔叔罗纳德·麦当劳、老干妈的陶华碧、湾仔码头的臧健和、王致和的王致和、王守义十三香的王守义等。

2. 虚拟形象

品牌形象代表的设计可以以某种有生命的事物或者被赋予生命的事物作为原型,例如,米其林的轮胎先生、海尔的海尔兄弟、旺旺的旺仔、腾讯的企鹅、京东的小白狗、天猫的小黑猫等。品牌虚拟形象代表的发展经历了萌芽期、爆发期、成熟期和核心期几个阶段。19世纪末至20世纪50年代是萌芽期,代表性的品牌虚拟形象有米其林轮胎先生"必比登"、格力高人、米奇老鼠、花生先生等,这些品牌虚拟形象多由传统品牌商标演变出来,以与众不同的视觉标签来刺激受众,开始出现拟人化特征;20世纪50年代至90年代是爆发期,代表性的品牌虚拟形象有麦当劳叔叔、肯德基上校、Hello Kitty、七喜小子等,这一时期品牌虚拟形象大规模出现在社会的各个领域中;20世纪90年代至21世纪初是成熟期,代表性的品牌虚拟形象是M&M's巧克力糖人、金霸王宾尼兔、海尔兄弟、不二家牛奶妹PEKO等,这一时期品牌虚拟形象借助媒介技术由"静"变"动",性格更具特色和拟人化;21世纪初至今是核心期,代表性的品牌虚拟形象有Baby Milo家族、Line家族、熊本熊、酷儿Qoo、百度熊孩子、淘宝淘公仔等,这一时期品牌虚拟形象剥离为纯粹的消费与娱乐符号,并能成为独立的品牌资产。

(二)品牌形象代表的优点

与品牌名称相比,品牌形象代表的优点明显,有助于建立品牌认知,传递产品主要特

性，给人们带来美好体验，甚至能够产生直接利益。

1. 建立品牌认知

品牌形象代表往往色彩丰富、给人想象的空间，容易吸引人们的注意力，因此有助于增强品牌记忆和认知。例如一头红发的麦当劳叔叔，一身传统马戏小丑打扮，身着黄色连衣裤、红白条衬衣和短袜、大红鞋、黄手套，令人过目不忘。友谊、风趣、快乐的麦当劳叔叔家喻户晓，在美国，他是4~9岁儿童心中仅次于圣诞老人的人物。作为麦当劳的"首席快乐官"，麦当劳叔叔是消费者脑海中不可磨灭的品牌形象代表，帮助消费者在心智中建立起麦当劳的品牌认知。

2. 传递产品主要特性

品牌形象代表还可以传递产品的主要特性。例如，蜜雪冰城的品牌形象代表"雪王"，是一个头戴皇冠、身披红色披风、手拿冰淇淋权杖的雪人。"雪王"的爱好是"研究冰淇淋与茶的新奇吃法"，"看到喜欢的奶茶店忍不住舔嘴巴"。"雪王"的外在形象和兴趣爱好均很好地传递出了蜜雪冰城品牌的产品特性——新鲜冰淇淋和茶饮。通过"雪王"这个品牌形象代表，蜜雪冰城成功地让消费者提升了品牌认知，使产品特性深入人心。

3. 给人们带来美好体验

生动、可爱、有趣的品牌形象代表能够给人们带来美好的品牌体验。例如，OPPO和vivo的品牌形象代表，一个是戴着耳机、白绿相间的活泼小清新公仔小欧，一个是穿着蓝色裤子、像机器人的帅气小V，这两个手机品牌的形象代表都非常可爱、充满活力，它们在线上和线下与消费者进行互动，给消费者带来了快乐的品牌体验，深受年轻消费者的喜爱。

4. 能够产生直接利益

品牌形象代表可以成为一项宝贵的知识产权，通过许可授权的模式给企业带来直接的经济利益，并且可以增加品牌与消费者的接触度。例如，迪士尼公司的著名品牌形象代表米老鼠通过品牌授权开发出许多衍生品。这些授权不仅给迪士尼带来了巨额收入，而且帮助迪士尼将品牌的影响力扩大到许多行业，增加了品牌与消费者的接触度。

（三）品牌形象代表的设计原则

品牌形象代表有助于建立品牌认知，增加品牌的可爱性和趣味性，易于在跨文化和跨品类间进行转换。设计品牌形象代表时要遵循不能喧宾夺主、注意可转换性和符合时代性要求等原则。

1. 不能喧宾夺主

对于一个品牌而言，品牌名称始终是最重要、第一位的，品牌形象代表只能为名称增色而不能让名称黯然失色，破坏品牌的整体认知。比如，中国老字号品牌大白兔奶糖的品牌标识上，大白兔图形比大白兔奶糖五个字要突出得多，很容易被一些山寨品牌利用类似形状的兔子来误导消费者，最终稀释大白兔奶糖的品牌资产。

2. 注意可转换性

尽管形象代表与品牌名称相比更容易进行跨品类和跨文化转换，然而这只适用于那些不含有特定文化色彩或文化色彩较淡的形象代表。比如，中国长城和敦煌莫高窟等中国国家形象，可以用在中国茶叶、书画等强调历史渊源的品类的品牌中，但不宜用在具有现代气息的品类中，也不适用于作为国外品牌的形象代表。

3. 符合时代要求

如同品牌口号和标识一样，品牌形象代表也需要适当更改，以彰显品牌活力并减少消费者视觉疲劳。但更改前后，品牌的核心 DNA 需要传承，否则旧品牌形象的资产将付诸东流。

不断变身的脑白金老头老太

从 1999 年到 2003 年，脑白金打出"亲民牌"，老头老太是喜气洋洋的中国风，红色的大棉袄和正统唐装带给观众强烈的认同感，银白色的头发和慈眉善目的笑容，让儿女想起自家父母的样子。

从 2004 年开始，老头老太在生活方式上也开始更加关注"年轻态"的概念。老人家们早已不满足于待在国内，开始了自己的"舞蹈环球之旅"，夏威夷"草裙舞"、俄罗斯"双人芭蕾"、印度"婆罗多舞"、巴西"桑巴"……每年都会献给观众一段异域舞蹈，其间交谊舞和太空步更是没落下。甚至舞蹈已经不能满足他们对健康生活的追求了，"足球"和"跑酷"才是老人家的兴趣所在。

2018 年，热爱舞蹈的金奶奶变成了一个拥有 A4 腰的美丽女人，白老头变成了年轻帅气、头发乌黑浓密的帅小伙，果然只有"运动+调节睡眠肠胃"，才是保持"年轻态"的最好方式。

2023 年，"脑白金"正式推出老头老太首个数字人形象，围绕脑白金的"白老头""金老太"两个重要 IP 形象，开发、打造第一代数字人。

资料来源：作者根据网络资料编写。

二、品牌包装

近年来，随着品牌的不断增多和广告有效性的降低，品牌包装（brand packaging）变得越来越重要，已经成为商品不可或缺的组成部分。有一些品牌的包装闻名于世甚至还有专门的包装设计专利。

（一）品牌包装的作用

包装是非常重要的一个品牌要素。对品牌来说，包装的作用主要体现在识别品牌、产生溢价和促进销售。

1. 识别品牌

包装上包含品牌名称、产品规格、成分、产地、使用方法等品牌信息，是消费者识别品牌的一个主要来源。同时，由于包装常常在广告宣传中扮演重要的角色，如电视广告中通常会出现较多包装的特写镜头，消费者会根据包装来区别品牌。例如，可口可乐的经典弧形瓶已经成为消费者识别可口可乐品牌的标识之一。根据可口可乐官网的资料，1949年的一项调查显示，超过99%的美国人仅凭包装的外形就能辨认出可口可乐。1977年，可口可乐弧形瓶被注册为商标，成为极少数能够获得这种认定的包装设计。

2. 产生溢价

精美的品牌包装能够产生溢价，使消费者愿意为此支付更高的价格。例如，来自日本神户的矿泉水品牌Fillico，由于包装贵气奢华而被消费者誉为"珠宝水"。Fillico的包装令人惊艳，由施华洛世奇水晶打造的国王帽和天使之翼是Fillico瓶子包装的经典标志。奢华的包装给Fillico品牌带来了非常可观的溢价空间。Fillico矿泉水的售价基本在1万日元到10万日元，价格已经远远超过了水本身的价值。但是，即使是在每月限售的情况下，Fillico的产品仍然非常抢手。

4.4 农夫山泉天然矿泉水的包装设计

3. 促进销售

美国最大的化学工业公司杜邦公司的一项调查发现，63%的消费者是根据商品的包装来选购商品的。这个发现就是包装效应，也被称为"杜邦定律"。一方面，包装可以美化商品，带来差异化的竞争优势。精美的包装具有视觉上的强烈吸引力，能够有力地带动销售。另一方面，通过更换包装，品牌能够进入新的细分市场，促进销售，给品牌带来更多的利润。

扩展阅读

盲盒

盲盒是一种商品包装形式，其特点是商品的具体内容在购买时无法确定，只能看到盒子外部的包装和标签。盲盒通常采用盒子、袋子等形式包装商品，商品内部可能是一种或多种随机物品，如小玩具、卡片、钥匙链、贴纸等，而且每个盲盒内的物品都是随机的，消费者无法确定自己购买到的具体内容。

盲盒作为一种潮流玩具，精准切入年轻消费者市场，具有神秘感和随机性，受到了许多消费者的喜爱，成为一种流行的文化现象。现在，盲盒已经成为许多品牌的商品销售方式，玩具盲盒、文具盲盒、服饰盲盒、考古盲盒、美妆盲盒、零食盲盒等"盲盒+"商业模式也迅速产生，成为一种新的消费潮流和趋势。

但不是万物皆可"盲"，更不应成为商家利用"售出不退不换"等规则"清库存"的工具。2023年6月15日，市场监管总局发布《盲盒经营行为规范指引（试行）》，明确了盲盒经营禁售清单，为盲盒经营划出红线，推动盲盒经营者加强合规自律。

资料来源：作者根据网络资料编写。

（二）品牌包装设计的原则

一般来说，可以从以下五个方面对包装进行评价：可见性、信息性、感情诉求、工作性能和适应性。这些要求的相对重要性取决于具体的市场情况和竞争形势。

1. 可见性

可见性的目的是使包装醒目，但又不至于过分花哨而影响产品本来的形象。新奇包装图案、体积、形状和颜色会增强包装的可见性。在设计包装时，要先了解一下货架上的同类竞品是怎样的，如它们的色调是什么、形状怎样，再据此设计出自己独特的包装，提升对比度，让产品更容易被消费者注意到。

2. 信息性

包装上应该提供各种形式的信息（如成分、使用说明、产品特色及注意事项等），让消费者更了解产品，从而刺激购买。实验表明，当把"100%天然成分，无任何人造添加剂"这句话印在食品包装上时，产品销售量会猛增。同时，当"新""改进"等词频繁出现在包装上时，能给消费者带来改变、新奇及兴奋的感觉，刺激即时试购，或是唤回已经转向其他品牌的消费者。但是这些词也不能使用过度，否则会使消费者麻木甚至反感。一些产品会将用途印在包装上，鼓励人们拓宽该产品的使用场合，拉动成熟阶段产品的销量，例如将烘焙的苏打用于冰箱除臭等。另外，在包装上印上品牌口号，能使消费者产生更多联想，从而增加购买的次数。要注意的是，包装上的信息应该精准适量，展示有主次之分，罗列过多的信息并没有太大的作用，甚至会影响主要信息的表达，或使包装看起来廉价。

3. 感情诉求

包装可以通过使用颜色、形状、材料和其他途径，激发消费者特殊的感觉或心情。例如，新生代白酒品牌江小白用包装上关于生活、关于爱情、关于朋友的一系列文案，直击饮酒人士的内心，找到共鸣，一夜之间成为白酒行业的网红。味全每日 C 开发出独到的文字包装，从"拼字瓶"到"每日宜瓶"，一方面让商品更加吸睛和有辨识度，另一方面也与消费者形成良好的情感交流，占领消费者心智。一些品牌为吸引消费者，会随季节更替或不同的节日而不断改变包装，因为消费者更倾向于选择那些有着符合当下情境和心情包装的商品。

4. 工作性能

在设计包装时还需要注意它的工作性能，如包装能否保护商品；是否便于零售店和顾客储存商品；能否使顾客得到和使用商品变得简单；能否保证零售商的利益，如在转移时不会受损、方便陈列展示、降低商品盗损率等；能否以较低的成本来实现这些功能并缩短生产加工时间。市场的发展也对包装提出了新的要求，同时越来越多的新技术被用于包装中。例如有企业开发出一种新包装，只要顾客从货架上拿走商品就会向后台数据库发送信息，这样可以为企业提供即时的销售数据，帮助其进行供货管理。无人售货商店的出现促进了智能包装的发展，在将电子标签贴在商品上后，只要进入扫描区域，就可以瞬间同步完成所有商品的累积计算。此外，企业开始注重绿色包装，一方面是为了迎合消费者越来越强的环保意识，另一方面是可回收利用的材料也可以在一定程度上降低企业的成本。

5. 适应性

包装的设计需要同产品的特点、品牌的定位、消费者的需求等相匹配。消费者可能会期望某些类别的产品具有特定的外观，如将牛奶装在白色纸盒内会更有利于销售、苏打水最好使用蓝色包装等。包装会影响消费者对产品的感知，例如，橙汁饮品的包装上橙色越浓，消费者会感觉该饮品越甜。还有研究表明，浅色包装能够让消费者觉得食物很健康，但也许不好吃，深色包装则会让人更有食欲。例如，红星二锅头历来是北京市民的餐桌酒，包装也是采取平易近人的风格，而当它想要进入高端市场时，就不得不在包装上做出改变。它推出的红星青花瓷珍品二锅头，酒瓶采用仿清朝乾隆青花瓷官窑贡品瓶型，酒盒图案以中华龙为主体，配以紫红木托，颠覆了红星二锅头单一的低端形象，不但创造了优异的经济效益，还提升了公司形象、产品形象和品牌形象。又如，三只松鼠的目标顾客是"80后""90后"的网购主力军，所以在包装上采取了符合他们审美情趣的软萌风格。另外，不同的国家和地区有不同的风俗习惯和价值观念，有各自喜爱和禁忌的图案，在设计包装时必须加以关注，才能为赢得当地市场的认可减少阻力。

三、品牌音乐

品牌也可以借助声音的力量促进并强化目标受众对品牌的识别和联想。品牌音乐（brand music）是用音乐的形式来表现品牌，被视为延伸的品牌口号。

（一）品牌音乐的作用

品牌音乐是谱上音乐旋律的品牌口号，能够起到强化品牌识别、品牌传播和品牌情感的效果，增强品牌感染力。

1. 品牌音乐的识别作用

品牌音乐是声音识别的一种。通过品牌音乐，消费者可以通过听觉识别特定的品牌。越来越多的企业开始整合视觉和听觉对品牌进行全方位的设计，出现了一些令人印象深刻的品牌音乐。例如，当消费者听到"噔，噔噔，噔噔"的时候会想到英特尔；听到"Bal-abababa，I'm lovinit"时会想到麦当劳；听到以渐高的音阶由童声唱出的"娃哈哈"就会想到娃哈哈旗下的众多产品；等等。

2. 品牌音乐的传播作用

品牌广告曲一般旋律优美，比较容易上口，消费者听后常可轻松吟唱，能巧妙而有趣地重复品牌的名称、提高了消费者接触品牌的频率，并形成长久的记忆，增强品牌传播效果。如拼多多版本的《好想你》："拼多多，拼多多，我和你，拼多多，来一起一起拼多多……"这首广告曲歌词简单，节奏感强，突出了购物时的欢快心情，仿佛具有魔性，能让消费者不知不觉地跟着哼唱起来，有助于品牌在潜移默化中完成品牌传播。

3. 品牌音乐的情感作用

音乐的感情虽不具体，但仍然是有导向性的，总是发自具体的真挚感情，欣赏者在听音乐时，音乐总是带有一定的感情定向性。专门针对目标市场消费者特征的品牌音乐能有效地调动目标受众对品牌的情感认知，进而将品牌的核心价值与内涵传递给消费者。如，Dream it possible 作为华为消费业务品牌的主题曲，承载了华为品牌"相信自己、敢于挑战、追逐梦想"的品牌精神；林俊杰为银鹭花生牛奶品牌量身打造的主题曲《真材实料的我》，传递了品牌认真做牛奶的态度。

（二）品牌音乐的设计

品牌音乐包括背景音乐、广告歌曲、专门设计的音响效果、配音、简短的音符等。品牌可结合自身情况设计与品牌文字形象和图片形象融合的品牌音乐形象。

4.5 蕉下：《惊蛰令》传递轻量化户外定位

1. 从传播战略层面规划品牌声像系统

从战略层面开始规划品牌声像系统，意味着企业要从整体考虑，结合营销和品牌的长期战略，分析市场和渠道的特点，找到适合自己的品牌声像，并确保音乐能够与其他的传播手段相融合，不能冲突。品牌声像系统一旦确定，不要轻易更改，要长期、重复性地对受众听觉层面进行刺激，稳定消费者对于品牌的记忆度和忠诚度。

2. 将音乐与人声、音效结合

人声的独特性也可以让广告有非常高的记忆度，往往过了很久，我们记不得品牌广告的画面，却还记得里面的人声。例如，"恒源祥，羊羊羊"。好的音乐是各种情绪的象征，活泼的、快乐的、急促的、舒缓的，各种音乐氛围都要为塑造品牌所要达到的情感诉求服务。音效也是非常重要的一种声音，有时千言万语都比不过一组特别音效带来的特别效果。比如"SK-Ⅱ"就利用了使用 SK-Ⅱ神仙水产生的声音效果来突出"SK-Ⅱ神仙水"的特点，效果很好。

3. 融入新技术、新元素

新的技术形式不仅是声音本身的突破，更是一种新的与年轻人的交流方式。在品牌广告中适时加入声音新技术，为广告添彩，显得品牌更为时尚和符合时代潮流。例如，"鬼畜"作为声音特效的一种革新被应用到很多歌曲中。雷军在印度的几句简单的话"Are you OK"等，被制作成鬼畜视频，被网友大量传播。

需要注意的是，品牌名称、品牌标识、品牌口号、品牌形象代表、品牌包装、品牌音乐等品牌要素中的每一个品牌要素对于品牌认知和品牌形象来说都至关重要，都是极具价值的品牌资产。为了能有效发挥作用，这些品牌要素需要和品牌紧密相连，并有相当的传播投入，以使其深深地根植于消费者头脑中。同时，这些要素之间存在着有机的联系，品牌管理者需要对它们进行合理的组合和匹配。例如，一个有意义的品牌名称，如果能够通过标志在视觉上表现出来，将比没有标志容易记忆得多。因此，要提升品牌要素之间的相互匹配性和一致性程度，就要让这些要素互相支持，且能方便地应用到品牌建设的各个方面。

思考与讨论

1. 品牌要素设计有哪些标准？如何平衡品牌要素创建角度的设计标准与维护角度的设计标准？
2. 为什么在品牌命名时要将合法性标准放在非常重要的地位？
3. 如何平衡品牌标识设计的实用性和艺术性？
4. 虚拟品牌形象代表是否适合发展成为独立的品牌资产？
5. 如何实现多种品牌要素的整合？

第五章

品牌营销

小楼一夜听春雨,深巷明朝卖杏花。

——陆游《临安春雨初霁》

学习目标

知识学习目标:
1. 了解品牌营销的实质,熟悉品牌营销的构成。
2. 了解商业模式的构成要素,熟悉商业模式建设品牌资产的路径。
3. 了解平台服务品牌的价值,熟悉品牌建设的战略。
4. 了解品牌体验的类型,熟悉增强品牌感官体验的策略。

能力培养目标:
1. 初步设计商业模式建设品牌资产的能力。
2. 借助人的感官体验的特点,增强品牌感官体验的能力。

价值引领目标:
引导学生沉浸体验红色文化的魅力。

导入案例

零食很忙:持续创新经营模式,满足消费者需求的零食品牌

随着人们生活水平的提高,零食在日常消费中的需求不断增加,尤其是年轻人群将零食纳入日常生活的一部分。新兴的消费群体和消费观念为零食集合店这一创新业态提供了巨大机会,预示着中国的量贩零食市场将迎来高速发展期。艾媒咨询数据显示,2023年中国零食集合店市场规模已达809亿元,预计在2025年有望达到1239亿元。

在这个市场高速增长的大背景下,零食很忙凭借其门店精细化运营和更扁平的渠道层级,成功把握住了消费者对平价、高品质、多品类零食的日益增长的需求。用短短六年时间实现了超过4000家的门店规模,成为零食连锁行业的领先品牌。

1. 产品多样、价格亲民,引领零食自由潮流

零食很忙采用"薄利多销"的经营理念,以超过1600个SKU的产品线和近60%的散称包装零食,满足了消费者的零食多样化需求。不仅如此,这种多品种、任意挑选的购物

体验，不仅让消费者享受到零食自由的愉悦，还营造了一种新的场景化的零食购买体验。在零食很忙的门店，消费者可以在预算内轻松购买到高性价比的零食，让购物不再有压力。

2. 大厂直采、高效周转、实现供应链效率革命

为实现"物美价廉"的产品定位，零食很忙在供应链上下苦功，发起零食供应链效率革命，构建起高效的供应链管理体系。相较传统线下商超的"层层溢价"，零食很忙缩短了交易环节，与一线源头厂商直接对接，实现"总仓对总仓"采购，缩短了供应链交易环节，不仅避免了商品流通过程中的过度溢价，还极大提高了物流运输效率、货品周转效率。

在零食市场高速发展的背景下，零食很忙通过物美价廉、品类多元的经营理念，以及高效供应链的构建，成功在休闲零食行业站稳脚跟。相信未来，零食很忙将继续通过供应链的不断优化，更好地满足消费者日益增长的需求。零食很忙的成功经验为其他零食品牌提供了可借鉴的经验，也为中国零食行业的可持续发展指明了一条可行的道路。

资料来源：中国经济时报，零食很忙：持续创新经营模式，满足消费者需求的零食品牌，有改动。

第一节　品牌营销组合

通过市场营销建立品牌资产，首先要认识品牌营销不同于产品营销。前者是借助营销工具建立品牌资产，目标是不断提高品牌的附加值；后者是通过营销工具促进产品的销售，目标是不断提升产品的销量或市场份额。因此，"品牌营销"这个用语不同于通常的"市场营销"。

一、品牌营销的实质

尽管品牌营销与产品营销这两者相互促进，并不隔离独立，但它们显然存在不同的侧重点。如果我们画一个坐标，左端为品牌的有形资产（产品及销量），那么右端则为品牌的无形资产（附加值及溢价）。在使用营销工具的过程中，做法和策略不同，实现的目标和效果也不同，有时是走向左端，有时是走向右端，中间则是平衡结合的状态。

从更深入的角度看，向左走还是向右走，涉及企业战略背后的商业模式问题。企业可以选择向左走，注重规模和生产，追求突出的性价比，针对广泛的大众市场或中低端市场，通常以薄利多销的战略获取利润；企业也可以选择向右走，大力投资研发和设计，进行高附加值的形象塑造，针对特定的小众市场或中高端市场，以溢价的战略获取利润。当然，也存在两者兼顾、平衡的商业模式。从营销实践看，对于品牌化产品及其背后的企业，不可能仅使用向左走或向右走的营销手段和工具，通常是将两者相结合，但存在不同的侧重点。

从长期发展的角度看，侧重于向左走还是向右走的结果表现为，企业的价值到底更多地体现在有形资产方面，还是无形资产方面。以运动鞋品类为例，安踏和耐克都会结合采

用向左走和向右走的营销策略,但显然两个品牌的侧重点是不同的。因此,我们可以认为在企业价值的构成中,耐克的无形资产(品牌价值)占有更大的比例,而安踏在这方面的占比较小。有统计数据表明,对于那些全球顶级的强势品牌,例如可口可乐、迪士尼、麦当劳、宝马、耐克、苹果等,其品牌价值都占公司市值的大部分,为 60%~80%。

品牌价值的创造和提升如此重要,如何在产品(product)、定价(pricing)、渠道(place)和促销(promotion)等营销工具的使用上实现向右走的目标呢?答案即侧重于建立品牌资产,而非侧重于产品销售。

5.1 盒马鲜生的差异化营销

二、产品策略

产品是品牌资产的核心,对消费者自身体验品牌、从他人处听说品牌以及公司在宣传中如何介绍品牌都有重要的影响。产品的设计、制造、上市、销售、运输及服务都必须含有强烈、有力和独特的品牌联想,以建立正面的品牌形象。对于产品策略,最关键的是要做好感知质量,就是要充分利用消费者的五种感官(视觉、听觉、味觉、触觉、嗅觉),让消费者获得对产品的良好体验,从而提升产品价值。

(一)感知质量

感知质量指消费者对一件产品或服务的总体质量或其优越性的感知。这种感知是以消费者的感觉为基础的,同其相关选择和想要满足的需求有关。促使消费者对产品质量做出肯定评价的属性和利益随产品品类的不同而不同,有一些较常见的判断指标如重量、材料、保质期、耐用程度、风格与设计等。

(二)感知价值

消费者往往把对质量的感觉和对成本的感觉结合起来,形成对某一产品的感知价值。在谈及感知价值时,必须注意到这里的成本不仅局限于实际的货币价格,还反映了时间精力,以及消费者在做购买决定时想到任何事物的机会成本。

(三)消费体验

强有力的、受人欢迎的品牌联想也许来自产品体验。如何加深消费者的体验呢?这需要在与消费者建立和维护关系的过程中,建立好的体验,即强化"过程质量"的建立和提升。一些与消费者建立关系的具体活动包括建立并保持消费者的信息档案、详细策划与消费者的联系方法、分析消费者的反馈、进行消费者满意度调查、制订并执行宣传方案、主动举行特别的消费者活动、确认并唤回失去的顾客。

三、定价策略

价格是营销组合中产生收入的因素。价格奖励是建立品牌意识和建立强烈、有力、独特的品牌联想的重要途径之一。在定价策略方面，要采用顾客导向定价法，而非成本导向定价法。简单地说，对一个产品采用这两种定价法得到的正向差价，可理解为品牌拥有的溢价能力。

（一）消费者价格感觉

出于某些有形或无形的原因，只要品牌的某个独特方面与消费者头脑中的高价位相称，他们就视之为价值。一个品牌的定价能使消费者产生一定的联想，比如，消费者往往会以价格为基础来推断产品质量，也会按照产品大类中的价格阶梯来评价品牌，所以消费者会愿意为品牌支付溢价。

（二）设定价格以建立品牌资产

营销人员必须确定短期和长期的定价及调价策略，以建立品牌资产。在不同的条件下，有多种不同的定价方案，比如以获取市场份额为目标的渗透定价、以利润最大化为目标的撇脂定价以及与品牌资产紧密联系的价值定价。价值定价指产品质量、成本及价格三者恰当的结合，使价格能完全满足消费者的需要和公司的利润目标。价值定价必须保持以下三个要素的平衡。

1. 产品设计和运送

企业精心构想并执行计划能通过许多不同的方式增加产品价值，常见的方法有提高产品质量、改善服务或延长保修期、以广告强化品牌形象、在分销渠道中提供技术支持或者融资等。比如，日本的雷克萨斯、英菲尼迪等豪华车就是通过高性能和相对低的价格在美国市场上建立起了强大的价值联想。

2. 产品成本

价值定价策略成功的第二个关键因素就是尽可能地降低成本。从生产力、外部供应、材料替代、改变流程等各个环节降低成本，同时保持应有的质量。

3. 产品价格

要采取价值定价还必须准确地理解消费者对品牌价值的感知，了解他们愿意在成本基础上为品牌支付多少溢价。在众多因素中，产品能给消费者带来的好处及其相对于竞争者的优势是形成消费者感知价值的关键。通过估算这种消费者价值感知，再根据成本和价值的需要做一些必要的调整就可以确定真正的市场价格。

价格促销对消费者品牌农产品购买决策的影响

采用现实中"消费者采购鸡蛋"情景，对在长期促销和聚集促销背景下促销对消费者品牌农产品购买决策的影响进行研究。结果表明：价格促销能提高消费者品牌农产品的购买意愿，但由于农产品易腐等特性使得价格促销对消费者品牌农产品购买数量的影响不显著；消费者的品牌忠诚会削弱价格促销对其品牌农产品购买决策的影响。因此，品牌农产品生产企业可以适当借助促销手段提高消费者对品牌的认知和认可，但仍需通过提高产品质量等途径来增加消费者对品牌农产品的购买。

资料来源：王芸娟，马骥. 价格促销对消费者品牌农产品购买决策的影响——基于 Double-Hurdle 模型的实证分析 [J]. 中国农业大学学报，2020，25（08）：174-183. 有改动。

四、渠道策略

营销渠道的作用是弥合产品或服务的需求者与提供者在时间、空间和所有权方面的缺口，企业需要借助分销渠道成员来收集资源、创造价值、进行产品交付等。品牌渠道策略是指建设与品牌相匹配的渠道网络，通过渠道网络成员的合作，达到品牌价值的传递、实现和增值。

（一）渠道对品牌的作用

基于渠道中产品所有权的转移，品牌形象与价值得以传递，品牌的力量也因零售商（retailer）和经销商（dealer）的增值作用而越来越强。

1. 品牌形象传递

营销渠道是企业产品或服务流通的途径，直接影响着消费者获取的便利性，而便利性是消费者感知企业品牌形象的一个重要角度。中间商同消费者交流的过程中（如支持性广告、营业推广和人员推销等）所提供的品牌信息越多，消费者对品牌的认知就越深。随着一些知名中间商品牌的崛起，强势渠道逐渐成为一种质量和信誉的象征。缺乏知名度的品牌可与中间商结成战略伙伴关系，以迅速提高品牌知名度，有一定知名度的品牌则可借助渠道的品牌优势进一步扩大影响力。此外，营销渠道是消费者获得品牌与产品感知的直接途径。终端零售网点的数量、终端环境呈现的风格、销售人员表现的态度、中间商提供的服务流程等都影响着消费者对品牌形象的感知。

2. 品牌价值增值

分销渠道中的渠道成员同消费者打交道，是消费者感知企业服务态度的重要场所，例如，终端的营业推广、人员推销，终端氛围的营造以及终端的配套服务；中间商则会参与到产品的运送和安装、使用和维修中，特别是经营家电、家居类产品的中间商，此时消费者会直接根据中间商提供配套服务的好坏来评判企业的产品质量、品牌形象，从而影响消费者对品牌的偏好。此外，消费者对品牌从感知到认同、从认同再到满意需要得到售前的引导、售中的承诺和售后的跟进等一系列互动式服务才能形成，中间商在这个过程中扮演着重要的角色。其中，服务中间商更是完全承担了服务的全过程，直接影响着消费者对委托方品牌的服务满意度。通过中间商与零售终端，品牌实现服务增值及消费者诉求，最终形成差异化竞争优势。可见，高效、完善的分销渠道可以推动品牌的形成和发展，也是品牌得以延伸的重要途径。

（二）品牌渠道类型

产品出售或者分销的方式也对品牌资产和最终的成功销售产生深刻的影响，因此渠道的设计十分重要。渠道主要分为直接和间接两种,很少有哪个生产商只单纯地使用一种渠道,更多的情况是多种渠道结合使用。

1. 直接渠道

直接渠道是指通过企业联系出售产品的渠道,形式主要有自有商店、商场中的专卖店,产品目录、邮件、电话、电子、网络等,直接渠道可以让消费者更好地理解品牌产品的深度、广度、品质及突出特性,从而增强品牌资产。

直播带货的产品特性对品牌资产的影响

从消费者视角出发,将直播带货的产品特性分为客单价、决策成本、必需性,构建产品特性对品牌资产的影响机制模型,研究符合什么样的产品特性才更适合直播带货,以及直播带货的产品特性通过消费者感知价值对品牌资产的影响。研究发现:产品特性符合低客单价、低决策成本、高必需性的商品才更容易在直播带货中提升其品牌资产价值。这是因为直播带货的产品都建立了低价格、高折扣的印象,几乎每个看直播的消费者都会冲着低价而来。企业如果高幅度降价的直播产品没办法获利,反而会降低品牌力。因此,对于本身有强品牌意识的产品不需要靠一次直播来提升品牌资产,而是要根据自身品牌战略的发展,制定适合自己的发展策略。

资料来源:朱永明,陈心怡,姜红丙. 直播带货新模式下影响品牌资产价值因素研究[J]. 价格理论与实践,2021(06):133-136+167. 有改动。

2. 间接渠道

间接渠道是指通过第三方中间商出售产品的渠道,形式主要有代理、经纪人代表、批发商、分销商、零售商等,通过间接渠道则要利用好中间商的品牌形象以及中间商对品牌采取的行为和给予的支持对品牌资产产生积极影响。

海尔与京东的O2O全渠道合作

如果溯源京东和海尔合作历程,则要回到2013年。当时,最早进行互联网转型的海尔率先与京东合作。第二年,海尔、统帅、卡萨帝等全品牌入驻京东。2017年,海尔在京东平台的销售突破100亿元,同时尝试洗衣机、空调等多品类爆款和专供型号的大规模定制服务。2019年,京东家电与海尔家电签署全面战略合作协议的消息,还是引起了行业广泛关注和讨论。与过去家电厂商的战略合作更多是聚焦销量,以产品、价格、服务为核心的合作模式不同,京东与海尔在2019年的合作涉及渠道下沉、用户体验、大数据定制、市场营销等方面,并非单一的"规模制胜、价格为王",而是实现"渠道为王、产品为王"到"用户为王"的价值链再造。

资料来源:作者根据网络资料编写。

五、传播策略

营销传播是一个品牌的"声音",是与消费者对话和联系的最有效手段。所有营销传播策略都有一个重要目的,即助力品牌资产的积累,这不仅需要长期思维,还需要整合思维。所谓整合,是要求营销传播策略把各种线下和线上传播工具(包括广告、销售促进公共关系、直接营销、互动营销、口碑营销、人员销售等)完美地结合起来,通过天衣无缝的整合提供清晰一致的信息,从而发挥最大的传播作用。整合营销传播可以通过建立品牌意识,在消费者头脑中产生强大、有力和独特的品牌联想,从而积累品牌资产。

无论选择哪种传播手段,整合营销传播方案都应当很好地协调,以建立起统一紧密的品牌形象。其有效性有三个关键之处。第一,要做到信息传播的一致性,形象和调性的一致性;第二,要注重做好品牌导向的传播,积极传播品牌层面的信息,这与产品导向的传播是不同的;第三,要大力发挥线上传播的威力,用富有吸引力的内容,契合目标市场的价值观和生活方式需要,以社群的方式把目标顾客聚集在一起,形成对品牌的黏性,从而创造品牌附加值。

5.2 品牌商直营模式下的新产品发布策略

第二节 品牌商业模式

商业模式的建立和实施涉及企业跨部门紧密协作,其创新和优势与品牌身份系统一起构成支持品牌长期发展的强大基础。

一、商业模式的概念

商业模式是一种包含了一系列要素及其关系的概念性工具,用以阐明某个特定实体的商业逻辑。它描述了公司能为顾客提供的价值以及公司的内部结构、合作伙伴网络和关系资本等用以实现这一价值并产生可持续盈利收入的要素。也就是说,商业模式描述与规范了一个企业创造价值、传递价值以及获取价值的核心逻辑和运行机制。

商业模式最核心的三个组成部分是创造价值、传递价值和获取价值,三者环环相扣,缺一不可,少了任何一个,都不能形成完整的商业模式。创造价值是基于客户需求,提供解决方案;传递价值是通过资源配置、活动安排来交付价值;获取价值是通过一定的盈利模式来持续获取利润。一个成熟的商业模式背后都会潜藏着一定的商业要素,任何人在操作的过程中,必须匹配了这些要素才能够确保创业项目成功的可能性,从而形成机制。

二、商业模式的构成

理解商业模式的构成可以借助商业模式画布(business model canvas),由奥斯特瓦德

（Alexander Osterwalder）和皮尼（Yves Pigneur）提出。商业模式画布是一种用来描述、可视化、评估以及改变商业模式的通用语言。它包括顾客、提供物（产品或服务）、基础设施和财务收益能力四个方面的内容，具体分为九大基本组成要素：①顾客细分（customer segments），指所服务的一个或多个目标顾客群体；②价值主张（value propositions），指产品或服务提供给顾客的核心价值；③渠道通路（channels），指如何与顾客沟通并建立联系，向其传递价值主张；④顾客关系（customer relationships），指针对每一个细分市场建立和维护顾客关系（一次性或长期关系）；⑤收入来源（revenue streams），如何从所提供的价值中取得收益；⑥核心资源（key resources），指支撑商业模式顺利运行的重要资源（包含人才、技术设备等）；⑦关键业务（key activities），指商业运作中必须从事的一些关键业务活动（如生产、销售、交付等）；⑧重要合作（key partnership），指在商业链路上给予战略支持的合作伙伴；⑨成本结构（cost structure），指商业模式的上述要素所引发的成本构成。

按照商业模式画布九大要素（板块）进行思考，一般经由如下顺序进行：了解目标顾客群体（顾客细分），确定他们的核心需求（价值主张），思考如何接触到顾客（渠道通路），从事怎样的业务（关键业务），如何使产品盈利（收入来源），凭借哪些资源实现盈利（核心资源），投入产出比是怎样的（成本结构），能从哪里获得支持（重要合作），以及对于顾客关系的维护。

5.3 喜茶的商业模式

三、品牌与商业模式

品牌间的竞争通常是商业模式间的竞争。商业模式能为品牌提供独特价值，是关于价值的系统，是创造价值、传递价值以及获取价值的核心逻辑和运行机制。品牌为商业模式创新注入强大动力，完成价值的品牌化。现代竞争已从品牌竞争上升到商业模式竞争，品牌围绕商业模式的价值主张形成系统收益。

好的商业模式决定品牌价值，正确的商业模式更有利品牌的发展，达到持续盈利目标，所以二者是缺一不可、和谐共生的。好的商业模式必须为一个品牌或产品带来生命力，商业模式加强并赋予了品牌战略生命力，通过不同层面的落地执行，传达品牌的新战略以及核心价值促进资源的交互发展，提升品牌价值市场传递效率，实现品牌突破。

商业模式创新对于品牌具有重要意义，品牌是战略，商业模式就是战术。商业模式与品牌形象和品牌策略的融合中选择适宜的商业模式和相应的创新策略非常重要。商业模式创新在寻找发现价值、重塑价值体系、创造新价值的过程中，离不开品牌层面作为依托和载体。品牌为商业模式创新提供了新的可能，提供了物质基础。

品牌需要升华，深耕累积的品牌效应变革商业模式。面临时代冲击利用品牌效应创新商业模式，重塑用户价值主张，将品牌进化与商业模式的变革有机统一起来，以求得与进取的用户价值共鸣，同时不断超越，从而促进品牌和商业模式进一步融合创新，实现商业模式依托品牌战略的实施和创新来实现价值的有效传递。

四、商业模式建设品牌资产的路径

商业模式通常通过自下而上与自上而下两条循环往复的路径来建设品牌资产。

(一) 自下而上的路径

传统的品牌建立战略路径通常始于公司创建的一项业务,基于一项特定的产品或服务。通过持续不断的市场营销,品牌不断提升知名度和市场影响力,逐渐地与无形价值、品牌个性等联系起来,消费者的感知也相应地从物体层面提升到了利益层面,从有形价值层面上升到无形价值层面。这时候,品牌名称实现了差异化,赋予了产品或服务独特的附加值。品牌一旦拥有了抽象的附加值,即可进行品牌延伸,利用品牌的无形价值开拓其他业务。小米手机即是这种建立路径。它从最初的手机延伸至小米盒子、小米电视和小米路由器等业务。这个路径可简称为从产品起家的品牌建立战略。

(二) 自上而下的路径

另一种品牌建立战略路径则是从一个概念或想法开始。它通常基于对消费者需求的深刻洞察,在品牌建立的一开始就确定了品牌的概念、意义、愿景和价值观,奠定了品牌无形价值的基础。如果概念或想法新颖独到,发展为投资者值得期许的完整商业方案得以借助资本市场的强大推力,那么,公司就可以很快地把无形的概念、价值和方案变为具体的产品或服务,品牌也得以在短时间内迅速建立起来。这个路径是把确定的无形价值落实于产品载体层面,可以简称为以价值起家的品牌建立战略。元气森林更接近于这种建立路径。

(三) 两种路径的循环往复

需要指出的是,这两条路径也是上下双向运动的关系,即一条路径是从产品优势上升到无形价值,另一条路径是把无形价值落实于产品优势。然后,新的产品优势又为无形价值做出新的贡献,无形价值再作用于产品优势……公司的战略品牌管理过程就是上面这两条路径的上下双向往复,就是永无止境地在有形价值和无形价值之间往复运动,就是把公司的资源在产品和产品的附加值之间进行合理的决策和分配。

因此,在建立品牌时,营销工作者需要同时使用有形要素和无形要素进行品牌定位。对于建立在产品优势上的品牌而言,一开始就要规划并融入更高层次的含义——这些含义将长期地依附于品牌并且加快产品成为品牌的过程。另外,虽然随时间推移,品牌联想通常会向更高水平发展——由属性到利益再到价值,但这并不意味着品牌不再需要关心物质问题和差异化了。即使是尤其依赖于无形价值的奢侈品牌和形象品牌,也仍然不能忽视产品的功能性现实。

零售电商的七种模式

①B2C(Business to Customer)。指企业直接面对消费者,通过自己的电商平台或第三

方平台进行销售。消费者可以在平台上浏览商品、下单、付款、退换货等。典型代表有京东、天猫、苏宁易购等。

②C2C（Customer to Customer）。指消费者可以在平台上发布自己的商品信息，其他消费者可以浏览并购买。平台提供交易撮合、支付、物流等服务，并从中收取一定的佣金。典型代表有淘宝、闲鱼等。

③B2B（Business to Business）。指企业之间通过电商平台进行交易，可以是采购、销售、配送等。典型代表有阿里巴巴、慧聪网、中农网、找钢网等。

④O2O（Online to Offline）。指通过电商平台引流，将消费者引入线下实体店进行消费。典型代表有美团、大众点评、饿了么、滴滴出行等。

⑤社交电商。指通过社交媒体平台建立社交关系，通过社交关系进行商品销售。典型代表有拼多多、微店等。

⑥直播电商。指通过主播进行商品展示和推销，消费者可以在直播间进行下单。典型代表有淘宝直播、快手直播、东方甄选等。

⑦共享经济。指共享经济平台，将资源进行共享，实现资源的最大化利用。典型代表有爱彼迎、哈罗单车、顺风车、共享充电宝等。

资料来源：作者根据网络资料编写。

第三节　平台品牌

随着移动互联网、物联网、云计算等信息技术的不断进步，以信息技术为依托的平台品牌跨越了地域和时间的限制，丰富了交易场所、"灵活"了交易时间、提高了交易效率，更容易获得消费者的关注与使用。

一、平台品牌及其优势

平台品牌（platform brand）是指以互联网技术为基础，联结产品（服务）交易或信息交互的双方或多方，并整合各方资源，为其提供直接交易、信息互动的服务中介，以独特的身份和定位进行价值创造的品牌。平台品牌可以分为三类：第一，平台企业品牌，即本身就是平台型企业的公司，例如淘宝、京东、亚马逊。第二，平台产品品牌，包括：同时拥有消费者用户和开发者用户的产品，如苹果手机；以及智能互联产品，如 Nike + FuelBand 电子运动腕表。第三，平台服务品牌，包括：软件平台业务，如 360 杀毒软件、微信、滴滴、爱彼迎（Airbnb）；以及公司的服务 App，如招商银行的"掌上生活"、东方航空 App、海尔智家 App。无论哪类平台品牌，顾客选择购买和消费的体验都被数字化。

平台品牌具有四大特征或优势。第一，平台品牌具有双边或多边市场特征，即同时面对的是两种或多种类型的使用者（买方或使用者、卖方或提供者、其他参与方）。第二，平台品牌具有跨市场的"网络效应"，使得规模化更加有效。规模巨大的网络使得平台中的供给和需求有了更好的匹配性，越大的规模产生越多的价值，从而吸引更多的使用者，"网络效应"提高了用户的黏性，形成了竞争优势。快速吸引大量使用者是创建平台品牌的关键。第三，平台品牌具有高度价值交换的价值特征，借助基于数据的工作创造了社群反馈回路，用户的信息和互动是平台品牌资产的主要来源。第四，平台品牌的创建主体属于多方共创，品牌创建具有动态性和开放性特征，开发了价值创造的新来源。

二、平台服务品牌的价值

平台服务品牌与传统产品（服务）品牌的区别在于，传统的产品（服务）品牌主要是以满足顾客需求打造差异化的产品（服务），并建立品牌信任，从而赢得与产品（服务）相关的竞争优势。而现在的平台服务品牌的价值创造是通过免费形式，联结使用者和第三方进入平台，从而赢得与网络效应相关的竞争优势。价值创造来源从迎合个性化需求转变为鼓励最大的价值互动。具体来说，数字化交互平台背景下所创造的价值分为功能价值、成本价值、情境价值三个维度，通过加强平台价值的三个维度，数字化交互平台能够创造、维持和扩展平台价值。

（一）功能价值

数字化交互平台通过提高用户完成任务的效率，并满足其实际需求和期望来为用户提供功能价值。对于网购平台而言，顾客能够从中方便地搜索和比较商家，评估产品的质量和价格；对于出行平台而言，顾客能够以更省时、便捷的交通方式到达目的地。以即时送达为主的平台商业模式改变了产品和服务的配送方式，无论是快速交付实物产品，还是即时提供数字产品，这种商业模式能够让顾客无须等待即可获得想要的产品，提高了完成购买的效率。另外，数字化交互平台也能够将有形的业务流程转变为全数字化业务流程，运用技术手段为顾客简化甚至消除办理业务时的烦琐手续，从而让顾客顺利完成任务。

（二）成本价值

数字化交互平台通过规模或效率优势为用户提供更低的价格或其他经济收益，为用户创造成本价值。成本价值是用户使用平台的感知收益和货币成本之间的认知权衡，不仅包括购买产品时支付的价格与感知收益之间的权衡，也包括产品使用过程和其生命周期中维持产品所付出的其他经济性成本与感知收益之间的权衡。若感知收益大于货币成本，则认为平台向用户提供了成本价值。在以"共享经济"和"点对点动态性"为商业模式的数字化交互平台中，成本价值来源于优惠的价格、安全和可靠的服务，以及由节约资源带来的其他经济收益。

（三）情境价值

数字化交互平台能够提高场景化和个性化程度，并向用户提供相关性和即时性更高的数字化产品，用户通过使用数字化产品获得出色的体验而得到情境价值。情境价值涉及通过提供个性化和本地化服务为用户创造更多的使用场景，不仅能够满足诸如愉悦性、多样性和刺激性等体验需求，也能够通过获取与情境有关的信息而提高定制化程度。例如平台通过大数据分析技术解读用户的位置和特定需求，并据此为用户提供个性化体验平台，需要通过算法等一系列技术操作提高顾客个性化和情境化程度。情境价值可以作为优质体验和积极心理状态的信号，帮助用户在购买时考虑平台中的产品和服务，并与平台进行持续和动态的交流以共同创造平台价值。

需要指出的是，平台价值不是孤立的，不仅可以通过强化网络效应得到增长，也能够通过参与者在平台中所获不同类型价值的倍增而增长。近年来成功的数字化交互平台（例如亚马逊、苹果和谷歌等）并不仅仅提供单一类型价值，而是有效整合功能价值、成本价值和情境价值，这是它们创造竞争差异并获得竞争优势的基本方式。传统企业要围绕平台价值建立用户体验优势，既要构建特定的平台价值（包括功能价值、成本价值和情境价值），这是基本的工作方向，也要从顾客体验的角度建立总体的平台价值。

5.4 招商银行"掌上生活" App：打造"掌上生活"消费圈

三、平台品牌建设战略

建立数字化交互平台，并将其作为服务品牌，是实施品牌战略、建立品牌资产的重要举措。数字化平台品牌建设有用户生成内容、顾客浸合、品牌社群和品牌公众、品牌生态圈四种战略路径。

（一）用户生成内容

在移动互联时代，品牌创建的方式发生了很大变化。传统方式是企业主导品牌创建过程，企业创造了品牌价值，而新兴方式是企业与顾客共创品牌价值。企业与顾客共创品牌价值的重要模式是"用户生成内容"（User Generated Content，UGC）。它泛指以任何形式在网络上发表的由用户创作的文字、图片音频和视频等内容。UGC 的发布平台不断演变创新，包括 BBS，开源软件，博客，微博，微信，图片、音视频分享网站和 App，在线问答，消费者评论 SNS，众包等各类社会化媒体及其应用。在 UGC 模式下，平台内容大多由用户自行创作，平台管理人员通过制定规则和搭建内容生产体系来协调和维护秩序，能够充分利用流量优势提升用户参与度。

小红书的 UGC 战略

小红书的 UGC 战略是通过鼓励用户生成创意内容来增强品牌知名度的一种营销策略。其通过提供平台和工具，鼓励用户分享自己的生活、购物、旅行等经验，从而增强品牌的知名度和用户黏性。具体来说，小红书通过以下几个方面来实现 UGC 战略：第一，提供优质内容。小红书提供了丰富的内容类型，包括美妆、时尚、美食、旅行等，用户可以根据自己的兴趣选择相关内容。小红书也会定期推出一些话题和活动，鼓励用户分享自己的创意和经验。第二，引导用户创作。小红书提供了编辑器和模板等工具，方便用户创作和发布内容。同时，小红书也会通过一些奖励机制，鼓励用户创作优质内容，如每日最佳、月度最佳等。第三，互动社交。小红书强调社交和互动，用户可以在平台上互相关注、点赞、评论、私信等，形成一种社交圈子。同时，小红书也会通过一些活动和话题，鼓励用户互相交流和分享。通过以上几个方面，小红书成功实现了 UGC 战略，吸引了大量用户和品牌进驻，成为一个充满创意和活力的社交平台。

资料来源：作者根据网络资料编写。

有些平台（如微信公众号、门户网站等）也会组织一群专业人士进行内容生产，即"专业生成内容"（Professional Generated Content，PGC）。这里的专业人士是指符合了一定资质（平台方的要求，比如记者证、学历等）的人员，由于人数比较少，管理和培训起来相对垂直，提供的内容质量相对可控，能够直接满足平台方的内容需求。但是，当 PGC 内容需求量越来越大时，相对的运营成本会越来越高。

5.5 喜马拉雅FM的内容模式

（二）顾客浸合

顾客浸合（customer engagement）是指在交易行为之外，顾客对品牌或公司的关注与专注（认知维度），在与品牌互动过程中产生的灵感、归属与依恋感、责任感、身份感、沉浸感、幸福感与自豪感等（情感维度），以及付出的努力及活跃度（行为维度），如口碑、推荐、评论、赞助、分享、合作、建议、贡献等行为。顾客浸合可以产生顾客终身价值、顾客推荐价值、顾客影响价值和顾客知识价值，这四大价值贡献于品牌，为企业创造价值。顾客浸合也为顾客自身带来价值，包括顾客满意度、自我品牌联结、社会认同强化、情感体验收益等方面。品牌创造顾客浸合空间，强化顾客浸合的深度和广度，可采取建立合作创新交互平台、打造全过程服务闭环、塑造极致用户体验三大重要战略模式。

1. 建立合作创新交互平台

借助在线品牌社群，顾客已成为来自企业外部的重要创新力量。通过这种开放式的网络交互平台，顾客参与到新产品的开发过程中，广泛地提出自己的意见并与其他顾客交流讨论。例如，家电品牌卡萨帝，它持续不断地产品创新与迭代就是得益于其对用户需求创意交互平台的精心构建。以卡萨帝"双子云裳"分筒洗衣机为例，在与全球用户的深入交互中，卡萨帝研发人员发现，70%的用户都有分类洗涤的需求，由此便诞生了卡萨帝全球首创的双筒洗衣机，彻底解决了全球用户分机洗护的难点。在使用产品的过程中，用户会随时将使用反馈以晒单的方式，提出对产品的不满意之处与改进建议，对接人员与用户及时沟通，研发人员会根据用户提出的需求对产品进行完善。

2. 打造全过程服务闭环

全过程服务闭环通常是以垂直网站和垂直电商的模式，聚焦于某些特定领域或某种特定市场的需求，提供有关这个领域或需求的全部深度信息以及深度市场运营和服务。为消费者打造了某种需求方面的全过程深度服务闭环，顾客浸合程度深。例如，易车通过对媒体平台、产品平台和互动平台这三大平台的全面整合，提供从看车、选车、买车、用车到处置二手车的无缝式服务体系，为用户提供与汽车生活相关的全程关怀，形成覆盖汽车生活的全闭环。在移动端战略上，易车从用户需求出发，打造了 App 矩阵，覆盖用户"选车、购车、用车、卖车"的闭环周期，穷尽用户的汽车生活节点，并在这些节点上黏住用户。

3. 塑造极致用户体验

顾客渗合度在很大程度上取决于顾客与品牌互动中的全方位体验。例如，美团的法宝就是专注提升用户体验，为此秉承"消费者第一、商家第二、美团第三"的价值观。美团外卖在送餐速度、App 设计、送餐员服装、消费者权益保证、投诉渠道、用户退订等整个操作流程中深入贯彻了这一价值观，带给消费者高于预期的消费体验，以建立用户口碑和业务品牌。

（三）品牌社群与品牌公众

品牌社群（brand community）是指在使用同一品牌的消费者之间形成的一种非地理意义上的专门化社会群体。与此相对应，品牌公众（brand public）是一个有组织的媒体空间，由具有持续性的、以一种中介工具（如一个标签）为中心的一系列行为维系在一起公众群体。由此可看出，与品牌社群相反，品牌公众并不建立在持续的互动形式或任何一致的集体身份的基础上。在数字化平台环境下，品牌社群和品牌公众都是企业建立、发展和维护消费者品牌关系的重要工具。

（四）品牌生态圈

品牌生态圈（brand ecosystem），或称品牌生态系统，是以开放型平台品牌为基础，将大量超越产业边界的商业组织与资源联结在一起，共同进行价值创造，并基于用户数据分析技术，彼此形成相互依赖、相互协调和互惠循环的结构化社区关系以及网络效应，并不断演化出新的能力和价值，最终实现多方共赢的生态圈集合价值。品牌生态圈的基本架构包括参与者、价值元素、匹配机制和交互流程。参与者包括创造价值的生产者和使用价值的消费者；价值元素可以简单地理解为产品或服务，由生产者创造出来并被消费者消费；匹配机制是指把有需求的生产者和消费者匹配起来；交互流程是指生产者和消费者进行的价值交换，能够在第一时间将多数用户吸引至平台上的核心交互模式，而交互流程也是平台品牌进行价值定位的基本依据。

5.6 真维斯利用数字化转型构建品牌生态圈

第四节　品牌体验

21 世纪，消费者对产品和服务的要求将不止于功能上的满足，品牌能否超越产品功能而给消费者带来种种感官、情结或价值上的满足将变得越来越重要。简单说，就是品牌不但要具备"功能"，还要带来"体验"。

一、品牌体验的含义

(一) 品牌体验的概念

品牌体验是顾客对品牌的具体经历和感受。也就是说,品牌体验是顾客个体对品牌的某些经历,包括经营者在顾客消费过程中以及品牌产品或服务购买前后所做的营销努力,产生回应的个别化感受。品牌体验的内涵包含顾客和品牌或供应商之间从最初的认识,通过选择、购买、使用,到坚持重复购买的每一次互动。

(二) 品牌体验的特征

1. 品牌体验是消费者与品牌双向交流

品牌体验就是要让顾客以个性化的、互动的方式参与刻意设计的事件,获得深刻的感受。在体验中,顾客作为体验主体,通过亲身参与强化对品牌的认知。互动过程也是品牌和顾客之间的学习过程,品牌通过与顾客的接触可以深层次、全面地了解顾客,深度洞察顾客如何体验品牌旗帜下的产品和服务,从而创造出高峰体验。

2. 品牌体验可以彰显消费者的个性

体验是消费者内心的感受,由于人们的心智模式存在差异,所以即使是同样的情景不同的参与者也会生成不同的体验。品牌体验要吸引消费者充分参与,体现较强的个性化,品牌只有与众不同才可能给予消费者独特的体验。由于人们往往喜欢与自身相似的个性,所以品牌个性应该和目标消费群的个性相一致,在以后的品牌传播中应集中表现这一点。

3. 消费体验可以增加品牌的购买

如果一个消费者在跟某个品牌有高频的互动后,认为这个品牌可以彰显他的个性,或者对这个品牌商寄托了他的情感,或是认为这个品牌给他带来了充分的快乐,自然会对该品牌形成好感,从而直接刺激消费者对该品牌购买频率和数量的增加。

二、品牌体验的分类

(一) 按置身其中的结构分类

体验的核心并不是如何取悦顾客,而是如何使他们置身其中。体验吸引客人的两个重要方面:一是人的参与程度。消极、被动参与的消费者并不直接影响表演,包括听交响乐,纯粹的观众或听众;积极、主动参与的消费者能影响这件事进而影响产出的体验,比如滑雪,参与了他们创造的体验。二是联系的类型,或者说是环境的相关性。吸引指通过让人了解体验的方式来吸引人的注意力,比如消费者在看电视时就是在吸引体验;沉浸指消费者成为切实经历的一部分,比如玩虚拟现实游戏就是沉浸在体验之中了。《体验经济》的作者根据人的参与程度和联系类型,把体验分为娱乐 (entertainment) 体验、教育 (education) 体验、避世 (escape) 体验和审美 (aestheticism) 体验四种类型。

1. 娱乐体验

娱乐体验是吸引消费者，并创造品牌体验的一种方式。追求娱乐体验是人类的本能。席勒在《美育书简》中提出：人有两种本能，感性本能与形式本能——结合起来产生了游戏本能。这里的"游戏"不是狭义的"游戏"，而是指娱乐。牛津词典的定义，娱乐是使人愉快并吸引人的注意力的行为，是通过感觉而被动吸引的。亚当·斯密说："非生产性劳动者"都是娱乐提供者，包括运动员、音乐家、歌唱家、舞蹈家等。没有哪种体验会排斥娱乐体验。将娱乐体验添加到教育体验、避世体验、审美体验中，可增加后者的用户普遍性及参与的易得性。

2. 教育体验

教育体验是指使消费者能在与品牌互动的过程中获得知识。与娱乐体验不同，在娱乐体验中人们被动地受到吸引；而对于教育体验而言，人们为了获得某种知识技能而主动地参与到一项活动中。近年来，许多针对客户的商业会展，无论汽车展、食品展，还是电器展甚至建材展，都吸引了众多普通消费者的关注和参与，他们正是奔着教育体验而去的。

3. 避世体验

避世体验是指消费者不仅完全沉浸在某种体验里，而且主动积极地参与到这种体验的营造过程中，以此获得逃避现实的感受，如玩角色扮演类的交换人生、剧本杀、密室逃脱、网络游戏、虚拟现实、惊险刺激的极限运动（如蹦极、登山、滑雪、滑板、冲浪、快艇、机车）等。避世体验活动使自己暂时逃开现实的某种状态，而沉浸在另一种体验里，反而能够找回在原有世界中失去的平衡。

4. 审美体验

在审美体验中，消费者沉浸于美好的事物或者环境之中，但是他们自身对事物或者环境极少产生影响或者根本没有影响，是在参与和经历的一种体验。比如观光旅游、看芭蕾舞演出，或者坐在江南小镇的乌篷船上。审美体验绝不是矫揉造作，而是要融入与品牌相关的细节之中，人人都爱吃美食，人人都爱看美人，人人都爱听好歌，这都是审美体验需求的驱使。无论是娱乐、教育或者避世的体验，都需要审美体验与之共存。

以上四类体验是企业根据自身品牌定位和品牌个性创造符合消费者需求的品牌体验的基础。企业可以围绕其中一种深度发掘与品牌相关的体验，也可以结合运用和构建。

5.7 沉浸式体验助力红色旅游"出圈"

（二）按心理的结构分类

从心理的结构出发，从心理结构的分化与组合历程及人的精神追求的阶段的区分作为划分标准，可把与心理体验相关的体验系统分为感官体验、情感体验、成就体验、精神体验和心灵体验五种类型。

1. 感官体验

人与外界互动时，依靠的工具是感官，因此感官体验是人最基本的反应，是其他体验的基础，是眼、耳、口、鼻、身与外界实行信息交换历程中所体会到的愉悦感。比如看好的色彩与形状，听悦耳的声音，吃可口的饭菜，闻香味，摸手感好的物体，都会带来人们心中的愉悦感。在感官与外界接触历程中形成的快感、痛感、质感都属于感官体验的范畴。

2. 情感体验

人的情感会对感官所感知到的对象实行投射而赋予其本身没有的属性，如花草树木、流水白云本身并没有什么情感，但由于特定的情感作用，我们会把某种主体的联想赋予它们：树木的呻吟、花儿的飘零、水的低语、白云的来去匆匆。这是人的情感体验的具体表达。人的情感还表现为人与人之间的互动，追求关爱与被关爱，追求亲情、友情和爱情等情感都会在心中形成体验。总之，情感体验包含了人与物及人与人的情感历程。

3. 成就体验

人的心理、行为与社会价值观念密切相关。人在满足情感生活需要的同时，还需要得到社会的认可，需要通过拼搏奋斗来获得社会成就。因此人在追求或享受成功的历程中，就会产生成就体验。社会的认可是广义的概念，可以通过多种方式实现，所以成就体验也有多种表现形式。但从本质上讲，社会认可无非名与利，对成就的追求也就是对名利的追求，表现为人的控制欲、权力欲、占有欲，种种欲望的满足是成就体验的具体表现。

4. 精神体验

在满足了物质和名利之后，精神需要更加凸显出来。精神区别于情感，超越于物质名利之上。比如我们沉浸于画的美感与意境中，通过吟诗作赋来言志，通过养花或读书来陶冶情操，都是精神生活的表现，这一历程中产生的体验则属于精神体验。它表现为对世俗名利的舍弃，对高雅情趣的追求。精神体验不是我们日常生活中体验的主体，但人一旦有机会超越名利的羁绊，这种体验就会显现出来。精神体验与精神寄托是密不可分的，在追求精神寄托的历程中，精神体验会在区别的时空点上以区别的形式实现。

5. 心灵体验

人是一个形而上学的动物，真善美的追求和终极关怀的产生是植根于人性之中的。每个人都面临着生死的问题，人到底从何而来，又到哪里去？心灵深处有一种力量使我们不断追问着类似的问题，这些问题的回答已超越了普通的精神体验。人对心灵归宿的追求是最深层最本质的追求，也是最难达到的追求。人们在追求心灵归宿历程中产生的体验就是心灵体验，这种体验只可意会，不可言传，它不可捉摸，但又无处不在。

5.8 露露乐檬的高势能

三、品牌感官体验

随着消费者的日益富裕，消费者对视觉、听觉、触觉、嗅觉和味觉等感官体验的需求日益增加。一方面，通过这些感官接触，消费者会体验到更多的真实感和存在感；另一方面，感官体验和情感紧密相连，消费者对温情、关爱的渴望促成他们去寻求味觉和嗅觉等体验。因此，感官成为消费者形成品牌资产的窗口，在日常生活中通过感官加工品牌信息更有助于形成顾客心智的品牌资产。如苹果对美学近乎苛刻的追求，增强了消费者的感官体验，就是全世界的"果粉"对"苹果"产品狂热和痴迷的重要原因之一。

品牌的未来竞争已不再只是质量、价格等功能属性的竞争，无形的感官属性的竞争变得越来越重要。善于利用感官属性的品牌能更好地满足消费者的情感需求，将获得消费者越来越多的喜爱。增强消费者的品牌感官体验可以从增进品牌的视觉感（visual perceptions）、听觉感（auditory perceptions）、触觉感（haptic perceptions）、嗅觉感（olfactory perceptions）、味觉感（gustatory perceptions）这五个方面展开。

（一）品牌视觉感

在品牌标识、包装和网店等的设计中，视觉元素显得尤为重要。营销者可以从色彩、线条、尺寸等角度来满足消费者的视觉诉求以及深层的情感需求。

1. 品牌标识的视觉感

品牌标识的周围是否采用边框？学者 Cutright 发现，控制感缺失时消费者倾向于寻求高度结构化、有边框的产品及其标识。例如，在遭受恐怖袭击、金融危机、疫情等破坏性打击的特殊时期，消费者对周遭环境的控制感降低，厂商需要通过科学的设计品牌标识边框来寻求提振消费者信心，恢复人们对环境的控制感。控制感受到威胁的消费者对用圆圈或正方形包围的品牌标志表现出更强的偏好。例如，此时消费者会更偏爱提供边框的书架、餐盘等。

品牌标识是大一点好还是小一点好？王海忠等人研究发现，不同人格特征的消费者对奢侈品品牌的标识大小的偏爱就存在显著差异。独立型自我监控者（independent self-monitors），即在不同场合均表现相对稳定的、一致的自我概念的个体更喜欢较为隐匿的小的品牌标识；而依存性自我监控者（dependent self-monitors），即在不同场合、情境表现出变化的、不一致的自我概念的个体更喜欢醒目的大的品牌标识。因此，奢侈品品牌经理人在设计品牌标识时，要考虑消费者的个体人格特征的差异。

2. 品牌包装的视觉感

包装尺寸与消费行为间有何关系？学者 Do Vale 等人研究发现，小包装会增加消费量，因为小包装（尤其是食品）会降低消费者的自我控制（即让自己的消费行为更放纵），这样他们会低估摄取的热量。可见，对自我控制能力较弱的消费者而言，小包装反倒能让他们消费更多。这暗示，对于包装食品厂商而言（如冲泡奶茶、芝麻糊、即冲咖啡等），推出小包装（如"随心杯"）会让消费者感到食用更方便，因而会提高消费购买量。然而大包装也有自身不可替代的优点。其一，不同寻常的尺寸包装往往会模糊消费者对内部实物的数量感知，如在一些特殊场合（如电影院），供应数量有限的糖果、爆米花等使用的容器往往很大；同样，有的餐厅也使用大型号的食品器皿。这些大包装容器会给消费者产生"分量足"的感觉。商家正是利用这种"大包装"模糊消费者对市场价格的感觉，让消费者没有感觉地支付了溢价。其二，大包装是传递身份地位的信号。有研究发现，由于无力感和低权力处境，消费者会选择较大包装的食物和饮料以此来显示自己的身份，这样在心理上起到了恢复权力感的效果。

包装上产品图片位置与重量感知间有何关系？Deng 和 Kahn 的研究发现，在二维空间中，消费者认为包装的底部和包装正面右侧是更重的位置，因此，当同样重量的产品的图像被放置在这些位置时,消费者会感觉产品更重;相反,包装的顶部和包装正面左侧被认为是更轻的位置,因此,同样重量的产品的图像放置在这些区域时,消费者会感觉产品更轻。可见,企业营销人员如果将美味食物的图片放置在包装袋的右侧底部,就会激发消费者的食欲并增加购买可能性;相反,便携式产品等的图片应放置在包装袋的左侧顶部或正面顶部,则会减少消费者重量感知,引起他们更大的购买意向。

3. 品牌网店的视觉感

网店主页的温暖感对消费者接近行为有何影响?武瑞娟等的研究发现,网店主页温暖性高,即网店主页使用暖色、模特的高兴表情、突出友好的语言以及承担"朋友"角色,会提高消费者温暖性感知。网店主页温暖性通过消费者温暖性感知对消费者接近行为产生显著影响。

直播空间中品牌视觉形象的优化策略

直播空间中的品牌视觉形象更需借助视觉图像来传达信息,可通过图形、文字、色彩以及主播造型等几个方面对品牌直播空间中的视觉形象进行优化。

1. 标志符号展示。品牌在直播空间的设计中,可以通过加大品牌标志在直播场景中的占比来提升品牌辨识度。为避免拉近镜头距离给消费者展示产品导致品牌标识被切割,可通过贴片的手段直接展示在屏幕中。

2. 直播空间色彩设计。在直播空间中,品牌可以通过色彩的搭配来加深消费者对品牌的印象。品牌可通过选择实体店面直播或者是打造一个类似店面的直播空间,在整个直播中不断运用其标准色给消费者传递品牌理念。品牌也可以通过品牌本身或是本次直播的产品主题色来对直播空间色彩进行调整,以此来达到产品和直播空间的联动性。

3. 主播造型设计。主播作为整个直播空间中最直接与消费者产生联系的环节,通过使用产品为消费者展示产品效果的同时,主播自身也是直播空间中重要的品牌形象代言,因此不同的品牌根据自己的品牌风格对主播的形象进行定位,从妆容、服装搭配以及细节的处理上提升主播与品牌形象的适配度。

资料来源:王雪晴,朱俐. 时尚品牌直播空间视觉形象展示研究 [J]. 浙江艺术职业学院学报,2022,20(03):109-115. 有改动。

(二) 品牌听觉感

品牌可以利用辅助性声音和背景音乐增加听觉感。辅助性声音(instrumental sounds)是指暗示产品某些属性的状态、发挥辅助性作用的声音。以前汽车公司会通过设计关车门时"砰"的声音来引导消费者辨别车门质量的好坏,会通过设计汽车的喇叭声来向消费者展示汽车的个性。此外,辅助性声音的作用还能影响消费者的情感。如星巴克店里磨咖啡豆的声音除了暗示产品质量外,还起到维系消费者情感纽带的作用。一个星巴克的忠诚顾客,如果某一次没在星巴克里听到磨咖啡豆的声音,可能会觉得有点异常和不安。环境声音(environmental sounds)或背景声音也可以帮助公司塑造听觉感,有时某种环境声音还会成为某品牌的专属所有。例如，与众多酒店不同，位于巴厘岛的豪华酒店品牌宝格丽酒店会根据顾客的不同心境提供不同的背景音乐。

（三）品牌触觉感

触摸是个体的一种本能，是连接心灵与外界的桥梁，能提供质量信号、增加个体的探索欲望。有研究发现，只有经过事先抓握和提举后，个体才会决定是否进行下一步的、更有针对性的探索和尝试。增强品牌触觉感，可以给品牌发展带来极大的促进作用。如可口可乐历史上首次使用曲线和褶皱感的包装瓶，其方便抓握的属性满足消费者对外界更有掌控感的心理，赢来销售与市场的历史性突破。

消费者对触觉的重视程度与产品品类有何关系？有研究发现，服饰类产品的不同品牌之间在材料的质地（即柔软度）和重量等属性上存在显著差异，消费者在购买前对该类产品的触摸欲望很强。相反，压缩盘和书籍等品类产品的不同品牌在材料的质地和重量属性方面的差异不大，消费者在购买前触摸的必要性就很低。

购前触摸对消费者的购物行为有何影响？零售商场里提供的样品或允许打开的产品会吸引更多的试用者和触摸者，这些人在店内逗留时间会更长，最后购买的可能性也会更高。一般来说，消费者放进购物车的是未被触摸过的、放在里侧的、包装严实的产品，原因可能是被他人接触过的产品会引起消费者的厌恶感。然而，当先触摸的人是消费者所爱戴的或所欣赏的人物（如有魅力的男性或女性，以及受人敬重的公众人物等）时，这种厌恶感又会消失。因此，在零售终端（如超市、便利店等），厂商提供适量的样品或包装松散的产品，以鼓励和方便消费者触摸，同时确保货架后台的产品是崭新、包装严实且未被打开过的；另外，在产品包装上可以标明该类产品被某知名人物（如当红明星或专家等）喜欢和使用过，这样做的目的除了能提供产品可信度，还能增加消费者的触摸好奇心。

不同情绪下的触摸需求不同吗？学者King和Janiszewski的研究发现，负性情绪（如失望、悲伤、生气等）状态下，消费者更愿意触摸具有高触觉感质地（如材料的质地柔软度）的产品，这样可以体验到享乐；相反，正性情绪（如开心、兴奋等）状态下，消费者更愿意购买能提供视觉属性的产品，且更愿意探索周围环境。因此，通过播放略带怀旧的背景音乐会诱发消费者轻微的负性情绪体验，这会增加消费者对产品的触摸需求和在店内逗留时间；而触摸过产品之后就更能产生购买行为，店内逗留时间更长，购买可能性也更大。

（四）品牌嗅觉感

要塑造品牌的嗅觉感，就要了解气味与消费者的情绪、背景环境等的关系，同时要注意品牌嗅觉感具有的个体以及跨文化的差异性。

嗅觉与消费者怀旧情绪之间有何关系？气味能诱发消费者的怀旧情绪，虽然气味信号诱发回忆需要的时间更长，但一经诱发，个体便会回忆出曾经熟识的气味。当某种气味被某一品牌打造成为其专属所有时，这一气味就成为品牌无形资产的一部分。比如，强生婴儿润肤露（茉莉花味）会让很多父母们回忆起自己的童年，于是，他们继续选择这种茉莉花味的润肤露给自己的婴儿使用。因此，品牌经营管理团队要维护气味的独特性和专属性，不要随意更换气味；新品牌在创建嗅觉感时要培养消费者对该气味的独特偏好。

环境气味对店内逗留有何影响？有研究发现，在服装店，当女装的气味与挂衣服的衣柜中散发出的女性香水味相一致时，女性消费者会增加在店内的逗留时间和花销数目。这一点说明，零售渠道中的环境气味会为品牌的嗅觉"添色"。但研究者也建议，利用环境的嗅觉刺激来增加产品销量的尝试不能过度。

嗅觉在个体和文化之间有何差异？从个体差异来看，有研究发现，对于冲动型购物者而言，环境香味对其作用不大，而令人舒心的背景音乐则会使他们花更多的钱。相反，对于深思熟虑、购物不盲目的消费者而言，环境（如购物广场）中的香味会增加他们的花销数目。从文化角度而言，气味偏好是消费者后天学习获得的，因而不同文化下的个体对同一气味有着不同喜好。如奶酪气味让西方国家的消费者普遍感到愉悦，但却容易唤起东亚国家消费者的厌恶情绪。

（五）品牌味觉感

味觉和其他感官一起影响消费者判断。人类可以凭借嗅觉（如气味）、触觉（如温度）、视觉（如外形）、听觉（如咀嚼声）等来辨别甜、酸、苦、咸等混合味道。当缺少某一感官时，味觉对消费者判断的影响会大大降低。比如，有研究发现，当不提供水果味饮料的颜色时，消费者准确辨别水果味道的概率下降至20%，而当提供颜色时，准确辨别的概率则升至100%。同样，当改变咀嚼薯条发出的音量和音频时消费者会改变对薯条新鲜程度的感知，声音越大，消费者感觉薯条越新鲜。因此，很多薯条品牌都会在产品说明中标示"清脆"等字眼。盛水或其他饮品的玻璃杯的触感也会影响味觉感知。消费者会认为坚固的玻璃杯比不坚固的玻璃杯中的水更好喝。这也提示厂商，盛饮料的容器材质越高档，顾客的消费体验就越美好。

除食品外，很多非食物类产品都有打造味觉感的潜力。比如，高露洁牙膏将其独特味道申请专利；有的男士香水用"巧克力"对品牌进行命名。这些非食物类产品的品牌通过使用味觉关联的词汇对品牌进行命名，希望打造品牌的味觉感。

5.9 补位传统味觉化学物理觉提供减盐新方案

思考与讨论

1. 品牌营销组合有哪些要素？如何整合这些要素提升营销效果？
2. 为什么说商业模式对于品牌来说非常重要？通过商业模式建设品牌资产的路径有哪些？
3. 品牌体验有哪些类型？如何增强品牌感官体验？

第六章

品牌传播

有声之声,不过百里;无声之声,施于四海。

——《淮南子·缪称训》

学习目标

知识学习目标:
1. 了解品牌传播的目标设定及效果评价。
2. 了解品牌传播信息的类型及特点。
3. 了解品牌传播的方式及其特点。
4. 了解基于社交网络的内容营销、口碑传播和影响者营销策略及其关系。

能力培养目标:
1. 初步掌握策划整合品牌传播方案的能力。
2. 初步掌握如何整合传播媒介、方式和策略。

价值引领目标:
引导学生正确塑造个人品牌的影响力。

藏在《繁花》里的品牌

"黄河路就像一个汽水瓶,你不开它不响。但只要你拿起子轻轻一撬,它马上就喷出来,瓶子开了,关不住了。"为安慰汪小姐,小卖部老板景秀一边打开汽水瓶,一边说道。此时,《繁花》呈现出一个特写镜头:百事可乐汽水瓶被"咔嚓"一声撬开,气泡咕咚咕咚向上冒。王家卫独具一格的拍摄手法,搭配这句暗含机锋的台词,不仅隐喻了黄河路的暗流涌动,也暗示着汪小姐命运的齿轮开始转动。许多观众看完才恍然发现这是一则广告,于是开始发弹幕:太久没看到这么好看的广告了。

对于品牌来说,剧集广告向来是营销战略的重要一环,但却常被吐槽植入生硬、影响看剧体验。但这则百事可乐的广告却毫不违和:巧妙的植入,能让广告与人物、故事、场景融为一体,甚至为剧情发展埋下伏笔。据统计,腾讯视频开年热剧《繁花》合作品牌达40+,单集广告露出高达10+。商业化程度如此之高,不仅没有引起观众反感,反而在社交媒体收获一致好评，甚至带动了品牌用户沉淀和购买转化。

与观众印象中突兀且尴尬的植入相比，《繁花》中的广告异常细腻，仿佛本就应该在剧情中一般。百事可乐、光明乳业、雅诗兰黛、美团等品牌，有的融入场景，有的融入剧情，有的是片尾彩蛋，等用户一起揭秘"隐藏剧情"。剧中，送牛奶的小车穿梭在嘈杂的弄堂中；从复古的奶箱中取出新鲜瓶装牛奶；汪小姐和范师傅分享光明棒冰和冰砖……这些画面即便没有一句广告词，却足以展现光明牛奶的品牌历史积淀。光明牛奶成为一种符号，与戏里的主角们一同经历时代变迁，也勾起了戏外一代人的记忆。观众看了这些场景也只会感慨："这就不算广告，因为小时候就是这样的，这是我们再熟悉不过的场景。"

《繁花》的品牌营销案例告诉我们，好的剧集广告植入是会说话的，能引发用户自发的二次传播，而且能在与用户的情感共鸣中彰显品牌价值。

资料来源：浪潮新消费，2024开年爆剧：藏在《繁花》里的品牌赢麻了，有改动。

第一节　品牌传播概述

品牌传播（brand communication）是企业告知消费者品牌信息、劝说购买品牌以及维持品牌记忆的各种直接及间接的方法。品牌通过策划多种传播活动传达品牌声音，与消费者进行对话、建立情感共鸣甚至长期维持良好的关系，以帮助积累品牌资产、提高品牌知名度和塑造品牌形象。具体地，可以从品牌传播受众、品牌传播目标及品牌传播效果评估来深入理解品牌传播的内涵。

一、品牌传播受众

品牌传播受众是指品牌传播主体根据品牌传播活动设定所需要的信息接收者，主要包括企业外部的消费者及其他利益相关者。在消费者购买决策过程中，不同消费者扮演着不同的角色，如消费倡导者、消费决策者、消费影响者、消费购买者与最终使用者。因此，品牌传播受众的确定需要考虑消费者角色类型。例如，对于婴儿用品、药品、家用电器、礼品等，产品的购买者经常不是使用者本人，此时品牌传播活动应致力于影响购买者而非使用者。在常见的传播活动中，母婴类广告一般将打动妈妈作为核心策略；因广告语"今年过节不收礼，收礼只收脑白金"红遍全国的保健品牌脑白金，则将子女等送礼者作为传播受众。对于颠覆式创新的新产品来说，在产品推向市场的早期，消费倡导者是品牌的主要传播受众。

创新产品的用户群划分为创新者、早期采用者、早期大众、后期大众与落后者。由于早期大众与后期大众在数量上占比较多，所以品牌的目标消费者往往是这两类群体，以保证足够的市场占有率与公司利润。尽管创新者不是这类品牌最主要的目标消费群体，但他们在早期的品牌传播活动中担任着意见领袖的角色，即消费倡导者。他们要么是明星代言人，要么是小众达人、专家，或者品牌忠诚顾客，这些人的意见对其他人的态度和购买意向将产生重要影响，因此会成为某些品牌在特定传播阶段的关键受众对象。

需要注意的是，虽然绝大多数品牌传播活动的受众主要是消费者，但从品牌传播的影响意图来看，品牌传播的"受众"应该是所有信息的接触者而不仅仅是"消费者"。品牌还希望通过传播来影响所有与自身发展有关系的人，即"利益相关者"，包括品牌合作者、政府与官方组织、股东或投资者、内部员工及一般公众。针对各利益相关者的不同特征，要采取合适的手段来进行传播与沟通。

6.1 福建共青团打造党的二十大精神宣讲品牌——"福小青"

二、品牌传播目标

结合传播学中的劝服理论及市场营销学中的产品生命周期理论，可将单个品牌传播活动要达成的目标大致归为以下几类：告知、说服、强化、提醒。

（一）告知

品牌告知主要用于品牌开拓阶段，其目的在于促发初级需求，创建品牌的初级市场平台。品牌告知目标具体包括向市场告知有关新产品的情况、提出某项产品的若干新用途、告知市场有关价格的变化情况、说明新产品如何使用、描述所提供的各项服务、纠正错误的印象、减少消费者因信息缺乏而造成的恐惧、树立公司形象等。

（二）说服

品牌说服主要用于品牌成长阶段。在这一阶段，企业的目的在于形成某一特定品牌的选择性需求，大多数广告都属于这一类型，主要借助定位及 USP（独特的销售主张）理论的应用，突出宣传产品对于目标消费群的利益及个性诉求。品牌说服目标可以是建立品牌偏好、鼓励消费者偏向你的品牌，改变消费者对产品属性的知觉，说服消费者马上购买，说服消费者接受一些调查或访问等。

（三）强化

品牌强化主要用于品牌成熟阶段，通过营销传播使消费者对品牌的认知及品牌形象得到强化。这一阶段的传播诉求可能沿袭品牌成长阶段，但强度、频度都要有所提升，进入品牌传播历程的黄金时期。品牌强化目标具体包括构建品牌领导地位、排挤竞争品牌、维持品牌策略的一致性、保护品牌的独特性和优势、扩大目标消费群、建立品牌忠诚度等。

（四）提醒

提醒在品牌的成熟期和衰退期非常重要，目的是保持顾客对该产品的记忆。例如，对于出现在城市各个角落的可口可乐，其展露的内容基本都是可口可乐的品牌名称或者是经典弧形瓶的造型，很少有品牌的其他信息。这种传播的目的既非告知也非说服，而是为了提醒人们想起可口可乐，如提醒消费者可能在不久的将来需要这个产品，提醒他们何处可以购买这个产品，促使消费者在淡季也能记住这个产品，以保持最高的知名度。

三、品牌传播效果评估

品牌传播活动是一个复杂的过程，涉及信息到达对认知和记忆的影响、对态度行为的改变等。策划和执行品牌传播活动或许需要更多的创意与点子，但评估品牌传播效果则需要更多的理性与数据支持。关于品牌传播效果的评估，可从传播目标的实现、受众对信息的接触、受众态度与行为的变化三个方面进行。

（一）传播目标的实现

对品牌传播效果进行评估，最直接的标准就是传播活动在多大程度上实现了传播目标。在发起一项传播活动之前，企业和品牌代理商通常会进行精心策划，制定完整的传播策略，其中最重要的一点就是基于品牌发展现状和背景制定传播需要达成的目标。若在传播策略中对传播目标有清晰明确界定，通常会更加容易并且有针对性地对活动及效果进行评估。传播目标有短期与长期、总体与个体之分。其中，短期目标通常以销售额的提升为主，长期目标是指对品牌资产建设的贡献，比如品牌认知度、品牌美誉度或者忠诚度等方面。总体目标是对整个公司或者品牌的认知、态度或行为改变，个体目标则主要是对特定产品的认知、态度或者行为改变。

6.2 掌握流量密码的椰树

（二）受众对信息的接触

受众接触信息主要通过各种媒介渠道，因此对受众接触信息的效果评估即是对传播媒介到达受众能力的评估，包括对报刊读者、广播听众、电视观众、网络用户接触媒介及品牌信息人数多寡的评估，受众对传播媒介的接触频率和信赖程度的评估等。

研究团队和媒体专家通过研究，寻找并总结出了各种衡量传播媒介到达能力的测量方法和手段，这些测量方法通常被称为指标。电子媒体广告的基本形态主要有电视、广播、电影、电子显示屏等，常见的到达效果评估指标有收视（听）率、毛评点、到达率、覆盖面、媒介组合到达率等。平面媒体的到达效果评估指标主要有发行量、重复阅读率、读者构成、千人成本、注目率、精度率和记忆度等。户外媒体的主要形态有灯箱广告、单立柱广告、霓虹灯广告、地铁或公交广告、火车站或机场广告等。常见的网络媒体传播效果评估指标主要有网站流量、网络用户构成、点击率、停留率等。

总的来看，对媒体信息接触的评估必须参照品牌整合传播的目标来考察传播效果，如果传播目标是建立品牌认知度或者是培育品牌忠诚度，那么对传播效果的评估就不能以销售额数据来衡量，其可能带来品牌认知度或品牌忠诚度，但不一定能带来立即购买。

（三）受众态度与行为的变化

从理论上讲，品牌营销传播效果应该以信息的接触、认知及态度的改变、劝服效果为主，而不应该以销售情况为标准来衡量。但从消费者行为过程来看，认知与态度的变化情况又直接影响着购买行为的发生。受众态度的变化与受众行为的变化是密切相关的。

1. 受众态度的评估

受众在接触信息后对品牌认知产生的态度变化是品牌传播的一个重要目标，具体包括品牌知晓度、品牌美誉度与品牌偏好度等，这也是评估品牌资产的重要指标。

品牌知晓度可以通过品牌回忆度来测定，包括无辅助回忆度和辅助回忆度。将广告或者传播活动推出后测量得出的品牌知晓度与活动开展前的品牌知晓度进行对比，可以得出本次活动对品牌知晓度的提升有多少，从而评估传播目标的达成情况。

在对美誉度进行测量时，主要考察的是把该品牌作为理想品牌的人数占被调查者总人数的比率，即品牌美誉度=把该品牌作为理想品牌的人数/被调查的总人数×100%。将传播活动执行后测量得出的品牌美誉度与传播活动开展前的品牌美誉度进行对比，可以得出本次活动对品牌美誉度的影响，从而评估传播效果的达成情况。

对品牌偏好的测量可以采用排队法，即要求被访问者根据对某种产品类别中的各种品牌的喜欢程度进行排队，然后根据该品牌在所有被测试品牌中的相对位置来计算其受偏好的程度。同样，将传播活动执行后得到的品牌偏好程度与传播活动执行之前的品牌偏好程度进行对比，就能得出本次传播活动的传播效果。

2. 受众行为的评估

受众态度的评估是感知层面的评估，而受众行为的评估则是通过数据变化来进行的评估。除了消费者购买行为，消费者传播分享和活动参与也体现着品牌的传播效果，因此对受众行为的评估可以从三个层面进行。

首先是对消费者购买行为的评估。广告通常具有滞后性，通过销售额数据的变化来衡量其效果的评估方式是有缺陷的。对于整合品牌传播来说，也很难通过销售额来判断到底是促销、广告还是其他传播方式带来的效果。在提供价格折扣、发放优惠券、举办竞赛或者进行销售点展示期间，可以通过测量实际销售额的变化来评估促销的效果。

其次是对消费者传播分享的评估。在事件传播、口碑传播、公共关系传播与数字化传播中，通过消费者的传播分享行为来判断传播效果是较为合理的。如微博传播效果的测量主要是对转发量、评论数、点赞量、关键词提及量以及@好友数等进行统计；微信则主要测量粉丝数、互动量、朋友圈转发次数、朋友圈评论次数、好友推荐次数以及主动收藏次数等数据。

最后是对消费者活动参与的评估。大多数企业在制订整合品牌传播方案时都会将消费者活动参与纳入进来，因此在许多品牌传播中，消费者参与活动的程度决定了传播成功与否。但在不同的市场环境中，消费者的参与意愿与程度也不一样，同时消费者参与也会受到信息内容本身、参与流程与规则设定等方面的影响。因此，在从消费者参与的角度来评估传播效果时需要综合考虑上述因素。

第二节 品牌传播信息

消费者和其他利益相关者每次与企业发生直接或间接联系时，其视觉和听觉都会获得各种信号，这些都属于品牌信息。企业销售的产品发送了有关产品的质量、价格和价值的信号，这些信号进入消费者的大脑集成为对该品牌或企业的印象、想法和感觉，正是这些大量的品牌信息构成了消费者心目中品牌的基本要素。产品的设计、材料、性能、价格及分销，连同企业的客服、工厂或店铺的位置和营业时间、人员聘用的惯例、慈善活动及营销传播等，都传递了有关品牌或公司的信息。具体而言，品牌信息包括产品与服务信息、计划信息和非计划信息等。

一、产品与服务信息

产品与服务信息包括通过产品设计、性能、定价和分销、服务信息等传递的所有信息。

（一）产品设计

一个产品的产品设计能传递强有力的品牌信息，例如，零售商店认为店铺的设计充分展示了零售品牌向消费者传递的品牌信息。联邦快递也认为干净的货车可以传达一种具有专业服务水准的品牌信息，所以它专设了一个固定地点，每晚清洗送货卡车。

（二）性能

虽然产品设计能够直观地传递品牌信息，但是产品性能在传递品牌信息方面更为重要。正如大多数营销人员所知，对于消费者的期望而言，产品性能如何、提供的服务如何，都是决定消费者能否成为重复购买者的关键。为了确保购买者能使用产品中尽可能多的功能并从中获益，复杂的产品（如电子产品、计算机和汽车等）需要提供易于理解的产品说明。通过消费者把产品的使用价值发挥到最大，来提高企业品牌的感知价值。

（三）定价和分销

在整个品牌传播中，企业还可以通过价格和分销传递品牌信息，然而，这两种方式往往得不到重视。例如，在超市出售的化妆品和在百货公司出售的化妆品在购物感受上存在较大差异。既然对于大部分产品大类而言都有许多品牌可供选择，那么特别的产品价格将是一个与竞争品牌进行比较的敏感信息。值得注意的是，折扣定价或者降价作为阻止销售额下降的有效手段，往往会传递负面的品牌信息——消费者会把该品牌的产品视为廉价货。然而，定价信息很少能单独存在，如定价8000元一套的西装是"标价太高"还是"高质量"？因此，为了给消费者传递连贯的、有意义的信息，价格信息就像其他所有的品牌信息一样，必须放到相关的环境中，并与其他的品牌信息进行战略整合。

（四）服务信息

服务信息是从与一个企业的服务代表、接待人员、秘书、送货人员及其他相关人员的接触中获得的。服务信息通常是由企业和消费者之间实时的界面来传递的，并且正是服务信息加强了两者之间的关系。与该企业的广告相比，销售人员和客户服务代表交谈会更能影响消费者，因为互动的沟通更具个性化，也更有说服力。"服务"在这里指的是支持一个产品的所有活动，无论这个产品本身是一件物品还是一项服务。例如，理发店所提供的服务主要是美发，但是支持服务会使得消费者的美发经历变得好或不好，如在接待处获得礼貌招待、整洁的环境、悦耳的音乐、经过消毒的理发工具以及与理发师愉快的谈话等，都是能传递品牌信息的支持服务。

二、计划信息

计划信息是由广告、包装、促销、人员销售、品牌叙事、事件或赞助等传递的品牌信息。消费者不是计划信息的唯一接受者，企业也利用这些信息来解答员工、投资者或其他股东关注的问题，主要通过使用大量的媒体，如新闻发布会、演讲、年报、招聘广告、年会、销售会议、工资单上的通知、布告牌（在线或在墙上）及实时通信等方式来实现。品牌信息来自企业的多个部门，包括财务部门（如发布新股东或各种财务报告）和研发部门（如为行业杂志撰写的文章或企业内部工程师的访谈），而不只是来自营销部门。

（一）广告

广告是商品经营商或者服务提供者承担费用，通过一定的媒介形式直接或间接地介绍自己所推销产品或所提供服务的商业广告。广告是买方市场的必然产物，是消除信息不对称的重要手段。作为消费者了解品牌信息的主要渠道，广告在产品的宣传推广中具有一系列推动和促进作用，例如，介绍产品功能、培育初级市场需求、引导消费文化等。这些作用可归结为两大类：塑造品牌和刺激销售。前者是企业摆脱价格战、更好地实现销售的必经之路，后者是广告的终极目标。奥格威曾指出："每一次广告都应该为品牌形象做贡献，都要有助于整体品牌资产的累积。"广告是企业对品牌的长期投资，能够带来品牌价值的提升、品牌资产的累积和消费者忠诚的建立，是实现有效品牌传播的有力工具。

（二）包装

随着自助服务概念在零售业的扩展，包装对于消费品而言已经成为非常重要的品牌资讯。正如一个商店的装潢设计会传播关于商店的信息一样，包装和标签也会传播产品品类、品牌销售以及品牌身份和形象等重要讯息。包装在消费者进行品牌选择时起到最后的品牌信息展示作用，这表明它是品牌传播中重要的组成部分。在琳琅满目的商品中，改进包装与减少包装和标签设计的成本，已成为节约市场营销传播费用的有效手段之一。

（三）促销

促销具有通过增加品牌的有形价值来激发消费者购买行为的品牌传播功能，旨在激发并促进最终购买行为的短期增值诱因。促销强调增值，例如，赢得奖金的机会、价格折扣（如8折、买一送一）、奖品、数量折扣（如加量不加价）、免费试用品和赠品等。一直以来，促销都被视为一种获得销售额短期增长的手段，甚至被业界认为是广告主忽视品牌建设、重视短期效应的做法。实际上，并非所有的促销活动都会造成品牌价值的损失。重视促销对品牌建设有重要意义，因为其能带来有特色的品牌偏好，并能使品牌本身得到发展和增强。

（四）人员销售

人员销售是面对面的沟通，透过人员沟通使顾客接受产品品牌的特征，进而产生购买行为。现在的人员销售不仅仅是卖东西,还必须注重解决顾客的问题并为顾客创造价值。这意味着,为了达到降低顾客成本或提升产品竞争力和吸引力的目的,需要与顾客保持一种伙伴关系。现代的各种信息技术使专业销售人员意识到他们是整个品牌传播系统中的一部分,并且其行为必须与各种品牌信息保持一致。

(五)品牌叙事

品牌叙事是通过品牌的相关宣传资料投射出来的品牌内涵,包括品牌背景文化、价值理念以及产品利益诉求点的生动体现等方面的内容。品牌叙事可用来传达一种世界观,一系列超越产品使用功能和认知产品特征的神圣理念。作为品牌的外在表现形式,品牌叙事巧妙地将所要表达的品牌背景、品牌核心价值理念和品牌情感串联起来,用一种美的形式将这些品牌资讯传递给目标受众,以此达到与目标受众的心灵沟通并得到其认可,令消费者感到物超所值的心灵愉悦与美的享受。

(六)事件或赞助

事件或赞助被设计为创造参与和扩大品牌传播的体验范围。一些企业开始意识到成功的体验可将客户和品牌联系在一起,于是出现了事件营销和赞助活动的"爆炸性"发展。事件或赞助比其他品牌信息传播的类型具有更强大的影响力(除了个人销售),这是因为事件的参与性不同。一个事件或赞助比被动的品牌信息(如广告)更有可记忆性和激发性,因为顾客参与到了事件中或者是事件的一部分。通过事件或赞助也可以将品牌与某个活动(如奥运会)联系起来,从而帮助品牌定位或重新定位。

三、非计划信息

非计划信息包括与品牌有关或与企业有关的新闻、故事、谣言、特殊利益群体的活动、交易的评价和竞争者的评论、政府机构或研究所的发言及口头传闻等。企业希望这些非计划信息是正面的并与其他品牌信息一致,但是这样的信息很难控制,因为它们来自企业外部。这些信息可能来自企业的专家(如员工)、公共利益保护者(特殊利益群体、媒体、政府机构),也可能来自与企业没有利益关系的第三方(朋友、协会媒体)。

(一)新闻媒体

这是非计划信息最主要的来源,往往触及大量的受众,而且被视为具有很高的可信度。媒体报道可以来自私下聊天的员工、特殊利益群体、金融分析师及营销传播经理无法控制的其他渠道。借助新闻传播的公信力和权威性,可以成功塑造品牌形象。由于新闻媒体的公信力和新闻报道的客观性,更容易形成尾随效应,诱发消费行为,并使消费者产生品牌信赖感进而形成品牌依赖。

(二)员工信息

员工是重要的信息传播源,对于他们认识的人及采访他们的记者而言,他们的看法是非常可信的。特别是当企业处在危机状况时,企业几乎无法阻止员工谈论他们的工作经历，而且这些谈论有时会无意中传递有关品牌的负面信息，而这些负面信息很容易影响到消费者对品牌的态度。因此，员工的非正式信息交流和留言可能严重破坏精心制作的计划信息，损害品牌的形象。

（三）危机

危机、灾难或紧急事件是企业最不希望看到的非计划信息，但又是生活中存在的事实。尽管企业存在危机的可能性并不相同，但是每个企业都应该有危机管理计划，该计划用于处理各种危机。

以上三类信息构成了品牌传播信息的主要来源，虽然计划信息（如广告、公关关系等）能够有效地传播品牌信息，但企业也不能忽视另外两种类型的品牌信息。一旦其他类型的品牌信息与计划信息存在矛盾，就会对公司的财力和精力造成浪费。只有当营销传播经理考虑到了所有种类的品牌信息及信息间相互增强或抵触的方式时，才能够使这些品牌信息相互之间协调一致。

第三节　品牌传播方式

品牌在进行营销传播时，可以选择的传播媒介多种多样（如电视、广播、报刊、微博、微信等）。品牌传播可分为非媒体传播、自媒体传播和大众媒体传播三种方式。

一、非媒体传播

非媒体指的是那些原本并非作为传播媒介使用，但对传播品牌信息发挥重要作用的信息载体。例如产品包装、企业领导者、员工、办公设备等都能发挥品牌传播的功效或作用。

（一）包装传播

包装是品牌向消费者传递视觉体验的重要载体，能让消费者对品牌产生良好的第一印象。品牌的包装还能帮助消费者建立品牌联想或形象，是品牌需要加以重视的传播媒介。文字、图像、造型是产品包装传播品牌信息的三个要素。文字要素主要由品牌名称、标语、正文等组成。其中，标语是用简短的文字概括和提炼品牌传播的主题，以方便消费者的记忆和识别，而正文是对标语展开的更为具体一些的解释说明。图像要素是指包装上以图形呈现的各种视觉要素，主要由插图、商标、品牌标识组成。其中，插图是主体部分，辅助文字要素进行品牌传播，可以增强文字的说服力，形象地表达品牌传播的主题，刺激消费者产生品牌联想。为让消费者产生良好的第一印象，品牌经营管理者要让插图与商标、品牌标识之间相互呼应，营造视觉协调性。包装造型是产品包装的外部造型特征（如瓶装、盒装呈现的形状等）。对于品牌而言，产品包装的外部造型也具有表达品牌个性的功能。品牌经营管理者应通过产品包装赋予品牌相应的个性，让包装造型成为消费者获取品牌记忆的线索，从而提高消费者的品牌识别能力。

品牌传播应结合品牌定位来设计品牌的视觉识别系统,并将这些视觉系统的全部或某些元素融入产品包装设计之中,以此展示品牌独有的个性。首先,包装要体现品牌理念。在设计产品包装时,应该融入品牌理念,使消费者能从与产品包装的接触中联想到品牌理念。其次,包装要有统一的视觉形象。设计产品包装时围绕品牌理念,整合各类品牌要素,形成统一的视觉形象,能让消费者对品牌更加印象深刻。第三,包装传播方案要与品牌的整体营销方案配合。品牌可将包装融入品牌整合营销传播方案之中,使其与其他的传播活动产生关联或呼应。

宜家的扁平化包装

扁平化包装具有方便运输、节约成本的特点,其设计理念与宜家的品牌理念相辅相成。首先,扁平化包装理念符合宜家的自然化、现代化设计风格。扁平化包装就是指将家具拆分成可拆卸、方便储运的模块化部件,而方便拆卸、方便储运的模块化部件设计本就与宜家自然化设计理念相吻合。其次,扁平化包装理念符合宜家的现代性特征。扁平化包装具有模块化、可拆卸化等现代性特征,包装设计与家具制作的工程进行了非常好的结合。最后,扁平化包装理念符合宜家的价值追求。一方面是为了降低对内、对外运输成本,减少货物损坏率与仓储存储的空间,同时减少排放,保护环境;另一方面也是为了减少购买者的购买成本、运输负担与仓储运输的运营成本,符合其人性化的设计特征;同时,扁平化包装提供了消费者 DIY 组装的先决条件,使其在这个过程中获得更多的体验以及与家人的互动,满足人们精神层面的需求。

资料来源:作者根据网络资料编写。

(二)企业家传播

消费者会不自觉地将企业家个人形象与品牌形象进行关联,良好的企业家形象将提高公众对企业或产品品牌的认知和积极态度。第一,电视、报刊、网络关于企业家的新闻或专题报道有助于企业家提高个人知名度,传播企业或产品品牌。如新东方创始人俞敏洪经常出现在各大媒体镜头之中,通过发表演说塑造个人品牌,也将新东方的品牌形象带入公众视野。第二,企业家参加广告代言等活动也是宣传个人形象和企业品牌的一种方式。如格力电器的董事长董明珠亲自代言格力品牌,格力空调的广告由董明珠亲自上阵。第三,企业家可以通过自己制造一些热点事件来获取市场和媒体的关注,建立个人形象,传播企业品牌。如万科董事长王石与万科在媒体焦点中总是同时出现,主动创造攀登珠峰、倡导健康生活方式等新闻来传播个人品牌,强化了万科企业品牌的个性和魅力。第四,企业家可以通过开设微博、短视频、直播等社会化媒体账号,发布个人观点,塑造个人形象。如创维创始人黄宏生通过设置抖音账号发布短视频、进行直播等,让创维的跨界破圈再次成为社会的关注点。第五,企业家在公共场合强调诚信、社会责任等行为道德规范,进行关爱弱势群体、捐款救灾等公益活动也是用来表达个人品格与品牌形象的一种方式。如福耀玻璃创始人曹德旺捐款 100 亿元建设福耀科技大学,既展现了个人的"中国首善"品格,也展现了福耀社会形象。

品牌通过企业家进行传播需要企业家塑造突出的个人品牌形象，在此基础上，在消费者心目中将个人品牌转移给企业或产品品牌，从而扩大企业或产品品牌的知名度、美誉度。首先，企业家需要将个人品牌的塑造与企业或产品品牌形象形成合力，从而为企业及其产品塑造积极的品牌无形资产。企业家面对社会公众时，应该以维护企业的品牌形象为准则，思考自己的言行举止对塑造企业品牌可能带来的影响。其次，企业家需要通过定位来塑造独特的、突出的、积极的个人形象，并将个人品牌形象转移给企业或产品品牌。最后，企业家个人品牌传播要经常向媒体、公众传播自己的声音，要关注业界热点事件并做出自己的评论，要积极参与社会活动并表现出强烈的社会责任感。

（三）员工传播

员工品牌是在消费者脑海中对企业员工形成的整体性认知，员工品牌能影响企业或产品品牌。比如，门卫的角色表现会从视觉上影响企业品牌形象，其精神状态、仪表衣着、言行举止能够被消费者、顾客、合作伙伴等企业品牌利益相关方直接感知。消费者会对服装统一、站姿规范、举止有礼、态度亲切的门卫产生良好的印象，并联想到企业具有较高的管理水平。试设想，若门卫服装散乱、举止无礼、态度恶劣，那他们一定会给消费者留下负面印象，这种形象会显著地溢出给企业品牌和产品品牌。再如，前线员工指的是直接面对顾客或消费者的一线员工（如推销员、服务员、营业员等），他们的精神状态、言行举止等个人特质对消费者形成企业或产品品牌形象有重要作用，他们能够帮助品牌引起消费者的关注，博取其好感。在卖场中，身着特色服装的前线员工能够吸引消费者在货架前驻足，当前线员工能够提供高质量的服务时，消费者会把对员工产生的好感转移到企业或产品品牌上。

品牌的初始受众是员工，只有公司内部的员工了解、理解和认可品牌，外部市场的消费者才更乐意接受。内部品牌化就是指公司面向内部员工解释企业或产品品牌的内涵并将品牌理念推销给员工的所有活动。内部品牌化活动的内容可能涉及向员工分享品牌背后的研发和战略、培训员工的品牌行为、奖励那些品牌支持行为表现突出的员工等。内部品牌化的目标是让员工关心和培育品牌，自觉肩负传播品牌的职责。此外，品牌还可以运用各种传播手段帮助员工塑造个人品牌，以此建立起员工与消费者之间的信任关系，并促使每个员工都参与到品牌化过程，实现员工个人品牌和企业品牌的互动，自觉维护品牌形象。

（四）办公设备传播

办公设备涉及办公环境和办公用品。办公环境主要包括生产厂房、办公室、销售门店、会议室、休息室等。办公环境是品牌形象在公共场合的视觉再现，品牌经营管理者可以将品牌识别与标志（如品牌名称、品牌标识、品牌口号等）协调地融入企业的办公环境。如耗资50亿美元兴建的Apple Park环形建筑设计以其简单形式隐藏巨大专业知识和创新，让建筑融入大自然，对环境友好，同时响应苹果"不同凡想"（think different）的口号，是苹果品牌传播的一大利器。

办公用品指的是企业在日常营运过程中所用到的各种用品，包括徽章、工作证、文件夹、资料袋、公文表格、公务礼品、交通工具等。办公用品通过统一规范的视觉符号，展现品牌形象，传递品牌理念。企业办公用品应该有统一规范的规格，以及鲜明、突出的品牌特色。比如，新加坡航空公司聘请法国高级时装设计师 Pierre Balmain 为空姐们设计制服，空姐们身着具有南洋特色的马来沙笼可芭雅服装为乘客提供服务，以此方式传播新航的品牌形象。

二、自媒体传播

自媒体指的是那些具有媒介属性，品牌对其具有完全自主控制权、使用权的信息载体。例如官方网站、内刊、公众号、博客、微博、短视频、直播等品牌经营管理者可以控制和使用，并用于传播品牌信息的自媒体。

（一）官方网站

消费者浏览品牌的官方网站时会接触到各种信息，这些信息可能会激发浏览者积极或消极联想，并将其附加到品牌上。官方网站作为自媒体传播品牌具有基本信息型、综合门户型和主题宣传型三种方式。基本信息型网站的功能定位于发布品牌信息，以介绍品牌的基本信息、帮助树立品牌形象为主要目的。这些信息可能是消费者关心的产品方面的信息（如规格、外形、使用演示等），也可能是企业方面的信息（如企业规模、企业文化、企业新闻等），还可能是消费者方面的信息（如常见问题解答、意见建议等）。这类网站若能够吸引消费者对品牌的关注，将有助于提升品牌知名度，维持与消费者之间的长期关系，并增加线下交易的机会。综合门户型网站整合了各种信息系统的功能，可以为企业的雇员、消费者、合作伙伴和供应商提供目的极为明确的服务，并兼具品牌形象宣传、产品展示等传播功能。主题宣传型网站是为了配合品牌的主题营销活动而建立起来的互动平台。每当品牌发起一项宣传主题时就会建立专门设计的网站，发布活动主题、活动视频、线上游戏等吸引顾客参与互动的信息或应用。这类网站不仅能提高主题营销活动的效果，还能表现其品牌形象定位。

官方网站传播品牌时需要注意一些策略。首先，明确导入品牌形象。品牌网站应在视觉上与品牌识别系统相吻合，在内容上与品牌文化、品牌理念和品牌精神相吻合，营造与目标消费者形象相符的空间。其次，注重美感及趣味性。品牌官网应通过丰富的信息提高生动性，提供视听方面的多重感官体验，同时注意对信息进行分层，使消费者通过点击三个以内的链接准确定位他们所需要的内容，使浏览者对品牌本身产生积极的情感。第三，鼓励并方便消费者的参与。品牌官方网站应该鼓励用户参与互动，给他们提供一个良好的互动体验。参与互动的过程中，人会把有趣、好玩变成对品牌的记忆在大脑中储存下来，不自觉地增加对品牌的好感。

（二）品牌内刊

内刊是品牌自办的供内部员工和外部特定利益相关者群体阅读的沟通和推广工具。品牌内刊有内部导向、外部导向和内外部兼顾三种类型或模式。内部导向型内刊是品牌内部员工的交流平台。它关注的焦点是企业内部的人和事，主要记录企业发展历程中的重大事件、传达领导精神等，能起到贯通思路、交流信息的作用。外部导向型内刊以顾客、股东、媒体、政府部门、金融机构等外部目标群体为对象，从多方面展示品牌的核心理念、文化价值观、企业发展现状，主要刊登企业人才队伍、研发力量建设情况、科研项目或投资动向情况、报道企业进行的社会活动或产品信息等。内外导向兼顾型内刊有两种形式。一是"一刊两职，兼顾内外"，即企业内刊既提供内部交流平台，肩负着对内凝聚员工的职责；也承担着对外展示企业形象的作用。二是"内外分离，各司其职"，即企业将刊物的对内、对外两种职能分离开来，同时出版对内和对外两种刊物。

为发挥好内刊对内对外的品牌传播作用，品牌可以根据企业优劣势，明确内刊的目标受众和传播目标，在此基础上对内刊的传播内容进行科学定位和精心策划。比如，可以根据目标顾客群的定位，针对不同顾客群体传播不同侧重点的内容，这样就为不同的顾客群体提供了个性化的资讯服务。同时，选取反映品牌核心经营理念、社会责任、团队风采、主流文化等方面的内容使内刊具有亲和力、沟通力和传播力，使员工和消费者能够通过内刊更加深入地理解企业品牌的精神和文化。在互联网时代，品牌可根据自身发展阶段，适时推出网络版企业内刊（线上刊），并与纸质内刊（线下刊）进行资源整合，扩大内刊的读者群体。

（三）社会化自媒体

社会化自媒体是指借助移动互联网技术，在品牌与消费者之间实现即时双向沟通的平台。只要在微博、抖音、快手等社会化媒体上注册一个账号，品牌便可以像人一样展现魅力，建立自己的社交圈，达到传播品牌信息、塑造品牌形象的效果。社会化自媒体传播品牌一般有网络百科全书、博客、内容社区、社交网络、虚拟游戏等方式。网络百科全书是允许用户自己增加、移除和改变文本信息内容的平台，以维基百科、百度百科为代表。网络百科全书是消费者获取品牌信息、形成品牌认知的重要渠道。博客包括传统的博客和微博，品牌通过注册自己的账号与其他博客用户互动，发起与品牌相关的活动能够起到提高品牌知名度、塑造积极品牌形象的目的。内容社区是用户分享信息的平台，以豆瓣、知乎、小红书、B站、抖音、快手等为代表。内容社区可以作为传播品牌的媒介。社交网络是用户与朋友分享生活体验的平台，以微信、脸书、Soul等为代表。在社交网络中，品牌借助消费者的社交圈扩大信息传播的范围。虚拟游戏是让用户在虚拟环境下体验真实生活场景的应用。品牌可以通过开发专属的虚拟游戏让用户进行品牌体验，传播品牌信息。

品牌可通过策划与品牌相关的热点事件接触目标受众，并整合和发布具有关联性、吸引人们关注和讨论的内容鼓励用户通过阅读、评论和分享内容与品牌建立联系，并进而形成围绕品牌的网络社群。首先，巧用免费模式吸引消费者关注。消费者喜欢获得赠品。品牌的社会化媒体传播策略可以利用这一点来鼓励消费者的关注、参与和转发，在扩大品牌知名度方面具有非常好的效果。其次，抓住意见领袖博取消费者信任。网络没有绝对的权威，但有意见领袖。意见领袖在自己的社交圈中具有较高的人气和话语权，其观点对特定消费群体有重要影响。因此，品牌若能让意见领袖们为自己说话，则更容易获取消费者的关注、信任甚至共鸣。再次，生产优秀内容赢得消费者忠诚。在海量的信息中，品牌必须言之有物，要通过优秀的内容让消费者感觉自己是一个善意有趣、能够提供有用信息的朋友。在社会化自媒体中，品牌要针对目标消费者，创造符合他们需求、与其生活或精神状态相匹配的内容，使他们能够产生情感共鸣，自发地对品牌信息进行二次传播，在其社交圈内对品牌进行分享或推荐。最后，鼓励广泛参与增强品牌归属感。进行社会化自媒体传播时，品牌必须想方设法激发消费者参与的积极性，帮助同类消费者组织网络社群，并协助加强社群成员、社群与品牌之间的联系与归属感。

6.3 Z世代的社交媒体使用习惯

三、大众媒体传播

大众媒体指的是那些具有媒介属性，但品牌经营管理者对其没有自主使用权的信息载体，品牌经营管理者需要通过购买或租用媒介的方式来发布品牌相关信息。大众媒体主要包括商业广告、公共关系、销售促进等。

（一）商业广告

大众媒体商业广告由特定赞助者支付费用向广大受众发布及传播非个人、单向和有计划的资讯，以影响他们的态度和行为。广告由多种多样的媒体承载，广告形式也多种多样，既可借助视觉、听觉，也可借助味觉、触觉等感官体验，既能使用文字、图片，也能使用视频、声音等表现元素。它不仅可以借助传统的传播媒介，还可以利用新兴的传播媒介。网络传播作为逐渐发展起来的新兴媒体，改变了以往我们既有的传播方式，将多种传播形式融为一体，让大多数的消费者通过网络这个媒介参与到品牌所营造的文化氛围中来。当消费者置身其中感受品牌所传递的品牌文化理念时，品牌自然而然地在消费者心灵深处逐渐成长起来，而这种成长已经脱离了品牌的载体——产品层面，到达了品牌的精神层面。因此消费者与品牌关系更加牢固和长远。

面对多样化的传播形式，企业应该围绕品牌个性和传播目标，进行创意表现和组合搭配，以达到最理想的传播效果。第一，提升品牌知名度。广告可以在较短时间内让人们知晓一个新品牌，使品牌具有一定的知名度。品牌知名度在一定程度上象征着企业的实力、产品的品质、服务的质量，会对消费者和经销商的选择造成影响。第二，塑造品牌美誉度。广告所传递的资讯承诺了品牌品质，可以打造"优质高效"的品牌认知，提升品牌美誉度。企业还可以通过广告建立具有社会责任的品牌形象，展现品牌优秀业绩的广告，对品牌美誉度也有提升作用。第三，传播品牌核心价值。在同质化市场中，广告是实现市场细分、打造品牌差异化的重要传播手段。通过反复诉说品牌的核心价值，品牌定位在消费者心中的印象会得到强化，如因成长的需要而调整品牌定位时，广告又是宣传新定位的有力手段。第四，提供购后支持。持续性的广告投放是品牌实力的表现，消费者认为能够在权威媒体上斥巨资投放广告的品牌有着雄厚的资金实力，更值得信任。消费者通过广告实现购后心理平衡，可以加深消费者对所购买产品的信任度，增加重复购买，形成品牌忠诚。需要注意的是，使用广告传播方式有较高的成本，包括广告制作费用、媒介费用、调查费用等，企业在运用广告进行品牌传播时，需要衡量投入产出比，优化组合。另外，由于广告信息冗余、趋同，甚至虚假、浮夸等问题的存在，广告边际效益递减已经是一个不争的事实，这也对品牌广告的创意和制作提出更高要求。

（二）公共关系

公共关系是指企业或组织为改善与社会公众的关系，促进公众对组织的认识、理解及支持，达到树立良好组织形象、促进商品销售目的的一系列活动。公共关系有助于吸引公众关注，加强品牌认知，并能够巩固品牌形象，强化品牌传播的影响力。公共关系传播品牌的工具形式主要有新闻、演讲、事件、展示、影像影视、出版物、公共服务活动、标志媒介、年度报告、企业论坛等。

公共关系传播的资讯在大众媒体上占用的时间和空间一般是不收费的，这使得公关的传播成本比起大众媒体广告相对较低。当品牌通过广告建立起广泛的知名度后，利用公关传播更易强化品牌信息的可信赖性和公信力。公关还通过建立和保持与消费者、投资者、政府媒体及公众之间的良好关系，通过传媒公关、资源整合、事件链接、公益赞助等有效方式，积极促进品牌与市场的良性互动。但是，品牌营销人员很少能控制公关传播的信息，公共关系传播的品牌信息与消费者的行为联系起来也非常困难。

（三）销售促进

当消费者或潜在顾客处在购买阶段时，销售促进信息能强化品牌接触，促使消费者作出最终选择。如果消费者在面对一个产品类别中的众多商品时，很难在短时间内做出选择，那么，也许企业就需要更多的促销信息来帮助消费者完成选择。这类促销信息往往在消费者最需要的短时间内及时地传递信息，包括发放赠品样品、优惠券折扣活动、特价包装、返现、抽奖、游戏、竞赛、现场演示等，从而为产品提供有形的增值。

销售促进活动往往具有一定的刺激性和趣味性，能够获得消费者的关注，成功的促销活动能够吸引消费者的广泛参与，形成一定的社会影响，较为广泛地吸引消费者的注意，影响其购买决策。还可以拉近品牌与消费者之间的距离，直接与消费者进行沟通，因此易于获得消费者的信息和反馈意见，这些对于企业的营销战略和品牌传播策略来说都是宝贵的信息。要注意的是，过度的促销易导致品牌的价格敏感度上升，有损品牌形象，甚至伤害老顾客的情感，降低品牌忠诚度。

第四节 品牌传播策略

在互联网时代，除传统的品牌传播手段之外，以社会化媒体为主要传播手段的品牌传播策略也在不断发展，并在品牌的传播实践中得到了广泛的应用。对于这些品牌传播手段，不管如何进行选择和组合，都应该秉承"发出一个声音"的整合营销传播思想，才能够建立起一个统一的品牌形象。

一、内容营销

"内容营销"概念的提出者乔·普利兹（Joe Pulizzi）在 2001 年发现通过创作发布有

价值的、有相关性的、持续性的内容，能够有效吸引目标人群，并且强化这些人群的信任，最后将这些信任行为转化为消费行为，于是他将这种现象总结为内容营销。内容营销是一种不通过干扰或强硬兜售来与顾客沟通的艺术，提供有价值（相关、高质量、有教育意义、对购买决策有帮助）和有娱乐性的吸引眼球的内容是内容营销的制胜法宝。与传统的营销传播方式硬性地传递信息不同，内容营销能够减轻消费者的厌恶感，使有价值的信息更易被消费者主动接受。

（一）内容的表现

"内容"是内容营销概念中的关键。首先，内容营销中的"内容"有不同的表现形式，比如文本、图片、视频、声音、动画等。其次，"内容"必须对消费者具有一定的价值，比如内容与品牌相关、内容的质量很高、内容具有教育意义、内容对购买决策有帮助等。如果"内容"没有价值，那么内容营销就没有意义。

在内容营销的实施中，内容的表现形式要根据用户的偏好以及内容发布渠道的特征进行选择。比如，发布在知乎上的内容一般以文本为主，发布在抖音平台上的内容则需要采用短视频的形式。

（二）内容的创作

内容是品牌利用内容营销进行传播的关键。优质的内容能够争夺更多用户的注意力和碎片时间，并引起用户的自发关注和传播分享，最终形成消费行为的转化，为品牌创造收益。为了实现更好的传播效果，内容营销的内容创作可以参考以下三点。

1. 个性化的原创内容

One Spot发布的内容营销报告《内容营销个性化势在必行》显示，88%的消费者表示个性化的相关内容改善了他们对品牌的感受；78%的消费者表示个性化的品牌内容增强了他们的购买意愿；50%的消费者则表示愿意为个性化的品牌内容提高支付额。可见，个性化是内容营销中内容创作的一条重要标准，如果品牌不能够提供个性化的内容，就存在着疏远消费者的危险，消费者购买的可能性就会较低。内容营销中内容创作的另一条重要标准是原创。原创是内容营销的核心竞争力，因为原创的内容能够赢得消费者的信任，减少知识产权方面的风险，让内容营销走得更远。

2. 拟人化的沟通模式

拟人化的沟通模式即采用拟人化的沟通进行内容创作。拟人化沟通指的是品牌采用人与人之间交流的模式与消费者进行沟通。研究显示，品牌通过拟人化沟通能够显著影响消费者在社会化媒体上的点赞和评论行为。可见，拟人化的沟通可以拉近品牌与消费者之间的距离，促进消费者与品牌之间的互动，帮助构建和维系品牌与消费者之间的关系。比如自称"80万蓝V总教头"的海尔、用"软萌"颠覆博物院高冷形象的故宫淘宝、"萌界人气担当网红"三只松鼠……这些品牌在新浪微博、知乎等社会化媒体平台上用拟人化的沟通吸引了消费者的关注和互动，成功赢得了消费者的好感。品牌拟人化沟通的技巧包括在内容的创作中使用人称代词（如第一人称）和祈使动词（如"来吧"）、使用拟人化的社交头像（如海尔兄弟）、选择日常话题与消费者进行交流等。

3. 借势社会热点

通过借势社会热点，创作出有趣的内容引发关注，往往能实现意想不到的传播效果。常用的借势热点包括节假日、新闻事件、自然现象、其他品牌等。海尔和杜蕾斯就因为热衷于在新浪微博上借势社会热点抢热评和头条，被网友戏称活跃得像个高仿号，从而实现了良好的品牌传播效果。

（三）内容的发布

优质的内容需要借助合适的渠道发布才能够充分发挥作用，让品牌获得理想的商业回报。首先，内容发布渠道的选择要符合目标受众接收信息的习惯，才能有的放矢准确地找到目标受众。其次，内容发布要多平台、多渠道覆盖，在形成传播矩阵的同时，还需根据不同传播渠道的转化情况有侧重点地进行运营。最后，内容发布后要进行实时数据监测和分析，及时评估发布效果，以便做出相应调整，提高营销传播绩效。

6.4 醉鹅娘：多点开花强内容引流

二、口碑传播

口碑传播是由生产者以外的个人，通过明示或暗示的方式，不经过第三方处理加工，传递关于某一特定或某一种类的产品、品牌、服务厂商、销售者以及能够使人联想到上述对象的任何信息，从而使受众获得信息传播的内容。这些内容主要包括企业、产品及品牌活动的相关信息，消费者对品牌的体验和评价，媒体对品牌的宣传报道，等等。一般来说，品牌口碑的形成方式有两种：一是纯粹依靠人们的自然传播；二是借助大众媒体进行传播。将口碑作为品牌传播的工具，一方面需要加强品牌自身对消费者的影响力，另一方面则需要积极地介入传播过程、塑造有益于品牌的口碑。因此，口碑传播策略的关键在于寻找对品牌满意的目标群体，加深目标群体对品牌的印象，提供口碑传播的机会和场所，加强负面口碑管理。

（一）寻找对品牌满意的目标群体

企业首先应该从消费者、权威人士、共同体或社团等人群中找出能够正确地对品牌进行口碑传播的目标群体。

1. 寻找对品牌满意的消费者

企业可以从顾客名单中筛选出有希望进行口碑传播的顾客。根据购买记录中的购买频率、购买总金额等推测他们对该品牌的产品或服务的关心程度，通过访谈或问卷调查等来把握他们有无口碑传播的意向。因为挑选的范围是现有顾客，所以这是最有效率的方式。

2. 寻找对目标市场有影响力的权威人士

如果没有顾客名单，或很难把握顾客对产品的关心程度，那么可以寻找对产品的使用、购买有影响力的权威人士。例如，可以选择医生或大学教授等专业人士和一些权威机构、在杂志或电视上受欢迎的人等。企业选择权威人士的关键在于他们对品牌的产品和服务的目标顾客影响力的大小。

3. 寻找对目标市场有影响的共同体或社团

网络的出现，使寻找存在目标顾客的共同体或社团变得更加容易，只要通过网络搜索"驴友俱乐部""育儿会"等关键词就可以找到目标顾客活动的团体。在得到团体成员协作意愿的基础上，还要以潜在顾客、期望顾客等有望成为忠诚顾客的群体为对象，广泛地促进他们对口碑传播的协作。

（二）加深目标群体对品牌的印象

品牌选出能够进行口碑传播的顾客之后，还必须将品牌希望目标顾客传播的信息传递给他们。

1. 制造品牌"话题"

企业在提供信息时，可以将产品开发的时机、经历的困难、产品的优越性等具有补充价值的信息，通过某些"话题"提供给顾客，让他们成为品牌的忠实拥护者。例如，企业使顾客参与到产品开发的过程中，在产品完成之前增加顾客与产品的接触机会，这样不仅创造了顾客需要的东西，还增加了这些顾客对产品的了解，同时向他人进行推荐。于是，产品开发过程本身就成了话题。

2. 提升品牌体验

如果消费者的品牌体验是积极和正面的，就会导致正面口碑的产生，消费者就有可能主动向他人推荐该品牌，帮助企业发掘潜在顾客。研究表明，来自消费者的切身经历更能够影响其他消费者的购买决策过程。因此，增加消费者的品牌体验是从源头上对网络口碑进行管理，是实施网络口碑策略的起点和基础。

（三）提供口碑传播的机会和场所

受人之托的口碑传播无法产生"自发的推广"，因此，顾客需要选出已经了解的东西，"用自己的话表达出来"才有说服力。

1. 让已经选出的目标顾客派发样品

顾客在把样品分发给朋友、熟人的时候，自然会将一系列的派送理由以及推荐该品牌的理由传递给接收方，这样既提供了使用产品的机会，又传播了品牌的正面信息。

2. 举行聚会活动

为了让顾客传播对品牌有利的信息，而且让多数人接受正面的口碑传播，企业可以采取举办座谈会的形式，在一般顾客面前谈论实际体验、进行试验，还可以把希望人们看到的"口碑传播标题"登载在大众媒体上，让顾客、读者留下自己的感想，通过网络上的复制、转载等方式进行信息传播，而且可以得到长时间保存。

（四）加强负面口碑管理

在网络世界，一条顾客不满意的信息可能会迅速扩散，影响到无数人。如果不对网络负面口碑进行及时处理，就可能给品牌和企业造成致命的伤害。因此，企业应该重视网络负面口碑带来的效应，并成立专门的团队负责网络口碑的管理。具体的管理措施主要包括对网络口碑进行有效监测、第一时间发现负面口碑、及时分析和评估、妥善处理舆情、对负面口碑进行有效引导、化解舆情危机。

三、影响者营销

如今，影响者营销已经成为一种有效且具有成本效益的营销工具，因为消费者通常不会将其视为广告，并且可以广泛的接触受众，所以许多企业利用社会化媒体影响者向目标受众推广它们的品牌。特别是在时尚、奢侈品、美容、旅游、食品、游戏、健身等领域，影响者营销已经得到了非常广泛的应用。

（一）影响者营销概述

1. 影响者营销的概念

影响者（influencer）指的是日常的普通互联网用户，他们通过对其个人生活和生活方式的文字和视觉叙述，在社会化媒体上积累了相对大量的追随者，在数字和物理空间中与他们的追随者互动，并通过将"软文广告"整合到他们的社会化媒体帖子中来变现。影响者最早可以追溯至博客平台，随着社会化媒体的蓬勃发展扩展至各大社会化媒体。根据社会化媒体的不同，影响者的称谓也有所不同，比如博主、vlogger、YouTuber、UP主等。

由于影响者拥有接触大量受众的潜力而且他们在博客和社会化媒体上有可信度、关注度和传播积极口碑的动机，对其他人的消费决策具有重要影响，因此企业将影响者作为一种较新的营销传播工具。影响者营销也由此应运而生。影响者营销（influencer marketing）指的是通过对顾客及潜在顾客有影响力的个体实施的营销实践活动。其作为信息传播的新范式，现在已经成为一种高效的新型营销手段，在广告、品牌管理、口碑营销和顾客关系管理等营销领域都得到了关注和应用。

2. 影响者营销的潜在工作机制

在影响者营销的研究中，学者试图揭示影响者营销的潜在工作机制，即影响者营销是如何工作的。

从信息来源和信息可信度视角看，影响者营销的力量通常源于影响者的专业知识、受欢迎程度和/或声誉。当一个影响者推荐某个产品时，似乎比传统广告更值得信任，消费者更有可能购买其推荐的产品。信息来源和信息可信度经常被用来解释影响者营销的工作机制。影响者作为信息来源，其可信度以及其发布信息的可信度会对消费者的决策产生影响。因此，信任（trust）和可信度（credibility）在影响者营销中具有重要的地位，是影响者营销产生绩效的重要因素。

从人类社会互动视角看，类社会互动（para-social interaction）指的是媒体人物与受众之间的一种单方面的、亲密的、类似面对面的关系。影响者花费大量时间在社会化媒体上发布内容，为追随者提供了关于他们生活的日常，包括影响者的爱好、兴趣、活动、朋友、家庭等；同时，影响者通过社会化媒体与追随者进行互动，这一切会使得追随者认为自己对影响者足够了解,并对其产生亲密感,随之愿意认同和接受影响者的态度和信仰。为了使影响者对追随者的购买决策产生说服力,影响者与追随者之间的类社会互动必不可少。因此,影响者与追随者之间的类社会互动被认为是影响者营销能够成功的一个主要原因。

3. 影响者营销效能的影响因素

影响者营销效能的影响因素主要有影响者的特征、发布内容的特征及传播受众的特征三个方面。

第一,影响者的特征。影响者是影响者营销的关键,影响者本身的特征会对营销效果产生至关重要的作用。影响者往往是围绕一个特定的领域吸引追随者,比如美妆博主、时尚达人、健身博主、旅游达人等。所以影响者的类型、影响者的专业知识和可信度、影响者的外表吸引力和社交吸引力、关注影响者的人数以及影响者本人关注的人数、点赞的数量以及感知同质性等特征会对营销效果产生影响。

第二,发布内容的特征。由于影响者主要是通过内容来吸引追随者,所以影响者发布的内容决定了影响者营销的力量。发布内容的吸引力、客观性、质量、享乐价值以及与品牌传播内容的关系等,被认为是影响消费者对影响者推广的品牌或服务做出反应的重要因素。

第三,传播受众的特征。作为受众,消费者自身的特征也对影响者营销的效能产生影响。其中,受众与影响者的一致性、动机、信息处理的参与度、虚荣心、意见领导力、时尚意识、对影响者的嫉妒、与影响者的类社会互动等相关特征都被认为是重要的影响因素。

6.5 "意公子":让中华优秀传统文化走出去

(二)影响者营销的实施

如今,影响者已经成为品牌与目标受众之间的重要信息中介。品牌不仅通过社会化媒体上的影响者将品牌信息传递给目标受众,而且通过影响者进一步影响目标受众的态度和行为。为了选出合适的影响者来支持企业的产品或服务,充分发挥影响者营销的效能,营销管理人员可以遵循计划、识别、结盟、激励和协调五个步骤实施影响者营销。

1. 计划:设定营销活动的目标和影响者的角色

在计划中,营销管理人员应该明确两件事情——营销目标以及影响者的角色。设定影响者营销的目标,即设定品牌希望通过和影响者的合作,或者说实施影响者营销活动实现什么营销目标。影响者营销的目标应该与企业的相关营销战略和策略保持一致,包括建立品牌知名度、吸引新客户、生成潜在客户等。而且,影响者营销的目标会决定影响者营销的具体实施,包括影响者的选择与影响者合作关系的性质、合作持续的时间、应该向影响者提供哪些支持性的内容等。营销目标一旦明确,品牌经营者就可以大致明白需要影响者在企业的影响者营销中扮演什么角色,以及期望影响者的角色在合作关系中发挥什么作用和职能。

2. 识别：识别有影响力和相关的影响者

品牌需从影响力和相关度这两个角度综合考虑和权衡，识别出合适的影响者。影响者的影响力与影响者营销的效果息息相关。在实践中，追随者的数量通常被认为是识别影响者影响力的重要指标，追随者的数量越多，说明影响者的影响力越大。除了追随者的数量之外，识别影响者的影响力还需要考虑影响者本人关注的账户数量、影响者与追随者的互动情况、影响者的内容吸引力等因素，避免虚假账户、商业账户对影响者的可信度和真实性产生不利影响。高度受欢迎的影响者并不一定是品牌和产品类别的最佳选择，选择影响者时还应该考虑影响者和品牌之间的匹配度。首先，影响者和品牌应该拥有相同的目标受众。其次，影响者还应该在形象、价值观、目标等方面与品牌保持一致。此外，影响者最好具有一定程度的产品相关经验或专业知识。否则，一个与品牌相关度比较低的影响者，不仅无法对品牌期待的营销效能产生正向影响，而且有可能损害品牌和影响者自身形象及声誉。

3. 结盟：将影响者和媒体与所推广的产品或服务相匹配

影响者可以在线上和线下扮演各种角色来影响粉丝和追随者，这些角色包括名人专家、早期采用者、产品爱好者等，这些角色服务的职能可以大致分成两个方面：吸引力领导职能和知识领导职能。具有吸引力领导职能的影响者能够加深其粉丝和追随者对产品或服务的心理依恋；具有知识领导职能的影响者则能够提供关于给定产品或服务的有用信息。在与影响者结成合作伙伴关系时，应该考虑影响者服务的职能与产品或服务之间的匹配性。比如，为提升产品或服务的享乐价值而选择的影响者应服务于目标市场的吸引力领导职能；为提升产品或服务的实用价值而选择的影响者应服务于产品或服务领域的知识领导职能。当然，由于许多产品同时具有享乐性和实用性，因此在可能的情况下，影响者应该能同时提升产品或服务的享乐价值和实用价值，所以应该选择能够同时满足吸引力领导职能和知识领导职能的影响者合作，或者与能够实现不同职能的多个影响者合作。

在选择媒体平台时，同样需要考虑所推广的产品或服务与平台的匹配程度。因此，在选择媒体平台时应该考虑以下几点：第一，所选择的媒体应该是目标消费者经常使用的。第二，媒体是否适用于帮助增加产品或服务的享乐价值或实用价值。比如，博客、视频类的媒体往往允许发布者提供更详细的信息，比较适合用来帮助增加产品或服务的实用价值；社会化媒体比较适合用来帮助增加产品或服务在享乐价值方面的吸引力；有些社会化媒体则允许嵌入链接，能把消费者连接到提供有用信息的网站，以增加实用价值。因此，选择媒体时应该把媒体的性质和特点与产品或服务的匹配性纳入考虑范围。

4. 激励：使影响者的影响力最大化

在识别和选择合适的影响者之后，企业仍然面临一个巨大的挑战，即如何激活影响者，使其影响最大化。影响者分享信息的动机是多种多样的，比如为了获得关注、纯粹对产品或服务感兴趣、希望获得报酬等。但是这些出于个人原因而分享信息的动机是不持续的，因为他们的生活、兴趣、对产品的看法、价值观等可能会发生改变，因此营销管理人员需要通过激励来保持影响者积极分享产品或服务的动机。

首先，给影响者提供可行的、与影响者在其网络中的角色相匹配的奖励。奖励的方式包括社会地位、产品参与度、产品或服务的"内部"信息、折扣、免费商品或者货币价值资源等。这些奖励可使影响者保持对推广产品或服务的兴趣和欲望,并且影响者的持续真实性可以保证影响者营销的效果。

其次,与影响者发展长期合作关系。影响者最了解自己的受众,与影响者的长期合作可以使品牌从影响者的内容创作才能和追随者中受益。可见与影响者发展长期的合作关系,有利于最大化地发挥影响者的影响力。为了发展与影响者的长期合作关系,除向影响者提供公平报酬外,还应赋予影响者内容创作的自由,让影响者感到受重视和尊重,以激励影响者积极地在企业的影响者营销策略中发挥作用。

5. 协调:协商、监督和支持影响者

在协调阶段,营销管理人员的工作主要包括协商、监督和支持三个部分。第一,营销管理人员需要与影响者进行协商,保证影响者的活动与企业设定好的营销目标保持一致。第二,为了让影响者的活动与企业的营销目标以及商业环境保持一致,企业需要对影响者的活动进行监督。即随着时间的推移,对影响者的活动过程以及结果、品牌与影响者伙伴关系的有效性、法律法规的遵守情况等方面进行跟踪和评估,并向影响者提供反馈以及讨论对伙伴关系或活动的修改。监督是协调工作中的一个重要组成部分。第三,为影响者提供支持,以促进和加强影响者的活动。这些支持包括产品简介、产品性能测试结果、产品信息的链接等。营销管理人员应该考虑如何提供这些支持,以便影响者接受、使用和分享。

6.6 顾家家居:和许知远谈生活

(三) 影响者营销的新领域:虚拟影响者

随着计算机图像、人工智能等技术的进步,影响者营销中出现了真实人类以外的影响者类型——虚拟影响者(virtual influencer)。虚拟影响者是指在社会化媒体上具有商业目的的虚拟个体,它们拥有大量的关注者,可以影响其他个体的购买行为。虚拟影响者和真人影响者一样,在社交平台上分享内容,推销产品。

1. 虚拟影响者概述

虚拟影响者是指利用 3D 计算机图形、CGI(计算机生成图像)、人工智能等技术合成的虚拟身体或虚体(virtual body),其由更多的字节组成,其外在看上去可能与真人无异,具有更强的交互性,能够与网络用户进行深层多维互动。

虚拟影响者包括 CGI 影响者(computer generated imagery influencer)、虚拟偶像(virtual idol)、人工智能虚拟偶像(artificial intelligence virtual idol)等。其中,CGI 影响者指的是利用 CGI 技术构建的外表与人类高度相似的超写实虚拟影响者,比如活跃在社交平台 Instagram 上的 Lil Miquela、Imma,以及活跃在小红书上的 AYAYI、柳夜熙等。虚拟偶像指的是由电脑生成的受到粉丝挚爱或崇拜的虚拟形象,比如深受国内二次元爱好者喜欢的 A-SOUL、洛天依、初音未来等。人工智能虚拟偶像则指的是利用人工智能技术合成的与偶像本人形象无异,或拟制成人类的虚拟形象,比如国内首个人工智能+虚拟养成偶像"琥珀·虚颜"。

随着 Z 世代在消费市场影响力的上升,受到 Z 世代青睐的虚拟偶像已经成为品牌影响

新一代消费者的重要沟通媒介。目前，从拥有者角度看，虚拟偶像可以分为品牌自有虚拟形象和独立运营的虚拟偶像两类。从人设角度看，中国市场上虚拟偶像大致有三种类型，即二次元文化类型（代表人物有洛天依、星瞳等）、国潮文化类型（代表人物有翎 Ling、柳夜熙、天妤等）、前沿科技文化类型（代表人物有度晓晓等）。越来越多的品牌通过虚拟偶像来吸引新一代的消费者，影响他们的品牌意识和购买行为，并与他们建立良好的品牌-消费者关系。比如，在国内拥有数百万粉丝的超级虚拟偶像洛天依已经成为各大品牌的宠儿，她代言的品牌已经覆盖日用品、食品、电信保险、银行、汽车等各大领域。

与真人相比，虚拟影响者具有一些明显的优势，因此虚拟影响者已经成为真人影响者的一个替代或补充。第一，虚拟影响者能避免真人代言人可能出现的负面新闻事件，具有更高的品牌安全性；第二，虚拟影响者代言人赋能广告创意脱离空间和人物限制，让广告创意不再受限于代言人在执行层面配合程度的束缚，留给广告创意更宽阔的想象空间；第三，品牌可以通过调整改变虚拟影响者代言人的外形、人设、表达内容，使之与品牌高度配合；第四，品牌只需将虚拟影响者代言人与不同类型媒介进行融合，就能快速将其带至短视频、直播、电竞等领域消费者的视线中，实现品牌传播的跨屏跨端多场景联动。

但虚拟影响者也不是完美无缺的，在打造、运营到营销应用过程中仍存在一些风险和局限性，例如人设浅表，同质形象审美疲劳；人为操控，偶像形象易受变动；依赖策划，内容产出难以为继；技术故障，实时互动遭遇困境；缺乏实体，感官体验面临局限；策略不当，营销优势难以发挥等。企业使用虚拟影响者进行品牌传播时，可通过立体打造虚拟偶像人格特质，矩阵开发虚拟偶像 IP 价值，借助于粉丝共创模式，扩充虚拟偶像内容文本，增加传播势能。

2. 虚拟影响者传播的逻辑

作为一类新型的品牌传播参与者，虚拟影响者被视为一种自带关系的新型传播媒介。其在培养消费者浸合、日常化和可操控三个层面有其独特的传播逻辑。

第一，助力品牌培养高维消费者浸合。面对大数据、数字环境、人工智能等技术营销因素，品牌传播的焦点从单纯购买曝光转向关注通过与消费者有意义且持续的互动来培养浸合。虚拟影响者在与消费者产生持续性交互对话（即培养高层次消费者浸合）方面颇具优势，主要原因有两方面：一方面，交互性是虚拟影响者的显著特性之一。多重新技术让虚拟影响者拥有更贴近真实人类的姿态和丰富人设，可通过多路径交互沟通，与消费者进行有意义的、持续性的互动，来提升品牌与消费者浸合的水平。另一方面，以二次元文化为代表的虚拟化从传统意义上的内容消费品扩展为 Z 世代的审美体现；成长期与互联网高速渗透历程高度吻合的 Z 世代更热衷于社交媒体。虚拟影响者能兼顾 Z 世代圈层虚拟化和社交化偏好，全天候无缝提供全方位消费者服务与互动，引导消费者将认知、情感、行为等投入到品牌互动中，实现更高层次的消费者浸合。

第二，驱动品牌传播融入日常社交。高速移动通信及人工智能为主导的多元技术，赋予虚拟影响者丰富的社交线索提供能力，导致虚拟影响者代言人与消费者的交流具备某种特殊性，即增强品牌传播的真实感和在场感。这种能够融入日常生活的交互可以将共享融入品牌传播中，有利于激发消费者的元表达角色活力，实现深度培养消费者浸合。从社会交换论的交换概念视角来看，品牌与消费者关系的发展和演变需要借助持续的净积极交流，继而产生信任、情感依恋的出现，并赋予这种关系以内在价值。虚拟影响者更易嵌入消费者日常生活，产生持续性净交流的特质，有助于品牌培养消费者浸合，使消费者产生品牌信任。因此，日常化和隐蔽化成为虚拟影响者参与品牌传播、培养消费者浸合的一种转向，以虚拟影响者为代表的基于日常生活的嵌入式交互模式正在成为品牌传播的主流形态，品牌传播逐渐趋向于以一种隐形的、流动性的生产和日常化形式存在。

第三，加速品牌传播转向以数为媒的算法控制。虚拟影响者是被数据生产出来的产品。虚拟影响者的兴起在一定程度上代表着品牌传播从以人为媒的广告代理控制开始转向以数为媒的直接控制，人的理性判断让渡给机器的程序化选择，算法成为虚拟影响者代言人与消费者之间交往的最大规则。受算法控制的虚拟影响者代言人，其直接控制的属性注定更容易实现可操纵性。借助虚拟影响者代言人在与消费者一对一的互动中收集更广泛的消费者个人数据，通过算法对其加以利用，数字技术能够窥探消费者内心最深处的秘密。虚拟影响者对消费者的互动提问会给出多种答案，推荐某件产品的理由必然是出于对消费者喜好或心理价位的了解。算法不仅仅是投消费者之所好，更是把消费者变成一个个可预测的点击者，将其带至某个"可预测的点"，从而企业和品牌就更容易操纵消费者的行为，如让消费者更喜欢虚拟影响者代言的品牌，甚至愿意付费购买其代言的产品。

3. 虚拟影响者传播策略

虚拟影响者作为消费者对品牌产生移情反应的中介，拥有着与生俱来的品牌基因，与品牌方存在链接与反哺的关系。在不同的生命周期，品牌可采取相应策略优化虚拟影响者的传播效果。

（1）导入期：战略先见，质量先行。

在导入期，最大程度降低投入成本，提升品牌认知度的关键是制定前瞻洞察、连续规划且目标明确的营销战略，精准锚定品牌的目标消费群体。虚拟影响者与品牌方存在双向链接的关系，拥有基数庞大的 Z 世代粉丝群体，通过虚拟偶像代言、定制品牌数字 IP、真人偶像合作建模等多样化的营销方式为品牌持续赋能，可以迅速且精准地构建起其在 Z 世代群体当中的认知度。产品既是品牌的核心价值，也是传播品牌差异性的手段。虚拟影响者联动品牌中定价合理、性价比较高的产品更易受到粉丝的青睐，尤其是初次购买后产品的质量是否合格且满足其心理预期，会深刻影响品牌在粉丝心目中的印象，这种印象在很大程度上也将决定粉丝是否复购。

（2）成长期：虚实相生，体验升维。

成长期品牌战略应当重点关注如何提高消费者在消费实践过程中的体验感与满意度，以最大化地创造消费者品牌经历的感知价值。近年来，随着元宇宙、NFT、GPT 等技术概念的加速更迭，为品牌体验带来创新的机遇。虚拟影响者利用虚拟现实设备塑造的技术身体，穿梭于虚拟与现实与受众深层交互，建立情感链接，广受粉丝喜爱，为品牌方提供了与众不同且独一无二的营销策略。以虚拟偶像为人格化的沟通主体，在元宇宙打造的沉浸式交互场域，为品牌与粉丝消费群体提供了价值续航，这种"虚实共生"的品牌体验，不仅有利于提升消费者对品牌的喜爱度和美誉度，也将有助于品牌实现资产的累积与激活。

（3）成熟期：数字叙事，深度互动。

成熟期品牌传播的重点是提升品牌忠诚度，通过强化与消费者之间的联系，以维持其至强化品牌的影响力，使得品牌的成熟期得以延长。研究发现，直播是培养品牌方与消费者建立强交互关系的关键媒介，比起品牌利用虚拟偶像完成单向输出的种草带货，粉丝更期望于在主题联名直播中合理穿插，潜移默化地吸收品牌方所传递的价值观。数字化对叙事语义层面的影响是媒介与叙事内容的契合问题，即需要发现什么样的主题与情节可以恰当地利用媒介的内在属性。品牌方在使用直播作为营销媒介时，需要深度洞察并调研其粉丝社群的群体符号、圈层文化，基于虚拟偶像的人设进行内容脚本的设计，从而使粉丝产生情感共鸣进而形成深层互动的强关系，搭建起稳定且忠诚的私域流量。

（4）衰退期：长线思维建构"心域场"。

衰退期品牌可能需要做到对自身的产品研发、营销策略等进行全方位评估，但是无论策略如何多变，长线思维才是品牌营销的重中之重。从长远来看，如果说成熟期的私域流量是用户关系的维系，心域流量则是品牌真正可以依靠的"认同资产"。心域流量是在现有品牌所覆盖的公域流量和私域流量的基础上建立信任和达成用户共鸣的行为。相比于优质产品所带来的积极品牌印象以及强交互带来的品牌体验，消费者更被品牌价值、品牌文化、品牌个性所吸引。品牌可通过虚拟影响者建设历久弥新的"心域场"，打造动态的内容引领场、构筑情感链接的陪伴场、创造体验升维的场景场以及用户可参与的交互场。

6.7 Liby立白与"李叙白"

思考与讨论

1. 品牌传播的目标有哪些？如何对品牌传播的效果进行评估？
2. 品牌传播的信息有哪些类型？它们各有哪些特点？
3. 非媒体品牌传播的方式有哪些？
4. 在社交媒体环境下，内容营销、口碑传播和影响者营销三者之间有何关系？

第三篇

品牌提升

第七章

品牌认知

> 桃李不言，下自成蹊。
>
> ——《史记·李将军列传》

学习目标

知识学习目标：
1. 了解品牌认知的概念，熟悉品牌认知的层级，理解品牌认知的价值。
2. 了解测量品牌认知的方法和指标，熟悉品牌曝光度的测量指标。
3. 了解建立和提升品牌认知的步骤，熟悉品牌认知提升的策略。
4. 了解品牌认知与产品类别的关系，熟悉提升品牌类别认知的策略。

能力培养目标：
1. 能辨析品牌认知、品牌知名度和品牌显著度等概念。
2. 掌握如何测量消费者的品牌认知，掌握提升品牌知名度的方案设计方法。

价值引领目标：
引导学生正确看待个人知名度的塑造。

靠吸管出圈，霸王茶姬凭啥？

2023年11月9日，话题#霸王茶姬 三品管#冲上了微博热搜榜榜首，产生了4000万阅读量，5.9万互动量。

其实，霸王茶姬并不是第一个使用三品管的品牌，古茗、益禾堂、奈雪等茶饮品牌都在使用这类型的吸管。有网友还挖掘出肯德基使用吸管式搅拌棒的时间更早，且品牌还科普过「小吸管有大科学」的秘密。

很明显，使用三品管的品牌不在少数，为何霸王茶姬会凭借三品管登上热搜呢？

霸王茶姬凭借吸管上热搜，是偶然中的必然。为什么这样说，我们一起梳理下整个事件，或许大家就明白了。

这一天上午，微博博主@知名安利博主在平台上发起了疑问：用这种吸管是会更好喝吗？并在配图中标记出了吸管的类型。"有问题就有答案"，博主提出疑问后，可谓一呼百应，网友纷纷表达了自己的观点。就在大众众说纷纭之时，有网友发现博主喝的奶茶品牌是"霸王茶姬"，让话题#霸王茶姬 三品管#登上了热搜榜，让泼天的富贵一下泼到了霸王茶姬的头上，也给用户形成了「三品管，品霸王茶姬」的印象。

这时候，敏锐的霸王茶姬似乎嗅到了流量的味道，发布了一条互动微博，与消费者讨论起了三品管的优势，茶更香、喝得更慢、锻炼肺活量，从而将话题带向了新高潮。

表面上看，这是一个偶然的事件营销，在新茶饮营销内卷到新高度时，#霸王茶姬 三品管#话题一出现，就吸引了大众眼球，让人眼前一亮，并让消费者想要一探究竟。随着用户关注的增多，与品牌对热点传播的敏锐嗅觉，选择参与到事件营销中来，无疑给整个事件增加了看点，也让霸王茶姬凭借一根吸管就意外出圈。

本质上，霸王茶姬意外走红是消费者对品牌及产品的认可和喜欢，即便众多新茶饮品牌的产品都在使用"三品管"，出圈的却只有霸王茶姬。很明显，品牌早已经将自身的特质与风格植入到了用户的脑海中，才让偶然的事件为品牌带来了巨大的流量，产生了长尾效应。

资料来源：兵法先生，靠吸管出圈，霸王茶姬凭啥？有改动。

第一节　品牌认知概述

凯文·凯勒提出的品牌资产金字塔模型清晰地显示品牌建设与提升从建立品牌知名度（或称品牌显著度，brand salience）开始，这需要品牌告诉消费者自己是什么品牌，让消费者形成深厚的、广泛的品牌认知。

一、品牌认知的概念

品牌认知（brand awareness）指在消费者记忆系统中品牌名称与产品类别的双向联系强度。品牌名称与产品类别的联系强度决定着品牌认知的强弱。从测量的角度来说，品牌认知是指潜在消费者再认或回忆出一个品牌是否属于某产品类别成员的能力。也就是说，如果给消费者显示一个品牌（如安踏），他或她能够正确判断该品牌属于某一产品类别（运动鞋），那么说明他或她具有对该品牌的认知。同样，能够在产品类别（如运动鞋）提示下回忆出某品牌（如安踏），说明该消费者具有对该品牌的认知。在上述例子中，由品牌名称→产品类别的联系属于再认测量，而由产品类别→品牌名称的联系属于回忆测量。

值得注意的是，品牌认知不仅指消费者对某产品品牌名称的再认或回忆能力，还包括对代表产品或与产品有关的术语、记号、符号、图案等标识的再认和回忆能力。换言之，如果一个消费者能够认出某个商标图案是某品牌产品的标识，说明他具有一定的品牌认知。但是由于名称实际上构成品牌概念的本质，所以品牌认知通常指对品牌名称的认知。

二、品牌认知的广度和深度

一个具有知名度的品牌让其背后的产品在市场上获得了一个"身份",借助这个"身份",顾客可以将产品的品牌元素与产品所在的品类、产品相关的购买和使用情境相联系。举例而言,茶颜悦色的品牌知名度让茶颜悦色所具有的品牌元素(如仕女图)与新式茶饮这个品类以及若干消费情境(如长沙街头排长队打卡)建立了联系。如果把产品比作人,那么市场上的千千万万个产品就犹如茫茫人海,品牌认知就可以让顾客在第一时间从人海中识别出你,并了解你是谁。

品牌认知可以从广度和深度两方面进行深化认识。品牌认知的"广度"测量顾客心智中品牌对应的购买和使用情境的宽度,该宽度在很大程度上又取决于顾客在记忆中是如何组织产品与品牌知识的。品牌认知的"深度"测量品牌要素进入消费者头脑的可能性和难易度。例如,某品牌可轻易被顾客从头脑中回忆起来,而另外一个同品类的品牌只有被直观呈现于顾客面前时才可被识别出来,那么我们可以说前者品牌有更深的品牌认知。总而言之,品牌认知的深度和广度分别影响品牌在顾客脑海中出现的可能性(深度)和品牌对应的不同场合(广度)。

7.1 为了一杯茶去了一座城

三、品牌认知的层级

与品牌认识紧密相关的词是品牌知名度。品牌知名度是一个测量术语,指知道某品牌的消费者占所有目标消费者的比例。品牌知名度的范围很大,包含一个连续变化过程:从人们根本不知道某品牌,到认为该品牌是这一类产品的首要代表。一般把知名度分为四个层次:无知名度(unaware of brand)、提示知名度(aided awareness)、未提示知名度(unaided awareness)和第一提及知名度(top of mind)。它们呈一个金字塔模型,显然越往上发展越难实现。从品牌管理的角度来说,我们一般考虑后三个层次。

(一)提示知名度

所谓提示知名度即经过提示之后,被问者表示记得并且了解品牌,能够说出自己曾经听说过的品牌名称。比如,当问你家具中有哪些品牌时,你可能说不出什么品牌。但听到"宜家是不是家具品牌"这样的提示后,你表示出想起后的肯定,那么"宜家"就具有一种提示知名度。这个层次是传播活动的第一个目标,在顾客购买商品选择品牌时具有十分重要的作用。

(二)未提示知名度

所谓未提示知名度即不经提示,被问者也会想到品牌,能够说出一个产品类别中有关的品牌名称。此类品牌往往不是一个品牌,而是一串品牌。比如,对于彩电品牌,你可能说出康佳、松下、飞利浦等很多。某品牌即便不是第一个被想到的,也非常重要。因为消费者在购买时固然受品牌忠诚的惯性影响,但变换品牌的情况也经常发生,这时他们往往就在具有未提示知名度的"品牌目录"中挑选。

(三) 第一提及知名度

所谓第一提及知名度即在没有任何提示的情况下,提到一个产品类别就立刻想到并说出品牌名称。每一个产品领域,都拥有一个具有"第一提及知名度"的品牌,它们是市场领导者,或者说是强势品牌(strong brand)。例如,说到电脑,你首先想到IBM或者联想;说到可乐,你首先想到可口可乐;说到牙膏,你首先想到高露洁;等等。调研显示,第一提及的品牌往往也是消费者在销售点指定购买的品牌。

四、品牌认知的价值

品牌认知从四个方面帮助品牌产生价值。这四个方面分别是有利于品牌联想、由熟悉引发好感、暗示某种承诺以及成为被选购的对象。

(一) 有利于品牌联想

建立消费者对品牌身份的认知是传播工作的第一步。如果在消费者对品牌名称未知的情况下就去传播品牌的相关特性等具体信息,这无疑是一种浪费。名称就像是人脑海中的一个特殊文件夹,可以装进所有与之相关的事实和情感。因此,如果没有对品牌名称的认知,那么这些事实和情感就缺少了依托,在要做出购买决策时,这些信息就无法被消费者"提取"。当以品牌名称为基础的品牌身份建立起来之后,余下的工作就很容易开展了,只要将一些新的特性信息与品牌建立联系即可。

(二) 由熟悉引发好感

消费者总是喜欢买自己更熟悉的品牌,就像人们总是喜欢跟自己熟悉的人打交道一样。消费者对任何的改变皆会很谨慎;对不知道或不熟悉的产品会有恐惧感。很多广告的目的都是增加品牌知名度,拉近品牌与消费者的距离,形成熟悉贴近的关系,从而引发消费者好感,并使消费者在他们所喜欢的品牌中找到安全感。因此,除"说服性原则"外,"熟悉感原则"也是品牌广告创意设计的一个重要原则。

(三) 暗示某种承诺

品牌认知可以作为品牌存在、实力、表现及其产品特点的信号。这些因素对于耐用品购买者和大宗项目的工业品购买者来说都可能是非常重要的。因为人们会做这样的推论:扬名天下必然有其道理。例如,该公司投资这么多广告,是有实力的,一定错不了;该品牌在市场上一定是个老牌;该品牌铺货一定很好;该品牌有那么多人使用,应该让人放心等。这些推论并不是建立在对品牌的具体事实知道多少的基础上,但通过这些推论,品牌认知发挥了向消费者暗示某种承诺的效果。相反,如果一种品牌在推出之前完全不做广告,不为人所知,那么,人们会怀疑在它背后是否有一个全心全意的公司来支持。

（四）成为被选购的对象

购买过程的第一步，往往是挑选一些候选品牌，这个被消费者考虑的品牌目录一般含有三四个品牌，不会很多。因而，品牌能否进入这个候选的品牌目录，品牌认知可能是至关重要的因素。对于经常购买的日常消费品，品牌记忆的作用也可能是至关重要的，因为品牌购买决策一般是在去商店之前就做出了。很多研究表明，深入人心的记忆与人们的购买态度和购买行为之间存在着关系，各品牌在未提示的记忆测试中被记起的先后次序不同，它们在优先选择和购买的可能性上表现出很大的差别。

7.2 "黑红也是红"危害不浅

综上，要想让品牌获得高知名度，营销人员可以从品牌认知的深度和广度两方面着手考虑。建立品牌知名度是建立品牌资产中至关重要的第一步，没有品牌知名度，品牌就无法进入消费者的考虑范畴。在品牌创建初期，很多企业花巨资在短期内"造势"以赢得市场的关注。特别是在无市场领导者的行业，品牌显示度的重要性将更加凸显。以婚纱摄影旅拍市场为例，由于市场无强势领导者，品牌"铂爵旅拍"在城市楼宇电梯间短期内大量投放主题为"想去哪拍，就去哪拍"的"洗脑广告"，此类广告对品牌美誉度有所损害，但它对品牌认知有着重要的提升作用。

第二节　品牌认知测量

提高消费者对品牌的认知是很有必要的，这意味着品牌经常测量品牌知名度，从而确定什么对品牌知名度起作用，什么不起作用。传统的品牌认知测量主要依靠问卷调查完成，在互联网时代，品牌还可通过查看线上曝光度来测量品牌知名度。

一、问卷调查

无论是通过电子邮件、网站还是电话进行问卷调查，你都可以询问现有客户是如何了解到品牌的，或者随机挑选一些人询问他们是否熟悉你的品牌。第一种方法会让你知道消费者是如何了解到你的，第二种方法会让你知道有多少人可以回想起你的品牌。品牌可采取问卷调查方式，从再认度、回忆度和熟悉度三方面测量消费者的品牌认知。

（一）再认度测量

再认度测量通常是随机抽取一定数量的消费者，给他们呈现关于品牌识别的某些要素，然后要求他们做出判断或识别。调查者可采取直接询问消费者是否见过或听说过某种品牌、列出若干品牌让消费者逐一确认、列出若干真品牌和若干假冒品牌让消费者逐一确认、列出若干品牌标识或包装让消费者确认、完词测验或残词再认、拼音测验、速示测验、反应时测验等方式进行再认度测量。

（二）回忆度测验

回忆度测验通常是先抽取一定数量的消费者，给他们提供一定的线索，让他们进行回忆，然后对每个消费者回忆出来的品牌进行统计处理。研究者所提供的线索可能是"品牌""大的产品类别""小的产品类别"或是具体的定位。可以根据研究需要构成调查问题。例如，研究者可以要求受调查者说出他或她所知道的所有品牌，也可以要求受调查者说出或写出若干个（如5个）品牌；为了避免受调查者无休止地回忆，研究者还可以限定作答的时间（如30秒、1分钟或3分钟等）。在回忆度测验中，对受调查者的回答，一般要求访问员依照受调查者说出的顺序记录下来，如果是让受调查者自己填答，则要求他们按想起来的顺序记录下来。

对于回忆度测验的统计处理有两种方法，一种是计算每个品牌被所有受调查者中的多少人回忆出来，不管品牌回忆的顺序如何，这种比率叫作回忆率。另一种是计算各品牌被率先回忆出来的比率，这一比率叫作第一提及率（或第一提名率）。回忆度测验广泛运用于品牌认知测验之中，是品牌认知测验中使用最普遍的方法。许多学者认为，产品类别到品牌提取的第一提及率与第一品牌选择有强相关性。有关研究证实，一个品牌的第一提及率是一种敏感而稳定的测量，能作为预测品牌选择行为和品牌转移行为的中介指标。有研究还发现，品牌认知与市场占有率有密切的联系，管理者可以利用品牌认知资料以测量潜在的市场占有率。

（三）熟悉度测验

在回忆中，有时某些品牌回忆不出来，但这并不意味着受调查者不知道这些品牌。在简单的再认度测验中，有时受调查者对所研究的品牌都能确认，但这并不意味着他们对这些品牌的认知是一样的。为了解决回忆度测验和再认度测验存在的这些问题，有的学者采用熟悉度测验作为品牌认知测量的另一种方法。熟悉度测验也有不同的方法。有人从经验的角度来确定受调查者对品牌的熟悉度，采用的方法是让受调查者将各种品牌的卡片分为三类：①已经用过的品牌；②听说过，但从未用过的品牌；③不熟悉的品牌。研究者可采用9点量表（一点不熟悉——极端熟悉），来测量品牌的熟悉度。

7.3 光凭记忆画出你熟悉的品牌LOGO，你能画出几个来？

二、品牌知名度的测量

考察品牌知名度可以从三个不同方面来进行，即公众知名度、社会知名度和行业知名度。

（一）公众知名度的测量

品牌的公众知名度，是指某品牌在相关公众中的影响力。从市场营销的角度来说，主要是指该品牌在顾客中的影响力。

1. 简单测量法

简单测量法是运用从总体上反映品牌知名度的一两个指标，根据有关公众（主要是顾客）对问题的回答结果，计算出该品牌的公众简单知名度。公式是：公众知名度＝知道该品牌的人数／被调查总人数×100%。公众简单知名度的测量比较容易操作，但是，由于测量的指标过于简单，得到的结果过于笼统，而使得在进一步考察更深层次的影响知名度的因素时无法发挥作用。

2. 复合测量法

复合测量法是运用多个指标的综合结果来反映品牌公众知名度，通过加总测量法进行。换算方法是用所得的真实分数总和除以最高级别分数。在绝对数的基础上换算品牌公众知名度的相对分数，更容易观察出知名度的状况。使用复合测量法，可以针对不同的情况设计不同的指标，指标数量的多少，依据企业的实际要求而定。

（二）社会知名度的测量

品牌的社会知名度，是指某品牌在社会大众中的影响力，通常用该品牌在大众媒体上出现的频率来表示。大众传播对社会大众的舆论导向作用巨大，传播的广度和深度是其他方式不能比拟的。品牌知名度的提高主要靠传播的力度。

考察社会知名度，可以根据企业对品牌的定位，将有关大众传播媒体分类，然后分别计算出该品牌在各类媒体上出现的频率，就可以得到该品牌的社会知名度。

（三）行业知名度的测量

品牌的行业知名度，是指某品牌在相关行业（特别是在本行业）中的影响力，通常也是通过问卷调查的方法来研究。品牌行业知名度的调查可以参照品牌公众知名度的方法。在每个行业中往往有若干个品牌存在，行业知名度可以反映某品牌的行业地位、本品牌与竞争品牌在知名度上的差异。

三、品牌曝光度的测量

品牌曝光度是测量品牌知名度的重要指标之一。测量品牌曝光度的效果，可以从以下几个方面入手。

（一）网站（店铺）访问量

通常说的网站访问量又称网站流量（traffic），是指用来描述访问一个网站的用户数量以及用户所浏览的网页数量等指标。跟踪品牌网站（店铺）的活动情况，包括新访客、独立访问量、停留时间以及哪些页面的流量最高等，如果监测到网站访问量和流量数据积极增长，可能意味着品牌认知度正在提升。网站（店铺）流量统计主要指标包括：独立访问者数量（unique visitors）；重复访问者数量（repeat visitors）；页面浏览数（page views）；每个访问者的页面浏览数（page views per user）；某些具体文件／页面的统计指标，如页面显示次数、文件下载次数等。常见的分析工具有百度统计、维析、CNZZ、Google

Analytics、WebTrends、Omniture 等。

（二）品牌搜索量

搜索量是关键词被网民搜索次数多少的体现。它帮助您分析关键词的热门程度，搜索量越高，关键词获取流量的能力越强。查看搜索引擎上有多少人搜索了您的品牌、产品或服务，密切关注您所在行业和竞争对手中的热门搜索关键词。品牌可以结合自己产品或服务优势，选取一些流量大、网民关注的词作为关键词，获取良好的推广效果。这是一个简单但十分有用的测量工具，但如果品牌名称是一个通用词，比如"苹果"或"小米"，那搜索量的数据则不能使用。常见的品牌搜索量监测工具有百度指数、Google Analytics、SemRush、Ahrefs 等。

（三）社交媒体曝光度

通过统计品牌在社交媒体上的粉丝数量、互动次数等指标来了解品牌在社交媒体上的曝光情况。通过分析用户在社交媒体平台上与广告互动的程度，可以了解广告对受众的吸引力和互动性，包括浏览、点赞、评论、分享的次数和比例以及粉丝的增减数据等。通过监测和分析这些参与度指标，可以了解品牌在社交媒体上的知名度和受欢迎程度。品牌可以通过使用社交媒体监测工具来进行监测，如新浪微博数据中心、微信公众号数据分析、Sprout Social、BuzzSumo 等。

（四）媒体曝光度

通过统计品牌在各大媒体平台上的曝光次数、报道频率等指标，来了解品牌在媒体上的曝光情况。还可以跟踪品牌在互联网上的提及次数，包括论坛、讨论、评论和社交媒体等平台上的对话情况，判断品牌是否成为网上热门话题。当品牌认知度高时，会出现更多关于品牌的讨论。品牌可使用第三方媒体监测工具来进行监测，如艾瑞咨询、易观、Mentionlytics 等。

7.4 抖音运营中的数据分析和监测指标

需要注意的是，不同的品牌会有不同的曝光度指标，具体指标需要根据品牌的特点和目标受众来定制。

第三节 品牌认知策略

品牌认知的建立和提升，需要依赖品牌产品本身因素和品牌传播，通过一定的步骤，采取清晰而巧妙的方法来实现。

一、建立和提升品牌认知的步骤

建立品牌认知度的关键在于制定清晰而巧妙的策略，以下是五个必要步骤。

（一）了解目标用户

为了更好地吸引用户，首先必须深入了解用户的痛点、喜悦、恐惧、需求、挫折、欲望和偏好。只有这样，才能有针对性地考虑如何通过品牌改善他们的生活，什么样的营销信息能够触动他们，以及如何引起他们的注意。

（二）设定品牌认知度的关键绩效指标（KPI）

一旦明确了品牌信息，需要设定关键绩效指标（KPI）来衡量品牌认知度活动是否成功，以便能够评估品牌认知度、受众参与度和品牌忠诚度等方面的表现。在互联网时代，网站访问量、社交媒体参与度、品牌搜索量、品牌提及次数等四个品牌认知度 KPI 可以评估和监测品牌认知度的表现。

（三）打造有针对性的品牌认知度推广活动

品牌认知度推广活动是指在引起用户对品牌、产品、服务和价值观产生认知的营销策略。对于市场营销人员和广告主而言，品牌认知度推广活动至关重要，因为它将引导用户进入营销漏斗的上层，经过一段时间的培养，有些用户会最终实现成功转化。如果没有品牌认知度推广活动，就无法吸引潜在用户进入营销漏斗。根据一份 2021 年的报告数据显示，近 40%的市场营销人员将 26%~50%的预算用于品牌认知度和考虑阶段的推广活动，这足以说明其重要性。

（四）多元化推广渠道

通常来讲，有几种常见的渠道可供选择，包括视频营销、社交媒体营销（有机和付费）、上下文广告以及搜索引擎营销。根据品牌定位、目标受众和预算等因素，可以选择一种或多种方式进行传播推广，提高品牌知名度并吸引潜在用户的注意力。例如在社交媒体上可以通过以下方式提升品牌知名度：让更广泛的受众通过他们的家人和朋友关系网接触到品牌；提供多种品牌体验，如图片、视频、互动讨论和促销活动；通过受众定向，将品牌信息传递给那些最有可能对品牌感兴趣的用户。

（五）跟踪和优化

对品牌认知度的投资回报进行衡量。所有营销活动都应该以成本效益为目标进行优化，包括品牌认知度活动。不同于销售额或潜在客户数量这种有具体数字的指标，追踪和优化品牌认知度更具挑战性。这是因为"认知"本质上是不可量化的，无法像统计客户数量或销售额那样进行衡量。

品牌知名度 KPI 是衡量品牌营销活动的投资回报率的基准。在启动品牌活动之前，选择要跟踪的具体指标，然后在活动结束后的一段时间内再次查看并重新评估这些指标。例如，监测视频的播放完成率可以了解观众参与度；比较不同视频的播放完成率可以帮助确定哪种类型的视频更适合品牌营销。

二、建立和提升品牌认知的策略

品牌资产建设从建立和提升品牌认知开始。目标即是建立品牌意识和知名度，帮助顾客了解品牌竞争的范围和类别，使顾客确信该品牌可以满足其需求。其目标的实现一方面依赖产品本身的因素，诸如质量、价值、用途、声誉等，另一方面又依赖营销和传播活动。

（一）品牌一致性，形成统一形象

品牌一致性是品牌认知提升的基础。Logo、字体、颜色、设计风格、气味、图案纹理或者 IP（喜茶）等品牌元素的设计传达出来的理念真正符合目标市场并受到消费者的认同，在不同渠道的使用要保持高度的一致性。在各种传播渠道上保持一致的品牌形象和声音，帮助消费者在不同场合轻松辨识品牌。通过一致的标志、色彩、语言风格等元素，品牌可以形成独特的品牌形象，让客户深刻记住品牌。品牌一致性还传递出专业性和稳定性的信息，增加客户对品牌的信赖度。

（二）加大传播，让品牌易被发现

品牌通过在平台投放付费广告，影响目标市场的消费人群，增加品牌的曝光率，也可以通过名人背书等方式增加品牌的曝光率。品牌还可以通过赞助使其与品牌产生联系、提高品牌认知和联想。

针对过去或刚刚发生的大的新闻事件进行策划，一般新闻效应较强，属于"借事造势"的低成本营销宣传方式，如：支持新疆棉，李宁把新疆棉写在标签上，坚定品牌爱国立场，正向热点。还可以设置一种互动的玩法（线上 & 线下），让消费者参与品牌活动，这能带来被动分享和传播，有可能让潜在的客户在活动中认识品牌，产生互动，并且去分享品牌。

（三）品牌合作，拓展受众群体

与其他品牌合作，发布品牌内容、产品、活动，从而获得品牌联想的杠杆作用，建立两个品牌的知名度，如喜茶和藤原浩、椰树和瑞幸等。品牌合作很大程度上可以降低产品的市场导入成本，因为两个知名品牌形象的结合能增加顾客的潜在接受意愿。跨界合作是一种强大的品牌认知提升技巧。品牌可以与其他行业的知名品牌、艺人、博主等进行合作，通过跨界合作来吸引新的受众群体。例如，在新产品推出时与时尚界的设计师合作，或与慈善组织合作推出公益活动。跨界合作不仅可以提高品牌在合作伙伴的受众群体中的认知度，还可以借助对方的资源和影响力，加速品牌认知提升的过程。

7.5 烤鱼品牌赖美丽是如何提升品牌知名度的

（四）故事讲述，打造情感共鸣

一个优秀的品牌认知提升技巧就是通过讲述真实动人的故事，与目标客户建立情感共鸣，让品牌背后的故事成为吸引人的关键因素。通过与消费者分享品牌的起源、使命以及成功案例，建立一种亲近感和信任感。消费者喜欢被激励、被感动，通过讲述故事，能够让消费者留下深刻的印象，提升品牌认知度。

（五）社交媒体营销，吸引目标受众

在数字化时代，社交媒体是品牌认知提升的重要渠道。通过精心策划的社交媒体营销活动，品牌可以迅速吸引目标受众的注意力。创造有趣、引人入胜的内容，并与受众互动，回应他们的问题和关注。此外，利用社交媒体平台的广告投放功能，精准地定位目标客户，提高品牌曝光率，加速品牌认知提升的步伐。品牌可借助用户生成内容（UGC），品牌可以增加客户对品牌的信任度。UGC 是由消费者创造的与品牌相关的内容，如用户评价、评论、照片、视频等。这些内容是真实的、可信的，对其他潜在客户产生更大影响力。品牌可以通过鼓励用户分享使用产品的经验，或参与有奖互动活动，收集用户生成内容，进而提高品牌认知和客户忠诚度。

7.6 海马爸比突围小红书

第四节　品牌类别策略

传统的品牌认知是希望消费者将品牌与某一品类联系起来，但在现代企业经营中，企业旗下有多种产品品类，如何提升这类企业的品牌认知也很重要。

一、产品品类策略

为更好地理解顾客如何在记忆中存储品牌知识，品类结构（product category structure）这一概念就显得尤为重要，即消费者在脑海中是如何组织产品类别信息的。营销人员一般会设想顾客是将产品划分为不同层级的种类，并在大脑中以层级方式组织起来。其中最高一级的是产品的类目信息，下一层是产品的类别信息，再下一层是产品的类型信息，最低一层是产品的品牌信息。以饮料市场为例。顾客首先可能将饮料区分为有味道的饮料和没有味道的饮料（如水）；其次将有味道的饮料分为不含酒精和含酒精饮料，进而将不含酒精饮料分为热饮（如咖啡）和冷饮（如牛奶、果汁、软饮料）；含酒精饮料也被进一步分为红酒、啤酒、白酒等。甚至还有更细的分类：如啤酒，可细分为无酒精啤酒、低度啤酒和高度啤酒；而高度啤酒还可再按照下面的标准细分——根据酒瓶大小、啤酒的酿造工艺（如生啤、干啤等）、价格、质量等分类。

顾客头脑中长期存在的品类层次结构会极大地影响品牌认知、品牌考虑集和品牌购买。比如，顾客经常采用自上而下的方式进行决策：先决定购买水或其他有味道的饮料，若选有味道的饮料，进而考虑是否需要含酒精的饮料，等等。最后，顾客会在感兴趣的产品品类中选择一个具体的品牌。顾客的品类结构在很大程度上会影响品牌的选择行为，比

如软饮料具有最高的品牌认知广度,因此消费者会在许多不同的消费场合中考虑软饮料。消费者可能在任何时间、任何地点考虑喝可乐。对于其他饮料,如酒、牛奶、果汁等,消费场景则相对有限。

产品层级结构同时向我们展示了品牌知晓的深度和广度。换言之,品牌不仅要成为顾客的首选,而且必须在适当的时机和场合出现。即使是品类当中的领导性品牌,也可能缺乏对品牌认知广度的考虑。对于多数品牌而言,关键的问题不是消费者能否回忆起该品牌,而是他们会在何时何地想到该品牌,以及回想时的难易度和频率。许多产品和品牌会在潜在使用情境中被消费者忽视或遗忘。对这些品牌而言,提高销量的最佳方法也许不是改变消费者的态度,而是提升品牌认知的广度,让品牌出现在更多的消费场景中,让顾客在更多场合能够想起该品牌。例如,海底捞就是通过开发多种多样的消费场景,提升了品牌被使用的频率。

二、品牌类别策略

在现代企业经营中,品牌经常包含着多个产品类别而形成一个大类别——品牌类别。一个品牌类别即一群可辨认的产品因被相同对待(使用相同品牌名称)而归属于一类。比如,好时(Hershey's)巧克力棒把品牌延伸到巧克力豆、巧克力牛奶上,就形成一个品牌类别。这个概念比起传统的"产品类别"更具有品牌资产经营的积极意义。对于拥有多种产品的品牌类别来说,该如何做好品牌策略来提升消费者的品牌认知呢?

(一)品牌类别的焦点

在品牌类别的前提条件下,品牌传播(而非产品广告)的基本原则是要使诉求信息能够代表品牌。这样有利于加强品牌的核心价值和意义的传达,有利于提高品牌的差异性,从而实现强调而非削弱品牌资产的效果。具体来说,能够代表品牌的信息包括品牌类别下产品之间的共享特征、家族类似性(没有共享特征但相互关联)和终极价值。总之,诉求的选择不能影响整个品牌的资产。

1. 共享特征

共享特征包括同样的技术、原料、颜色、式样、品质、使用对象和使用情境等。比如,好时品牌下有巧克力棒、巧克力豆、巧克力酱和巧克力牛奶等,其共享特征是由巧克力制成。贺曼旗下有贺卡、礼物包装纸、别针、圣诞节装饰品和宴会用品等,其共享特征是与礼品相关,都具有高品质。

2. 家族类似性

如果说共享特征是一个具象概念的话,那么家族类似性则是一个抽象的评价概念。在同一个品牌类别中,产品或服务可以没有共享特征但互有关联,这种现象称作"家族类似性"。比如"欢乐享受"这个类别中,大部分的产品或服务很难有共享特征,但电影、玩偶商品、卡通画册、游戏软件和主题公园等之间具有家族类似性。这就是迪士尼凭借"制造欢乐"的价值定位成功进行品牌延伸的基础。

3. 终极价值

维珍是从流行音乐的出版商和零售商发展起步的,现在已涉足航空、服装、软饮料、计算机游戏、电信运营和金融服务等领域。其成功的关键在于维珍确定了这些产品和服务的终极价值：服务品质、创新、物超所值和乐趣。而作为维珍形象代言人的公众人物理查德·布兰森成功地传达了这些终极价值。

7.7 海尔，真诚到永远！

（二）品牌类别的三种策略

为了保持品牌的识别力和资产价值，与消费者的沟通必须保持品牌的一致性表现，以塑造始终一致的品牌形象。在使用广告、包装、通路特性和产品自身等各种沟通方式的过程中，都必须以品牌的焦点为基础，强调品牌的共有价值。具体来说，有这样一些传播策略可供选择。

1. 诉求终极价值

GE 公司的广告语"我们把美好事物带进生活"（We bring good things to life）使品牌产品间的某些特性更突出、更显著，因而获得成功。飞利浦公司旗下从彩电、音响、灯泡到小家电、医疗设备等诸多产品都冠以飞利浦品牌，它察觉需要有整合性的诉求以强化品牌杠杆力，因此在全球推广"让我们做得更好"（Let's make things better）这句标识语，表达公司的技术创新能力和对顾客关系的重视。西门子家电的促销方式别具匠心，它设计了一个既符合中国人的生活条件，又体现德国家居简洁明快特点的西门子厨房，用它向追求高品位生活的中国家庭倡导一种符合中国现代生活的厨房文化。在这间厨房里，西门子洗衣机、冰箱、抽油烟机、洗碗机以典雅流畅的外形融于其中，深刻体现了西门子 150 年的文化底蕴。

农夫山泉"天然、健康"的价值主张

中国消费者对于饮料产品的消费态度，从最初的基础生理与安全需求，到健康诉求，到口感偏好，再到当下的情绪释放。与口感、情绪这种非常个性化的升级需求相比，安全和健康这两点仍然是不变的基础需求所在。对于品牌和企业而言，把有限的资源投入到不变的需求满足上，才可能获得持续的市场红利。

对于中国饮用水市场而言，纯净水曾经是健康安全的代名词，农夫山泉却打出了"天然、健康"的价值主张，先强调水源的天然属性，再强调好水的标准应该来自好水源，与纯净水的认知形成了极为鲜明的差异化。

农夫山泉围绕"天然、健康"的价值主张成功塑造了饮用水大单品和品类王者，这个塑造过程最大价值就是构建了强大的运营能力体系，这个运营能力体系又被反复应用到了其他品类中，并不断实践、积累、升级，这才是农夫山泉产品创新高成功率的真正秘密所在。

资料来源：本意策划大咖，读懂新增长，一分钟看懂农夫山泉超级产品背后的核心竞争力，有改动。

2. 诉求本质特性

并不是所有品牌特性都是同等重要的，具体而言，比较好的方式是区分哪些是本质（essential）特性，哪些是加成（contributing）特性，哪些是品牌形象的附属（accidental）特性（例如，宝马汽车品牌形象中，引擎功能佳是本质特性，造型美是加成特性，雅皮士专用则是附属特性）。对于消费者来说，最容易接受的品牌差别（目标取向），是在相关的显著特征的认知上有代表性。因此，找到品牌的一个或一组相关的本质特性并仔细加以保护是非常重要的。这样，能使品牌与旗下的产品具有一致性形象，而且明确区别于其他品牌，从而显示了品牌的意义。同时，能使延伸产品在每一个产品市场都拥有独特的定位区隔，不必再费力推广促销。因此，当品牌是一个类别的概念时，必须找出品牌的本质特性，作为传播的整体诉求依据。当然，在每一次与消费者的沟通（例如广告包装、通路特性及产品本身）中都要注意传播的一致性。

3. 使用副品牌

所谓副品牌策略，是在一个伞状品牌（主品牌）下，对各个产品打上一个子品牌（副品牌）。这样既可以借用主品牌的资产，又可以借由副品牌来标识不同产品的差异性竞争定位和个性。由于有副品牌做限定，消费者对产品的认知中不会过分地依赖原有品牌类别的意义，因此可避免因产品形象不同而对主品牌形象造成侵蚀。

7.8 茅台业绩说明会重申茅台酒商品本质属性

思考与讨论

1. 品牌认知、品牌知名度和品牌显著度之间有何关系？
2. 如何采用问卷调查方法测量品牌知名度？如何掌握品牌在网络中的曝光度？
3. 建立和提升品牌知名度的步骤是怎么样的？有哪些提升品牌知名度的策略？
4. 品牌认知和品类结构有何关系？如何提升消费者对品牌类别的认知？

第八章

理性路径

千锤万凿出深山,烈火焚烧若等闲。粉身碎骨全不怕,要留清白在人间。

——于谦《石灰吟》

学习目标

知识学习目标:
1. 了解品牌建设和提升的理性路径构成,理解这个路径的核心。
2. 了解感知质量的内涵和意义。
3. 了解感知质量的成分与构成,理解感知质量的形成机制。
4. 了解感知质量提升的策略。

能力培养目标:
1. 能辨析感知质量、客观质量和生产质量等概念。
2. 能制定感知质量提升的策略。

价值引领目标:
引导学生正确认识国家的高质量发展战略。

 导入案例

不走营销花路,至善"至本"凭实力呵护肌肤

至本是上海澄穆生物科技有限公司旗下的品牌,该公司成立于2012年。品牌的创始人非常有意思,是当年只有24岁的化工专业毕业生李俊翔,还有他的伙伴——年仅21岁的朱才彬。没错,至本就是由两位理工男创立的。本着男生务实的天性,再加上理工专业赋予的"客观求真"态度,至本被打造成一个简单朴素但又极富科学内涵的品牌。

两位创始人对科学护肤有着强烈追求,秉承科学的态度研发产品,为用户打造健康的肌肤。打开至本官网能看到这样的介绍,"坚持以科学配方及高度有效性为产品研制的出发点,传递健康的护肤理念及生活方式,努力构建人与人和人与环境互相信任的友好关系,以理性之姿,追求理想之美。"看完隐约有种在看理工结论的感觉,但又不失品牌对肌肤关怀的温度。要换作平常,一个理工男跟你谈科学配方,讲构建友好关系,你或许会没好气地打断对方,然后嫌弃地说一句:"直男!"现在站在一个女性消费者的角度,这样

的品牌介绍无疑先在文字上令人有十足的安全感和信任感。

当然，至本的实在可不单靠几句话就能维系，人家是真的实在啊。推出的第一款面霜，原材料成本就高达50%以上，一门心思都花在产品质量上了。资金基本都投在了原料上，包装设计就选择了简约风格。所以，不仅是人不可貌相，产品也不可貌相，至本对用户肌肤的关爱从不流于表面，都是从内心深处出发。到现在，至本的包装也还是没有做成花里胡哨，依旧简约为主，形成独特的品牌调性。

关注至本的微博会发现，官方经常在上面与用户进行互动。对于用户提出的每个建议都会细心采纳并改善，对于用户没有提出的问题也会提前思考，让产品尽善尽美。至本官微还会跟粉丝分享护肤知识，以及研发团队发表的相关论文，完全把官微打造成一个与用户真诚交友的社区，增强用户对品牌的信任，还能随时掌握用户反馈对产品做出改进。再看至本的淘宝客服，也是透着满满真诚。在了解顾客的情况和需求之后，如果至本没有合适的产品可以推荐，客服会善意劝退。有时候客服也会给顾客提供详细的护肤建议，完全是"一对一"精准解决问题。能够有这样的表现是因为至本对淘宝客服有一套严格培训机制，上岗之前都需要学习丰富的产品及护肤知识，向客户传递品牌团队"专业、真诚、科学"的形象。

在激烈的品牌竞争中，至本可以说是一股"清流"的存在，无论是产品力还是品牌形象，内里传递出的真诚深深打动着每一位用户。"至本相信，至善方能至美"，事实证明，不靠营销，只要有实力也能成功打造品牌。

资料来源：豹品说，不走花路，凭实力呵护肌肤，有改动。

第一节　理性路径概述

在品牌资产金字塔模型左侧倾向于建立品牌的"理性路径"，右侧建立品牌的"感性路径"（第九章详细介绍）。理性路径包括品牌功效及品牌判断，建立感知质量是理性路径的核心。

一、理性路径的构成

理性路径由品牌功效以及其引发的品牌判断构成。所谓品牌功效（brand performance），是指产品或服务满足顾客功能性需求的程度。它超越了产品组件本身的性能，还含有品牌差异化的维度。品牌功效引发消费者对品牌的判断。品牌判断主要指顾客对品牌的个人喜好和评估，涉及消费者如何将不同的品牌功效与形象结合起来以产生不同的看法。清晰地显示品牌建设与提升从建立品牌知名度（或称品牌显著度，brand salience）开始，这需要品牌告诉消费者自己是什么品牌，让消费者形成深厚的、广泛的品牌认知。

二、品牌功效

品牌功效也被称为品牌表现，是指产品或服务满足顾客功能性需要的程度。例如：在客观评估品牌质量时,该品牌是否有较好的评分?该品牌能在多大程度上满足人们对于产品或服务的实用性、美学、经济方面的需要?通常而言,强势的品牌定位同样有赖于强势的品牌表现,很少有品牌可以克服其功效缺陷而获得最终成功。品牌表现的概念超出了简单的产品原料和特色的范畴,还包括多维度的品牌差异化。以下五个方面的内容有助于我们更好理解品牌功效,以及创建品牌表现的差异化。

(一) 主要成分及辅助特色

通常,顾客对产品主要成分的性能水平持有自己的看法,如低、中、高或非常高。另外,他们还可能关注一些特殊之处,如专利、产品特色或补充主要成分的次要元素等。部分属性是产品发挥正常作用所必需的基本要素,而有些属性则属于辅助特色,使用时可以允许多样变换或者个性化定制。当然,这些属性会随着产品或服务所属品类的变化而变化。

(二) 产品可靠性、耐用性和服务便利性

可靠性(reliability)是指在不同的时点上产品所表现出来的一致性和稳定性,耐用性(durability)是指产品预期使用寿命的指标,服务便利性(serviceability)则是指顾客获得服务的便捷程度。顾客对产品表现的感知会受到一些因素的影响,如产品配送和产品安装过程中的速度、准确性以及谨慎程度,服务的及时性、礼貌度及有效性,以及维修服务的质量、时长,等等。

(三) 服务效果、效率和情感

顾客通常会对品牌的服务表现产生相关联想。服务效果(service effectiveness)反映了品牌满足顾客服务需求的程度。服务效率(service efficiency)则描述了服务的响应速度。服务同理心(service empathy)是指服务人员在顾客看来是不是值得信任的,是不是关心体贴的,以及是否时刻把自己的需求放在首位。

(四) 风格与设计

在产品的使用过程中,产品的设计首先在功能层面影响品牌表现。除了产品功能层面,顾客还可能在产品美学层面对品牌形成相关联想,如产品尺寸、形状、材料以及颜色等。顾客对品牌表现的评价也会依赖于感官层面的体验,如产品给顾客带来的视觉和触觉体验,甚至包括产品的听觉和嗅觉体验。

(五) 价格

品牌的定价策略会影响品牌在顾客头脑中的相关联想。例如,这一品牌是不是昂贵的?该品牌是否经常打折促销?大量研究表明顾客对产品的价格与品质之间的关系存有一个"刻板印象"。即高质高价、低质低价,因此,价格是顾客判断品牌表现的一个极其重要的线索。特别是当顾客无法通过某些客观指标(如产品成分)对品牌的性能进行评估时,价格就更加是一个直观的品质指示器。

综上,产品是品牌资产的核心!这是一个最为简单的原理,却也是最容易被忽略的原理。产品会极大地影响顾客对品牌的体验感,影响顾客如何向他人传播口碑信息,也影响

公司向顾客传递怎样的品牌信息。无论产品是有形商品还是服务，成功营销的前提都是为顾客设计和交付能满足其需要和欲望的产品或服务。为了建立顾客对品牌的忠诚和共鸣，营销者必须保证产品体验应至少满足顾客的期望。许多研究表明，高质量的品牌会有更好的财务绩效和更高的投资回报。

以工匠精神打造新红旗极致品质

2017 年，一汽提出了"第一品牌、第一销量"的红旗愿景，将红旗品牌定义为"中国式新高尚精致主义"，明确提出了坚持"极致标准、极致要求"的理念和打造新红旗极致品质的工作要求。针对现有产品存在的"小毛病"，集团公司成立了以邱现东副总经理挂帅的红旗质量提升团队；为抢占高端豪华品牌市场，徐留平董事长亲自挂帅抓一条主线，力争在短期内快速打造一批领先极致的红旗产品。秉持追求卓越、严谨执着的工匠精神，以极致标准、极致要求打造红旗极致品质。为此，集团公司质保部制定了红旗品牌质量方针和十大公约，同时确定了"四个一"工作方案：一个关键、一条主线、一道防线、一项工程，指导红旗质量提升工作，以客户为中心，以体系为关键，以质量责任落实为抓手，以极致品质造红旗轿车，将极致服务送红旗用户。

资料来源：郭美艳. 以工匠精神打造新红旗极致品质 [J]. 汽车工业研究，2018(10)：61-63. 有改动。

三、品牌判断

品牌判断（brand judgment）是顾客基于品牌表现与品牌形象而形成的对品牌的个人喜好与评估。顾客对品牌的判断可能有多种类型，以下四种类型格外重要：品牌质量、品牌诚信、品牌考虑集和品牌优势。

（一）品牌质量

品牌质量（brand quality）是品牌判断中最重要的一个因素。质量因素是消费者选择品牌产品的一个重要考虑，特别是对于中国消费者而言，"买品牌买的就是放心"常常成为人们选择品牌产品的理由。对中国企业而言，苦练内功，发扬工匠精神，提升品质意识，保证产品质量，依然是一门必修课。回望中国企业发展史，1985 年，海尔张瑞敏带头怒砸 76 台"问题冰箱"的经典案例在今天依然具有不过时的现实意义。

顾客对品质的判断可以是深思熟虑、理性判断后的结果，如通过对品牌各种属性（如酒店服务质量判断中的酒店的位置、房间的设计、员工的服务、酒店餐饮质量等）的叠加分析后得出的结论；也可以是快速决策后，感性感受得到的结论，例如，因为相信品牌所请的代言人而深信产品质量，或者仅仅因为产品产地是某个国家或地区而误以为品质优异。除此之外，品牌质量中既有客观质量的成分，比如为确保产品功效，品牌产品中必须含有足量的某成分；又有主观质量的成分，比如顾客会很容易认为来自法国的产品总是会带有"浪漫"的气质。总体而言，品牌质量终归是一个顾客主观感受的概念，因此营销人员需要研究顾客会通过什么角度来评价产品质量，进而有针对性地开展提升产品质量的工作。

假如品牌提供的产品是服务，那么如何评估服务产品的质量呢？比如海底捞作为服务型品牌，其服务质量如何评估呢？针对此问题，学术界已经开发出成熟的服务质量测量量表来评估服务质量，该量表围绕服务的有形性（如服务设施是否完备、员工着装是否整洁等）、服务的可靠性（企业是否可靠、准确地履行服务承诺的能力）、响应性（企业帮助顾客并提高服务水平的意愿）、保证性（员工所具备的知识、技能以及相应地表现自信的能力）和移情性（企业关心顾客并为顾客提供个性化服务的可能性）。不同类型的服务企业可根据实际情况，强化自身在上述五个方面的表现，进而提升服务质量。

（二）品牌诚信

顾客也会对品牌背后的公司或组织进行判断。品牌诚信（brand credibility）描述的是顾客认为品牌是否可靠，可以从三个线度进行判断：专业性、可信度和吸引力。其中专业性是指该品牌是否具有能力和创新性，是不是一个市场的领导者。可信度是指该品牌是否可依赖，是否会将顾客利益牢记于心。吸引力是指该品牌是否有趣，是否值得消费者在其身上花时间。换言之，品牌诚信反映了顾客是否认为品牌背后的公司或组织的工作表现优异，关心它们的顾客，并且对其有明显的喜爱。

品牌既要让顾客意识到自己有能力为其提供卓越品质的产品，又要让顾客相信自己有善意，有意愿帮助顾客完成其愿望。如果把品牌比作人，那品牌既要以"力"（能力）服人，也要以"德"（德行）服人。如果品牌只有能力而无德行，那顾客就会怀疑品牌的诚意，转投他家；如果品牌有德行却无能力，那品牌就失去了自身得以立足的基础，毕竟品牌存在的前提条件是满足用户的需求。

（三）品牌考虑集

良好的品牌形象和品牌诚信是十分重要的，但如果顾客没有真正将该品牌纳入自己的购买考虑集或使用范畴，则前面的步骤变得不再重要。品牌考虑集（brand consideration）取决于消费者认为品牌是否与个人有关，是建立品牌资产的关键过程。无论消费者把某个品牌捧得多高，或认为信誉度多好，除非人们认真地考虑该品牌并认为和自己相关，否则他们将远离该品牌，并且永远不会走近并拥有它。

品牌考虑集的概念值得营销人员深思，因为受限于人类认知能力的有限性以及自身动机水平，顾客在产生需求后，最后能够进入顾客考虑集或使用范畴的品牌个数往往只有3~5个。想想如果你想购买一瓶矿泉水，此刻你的脑海中会浮现出哪几个品牌名称？营销人员的目标是如何让自己的品牌进入该候选集合，为此营销者就需要深入顾客的"心智黑箱"，揭开自己的顾客在进行购买决策时其流程与特征是什么，进而试图找到顾客的"心智按钮"，改变其考虑集，让自己的品牌顺利地被顾客考虑，并最终购买。

（四）品牌优势

品牌优势（brand superiority）是指顾客在多大程度上认为该品牌与众不同且优于其他品牌。换言之，顾客是否相信该品牌具有其他品牌所没有的独特优势？与顾客建立紧密、积极的关系时,品牌优势起到重要作用。品牌优势在很大程度上取决于(构成品牌形象的)独特的品牌联想的数量和性质。

常言道,"人无我有,人有我优",这是品牌创建自身独特优势的基本原理。在此过程中,营销人员需要注意在传递品牌竞争优势时,应该找准核心的竞争优势,并集中营销资源在短期内撬开顾客的"心智大门",进而在顾客心中树立独特的,且能够满足其需求的形象。在现实商业世界中,营销人员的错误做法是试图将自己的所有优势(假如相对于竞争对手,品牌在多个方面有优势)一股脑儿地强行灌输给用户,比如妄想在短短的十多秒电梯楼宇视频广告中既强调自己的 A 优势,又强调 B 优势、C 优势。这样做的结果只能让用户无法得知品牌的真正优势所在,而且从记忆的角度来看,用户最终也无法清晰地记住品牌的独特点。

品牌是高质量发展的重要象征

党的二十大报告指出,高质量发展是全面建设社会主义现代化国家的首要任务,并对加快建设农业强国、制造强国、质量强国、贸易强国作出重大部署。推动高质量发展,品牌建设既是承载者,也是助推器,发挥着越来越重要的作用;同时农业强、制造强、质量强、贸易强,也要求中国品牌必须强。"十四五"规划和 2035 年远景目标纲要也明确提出,开展中国品牌创建行动,保护发展中华老字号,提升自主品牌影响力和竞争力,率先在化妆品、服装、家纺、电子产品等消费品领域培育一批高端品牌。新时代新征程对中国品牌建设提出了新的更高要求,迫切需要根据形势发展变化,聚焦高质量发展首要任务,立足自身优势,从质量、创新、文化等方面入手,倾力打造一批既有中国特色又有国际水准的中国品牌,加快建设品牌强国。

资料来源:南方日报评论员. 以品牌建设助推高质量发展 [N]. 南方日报,2023-05-11(A04). 有改动。

第二节　感知质量内涵

品牌资产源于顾客心智,源于顾客内心对品牌的有形属性(如质量、性能、品牌要素等)以及无形特征(如内涵、文化、故事等)的感知和理解。消费者对一个品牌的最基本诉求是功能卓越,只有在满足功能诉求的基础之上,才会去追求美感享受与情感体验。卓越功能的标志之一是质量上乘,顾客心目中的感知质量对品牌资产的形成重要性不言而喻。

一、感知质量的界定

感知质量(perceived quality)是什么意思?不同学者对它的定义有差异。凯文·凯勒认为,感知质量指的是消费者对一件产品或服务的总体质量或其优越性的感知,这种感知与其相关选择及想达到的目的有关。而大卫·阿克认为感知质量指的是消费者根据特定目的,与备选方案相比,对产品或服务的全面质量或优越程度的感知状况。尽管存在文字表述的差异,但可以发现凯勒和阿克都将感知质量界定为顾客对产品或服务的优越性的感知。

8.1 辨识化妆品质量"四步曲"

感知质量与几个相关概念间的差别与联系阐释如下。

(一) 感知质量与实际质量

实际质量(有时又称为"客观质量")是指产品或服务实际提供的质量。感知质量是无形的,是消费者心目中对质量的感知。实际质量和感知质量间往往存在差值,表现为如下三种情况。其一,当差值为正时,说明产品或服务的实际质量大于感知质量。这一结果并不是企业所期望的,而且会稀释品牌资产。导致这一结果的原因可能是企业在营销、公关、品牌宣传、顾客参与等方面付出的精力与努力不够。因此,公司应该在营销战略中投入更多的物力与财力,帮助消费者了解其品牌,提升对品牌的产品品质的感知。其二,当差值为零时,说明品牌的实际质量完全被消费者感知到。现实生活中旗舰店里陈列的品牌往往属于这一类。其三,当差值为负时,说明消费者对产品或服务的感知质量高于其实际质量。奢侈品品牌往往属于这一类。

(二) 感知质量与生产质量

生产质量(manufacturing quality)指的是生产出来的产品与产品说明书中的要求完全一致。这与质量管理大师朱兰所提的"零缺陷"相类似。感知质量是消费者内心对产品或服务的感知,感知质量侧重于产品在市场上获得的消费者或顾客认可与评判,因而是顾客导向的质量观。而生产质量侧重于生产的产成品与生产之前设计或质量部门对产品质量标准的契合,因而是一种制造导向的质量观。

(三) 感知质量与顾客满意度

消费者对感知质量的评估与自己对产品的期望无关。而顾客满意度(customer satisfaction)与顾客对产品的期望有关,反映的是产品期望与实际使用效果间的差值。一个消费者可以在完全没有使用某产品或服务的情况下形成对该产品或服务的质量感知,但是要形成满意度,必须实际使用该产品或服务,并在认知过程中对比使用前和使用后的心理状态。

(四) 感知质量与态度

态度是个体对某一事物的一种评价倾向,包含认知、行为与情感三个成分。而感知质量仅反映顾客对产品质量的认知部分,不包括行为和情感部分。态度往往是基于先前的接触与学习而形成的,而感知质量的形成并不一定要与先前的产品接触相关。再者,感知质量高不一定代表态度积极,尤其是当消费者并不是该品牌的忠诚用户时。

二、感知质量的意义

感知质量对公司和对消费者而言分别具有什么样的作用？根据相关学者的观点，可将感知质量的作用归纳为以下几方面。

（一）对消费者而言

感知质量对消费者的作用表现在有助于其作出购买决策和自我评价。具体而言，这作用体现在以下几方面。

1. 为消费者提供购买理由

很多时候消费者站在琳琅满目的商品前，往往感到眼花缭乱，无从选择。而感知质量会作为一种启发式捷径，帮助消费者简化"考虑集"只购买高感知质量的商品。

2. 让消费者体验到自信

关于品牌关系的最新研究发现，如果消费者钟爱的品牌使用过程中出现故障，消费者的自信心会下降。由于感知质量源于对产品可靠性、耐用性的感知，因此，消费者为了维持自信和提升自我效能会选性能可靠、耐用的产品。

3. 让消费者赢得他人的赞成和夸奖

每个人都希望赢得周围人对自己的认可，这认可很多时候源自所使用的产品或接受过的服务。试想一下，你刚从理发店出来迎面碰上一位好友或熟人，他/她对你的发型赞赏一番，你此时的感受是什么？又如，当你邀请朋来你家参加聚会，你用你新买的榨汁机给他们榨出新鲜的橙汁，你的朋友对你的榨汁机大加赞赏，此时你的感受又是怎样？想必你会体验到愉悦与自豪，你会下次继续用这款高感知质量的榨汁机来款待客人。

（二）对品牌而言

感知质量对品牌的影响力是其他任何因素无法比拟的，主要体现在下述几个方面：

1. 品牌市场定位的重要考虑因素

品牌制造差异化的营销策略的关键依据是感知质量。高感知质量的品牌往往会被投放到高端零售终端（如专卖店），而中等感知质量的品牌会被投放到中小型百货市场，低感知质量的产品则被投放到折扣店和小商店。

2. 品牌延伸的基础

品牌延伸作为一种品牌发展战略，极为常见。感知质量对于品牌延伸的作用表现在两个方面。其一，母品牌在消费者心目中的感知质量决定了其延伸的品类能走多远。感知质量越高的品牌，其能够延伸的品类与母品牌越有差异。其二，母品牌的高感知质量还为子品牌提供背书和担保。因而，母品牌的感知质量有助于消费者更快地接受子品牌。相反，如果低感知质量的母品牌过度延伸，消费者不但会降低对子品牌的评价，还会对母品牌产生负面态度，从而稀释母品牌资产。

3. 品牌联盟的重要考虑因素

如果说品牌延伸是借助品牌自身力量来自我发展壮大的话，那么品牌联盟则是借助外力来取得自我发展。不管是联盟品牌还是被联盟品牌，都希望对方在消费者心目中具有高感知质量，因为高感知质量本身就是提升品牌认知度和品牌形象的免费广告。例如，在并购 IBM 之前，联想的国际知名度较低，并购高感知质量的 IBM 后，联想并没有投入更多预算在广告上，但联想的国际知名度却显著上升。可见，公司能够从与高感知质量品牌联盟中获益。

（三）对公司而言

感知质量直接影响公司的利润、定价、市场占有率等。

1. 为公司获取溢价提供条件

感知质量是定价的前提，是提升公司绩效和利润的基础。高感知质量会为公司获取溢价提供条件，这意味着厂商可以采取高价位的策略溢价产生的额外利润用来对品牌进行再投资，比如运用到产品和技术的研究开发中不断完善和改进产品，也可以运用到品牌传播中，不断提升品牌知名度和影响力。如果厂商以竞争价格而不是溢价向顾客提供品质卓越的产品，那么，这种增值将会赢得更广泛的消费群、更高的品牌忠诚度和更实际有效的营销成果。

2. 提升渠道成员的利益

每个渠道成员（如分销商、零售商等）都喜欢为公司销售高感知质量的产品，因为高感知质量的产品能够赢得更多顾客的青睐和购买，最终会让这些零售商、分销商受益。苹果公司对其零售商的挑选极为严格，但这些零售商也会为自己被苹果公司选中而倍感自豪，其原因就是高感知质量的品牌能够为渠道成员获得收益。

3. 提升公司市场占有率

学者对感知质量与除投资回报率外的其他战略变量间的关系进行研究，发现感知质量可以提升市场占有率。将其他影响市场占有率的因素进行控制后，发现感知质量与市场占有率呈正向关系，感知质量越高，产品受消费者的欢迎度越高，品牌的市场占有率也越高。而且感知质量对成本没有不利影响。感知质量的提高可以降低次品率，进而会降低成本。

8.2 老干妈回归"原始配方"，为何顾客还不买账？

第三节 感知质量构成

感知质量是一种总体评价，是在对产品各个方面认识的基础上形成的。那么，感知质量赖以形成的基础是什么呢？或者说感知质量由哪些维度构成？对此，有许多学者都提出自己的见解。下面着重介绍一些比较有代表性的看法。

一、感知质量的构成

有形产品和服务在感知质量的构成上存在差异，因此进行分开阐述。

（一）有形产品的感知质量

哈佛大学学者大卫·加文（David Garvin）提出了产品质量七要素模型。

1. 性能

性能即产品主要属性的功能水平。例如，立白洗衣粉的主要属性——去除衣服污渍方面的表现，因此，可以根据立白洗衣粉的去污能力判断其性能。

2. 特征

特征即对产品主要属性起补充作用的次要属性。例如，立白洗衣粉的去污能力是其基本属性，这一基本属性是所有洗衣粉品牌都应该具有的。但立白洗衣粉和其竞争品牌相比独有的一个特征是快速溶于水。这一快速溶于水的特征便是特色。

3. 与说明书一致（没有次品）

这一点反映的是产品的质量合乎规格，达到近乎完美、零缺陷的程度。

4. 可靠性

可靠性即指在一段时间内产品性能的稳定性。消费者总会喜欢购买性能可靠稳定的产品，尤其是该产品在将来的某一段时间会被频繁使用时。知名品牌必须具备性能可靠和稳定的条件，性能不稳定，是配不上知名品牌的。

5. 耐用性

耐用性即指产品预期的使用寿命。对于价格昂贵、大宗量的产品（如汽车、挖土机等），顾客特别强调耐用性。越耐用的产品被感知到的质量性能越高。沃尔沃汽车以"最安全的车"著称，其耐用性是家喻户晓的。

6. 适用性

适用性即指产品的服务能力。适用性反映的是产品或服务在使用过程中让消费者感知到的方便程度，使用起来越方便的产品会被感知到服务能力越强，适用性越高。如，对于老年消费者而言，他们可能更喜欢使用带有按键的手机而非触摸屏手机，因此按键手机对老年消费者的适用性便高于触摸屏手机。

7. 适宜与完美

适宜与完美主要是从产品的风格与设计方面来阐述消费者对质量的感知。风格独特、造型优美的产品外观会让消费者体验到美感享受和精神愉悦，因而会提升对其感知质量的评价。但需要指出的是，在新产品的研发与设计中，很多设计商总是喜欢设计出全新的、完全超出消费者想象的新产品，但实际上这一举措常常以失败告终，原因是消费者无法理解这些新产品，并且会怀疑产品的性能是否可靠。可见，产品要先保证性能可靠，之后才能追求外观独特，不然会适得其反。

学者凯勒认为对上述指标所形成的信念，通常会决定消费者对该品牌产品的感知质量，进而影响到消费者对品牌的态度和购买可能性。

（二）无形服务的感知质量

帕拉舒拉曼（Parasuraman）、赞瑟姆（Zeithaml）和贝利（Berry）研究了消费者对电器修理、零售银行、长途电话、保险经纪以及信用卡等众多服务业的服务质量的感知情况,最后确定了感知服务质量的五大因素。

1. 有形性

有形性即服务场所的实际设施、设备以及服务人员的外表是否表现出高品质。新加坡航空公司提供的尽管只是一次航空飞行,但是很多乘客都会对飞机上空姐的衣服及微笑留下深刻印象。因此,人们从有形的空姐制服及微笑之中,感受到新加坡航空公司是一家高品质的航空公司。同时,很多国内的银行都会在贵宾厅中摆放鲜花、植物、沙发、书柜等以凸显家的氛围,这些有形的设施和装饰提升了消费者对银行提供的无形服务的评价。

2. 可靠性

可靠性即指服务提供商在执行服务过程中表现出的准确程度。飞机的准时起飞、会计人员对账本的准确合计等都表现出服务的可靠性。

3. 能力

能力即指在接受服务的过程中消费者对服务提供者的专业技能的感知。服务提供者的专业程度会影响顾客对其服务能力的感知。同时,服务提供者自身的自信通常也会是消费者评价其能力的一个指标。

4. 响应速度

响应速度即服务提供者的服务快捷程度。响应速度这一点对于电话咨询等行业而言非常重要,对消费者的疑问与求助进行快速的响应与解答会给消费者留下好印象,进而提升消费者的感知质量。

5. 移情能力

移情能力(empathy)是指服务提供者是否能够设身处地想顾客之所想。一个卓越的服务提供者会站在顾客的角度感受其所经历的快乐与忧伤。每个人都希望自己能够被他人理解,对于顾客而言更是如此。移情是服务五要素中对服务质量影响最大的一个因素,但同时又是最难通过培训来获得的一种能力。这是因为,有形性、可靠性、能力和响应速度可以通过标准化的培训来获得,这就使得四个因素很容易被竞争者模仿,因而它们并不是服务性企业的核心竞争力;但移情能力这一点却不能被轻易模仿,移情能力更多的是与生俱来的特征,后天难以培养。

互联网学习产品学习者感知质量因素

以学习者为中心,基于顾客感知质量理论和服务接触相关理论,对互联网学习产品学习者感知质量因素进行研究。确定了影响学习者满意的6项关键感知质量因素——响应性、可靠性、易用性、适用性(包括资源的相关性、丰富性、清晰性和适量性)、有效性和效率性。从感知满意层次来分,将这6项关键质量因素分为基本因素和增值因素两类。其中,基本因素包括适用性、有效性和可靠性,是指学习者对互联网学习产品的基本质量要求，如果基本质量因素没有得到满足，则学习者会对产品产生明显的不满意；如果得到满足，学习者充其量是不会感知不满，但离满意还有一定差距。增值因素包括响应性、易用性和效率性3项，增值因素是指会明显提升学习者满意度的特性，增值因素满足程度越高，学习者的满意度越高。在增值因素中，虽然效率性本身属于结果质量因素，但对该因素的评价实际上与很多过程因素紧密相连，如服务响应时间、功能设计是否合理、资源查找速度等。综合响应性与易用性本身也会对效率性产生影响，可知在增值因素中学习者感知的过程质量因素，特别是与效率性相关的过程质量因素，对学习者满意度的增加有重要影响。企业在进行互联网学习产品设计时，应对基本因素充分满足，对增值因素尽量实现，由此减少引起不满的因素，增加提高满意度的因素。

资料来源：宫华萍，尤建新，王岑岚. 互联网学习产品学习者感知质量因素研究 [J]. 中国远程教育，2020（03）：51-57+79+81. 有改动。

综上，服务感知质量的五因素与有形产品的感知质量七因素之间有很多相似之处，如，服务可靠性与产品质量的可靠性相对应。但与产品质量相比，服务的特点是服务由人来提供，因此人的作用会对服务质量产生更大的影响，如服务人员的响应速度、移情能力、可信程度与专业程度会直接影响到消费者对服务质量的感知和评价。目前，服务业中的一些企业（如快餐连锁店、经济型旅馆等）通过向顾客提供标准化的服务来提升感知质量，而另一些企业（如豪华酒店、餐厅等）则通过提供个性化、精益化的服务来提升感知质量。标准化的服务有助于提升消费者对服务质量五因素模型中前四个因素的感知，但是个性化服务有助于提升对移情能力的感知。因此，服务行业的不同品牌可以根据自身实际情况来确定差异化营销策略，标准化服务有助于实现规模化经营，但个性化服务更能获得顾客的品牌共鸣，从而溢价水平更高。

二、感知质量的影响因素

品牌的感知质量（简单地说就是品牌的好坏或档次）是对产品本身质量的认知，可分为两个基本方面。

（一）内在因素

内在因素是指产品具体的或物理性的资产。只有在改变产品本身时，内在属性才会发生变化，而且只有当使用产品时才会消耗内在属性，像是颜色、质感、功率等。

（二）外在因素

外在因素虽然也和产品有关，但跟产品实体无关，即使改变它们，产品实体也不会变化，如价格、品牌名称、广告表现水准及产品保证等都是品质的外在因素。

总之，感知质量是一种对于品牌无形的、整体上的感觉。消费者采用自己的方法对这两个具体要素进行选取并整理成对品质的抽象知觉要素。

三、感知质量的形成机制

感知质量的形成受到价格、品牌名称等产品外在因素直接和间接的双重影响，同时受到抽象维度的影响。抽象维度是在内在因素和外在因素的基础上形成的。所谓抽象维度，也即前面所述的感知质量的内容维度。消费者在品牌的内在、外在因素的基础上概括出具有一定抽象程度的若干维度，而后由这些维度综合形成对品牌的总体评价，即感知质量。当然，一些外在的线索如价格、品牌名称也可能直接影响消费者的感知质量判断。

内在、外在因素是感知质量的基础。依据内在因素，消费者能够对产品作出比较客观的评价。反之，依据外在因素做出的评价就比较主观。但是，在许多情况下，消费者只能利用外在因素对产品质量作出判断。这些情况包括缺乏内在因素、内在因素提供的信息不足以作出判断、消费者不愿意在质量判断上花太多的精力、消费者欲购买的产品是信誉产品（无法判断产品客观质量好坏的产品）或经验产品（即在使用或购买之前无法判断其质量好坏的产品）等。

内在、外在因素在不同情境下，作用不一样。内在因素在消费现场较为重要，因为这些线索在这种情况下容易检验。当内在因素是调查属性而非消费之后才能评价的属性，即可以在购买前检查时，内在因素也是较为重要的。但在内在因素不易得到或内在因素为非诊断属性、内在因素的评价需要太多时间或质量难以评价时，外在因素就变得很重要。

外部线索、产品知识对消费者牛奶感知质量的影响

牛奶市场历来竞争激烈，品牌繁多，且产品同质化严重，如何提升消费者感知质量，获得竞争优势成为关注重点。基于此，研究者通过研究发现：牛奶产品的外部线索确实会对消费者感知质量产生显著影响，且不同外部线索的影响程度有差异，按影响由大到小依次排序为品牌形象、认证信息、产品多样性、奶源地形象、促销。具体来说，牛奶产品品牌形象越正面，获得的认证标志越多，消费者感知质量越高；消费者购买牛奶时感知到的牛奶产品多样性越高，感知质量越高；品牌奶源地形象越好，促销活动越多，消费者感知质量越高。而广告则对消费者感知质量没有显著影响。此外，消费者自身的产品知识会正向调节品牌形象与消费者感知质量的关系。

资料来源：戴潇，张晓慧，韩樱．外部线索、产品知识对消费者牛奶感知质量的影响研究［J］．中国畜牧杂志，2017，53（06）：132-137．有改动。

第四节　感知质量提升

感知质量就像一张王牌，能帮助企业获得市场竞争优势。但是，提升产品的感知质量并不是一件容易的事，这需要企业上下共同努力，也需要顾客和其他利益相关者的共同参与。

一、设计高感知质量的传递系统

一个产品或服务在到达最终使用者（即消费者）之前要经过设计、生产、销售、配送以及支持性服务等中间环节，这些中间环节组成了一个感知质量的传递系统。每个环节都对感知质量的传递具有不可替代的作用。

如果设计部门不了解消费者的需求，那么设计出来的产品就不能赢得消费者的青睐，感知质量自然会很低。如果一线生产员工为了完成定额目标而注重数量忽视质量，当某消费者碰巧购买该次品后不仅会对产品自身给予差评，还会对整个公司给予差评。同样，如果销售人员将优质产品陈列在装修简陋、光线昏暗、凌乱不堪的环境中，那么即使产品的实际质量再高，顾客也会觉得这类产品是劣质品。如果配送人员在配送产品时并没有穿印有公司标志的服装，运货车辆也没有显示公司的标志，那么消费者会感到该公司专业能力不足，这种外围线索会进一步影响产品质量评价。如果在支持性服务（如维修）环节中公司对消费者的问题不能及时响应，这会影响消费者对公司服务能力的判断以及服务感知质量的判断。

综上，只有各个环节对质量严格把关并且全力合作，才能确保产品的感知质量大于或至少等于实际质量。

二、善用传递高感知质量的信号

仅有客观的、真实的品质是不够的，必须把其转化为消费者认知上的品质。在很多情况下，人们对品质的判断并不具备客观的标准、可靠的途径，并不依赖媒体上的信息报道。他们会借助于品牌或产品本身传递出的信息来判断。

（一）产品方面的信号

产品的属性、价格、包装、来源国等都可以成为传递高感知质量的信息。

1. 产品的属性

消费者利用产品的重要属性如性能、成分为依据来判断产品的质量，这是产品生产者容易想到的。然而，消费者也会利用一些直观的、次要的属性来判断产品的质量，这在实践中一直未能得到生产者的充分重视。

研究发现，在橙汁中，浆汁浓度与高质量有关；但在苹果汁中，浆汁浓度则与低质量有关。艾克在其著作中列举了很多例子来说明将次要属性作为质量判断的依据，如立体声喇叭规格大意味着较好的声音；洗衣粉泡沫多少意味着去污能力的强弱；清洁剂柠檬气味的大小可能意味着清洁力的强弱；超市产品新鲜度意味着整体质量；小汽车结实的关门声意味着好的工艺和结实安全的车身；新鲜的橙汁好于冷却、瓶装、冰冻和罐装的橙汁等。这些例子说明了一个事实，次要的产品属性，对消费者的产品质量判断也可能是极其重要的。

2. 产品的价格

价格是一种重要的品质暗示。在四种情形下，高价格意味着高品质。这四种情形是：消费者对商品的品质、性能除了以价格作为衡量标准外，别无其他标准可循；消费者无使用该商品的经验；消费者对其购买感到有风险时或买后感到后悔时；消费者认为各种品牌之间有品质差异时。

价格作为品质暗示与个人和产品的因素有关。如果一个人没有能力或热情去评估一件产品的品质，那么，他对价格暗示的依赖性就增大。这种暗示作用也因产品类别不同而有所差异，难以评价的产品类别更可能将价格作为品质暗示。例如，在酒、香料、耐用品等产品上，价格暗示的作用更大。

3. 产品的包装

要了解一件产品，包装是最直观的判断线索。包装与产品价格、品牌名称和生产地等因素都是消费者质量评价的外在线索。它们直接影响消费者对产品质量的认识和推论，影响着消费者购买一个品牌的可能性。正面的评价线索可能增强购买欲望，而负面的评价线索则产生相反的效果。

当今市场上有大量的包装品，消费者在购买这些产品时，一般不会事先了解清楚各种品牌的性能特点而后做出选择，他们的选择决策是在购买地当场做出的。因此在他们的质量判断和产品评价中，包装是最重要的、最明显的评价线索之一。

4. 来源国

来源国效应是指产品的生产国家这一信息对产品购买者的产品评价（或质量判断）、态度及购买意图的影响。它涉及消费者如何看待来自某个特定国家或地区的产品的问题。来源国效应的产生与来源国的形象有关。好的形象有利于消费者对产品做出有利的评价，而负面的形象对消费者的产品评价则产生不利的影响。

一般来说，来自发达国家和地区的产品易得到较高的评价，而来自发展中国家和地区的产品易得到较低的评价。即使是发达国家（如德国、美国、日本）与新兴工业化国家（如韩国），消费者的质量评价仍有差别。在产品方面不仅日常消费品存在来源国效应，在工业品方面同样存在。

（二）品牌方面的信息

品牌的名称、质量保证、广告、市场占有率等都可以成为传递高感知质量的信息。

1. 品牌名称

不同的品牌名称通常有不同的意思，特别是知名品牌名称与不知名品牌名称，意义差别更大。这种差别会造成产品主观质量的不同，尽管它们的客观质量可能没有明显的差别。在许多研究中，品牌名称被证明是顾客判断产品质量的关键线索，或者说，消费者在很大程度上依赖于品牌名称来推断产品质量。品牌名称对主观质量的影响，跟它隐含着产品的内在属性有关。例如，在美国人看来，象牙（香皂）意味着"白色""漂浮""纯洁"；联邦快运意味着"快速""准时""可靠"。因此当向消费者提到这些品牌名称时，相关的属性就出现在脑海里，于是质量判断也就不再困难了。

由此可见，品牌名称是影响主观质量判断的重要因素。因此，为了发挥品牌名称的作用，一方面要注意品牌的信誉，提高和保持它们的知名度和美誉度。另一方面，在新产品的市场导入时，要注意利用已有的知名品牌进行品牌延伸。利用品牌名称的另一种方法是借用联盟品牌的名字。研究发现，在评价不可观察属性的产品时，当该品牌与难以逃过消费者检查的第二个知名品牌联合时，消费者对产品的质量评价提高了。

2. 品牌质量保证

许多研究者都认为，提供质量担保是质量的一个信号，因为消费者会做出如下推论，如果卖主的产品质量差，那么提供担保就是愚蠢的事。

有人研究了熟悉自行车的人和不熟悉自行车的人对知名和不知名品牌自行车的评价。自行车或提供 2 年担保，或提供 20 年担保。研究发现，消费者一致认为，在他们的产品质量决策中，担保比品牌名称更为重要。担保的时间长度与产品主观质量有正相关性，对知名和不知名品牌均如此。对不知名品牌来说，当担保时间长度从 2 年增加到 20 年时，不熟悉自行车的人认为产品质量有显著的提高。当然，对知名产品来说，不熟悉自行车的人认为两种担保质量几乎没有差别。该研究结果说明，当消费者不太了解产品和品牌不知名时，担保时间长度是产品质量判断的重要线索。可见对质量有信心的产品提供担保，并尽可能延长担保时间，有助于提高消费者对产品的主观质量判断。

一张具有实际意义的保证书能够给品质提供可信的支持。关键是保证书本身不能做得很粗糙，让顾客感到这只是客套而已。一份有效的保证书应该做到：它是无条件的、易懂的、易执行的、有实际意义的。

3. 品牌广告

从理论上说，广告占位的大小、广告重复的程度、广告投入的多少与产品的品质没有必然的关系。但是在缺乏其他信息的情况下，广告会成为消费者推断产品质量的依据。研究证实，力度大的广告会改善经验产品（购买使用后才能判断质量的产品）的主观质量。如果品牌甲的广告次数多于品牌乙，那么消费者就会推论，品牌甲较为知名，所以它必定较流行，而且可能较好。科曼尼认为，消费者会从广告重复程度来推断不熟悉的品牌的质量。由于消费者将重复看作是昂贵的，并认为能够支付高昂的广告费用反映了制造商致力于产品，因而将产品高质量与高水平重复联系起来。然而，极端高水平的重复，消费者可能又会感到广告费用投入过多，并开始怀疑制造商对产品质量的信心，这就导致随着广告费用投入的增加，消费者对品牌质量判断降低的现象。因而，产品质量知觉与广告重复呈现倒 U 形曲线关系。

根据上述研究结果，可以认为，提高主观质量的另一个方法就是广告支持。真正做到广告支持要注意：第一，要让消费者时常感觉到你的品牌的广告，不要因为产品销路好就放弃广告；第二，要让消费者感觉到你的品牌的广告量超过竞争对手；第三，在印刷媒体和户外媒体上，广告面积或体积要适当，不要太小，太小的广告会被消费者认为实力不足，也不宜过大，因为大的广告容易让消费者觉得广告投入过大。

4. 品牌市场占有率

消费者除了将价格作为质量的信号，还常注意产品销售的数量，即消费者会利用占有率作为质量的信号。也就是说，消费者可能利用一个品牌的市场占有率来判断产品的质量。那么占有率的高（低）是否也意味着品牌主观质量的高（低）呢？

研究认为，在判断产品质量时，消费者可能受其他顾客的购买行为的影响。其他购买行为的指标之一就是市场占有率。市场占有率影响主观质量的机制有三。第一，网络外化（network externalities）。网络外化可以用社交软件的例子来说明。即社交软件的作用依赖于使用同一社交软件的其他人的数量，使用人多了促进质量改善。第二，信号化（signaling）。广泛使用或流行除了改变品牌的客观质量，也会通过充当线索或信号影响主观质量。第三，质量的功能属性（quality function attribute）。网络外化和信号化是间接的影响，但市场占有率也可能有直接的影响。当消费者从利用一个流行（排他）品牌获得心理和情绪的价值时，市场占有率就变成其质量功能方面的一个属性。高市场占有率所反映的广泛使用，也可能对质量产生负面的影响，减少产品的排他形象。

可见，市场占有率作为主观质量的判断线索，也许会因产品、消费者不同而对主观质量产生不同的影响。在市场的低端，高的市场占有率可能起到提高品牌主观质量的作用，消费者会推测，既然许多人都在用，质量可能不会差；相反，在市场的高端，高的占有率反而会损害品牌的主观质量，消费者会推测，既然大家都在使用，那么肯定品质不高，否则许多人就买不起。

8.3 不同类型企业质量信号选择比较

三、实施后营销战略

后营销（after-marketing）是指在顾客购买行为发生之后出现的公司营销活动。这种营销战略是营销界的一种新趋势，出现的背景是传统的营销者们将过多的注意力放在购买前的促销、广告、公关等活动上，对购买后消费者对产品的实际体验关注很少。因此后营销战略旨在加深消费者对品牌的体验，以促使重复购买。

（一）制定用户手册

许多产品的操作手册是人们事后才想到的，是由工程师们拼凑起来的，用的是专业词汇，这就使消费者在初次使用产品时体验到受挫感。同时，即使消费者通过操作手册掌握了产品基本操作技能，但对于产品的性能与特色（如苹果手机中的新功能），消费者可能并不完全理解如何操作，而这些特色与性能恰是苹果相对于竞争者的最大优势。因此，制作简单明了、易于掌握和操作的用户手册则显得极为必要。

（二）与消费者建立关系以延长产品生命周期

即使一款产品尚能使用，很多消费者还是喜欢购买配置更新、功能更全、外观更美观的替代品。如何减少品牌转换，维持品牌忠诚是经理人和分销商共同关心的话题。品牌拟人化方面的研究发现，通过强化消费者与他们正在使用的品牌之间的关联可以增加品牌忠诚。例如，让消费者将一辆使用了数年的车联想成自己的一位亲密伙伴，便可以增加消费者与车之间的情感联结，进而减少转换购买新品牌车的可能性。

（三）销售互补性产品

很多时候，消费者喜欢购买配套产品以备将来之需。惠普打印机似乎意识到了这一点，这就使得惠普的大部分收入并非源于打印机本身的销售，而是后营销项目——互补性产品的销售，如喷墨盒、激光打印机的硒鼓以及打印机专用的纸张等。销售互补性的产品除了提升利润外，另一好处是加深消费者对产品提供者的印象并获得好评。

8.4 京东的品质不是刷出来的

思考与讨论

1. 建设和提升品牌的理性路径是哪些元素构成的？为什么说感知质量是这条路径的核心？
2. 感知质量和客观质量、生产质量有何关系？感知质量对品牌建设和提升有何价值？
3. 感知质量的成分与构成有哪些？感知质量的形成机制是什么样的？
4. 感知质量的提升策略有哪些？如何利用好质量信号提升感知价值？

第九章

感性路径

知之者不如好之者，好之者不如乐之者。

——《论语·雍也》

学习目标

知识学习目标：
1. 了解品牌建设和提升的感性路径构成，理解这个路径的核心。
2. 了解品牌形象的内涵、构成和塑造策略。
3. 了解品牌联想的内涵及创造手段。
4. 了解品牌个性的内涵、维度及塑造，熟悉品牌原型的类型。

能力培养目标：
1. 能辨析品牌形象与品牌联想、品牌个性与品牌原型等概念。
2. 能制定品牌形象塑造的策略与方案。

价值引领目标：
引导学生内外兼修，全面提升自身素质。

 导入案例

"花知晓"从冷门品牌到全网刷屏，是如何营销的？

作为美妆领域的"后进生"，花知晓却在同质化的赛道中，以一种极致化的"少女心"打法，推出一系列令人瞳孔放大的产品，诠释着彩妆的另一种可能。

一、新锐的竞争策略独树一帜的品牌名片"少女心"

从花知晓的定位来看，品牌的客户画像十分清晰：第一类是泛二次元的圈层用户，包装对他们的吸引力十足。第二类是彩妆市场新增人群，学生党以及初次接触美妆的小白，他们的经济基础相对薄弱，没有固定的消费喜好，也同样容易被产品的颜值吸引。

二、新兴的网络策略仔细打磨网络营销获客渠道

营销获客上，花知晓的线上思路是官方社媒涨粉沉淀私域流量，达人测评+素人使用积攒产品的口碑并触达更多的种子用户。花知晓布局 Instagram、TikTok 和 Twitter，每轮上新的投放最后都会转化到 Instagram 上，积累粉丝沉淀，增进消费者黏性和信任度。

品牌出海营销同样可以通过这些达人进行营销，2021年，花知晓直接整了个大动作——把海外线下第一站开在了日本！花知晓在日本市场遇到的第一个挑战，竟是信任度的问题——日本市场对国货彩妆品牌不够信任。花知晓选择从线上渠道切入，抓住日本流行的"中国妆"时尚，并牢牢与之捆绑在一起，在社媒获得了热烈的反馈，但也收到了很多质疑的声音——其中日本消费者最关心的是，中国生产的化妆品是否安全。于是，花知晓后期开始合作日本线下的美妆集合店，打通线下渠道，在线上也开始合作日本本土KOL进行背书。2021年6月宣布日本女歌手宫胁咲良担任亚洲品牌大使，让消费者在线上被种草后可以迅速到线下店试用购买拔草。花知晓还被日本少女最爱的杂志之一《Popteen》评选为日本女高中生最爱的彩妆品牌，泰迪熊口红更是连续一周霸榜亚马逊口红销售日榜TOP1。

无论是在日本或是国内，花知晓都以非常强的"视觉语言"去做投放，花知晓的产品放在社媒上，就是跟所有人不一样。日本的消费者喜欢有差异化的产品，有时即便消费者不知道品牌是什么，但是因为产品有差异化，他们也会喜欢，也会购买。花知晓选择视觉，是因为视觉是最容易体现的，它不需要教育，不需要翻译，不需要体察内在文化。

资料来源：海玛-Ocean，日本少女最爱?！"花知晓"从冷门品牌到全网刷屏，是如何营销的？有改动。

第一节 感性路径构成

俗话说："晓之以理，动之以情。"如果说理性路径是"晓之以理"，那么感性路径就是"动之以情"。在凯勒的品牌资产金字塔模型中，感性路径是品牌形象及其带来的品牌感受。品牌形象（brand image）是指人们如何从意象而非现实的角度理解一个品牌，更多是与无形要素相关。品牌感受（brand feeling）指消费者在情感上对品牌的反应。品牌感受与品牌判断是不同的评价机制。

一、品牌形象

品牌形象又称为品牌意象，最重要的四类品牌形象有用户形象、购买及使用情境、品牌个性与价值，以及品牌历史、传统与经验。

（一）用户形象

用户形象又称用户画像，是指品牌的使用者（个人或组织）形成了一类品牌形象联想。人们可能把典型或理想用户的联想建立在人口统计因素（性别、年龄、收入等）或抽象的心理因素（生活态度、对社会问题的态度等）基础之上。

（二）购买及使用情境

这类联想指人们能或应该在何种情况下购买并使用该品牌。特定使用情境的品牌联想与使用该品牌的时间、地点、在何种活动（正式或非正式）中使用有关。

（三）品牌个性与价值

品牌个性的创造是一个高度精细的创意传播工程。为了使品牌个性凸显、鲜明，必须整体掌握并细致运用驱动品牌个性的多种因素。这些因素大体上分为与产品相关的因素和与产品无关的因素两类。

（四）品牌历史、传统与经验

关于品牌历史及一些特定的重要事件易引发品牌联想，这些联想可能是完全个人的或是许多人共有的。它们带来的益处是创建强烈的差异点，以及产生更为具体的品牌用户形象。

品牌形象构成要素：德才兼备

简单来说品牌形象就包括两个方面，一个是德，一个是才。所谓德主要指社会责任，就是人家觉得您是个好人；所谓才主要指产品和服务质量过硬，就是人家觉得您是个能人。如果您既是好人，又是能人，大家会不会愿意跟您交往呢？做品牌也是一样的道理。这一点西方学者有研究，说品牌形象包括两个方面，一个是温暖的，一个是有能力的，他们认为非营利组织给人感觉更加温暖，而营利组织给人感觉更加有能力。其实，我想说的是，德和才并不是相互排斥的，在品牌塑造的过程中，好人和能人是可以兼容的。

资料来源：王新刚．品牌管理［M］．北京：机械工业出版社，2020．有改动。

二、品牌感受

品牌感受是指顾客对品牌的情感响应。品牌感受也和品牌所引起的社会流行相关。例如，品牌的市场营销活动会激发出什么样的感受？品牌如何影响消费者对于他们自身的感觉，又如何影响他们对于自己人际关系的感觉？上述感受可能轻微，也可能很强烈；可能正面，也可能负面。萨奇公司（Saatchi& Saatchi）的专家凯文·罗伯（Kevin Roberts）认为，公司必须超越品牌并创造出"信任标识"，即将消费者与公司相联结的情感符号最终需要上升为"爱的印记"。他认为，品牌被消费者尊重还远远不够。当今，几乎所有事情都和爱与尊重相关。你可以用喜爱或尊重描绘任何一段和他人或者和品牌的关系。在过去，受到越多尊重的品牌会获胜。然而，现在变为拥有消费者更多喜爱的品牌获胜。

品牌感受主要包括六种类型：温暖感、乐趣感、兴奋感、安全感、社会认同感以及自尊感。前三种类型的感受是即时的和体验性的，其强度会不断增加；后三种类型的感受是持久性的和私人的，其重要性会不断增加。

9.1 方太：温暖人心的一蔬烟火气息

（一）温暖感

品牌给人舒缓的感受，让消费者有平和之感。消费者可能对品牌怀有柔情、温情或者珍爱的感受。例如，波司登就充分体现了温暖感，将爱充分体现，巧妙地将包装袋变成心意表达的窗口，向消费者征集大量的暖心告白话语。

（二）乐趣感

乐观向上的情绪让消费者感到有趣、轻松、欢乐和好玩儿。有着独特卡通形象和主题公园的迪士尼品牌通常引起人们有趣的联想。

（三）兴奋感

品牌使消费者感受到活力四射，并且让他们有了特殊的体验。能够唤起人们兴奋感的品牌也能创造出欢欣雀跃、生机勃勃、性感或酷炫的感觉。在很多年轻人看来，抖音是个充满活力、令人兴奋的品牌。

（四）安全感

品牌可以创造出安全、舒适和自信的感觉。通过使用该品牌，消费者不再有以往的不安等负面感受。中国平安保险及其"买保险就是买平安"的广告宣传，能给许多用户传递安全感。

（五）社会认同感

品牌给予了消费者十足的信心——消费者会感受到社会中其他人对于自身外表和行为的认同。这种认同可能源于对消费者使用的品牌的确信，也可能源于该产品的使用体验。对于老一代消费者而言，奔驰一度被视为能产生社会认同感的品牌。

（六）自尊感

品牌能让消费者感受到更好的自己。消费者通过品牌会产生一种自豪感或成就感。例如，超能洗衣液之类的品牌，对于多数家庭主妇而言，就是带来"超能"自豪感的品牌。

第二节　品牌形象

恰到好处的品牌形象是企业的重要资源。品牌形象概念风靡于 20 世纪 60 年代，至今依然活跃于市场营销领域，成为品牌经营的通俗代号。

一、品牌形象概述

（一）品牌形象的定义

"品牌形象"一词自 20 世纪 50 年代就被提出，随着实践和研究的深入，人们对品牌形象的认识不断深化，但是至今仍未形成统一的定义。20世纪50年代，大卫·奥格威在帮助客户策划广告时发现，寻找产品的独特的销售主张（USP）越来越难，在产品同质化程度越来越高的背景下描绘品牌形象要比强调产品的具体功能特征更重要。大卫·奥格威因此提出了品牌形象（brand image）的概念，主张每个广告都是对品牌形象的长期投资，企业可以通过树立特别的品牌形象来达到营销目标。品牌形象的概念被提出以后随着研究的深入，很多学者对品牌形象进行了定义。这些定义可以分为以下两大类。

1. 强调心理要素的定义

很多学者运用心理学的术语对品牌形象进行定义，如联想、知觉、态度、情绪等。这种基于消费者心理要素定义品牌形象的做法在研究中一直处于主流地位，特别是20世纪90年代以来，越来越多的学者把品牌形象看作消费者记忆中有关品牌的联想或知觉。这类观点中比较有代表性的定义包括：列维（Levy）认为，品牌形象是存在于人们心智中的图像和概念的群集，是关于品牌知识和对品牌的主要态度的总和。贝尔（Biel）认为品牌形象是消费者头脑中与某个品牌相联系的属性集合和相关联想，是消费者对品牌的主观反映。罗子明认为品牌形象是品牌构成要素在人们心理上的综合反映。范秀成等认为，品牌形象是消费者对品牌的总体感知和看法。

2. 强调其他角度的定义

除了强调心理要素的定义之外，品牌形象还有强调其他角度的定义。第一，强调意义的定义。比如诺特（Noth）认为，对于消费者而言，产品或品牌所代表的意义就是品牌的形象。第二，强调自我意义的定义。比如菲拉特和文卡特希（Firat and Venkatesh）、科瓦（Cova）、金（Kim）、米那格汉（Meenaghan）、利特温和卡尔（Litvin and Kar）以及贾马勒和古德（Jamal and Goode）等学者在讨论品牌形象时，强调的是品牌作为一种象征或符号所代表或传递的与消费者自我形象概念相关的意义。第三，强调个性的定义。还有少数学者将品牌形象完全等同于个性形象或人格特质，比如马蒂诺（Martineau）简单、含糊地将品牌形象定义为"购买者个性的象征"。

综上所述，由于基于消费者心理要素的定义在品牌形象的定义中占据主流地位，因此，品牌形象指的是消费者对品牌的总体感知或所有联想的集合。

（二）品牌形象的特点

品牌形象的特征主要包括多维组合性、复杂多样性、相对稳定性、可塑性和情景性等五个方面。

1. 多维组合性

多维组合性是指品牌形象不是由单维或两三个指标所构成的，而是由多种特性组成的并受其影响。品牌形象是品牌内涵与外在表现的综合，具有多维组合性。一方面，它需要以品牌个性、品牌文化等为核心作为内涵；另一方面，它需要依托品牌的外在表现形式作用于消费者。

2. 复杂多样性

复杂多样性是指由于企业及其产品覆盖率的差异、产品信息传播效果的差异以及消费者特点的差异等因素造成的消费者对企业和产品的认知、理解及使用情况的差异。因此，品牌形象在不同时间、不同地点呈现出复杂多样性的特征。

3. 相对稳定性

相对稳定性是指品牌形象在一段时期内会保持稳定。符合消费者愿望的企业理念、良好的产品品质和优质的服务等因素，都是品牌形象保持稳定的必要条件。优秀的品牌能赢得消费者长期的喜爱，能够使其品牌形象保持得更长久、更稳定。例如，可口可乐充满活力的品牌形象、苹果创新无止境的形象等。

4. 可塑性

可塑性是指企业通过努力，可以按照自己的意图建立品牌形象，改造原有的品牌形象、增加品牌内涵的新特征，甚至重塑品牌形象。品牌管理的目标就是在消费者心目中塑造企业需要的形象。

5. 情景性

情景性是指在特定条件下，不管是重大事件还是细微事件，品牌形象都可能迅速发生改变。虽然建立品牌形象必须具备强有力的客观基础，如长期稳定的企业规模、产品质量以及标准化、系统化的服务体系等，但是由于人的心理具有流动性与复杂性等特征，消费者在周围环境的影响下会产生心理波动，导致品牌形象也随之发生变化。个别消费者的心理变化可能使品牌形象出现轻微波动，但总体上是稳定的；而消费者普遍的心理波动，则可能会导致品牌形象的重大变化。

二、品牌形象的构成

关于品牌形象的构成，学者一直持不同的观点。其中，帕克（Park）等人、凯文·莱恩·凯勒、亚历山大·贝尔和大卫·阿克的观点比较具有代表性。

（一）帕克等人的品牌形象模型

从严格意义上讲，帕克等人构建的理论模型并不是品牌形象模型，而是品牌概念形象管理模型，但他们率先提出将品牌概念和形象区分为功能性、象征性和体验性三种。其中，功能性品牌用来满足消费者的功能性需求，即与消费相关的需求；象征性品牌用来满足消费者的象征性需求，即自我提升、角色定位、群体成员身份或自我认同需求；体验性品牌用来满足消费者的体验性需求，即对刺激或多样性的需求。

虽然帕克等人建议企业应该从这三种品牌概念中选择一种（而不是同时选择两种或全部），并通过长期坚持来建立品牌优势，但现实中有大量的品牌（包括一些强势品牌）同时选择了两种或三种概念，而且消费者所感知的品牌形象也并不都是"非此即彼"的。因此，功能、象征和体验实际上可以被看作品牌形象的三个构成维度。

（二）凯勒的品牌形象模型

凯勒认为，品牌形象是消费者在记忆中对某个品牌的感知，可以通过品牌联想反映出来。具体来说，品牌形象可以认为是由品牌联想的类型、偏爱、强度以及品牌的独特性共四个方面构成的。其中，凯勒将品牌联想分为属性联想、利益联想和态度联想三种。

(三) 贝尔的品牌形象模型

有些学者进一步认为，产品层面的形象不能完整地反映出品牌的形象全貌，因此需要将品牌形象从产品层面延伸到公司、使用者和产品或服务形象。因此，贝尔把品牌形象分为公司形象、使用者形象和产品或服务形象三个构成维度，公司形象的构成要素主要包括革新性、历史延续性（如企业的历史、规模、实力等）和社会营销意识以及给消费者的信赖感等；使用者形象指品牌使用者的人口统计特征、个性、价值观和生活方式等；产品或服务形象包括与产品或服务本身功能或所带来的利益特征对应的品牌特性等。其中每个维度都由"硬"属性和"软"属性两方面的联想组成。硬属性是指有形或功能性属性，比如公司的历史、服务和拥有的技术，使用者的年龄、职业和友善程度，产品的技术、性能和配套服务等；软属性则是指品牌的情感特性，比如刺激、值得信赖、快乐、愚钝、阳刚和创新等。硬属性不再是形成品牌差异的绝对因素；相反，软属性已经成为区分品牌越来越重要的因素。

(四) 大卫·阿克的品牌形象模型

大卫·阿克于1991年提出的品牌资产模型和1996年提出的品牌身份系统模型都涉及品牌形象维度的区分。

1. 品牌资产模型

在品牌资产模型中，大卫·阿克把品牌形象定义为围绕某一品牌建立起来的一系列联想，分为产品品质、无形特征、消费者利益、相对价格、用途、使用者、社会名流与普通人、生活方式与个性、产品类别、竞争对手以及国家或地区共11种类型。这些不同的品牌联想类型分别构成了品牌形象的不同维度。

2. 品牌身份系统模型

在品牌身份系统模型中，大卫·阿克将品牌身份和品牌形象看作同一事物的两个方面：品牌形象反映消费者对品牌的当前感受，而品牌身份则反映战略制定者希望消费者产生的与品牌相关的感受。因此，他在该模型中提出"品牌作为产品"（品牌价值）、"品牌作为组织"（组织联想）、"品牌作为个人"（品牌个性）和"品牌作为象征符号"四个品牌身份的维度，这四个维度同样可以被当作构成品牌形象的四个维度。

三、品牌形象的塑造

(一) 品牌形象的塑造原则

1. 独特性

品牌形象的塑造首先要符合独特性的原则。首先，树立独特的品牌形象有助于与竞争品牌形成差别。其次，在海量纷繁复杂的信息中，独特的品牌形象有助于吸引消费者的注意力。最后，独特的品牌形象还有利于品牌个性的形成。帮助品牌获得消费者的青睐，并且带来相应的品牌溢价和品牌忠诚。

2. 系统性

品牌形象的塑造是一项系统性的工程，涉及品牌的符号形象、产品或服务形象、个性形象、企业形象等四个维度，因此要进行系统的策划和设计。

3. 长期性

品牌形象的塑造是一项长期的工作，不可能在短时间内完成，而且任何危机的不当处理都有可能给品牌形象带来负面甚至毁灭性的影响。只有持之以恒地投入和维护，才能够保持积极的、相对稳定的品牌形象。

（二）品牌形象的塑造过程

品牌形象塑造的过程可依次分为市场调查与分析、品牌形象设计、品牌形象传播、品牌形象维护和重塑。确定品牌形象塑造的过程，并使工作按规则展开，有利于品牌形象的树立。

1. 市场调查与分析

市场调查与分析是开展一切营销活动的前提，品牌形象的塑造需要建立在对品牌全面、客观认识的基础之上。在对品牌形象进行设计之前，需要对包括品牌的目标市场竞争者、企业自身情况等在内的各方面内容进行缜密的调查和分析。

2. 品牌形象设计

由于品牌身份是企业希望品牌达到的状态，代表"企业希望品牌是什么"，而品牌形象是品牌在消费者心目中的感知，是"消费者觉得品牌是什么"，所以在品牌管理中品牌形象的塑造应该从品牌身份系统的建设开始。根据大卫·阿克的品牌身份系统理论，品牌的象征符号、产品或服务、个性、企业形象是消费者识别品牌的四个角度。因此，品牌管理者应该将品牌的符号形象、产品或服务形象、个性形象、企业形象的管理纳入品牌形象的管理框架之中，以塑造出完整的品牌形象。

9.2 Adobe公司"融民族性"表达的案例分析

3. 品牌形象传播

品牌形象是消费者对品牌的总体感知或所有联想的集合，品牌的象征符号、产品或服务、个性、企业形象等品牌要素只有在经过传播并且被消费者接受后，才能在消费者心目中形成相应的品牌形象。

为了塑造统一的品牌形象，只有向受众传递一致的品牌信息，才不会导致品牌形象的混乱。因此，品牌形象的传播要秉承整合营销传播的思想——"发出一个声音，树立一种形象"，围绕着品牌的核心价值，通过对品牌接触点的管理，发展传播沟通策略，表达和传递企业希望塑造的品牌形象。

4. 品牌形象维护和重塑

品牌形象的塑造是一项长期的工作，需要持之以恒地投入和维护。当企业战略或市场环境发生改变的时候，有时候需要对品牌形象进行重塑。

（1）品牌形象的维护。品牌形象的维护包括日常维护和突发状态下的维护。日常维护指的是在保持品牌的核心价值不发生改变的前提下维护好品牌形象。日常维护的具体内容包括保证产品或服务质量、不断创新、诚信经营等。突发状态下的维护指的是发生品牌危机时对品牌形象的挽回处理,这时需要遵循品牌危机处理的原则,尽量将对品牌形象的损害降到最低并进行弥补。

(2) 品牌形象的测量。为了让品牌维护更加有的放矢,可以对品牌形象进行测量,看企业期望的品牌形象与实际的品牌表现之间是否存在差距,以便后续管理的跟进。品牌形象的测量有许多方法和技术,包括投射技术、焦点小组等定性测量方法,以及属性评分量表、品牌个性量表等定量测量方法,但关于哪一种方法最有效目前尚无定论。可以以大卫·阿克的品牌身份系统模型为基础,建立起品牌形象的测评模型和指标体系,对品牌形象进行测量。

(3) 品牌形象的重塑。品牌形象的重塑需要对目标市场、竞争者和企业自身的情况重新进行审视和分析,特别是需要对品牌的当前形象进行测量,以准确、清晰地掌握当前的品牌形象,为下一步品牌的重新定位、形象设计和传播等工作提供决策依据。必须经过相当长一段时间的整合营销传播,才能够抹去目标市场对原先品牌形象的记忆,巩固新的品牌形象。李宁品牌在确定利用传统文化认同重塑品牌形象之后,不仅组合使用了广告、公关关系等传统的品牌传播手段,而且重点使用了社会化媒体营销、内容营销、网络口碑等品牌传播策略,才使得李宁告别以往的品牌形象,成功地塑造了新的品牌形象,一跃成为国潮的引领者,品牌影响力在国产服装品牌中位居前列。

(三) 品牌形象塑造策略选择和制定

品牌形象是一种感觉、气氛、精神和风格。但它不是华而不实的,而是通过产品或服务的商标、包装等视觉系统呈现,无处不在的,需要战略制定者加以充分挖掘。在竞争激烈的行业,产品功能的差别越来越小,单纯依靠宣传其功能已经难以独树一帜,此时企业应当从更广泛的意义上去挖掘并赋予品牌鲜明的风格。通常有以下几种策略可供选择。

1. 情感导入策略

品牌不是冷冰冰的牌子,它特有的思想、个性和表现力是联通企业与消费者的桥梁。情感是人们心中最柔软的部分,动之以情是品牌经营的法宝之一。如果品牌能在消费者心中而不是大脑里占据一席之地,那么这个品牌形象的塑造就是成功的。

2. 专业权威形象策略

专业权威形象策略是一种极具扩张性、竞争性和飞跃性的形象策略,一般为处于行业领先地位的企业所青睐,用以突出该品牌的权威性,提高消费者的信任度。例如,宝洁公司惯用此举进行品牌形象塑造。在牙膏产品"佳洁士"系列的广告中,二位中年牙科教授的形象多次出现,通过向小朋友讲解护齿知识,来肯定"佳洁士"牙膏不磨损牙齿并能有效防止蛀牙的效果。

3. 心理定位策略

科特勒认为,人们的消费行为分为三阶段:第一阶段是量的消费;第二阶段是质的消费;第三阶段是感性消费。随着现代社会商品的极大丰富,消费者更加注重商品的定位和品位,日益看重商品之于自我的情感因素,更加需要心理满足,而不仅是量和质的满足。

企业应该顺应这种变化，巧妙运用心理定位策略，塑造良好的品牌形象。

4. 文化导入策略

品牌文化是企业及其产品的品牌形象综合体，是在历史传统基础上形成的。品牌文化是企业文化的核心，可以提升品牌形象，为品牌带来高附加值。品牌形象所具有的感性色彩决定了文化是品牌构成的重要因素。品牌本身就是一种文化，凝聚着深厚的文化积累。在品牌中导入文化因素，可以使品牌形象更加丰满、更有品位、更具特色。

5. 质量管理策略

影响品牌形象的因素很多，包括产品品质、功能、价格、安全性和创造性等。其中，最基本的还是产品的质量。海尔、格力等知名品牌的成功，关键就在于消费者对其品牌质量的充分信任。

6. 形象代言人策略

此处的形象代言人是指为实现企业或组织的营利性目标而进行信息传播的特定人员。适当地运用形象代言人策略，能够扩大品牌知名度和认知度，拉近产品与消费者的距离。消费者对代言人的喜爱可能会促成购买行为的发生，建立起品牌美誉度和忠诚度。

第三节　品牌联想

品牌形象实质上是一系列联想的集合体，强势品牌总能引发消费者的丰富联想。感性路径策略的核心是创造积极的品牌联想。

一、品牌联想的内涵

（一）品牌联想的概念

品牌联想即消费者看到一特定品牌时，从他的记忆中所能被引发出对该品牌的任何想法，包括感觉、经验、评价、品牌定位等。比如在看到华为这个品牌时，消费者的脑海中就会联想到中国文化、中国制造、手机、高科技产品、爱国等；当看到安踏这个品牌时，消费者就会联想到运动鞋、跑步、休闲；当看到格力品牌时，消费者就会联想到董明珠，会联想到高质量的产品、空调、家居、售后服务等。品牌联想需要结合消费者的经验进行，如此才可保证反映出消费者的认知和想法，也能够在一定程度上反映和预测未来消费者的消费倾向。品牌联想是一个联想网络模型，是一种网络结构，主要包括节点和连接点几个部分，具有不同的形态和内容，主要包括文字的联想、视觉的联想、抽象的联想及背景的联想。上述各个不同的来源，均可能在消费者的心中树立起根深蒂固的品牌形象，进而影响消费者对该品牌产品的购买决策。

（二）品牌联想的形态

Keller 以不同的品牌联想构面来衡量品牌形象，将品牌联想的内涵分为三种形态。

1. 属性（attributes）联想

属性联想是关于产品或服务的描述性特征。属性联想又分为"与产品有关"以及"与产品无关"两类。与产品有关的属性定义是执行该产品或服务功能的必备要素，而与产品无关的属性是有关于产品或服务的购买或消费的外在方面（external aspects）。与产品有关的属性主要分为价格信息（price information）、包装或产品外观（packaging or product appearance information）、使用者形态（user imagery）（例如何种形态的人会使用此产品或服务）、使用情境（usage imagery）（例如在何处以及何种情境形态下，此产品或服务会被使用）四种。其中价格为非常重要的属性联想，因为消费者经常对价格与品牌的价值有着强烈的信念，并会就不同品牌的价格层级方面来组织他们心中的产品类别知识。

2. 利益（benefits）联想

此为消费者给予产品或服务属性的个人价值，也就是消费者心目中认为此产品或服务能够为他们做些什么。利益联想可进一步分为功能利益、体验利益、象征利益三类。功能利益是指产品或服务的内在优势（intrinsic advantages），如生理及安全需求等。体验利益是有关使用产品或服务的感觉，其通常与产品属性有关。例如感官乐趣（sensory pleasure）、多样化（variety）以及认知刺激（cognitive stimulation）。象征利益是指产品或服务的外在优势（extrinsic advantages），其通常与产品属性无关，而是有关社会认同的需求或是个人表现以及自尊。

3. 态度（attitudes）联想

品牌态度是消费者对品牌的整体评价，其为形成消费者行为的基础。品牌态度与产品、无关属性信念、功能利益、经验利益以及与象征利益间均存在着相关性。

二、品牌联想的价值

（一）品牌联想的作用

美好、积极的品牌联想意味着品牌易被接受、认可、喜爱，有竞争力，易取得成功。总体来说，品牌联想的作用包括如下几个方面：帮助处理信息、产生差异化、提供购买理由、创造正面态度、成为品牌延伸基础。

1. 帮助处理信息

品牌联想引发个人传播（individual communication），即自身传播。消费者在头脑中汇集了大量的信息，可以帮助消费者总结出一系列的事实情况和数据，好似为消费者创造了一个袖珍信息库。此外，品牌联想还能影响到对具体事实的解释和对信息的回忆。

2. 产生差异化

品牌联想还可以为产品的差异化提供重要的基础。有区别的联想可能会成为一个关键的竞争优势，为竞争者制造了一道无法逾越的障碍。品牌名称、定位、广告等沟通手段都可以创造差异化联想。从某种意义上看，一个品牌的名字赋予了品牌先天的条件。

3. 提供购买理由

许多品牌联想都涉及产品特征，都直接与消费者利益有关，从而能提供一个特别的理由促使消费者购买或使用这一品牌。一些联想通过在品牌中表现出信誉和自信而影响消费者的购买决策。我国西藏地区的一个矿泉水品牌"喜玛拉雅"在广告中标示它的水源地是"拉萨以北果拉山口海拔5500米"。广告语说："喜玛拉雅，更高的是天……"广告创造这些与地域有关的联想，会给产品增加信任度。

4. 创造正面态度

消费者喜爱一些联想，那么对品牌也就会"爱屋及乌"。在传播上，我们常有感性诉求和理性诉求之分，理性诉求所提供的是购买的客观理由，而感性诉求则相反，是将消费者对人物或事物的自然情感转嫁为对品牌的情感。西门子以陈美做广告代言人，这个华裔女孩凭着一把小提琴玩转世界，当她拉着小提琴时而疯狂、时而痴情、时而激扬、时而婉转地在屏幕上为西门子煽情时，给人的感觉是够酷、够浪漫。这些联想固然不是理性理由，却能产生积极的情绪和态度，使品牌与众不同。

5. 成为品牌延伸基础

品牌所具有的有意义的联想可以用于其他产品上。比如，本田公司在小型发动机制造方面颇具经验，这种联想有利于它从摩托车生产延伸到摩托艇和割草机的生产上，因为它们可以共享同一种联想。品牌管理者的任务就是要找出那些直接或间接影响购买行为的品牌联想，通过品牌延伸，使这些联想更加强劲，并为更多的人所共享。

"水中贵族"——百岁山

在怡宝、农夫山泉等品牌已经先一步被消费者认可的前提下，百岁山想要走高端矿泉水的路线，光靠包装、水源的差异化难以支撑起"3元水"的定价，于是周敬良讲起了品牌故事，后来推出了"水中贵族"的定位。

百岁山最经典的广告，就是那则全篇没有一句对白，画面只有老人、少女、城堡、百岁山，以及广告语"水中贵族，百岁山"。

这条剧情模糊、所有意象却都指向"贵族"的广告，引起了消费者的广泛讨论，消费者甚至为此编了一个数学家笛卡尔和瑞典公主克莉丝汀之间的爱情故事。后来，在热播剧《隐秘的角落》中提到笛卡尔，很多人也会联想到百岁山，说明这条广告的传播效果非常显著。

百岁山的营销，大多属于"感性营销"，没有刻意宣传产品质量、功能等卖点，而是找准能让消费者记住的"关键词"。

资料来源：张帆，瓶装水化身"水刺客"，我们还有喝水自由吗？有改动。

（二）品牌联想的评估

凯勒教授认为当顾客对某个品牌有了深入的认知和了解，并在记忆中存在着强有力的、偏好的、独特的品牌联想时，基于顾客的品牌资产就随之产生。

1. 品牌联想强度

品牌联想强度是指接收的信息受到加工的数量和质量的强度。某人对一个品牌信息思考得越深且能更多地与已有的品牌知识相关联，由此而产生的品牌联想的强度就越大。有助于增强品牌联想强度的两个因素是信息与个人的相关性和信息的一致性。

2. 品牌联想偏好性

偏好的品牌联想是指那些适应消费者需求，并能成功地通过产品和营销活动传递给消费者的品牌联想。品牌联想可直接与一种产品相关，也可与非产品（如用途或使用者形象）相关。

3. 品牌联想独特性

要想建立基于顾客的品牌资产的不同反应，就必须将该品牌与独特的、有意义的差异点联系在一起，从而为顾客提供该产品的比较优势，并使顾客明白为何应当购买该产品。

对于品牌经营者来说，营销不仅要充分了解消费者如何购物，如何使用产品和服务，更重要的是要了解消费者对各种品牌的认识、判断以及感受。评估基于顾客的品牌资产的来源，其实质就是评估品牌认知与品牌形象的各个方面，正是这些方面才导致了品牌资产价值的差异。

三、品牌联想的创造

任何一种与品牌有关联的事情都能成为品牌联想。因此，创造品牌联想有各式各样的策略方法。产品或服务的特点和优势、包装、分销渠道、品牌名字、标志和口号、广告、促销、公关都是创造品牌联想的途径和工具。

（一）选择联想的类型

影响消费者购买的关键因素有许多，其中产品特征或消费者利益是非常重要的因素。所谓选择联想的类型，是表明首先要确定哪些因素影响消费者的购买决策，进而把它作为定位决策相关的因素，并运用传播创造这种联想。

1. 产品特征

产品特征是产品能做什么用，例如，对于餐巾纸，它的特征可以是柔软、洁白、抽取方便、坚韧、吸湿性强、多色彩等。有效定位就是要找出一种重要的产品特征，对这种产品特征的需求是消费者未曾被满足的，这种产品特征也是竞争对手未采用过的。

2. 无形因素

无形因素是指一种整体上的价值，如质量、技术领导地位、认知价值，它们的作用是把一些非常客观的品质整合起来。这种整合力量往往是以公司的管理活动及其理念产品系列以及在长时间里致力于产品开发为基础的。但要注意，对于某些产品如营养食品来说，利用技术、健康和营养等无形价值是较难定位的。

3. 消费者利益

产品特征支持利益并被用来满足消费者的需要与欲望。大多数产品的特征为消费者的利益提供保证，因此两者通常存在着一一对应的关系。如预防龋齿既是佳洁士的产品特征，又是消费者利益。

4. 相对价格

价格常常暗示着产品的感知质量。在同一类产品或服务中，总存在着高低不等的价格层次。如果品牌间的价格相近，就要采取其他的定位途径以创造差异。

5. 使用方式

品牌可以让消费者联想到其使用方式。一项对咖啡市场的调查表明，存在七种饮用咖啡的场合，分别是：一天的开始、两餐之间、与他人进餐期间、午餐、晚餐、为了晚间保持清醒时、周末。麦斯威尔咖啡把品牌与招待朋友的使用场合联系起来；星巴克是在"第三空间"喝的咖啡；瑞幸咖啡是在写字楼办公区喝的咖啡。

6. 使用对象

品牌联想与使用对象密切相关。化妆品与肤质关系密切，因此，有些西方化妆品品牌声称特别适合东方人。在使用对象上，许多品牌都与名人建立了联系，因为名人经常能带来强烈的联想。

7. 生活方式或个性

可以想象，如果把品牌当作一个人，他会是什么样的人？而作为消费者，你又希望他是什么样的人？每一个人都具有一种个性，一种丰富多彩、复杂、生动和与众不同的生活方式。厂商可以赋予品牌一个与目标消费者非常相似的个性，使其表征一种有吸引力的生活方式。

8. 产品类别

许多品牌的传播都牢牢地使之与产品类别发生联系，这就有了"麦片就是维他麦""提到抗过敏，都说息斯敏"等的诉求。当一种产品类别中的竞争品牌太多时，我们还可考虑产品属性是否适合另一产品类别。

9. 竞争对手

在某些情况下，竞争对手可能成为长久的定位战略坐标。把竞争对手作为定位的考虑因素有两个原因：一是如果竞争对手是市场上的一个清晰的目标，那么，只要与它产生某种联系就可以了；二是消费者有时并不在乎你的产品有多好，只要你的产品强于某个竞争对手就可以了。

10. 国家与地域

一个国家或地域的自然环境、资源、文化和传统等与某些类别产品的品质联系非常密切。比如，我国新疆的葡萄干、景德镇的瓷器、西湖的藕粉、阳澄湖的清水大闸蟹等；从国家的层面上看，消费者一般对法国的葡萄酒、时装和香水，德国的啤酒和精品汽车，日本的家电，意大利的皮制品和巧克力等情有独钟。这些联想都可以将品牌与国家联系起来而使品牌受益。

（二）运用传播工具

传播是创造品牌联想的核心方法。前面已经提到，品牌名称、标志、包装、广告、公共关系及其他传播工具都有助于创造品牌联想。下面介绍几种主要工具的运用。

1. 包装

产品的包装很重要，好的包装有利于引发联想，推广品牌。"多力鸭"洁厕剂有趣的鸭嘴包装设计使得顾客不再把它与家中最讨厌的活儿联系起来。小懒放松型饮料在包装设计上巧妙地融入了树懒的形象，瓶身上印有树懒慵懒挂在桃子上的图案，让人一看见就能联想到减压和放松。在战马功能饮料的产品包装上，马头的视觉符号辅以炫彩夺目的色彩，让人们联想到无畏挑战、勇敢向前的积极精神。难怪有学者说，能抓住消费者情感的因素有三个：品名、包装和定位。一个好的包装决策包括包装材料、样式、成本、色彩、容量以及对环保的考虑等。

2. 广告

广告创造品牌联想的主要策略是运用个性化人物作为产品的代言人。百事可乐始终与年轻的巨星歌曲产生关联；劳力士长期与从事商业领域的商业大亨或名人联系在一起；这种品牌联想是通过名人效应或代言人的方式建立品牌与消费者的相关性。策划名人广告要注意效果与产品类型之间关系。国外有人做过一项实验，让不同的广告源，即名人、专家和典型消费者各推荐三种不同的产品——珠宝、真空吸尘器和饼干，结果发现，以消费者的广告态度、品牌态度和购买意向作为评价标准，这三种产品依次最适合采用的广告代言人分别是名人、专家和典型消费者。以这个实验结果推而广之，就是名人适合推荐心理和社会风险大的产品；专家适合推荐经济、功能和生理风险大的产品；各种风险都小的日常用品则适合典型消费者来推荐。明星代言的最大缺点是，如果客户不喜欢与该品牌相关的特定明星，即使产品质量优异，他也不会购买该产品。个性化人物并非一定动用名人明星，关键是人物个性要与产品个性吻合。

3. 故事

品牌故事是品牌与消费者互动的情感通道，能够让顾客得到产品以外的情感体验和相关联想，而且有助于引发好奇心和认同感，从而形成购买冲动。一个成功的品牌就是由无数个感人至深的故事所构成的，没有故事就没有品牌。相对于工业品，很多优质农产品背后都散发着泥土的清新和感人至深的故事，更容易形成品牌感动。备受市场推崇的"褚橙柳桃"就很好地嫁接了褚时健和柳传志的影响力和亲和力。

4. 公共关系

有很多情况下，花太多钱去打广告，对于建立品牌联想、提高知名度并不一定取得好的效果，因为消费者总是更愿意对商业广告持怀疑态度。比较而言，一些科学设计的公共宣传反而会取得意想不到的可喜效果，当然这要依托具有新闻价值的事件和活动。例如，福建有一家本来并不太知名的茶叶企业，连续几年在最具影响力的中国国际农产品交易会上与主办方合作，免费开设茶叶品尝休闲区，把国际级展会的信誉和观众在展会中小憩的愿望有机结合，极大地提高了品牌影响力。

9.3 好车赠英雄

第四节 品牌个性

大量事实表明，消费者大多喜欢符合自己价值观或审美品位的品牌，所以，一个品牌如果想要更有效地吸引更多的目标消费者，就必须使自己具有独特鲜明且与目标消费者的个性或是他们期望的个性相吻合的品牌个性（brand personality），并能够准确无误地向他们展示这类个性。为了成功塑造品牌个性，就需要了解什么是品牌个性，有哪些特征和价值，如何测量品牌的个性，如何塑造品牌个性等。

一、品牌个性概述

（一）品牌个性的内涵

如同世界上每个人都有自己独特的个性，当品牌被赋予个性而具有人格化的特征时，品牌也就有了独特的一面。林恩·阿普绍认为，品牌个性是每个品牌向外展示的个性，是品牌带给生活的东西，也是品牌与现在和将来的消费者相联系的纽带。詹妮弗·阿克（Jennifer Aaker）将品牌个性定义为："品牌个性是指与品牌相联结的一整套人类特征。"这里的人类特征既包括个性特征，如时尚的、可靠的、成功的，又包括其他人口统计学特征，如性别、年龄、社会地位。简单来说，品牌个性就是用描述人的特点的词语来描述品牌。在产品同质化的背景下，品牌传播不仅仅是"说利益""说形象"，更重要的是要向目标消费者"说品牌的个性"。只有提炼和掌握了品牌的个性，才能够使品牌传播具有明确的主题和核心。

（二）品牌个性的特征

品牌个性具有人格化、独特性、稳定性和互动性的特征。

1. 人格化

品牌个性往往通过人性化特征来表达，使原本没有生命的产品或服务变得有人情味，在消费者眼里变得鲜活起来。消费者会倾向于把具有独特个性的品牌看作某个特定的人群，并且将其与自我相联系。这一特征使得消费者与品牌之间的距离被拉近了，彼此能够进行深层次的情感交流，甚至产生某种亲切感和依赖感。

2. 独特性

就像不同的人具有不同的个性，不同的品牌在其个性上也显示出差异性和独特性。从根本上来说，创造品牌个性的目的就是帮助消费者认识品牌、区别品牌。许多品牌的定位差异不大，产品也相同或类似，此时个性给了它们一个脱颖而出的机会。并且，品牌个性的独特性相对于产品来说更难被模仿，因为它的形成是一个长期和系统的过程。

3. 稳定性

正如一个人的个性会在不同场合表现出一贯性，品牌个性也会因品牌的理念和价值观的稳定而保持连续性。品牌个性只有保持一定的稳定性，才能够被建立起来。如果品牌缺乏稳定的内在特性和行为特征，消费者不仅无法清楚辨别品牌的个性，而且会对品牌产生困惑甚至反感。

4. 互动性

品牌个性是以同顾客亲和、满足顾客需求为目的的，其形成也是建立在与消费者接触的基础上，是由企业和消费者在相互的交流中共同赋予的。品牌个性可直接由消费者的个性得以表现，是消费者真实个性在某种品牌上的一种投射和再现，能够反映该品牌使用者的形象。而品牌使用者在选择产品时通常都会有一定的心理预期，并对号入座，甚至品牌所宣扬的个性还会激发人们心中潜在的、还未意识到的欲望，而这又进一步强化品牌个性。

因为心智有限，消费者不会接受所有的品牌，只会接受具有他所认可个性的品牌。因此，提升品牌价值就必须塑造出鲜明的品牌个性。

二、品牌个性的维度

准确测量品牌个性是有效塑造品牌的前提，詹妮弗·阿克首次系统地发展了基于美国的品牌个性维度及量表，在此基础上，基于其他国家和文化的品牌个性维度及量表相继诞生。

（一）品牌个性大五维度

1997年，美国学者詹妮弗·阿克（Jennifer L. Aaker）借鉴心理学中的"大五"模型（将人类的个性特征划分为神经质、外向性、开放性、和悦性以及谨慎性5个维度），通过实证研究，提出了一个迄今为止最完整也最具影响力的品牌个性量表（brand personality scales，BPS）。该量表中包含5个品牌个性维度（dimensions of brand personality），分为真诚（sincerity）、激情（excitement）、能力（competence）、精致（sophistication）和粗犷（ruggedness），下面又有15个层面和42个特征词（见表9-1）。这一量表为定量测评，为比较品牌个性提供了可靠的工具，能够帮助我们系统而全面地了解品牌个性，也提示了在品牌个性塑造上的策略性选择。

表9-1 品牌个性的大五维度

个性维度	层面	特质	例子
真诚	淳朴 诚实 有益 愉悦	淳朴的、以家庭为重的 诚实的、真诚的、真实的 有益的、原创的 愉悦的、感性的、友善的	海尔、老干妈、农夫山泉
激情	大胆 有朝气 富于想象 最新潮	大胆的、时髦的、兴奋的 有朝气的、酷的、年轻的 富有想象力的、独特的 时尚的、独立的、当代的	小米、江小白、保时捷

续表

个性维度	层面	特质	例子
能力	可靠 聪明 成功	可靠的、勤奋的、安全的 聪明的、技术的、团体的/合作的 成功的、领导的、有信心的	华为、阿里巴巴、联想、IBM
精致	高雅 迷人	高雅的、有魅力的、好看的 迷人的、奢华的、优雅的	茅台、奔驰、雷克萨斯
粗犷	户外 强韧	户外的、男子气概的、硬朗的 强硬的、粗犷的	探路者、安踏、耐克

（二）本土化品牌个性维度

2003年，黄胜兵和卢泰宏教授针对中国的文化环境进行了研究，得到了中国品牌的个性维度及其层级结构（见图9-1）。中国品牌的个性一方面继承了中国传统文化，保留了本土化的特点；另一方面，随着中国与世界的交流、融合，不可避免地受到西方文化的影响。"仁"（sincerity）、"智"（competence）、"雅"（sophistication）这三个维度具有较强的跨文化一致性，而与美国相比，最具差异性的地方在于：中国更强调群体利益，而美国更重视个人利益和个性表现，这也是两种文化的差异在品牌个性中的体现。与日本相比，中国品牌个性中存在着"勇"这一维度与美国的"粗犷"比较相近。它的出现表明中国品牌在一定程度上已受到西方文化的影响。

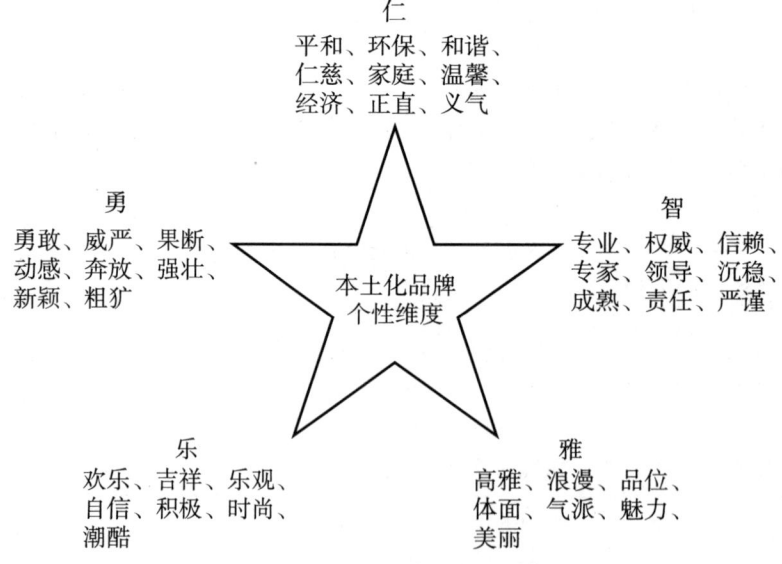

图 9-1 本土化品牌个性维度

井冈山与韶山的品牌个性比较

品牌个性同样适用于旅游目的地的营销。由于旅游目的地之间的竞争日益激烈，实施品牌个性化战略可凸显自身特色，与旅游者建立起情感联系，从而取得竞争优势。其中，红色旅游目的地因其承载的特殊意义，尤其需要建立起有导向性的品牌个性来吸引目标人群。有学者通过使用品牌个性量表，发现在井冈山风景名胜区和韶山风景名胜区这两个红色旅游目的地的品牌个性中，游客显著感知到的主要维度是"智""雅""勇"，其余个性表现不是十分显著。同时，这两个景区的品牌个性也存在差别，井冈山的品牌个性主要是"雅"，其次是"智"和"勇"；韶山的品牌个性在"智"和"勇"上比较突显，其次是"雅"。这体现了其各自的特色化发展结果。

资料来源：郭冰心. 井冈山与韶山品牌个性比较研究［D］. 长沙：湖南师范大学，2015. 有改动。

9.4 品牌个性维度的国际比较

三、品牌个性的塑造

（一）品牌个性的塑造原则

为了塑造成功的品牌个性，有一些重要的原则需要塑造者特别注意。

1. 品牌个性持续性原则

品牌个性是消费者对品牌由外到内的整体评价，是一项长期的、系统的工程。人的个性随时间推移变化很慢，而且主要个性形成于 7 岁之前。同样，品牌个性必须慢慢演变，不宜草率行事或变化无常。如果我们的朋友行为变化无常，我们会认为他"很怪"。从专业的角度而言，性格大起大落、变化无常的人，轻者属于狂躁抑郁，重者属于精神分裂。消费者在与一家公司或一种产品建立起友谊之后，亦希望其形象能始终如一。与顾客建立友谊是品牌目标的一部分，人们会极其依赖品牌，在生活中离不开品牌，当品牌个性和顾客个性彼此交融时，铸就强大的品牌就有了深厚的基础。

2. 品牌个性简约原则

品牌个性一定要简约、突出。如果一个品牌有十余项个性特征，还能给消费者留下深刻的印象吗？人的个性往往极其复杂、难以捉摸，但如果让品牌个性也达到十分复杂的程度，则注定是一个错误。公司常常会碰上这样的问题，即一个品牌该有多少个性特点。这并没有标准答案，但是一般不应该超过 7~8 条，再多的话，公司就很难面面俱到地表达那么多的个性特征，而且过多的品牌个性也会把消费者搞糊涂。最好重点建立 3~4 项个性特点，并使之深入人心，例如雀巢品牌的个性只强调"温馨的"和"美味的"，但品牌管理却非常成功。如果品牌个性特征太多，也很难保持。限制个性特点的数量并不一定意味着限制品牌的表现。著名的万宝路品牌强调力量和独立，只有两个特点，但是品牌管理始终相当出色，这使得它曾经在许多年中一直保持世界上第二大最具价值的品牌地位。

3. 品牌个性的协同性原则

品牌个性的内部特征不能相互矛盾，要具有协同性。比如上面所讲到的一个品牌的个性可以有 3~4 项特点，但这 3~4 项特点一定不能冲突，而应该协调一致。例如，可口可乐是活力的、刺激的，如果为了照顾饮料的流行而强调它是健康的就不是恰当的做法。再如，描述一个服装品牌是成功的标志、有自豪感，就不能说它酷、个性十足。

（二）品牌个性的塑造来源

品牌个性是消费者对品牌人格化的评价，因此，在介绍如何塑造品牌个性之前，有必要了解消费者主要是通过哪些方面来体验和感知品牌个性的。这些感受来源可以成为品牌塑造的借力点，也构成了品牌个性的驱动因素（driving factors of brand personality）。

1. 与产品直接相关的因素

产品是品牌的物质载体，也是形成品牌个性的主导力量，品牌个性很多时候就来自产品本身。正如美国广告专家李奥·贝纳（Leo Burnett）所言：每个商品都具有与生俱来的戏剧性，品牌经营者要善于挖掘和提炼这些戏剧性（个性）。消费者可以从产品和服务特征中形成对品牌个性的看法，一些企业针对其产品或服务的属性进行品牌个性的挖掘和提炼，取得了理想的效果。比如，超能天然皂粉则根据产品的清洁环保属性提炼出令人耳目一新的品牌个性——上得厅堂下得厨房的超能女人。

2. 与产品间接相关的因素

在大多数情况下，许多产品的内在属性早已被同类品牌予以突出或强调，并作为其品牌个性。此时，企业可以转而寻求品牌名称、标识、价格、包装、代言人、广告风格、创始人或领导者、品牌历史、品牌背景、公共关系、社交账号等与品牌产品间接相关的因素。这里重点谈一下品牌创始人或领导者、品牌历史、社交账号等因素。

品牌是抽象的，而创始人则是具象且鲜活的，他们的气质和性格往往会渗透到品牌中去。比如，褚时健在 74 岁高龄时毅然携妻种橙，最终创造了"褚橙"的传奇。选择褚橙，除了因为水果本身的味道，也是对褚老励志精神的追求，表明消费者在潜意识里认为自己也是或也想成为这样的人。老干妈创始人陶华碧的踏实与纯朴也被传递到品牌上，影响了其品牌个性。此外，企业领导者的性格很多时候也会转移到品牌上。张瑞敏诚恳、儒雅、富有远见的个性形象无疑影响了消费者对海尔的看法。

品牌存在时间的长短也会影响消费者对品牌个性的基本判断。一般来说，诞生较晚的品牌会在消费者心目中产生年轻、时尚、创新和有活力的感觉，但也有可能产生华而不实、哗众取宠、昙花一现的印象。而历史悠久的品牌从积极的方面而言会给人以成熟、稳重、值得信赖、文化底蕴深厚的感觉，但从消极的方面来说也有可能形成过时、守旧、无趣、缺乏活力等负面印象。企业应结合自身的需要进行积极的引导。例如，杜康酒借助曹操的"何以解忧，唯有杜康"来延伸其历史；剑南春宣传"千年酒业剑南春"；而江小白强调的则是自己年轻的个性特征。

随着社交网络的发展，很多品牌都在微博、微信等平台上申请了自己的社交账号，通过网络与消费者进行互动。这让品牌在消费者看来更像是一个真实存在的人,有着自己的性格和喜好。例如在成为教育部官方指定网课平台后,钉钉在各大应用市场惨遭大量"一星好评",评分迅速下跌。钉钉为扭转口碑,阿里系动物园齐上阵,拟人式刷屏求情。同时进军B站(哔哩哔哩的简称),以二次元形象跪地求饶。不知不觉间把钉钉的形象从那个"冰冷的打卡机器""资本家的帮凶",变成会向用户撒娇卖萌、插科打诨的黑色小燕子,而钉钉的应用市场评分和大众风评也在悄然回升。

3. 与消费者相关的因素

除了企业一方的因素外,也可以对目标消费者的个性特征、价值取向、审美情趣进行研究与分析,据此找出能够受到欢迎的品牌个性。

第一,消费者的个性特征。企业可以有意识地将目标消费者的共性特征加以提炼和整合,并融入品牌的个性特征。比如,江小白以"年轻人"为目标消费者,因此将当代年轻人的青春、张扬、叛逆、自嘲等性格特征植入到品牌中。有时候,一群具有类似背景的消费者经常使用某一品牌,久而久之,他们所共有的个性也会被附着在该品牌上。例如,一开始华为手机价格较高,使用者多为商务人士。渐渐地,商务人士共同的行为特征就凝聚在了华为手机上,形成了华为成功、自信、注重效率的品牌个性,同时,华为也在有意识地强化这种品牌个性。而小米手机的使用者多为年轻一代,因此形成了时尚、年轻、前卫的品牌个性。

第二,消费者的价值取向。所谓价值取向,是指在社会中具有特定文化背景的成员所信奉的道德和行为规范理念。在人与人的交往过程中,价值观往往决定了两个人是否能够和睦相处,这一点也适用于消费者与品牌的关系。所以企业可以将目标消费者的价值取向植入品牌中,以形成独特的品牌个性。例如,超能致力于环保,追求纯天然,帮助女性享受更高品质的健康生活,鼓励她们独立自信、追求梦想、各展所能,塑造了一个有社会责任感的形象,赢得了消费者的广泛认同与尊重,当然也赢得了市场。

第三,消费者的审美情趣。显然,不同的消费者的审美情趣往往大相径庭,对品牌也会有不同的判断和选择。因此,在提炼品牌个性的过程中,可以针对目标消费者的审美情趣进行分析,从而提炼出更可能被其接受、认同甚至喜爱的品牌个性。比如,呆萌的"小茗同学"推出瓶身上的冷笑话,用"90后"甚至"00后"目标消费者群体的话语体系来与其构建关系;网易云音乐借用用户乐评刷屏杭州地铁,将有情怀、有温度的品牌个性传达给更多消费者。

三只松鼠的"萌"式营销

创立于2012年的坚果品牌"三只松鼠"凭借"卖萌"在坚果市场上异军突起。三只松鼠倡导"慢食快活"的生活理念,同时为了迎合"80后""90后"网购主力军的审美偏好,在品牌角色上,通过拟人化的手法打造了三只性格迥异的萌态松鼠,并赋予了它们不同的人格特征和名字。松鼠小贱爱卖萌,松鼠小酷是技术宅,松鼠小美则是现代女性的典型代表,一个有温度、有感情、会说话的品牌就此诞生。三只松鼠借助动画、绘本、周边产品等多元化的方式,与消费者进行互动,将简单的产品销售关系拓展成为一种消费文化的阐述，使消费者在购买产品的同时能够充分感受"传递爱与快乐"的品牌文化。通过这一系列的策略，三只松鼠将单纯的品牌 Logo 发展成一个有生命力的人格化品牌，从而扩大了品牌影响力。

资料来源：郑刚，郑青青．三只松鼠：如何凭借创新异军突起？[J]．清华管理评论，2017（6）：106-112．有改动。

4. 其他因素

除了这些主要因素外，还有其他一些因素也会对品牌个性产生影响，例如产品的销售渠道和销售员、公司员工、公司形象、朋友和邻居的相互影响等。

品牌个性的塑造不能仅仅以企业和策划人员的喜好而定，也不能只关注品牌的定位，而只有置于品牌系统与消费者系统以及营销沟通的环境下，同时与产品的属性、服务特征、包装设计、广告风格、视觉符号、使用者、公共关系、品牌的历史、企业的领导者等诸多因素保持统一，才有可能实现品牌个性的建立与深化，进而形成一个强有力的品牌。

（三）品牌个性的塑造步骤

品牌个性的塑造过程不论个性因素来源于哪里，一般都以消费者为中心，使品牌个性贴近消费者的个性特征，从品牌核心价值出发塑造品牌个性，再把这种个性特征展示给消费者，引起消费者的喜爱、共鸣和忠诚。

1. 洞察目标消费者的个性特点和需求

人们往往喜欢那些与自身相近或与自己的崇拜者相似的个性，并通过自己喜欢的个性特征来选择品牌。因此，要尽可能使塑造出来的品牌个性与消费者的个性或者与他们所追求的个性相一致。因此，要先对目标消费者进行洞察，在此基础上，使用描述性的词汇勾勒和总结出目标消费者的个性特点和需求。只有锁定及满足目标消费者的需求，品牌个性才能吸引和打动消费者。

2. 从品牌核心价值出发塑造品牌个性

品牌的核心价值是品牌个性的内核，品牌个性是品牌价值的集中表现，两者相互统一。品牌核心价值是品牌承诺并兑现给消费者的最主要、最具差异性和持续性的价值，能让消费者明确、清晰地识别并记住品牌的利益点与个性。因此，塑造品牌个性要从品牌的核心价值出发，并符合品牌的定位。假如品牌的核心价值和定位都是针对年轻人的，那么品牌个性也要满足这个主题，要能体现出品牌的年轻化，使品牌的核心价值和品牌个性相符，这样才能强化品牌的核心价值。只有综合考虑品牌的核心价值以及目标消费者的需求，才能塑造出有效的品牌个性，品牌价值才能得到提升。在塑造品牌个性时，要着重体现品牌的特点；同时不宜复杂，用来描述品牌个性的词语不宜过多，一般以 3~5 个为宜。

3. 坚持品牌个性的传播

品牌个性的塑造是个长期、系统的工程。确定好品牌个性后，要用合适的方式坚持不懈地进行传播，才能让品牌个性深入人心。例如，可以选择与品牌个性特征一致或者相近的品牌代言人，通过品牌代言人表现和演绎品牌个性来引发目标消费者的心理共鸣。

四、品牌原型化

原型在品牌战略中的应用可以称作品牌原型化。品牌原型化有利于品牌个性与品牌核心价值有效结合，助力品牌形象的构建。

（一）原型的概念

Roesler 在 2012 年提出，原型（archetype），作为荣格所指出的一种集体无意识，是某一国家或民族文化群体在长期生活实践过程中形成的、通过文化延续而非生理传承保留下来的共有记忆、民族文化心理和精神，包括价值观、国民性格、行为模式、人物形象和仪式等。Medin and Smith 指出，文化原型本身是无法观察的，但可以通过拟人化、形象化的外在形式来具化显示，其客体表征最终会凝练到原型人物上予以展现。

（二）品牌原型化的步骤

品牌原型化的过程大体可以分为三步：第一步是文化原型的识别，主要是发掘在所属的文化背景中有哪些原型可以被品牌战略所用；第二步是形成品牌原型，即根据企业特质和消费者属性选择合适的原型，并运用必要的营销手段将其转化为品牌原型；第三步是根据市场环境对品牌原型实施动态化管理。因此，品牌原型化的基础就是识别所在的社会环境中，可供品牌转化和利用的文化原型。

（三）原型的类型

虽然荣格认为生活中有多少种典型环境就有多少个原型，但国内外对文化原型的分类标准和提炼方式已然形成一定的范式。

1. 西方关于文化原型的分类

西方学者对于文化原型的分类主要集中为 12 种人物形象。Mark 和 Pearson 根据荣格的原型理论，基于对众多全球知名品牌的解析，结合动机理论浓缩了四大人性动机（归属/享受 vs. 独立/实现、稳定/控制 vs. 冒险/征服），详细描述和定义了品牌中所蕴含的照顾者、创造者、凡夫俗子、探险者、英雄、天真者、弄臣、情人、亡命徒、魔术师、统治者、智慧老人 12 种原型（见表 9-2）。西方学者主要依据的是人作为独立个体的个性或动机等个体特质对文化原型进行的分类，将个体价值作为西方品牌的内核。

表 9-2　西方有关文化原型的 12 种分类

维度	原型	特征	代表品牌
稳定/控制	照顾者（Caregiver）	喜欢照顾他人，热情、慷慨、乐于助人	AT&T；Just Juice；Ivory Soap
	创造者（Creator）	喜欢创造具有永恒价值的东西，独特且富有创造力和想象力	芝麻街；迪士尼
	统治者（Ruler）	渴望控制一切，获得成功并创造繁荣；强调权力的唯一与至上	美国运通；微软公司

续表

维度	原型	特征	代表品牌
归属/享受	弄臣（Jester）	快乐做自己；代表一种娱乐和消遣的生活方式；一个爱开玩笑、娱乐大众的滑稽演员	百事可乐
	情人（Lover）	浪漫之爱，寻找爱并爱人；魅惑、热情、忠诚、极具鉴赏力	维多利亚的秘密；哈根达斯
	凡夫俗子（Everyman/Everywoman）	渴望融入群体，实在、平实、自在的普通人	钍星汽车
冒险/征服	英雄（Hero）	维护正义，敢于做出勇敢的行为；有承受压力的毅力及挑战自我的勇气	耐克
	亡命徒（Outlaw）	永不落伍，极端自由，并善于打破常规	哈雷摩托；苹果电脑
	魔术师（Magician）	蜕变，渴望梦想成真；在探寻原理的基础上创造神奇的东西	博士伦；朗讯科技
独立/实现	天真者（Innocent）	维护传统，重塑信仰；生活的美好抑或幸福的追求可以通过简单的纯洁和善良实现	麦当劳；可口可乐
	探险者（Explorer）	渴望自由，探险，喜欢尝试新的事物，探索未知并寻求规律	李维斯；星巴克
	智慧老人（Wise old man）	相信凭着智慧可以掌握生活，给人经验、建议和忠告，并经得起时间的考验	欧普拉读书会；英特尔

2. 中国关于文化原型的分类

中国国家文化原型可依据个体与自我、个体与他人、个体与集体、个体与自然四个维度，形成了君子、佳人、稚子、英雄、丑角、慈母、孝子、知己、邻里、情侣、仁者、智者12个具体的原型人物（见表9-3）。中国企业想打造出强大的品牌，可以借力于丰富、强大的国家文化资源，发展品牌原型化战略。

表9-3 中国有关文化原型的12种分类

维度	原型	特征	适用行业
个体与自我	君子	事业上，胸怀大志；生活中，淡定从容；人际关系，融洽友善	房地产、汽车白酒、电信产品
	佳人	现代女性的美丽、健康、快乐、自由、活力、知性	化妆品、服装家居用品

续表

维度	原型	特征	适用行业
个体与自我	稚子	拥有孩童般的天真、纯洁、真实，受人喜爱，往往需要被呵护	食品、服装
	英雄	每一个人都有可能成为英雄。全世界的英雄都有一个共同点，就是勇敢和坚毅的精神	药品、保健品
	丑角	一个爱开玩笑的滑稽演员告诉人们生活就是要以一种消遣和娱乐的方式对待	食品、家电
个体与他人	慈母	母亲形象是伟大的、勤劳的，她善良、慈爱、无私，对子女的牵挂往往让其守候一生	信息通信、数码产品、食品、保健品、金融、保险
	孝子	孝顺，期盼父母吉祥长寿	信息通信、数码产品、食品、保健品、金融、保险、旅游服务
	知己	了解、赏识、信任、关怀你的朋友往往指引你的人生	金融理财、白酒类、数码用品
	邻里	和睦、亲切、守望相助	旅游、服务
	情侣	爱情，浪漫，爱是唯一	珠宝、鲜花、房地产、金融、日化
个体与集体	仁者	责任、义务、使命，关爱弱势群体、未成年人、留守儿童，关心去个性化的集体的福祉	信息通信、汽车家电、服饰
个体与自然	智者	和谐、经验、智慧、心灵归属	食品、饮料、家居建材、房地产、旅游、服务

思考与讨论

1. 建设和提升品牌的感性路径由哪些元素构成？
2. 品牌形象的构成要素有哪些？
3. 品牌联想的创造手段有哪些？
4. 中西品牌个性维度和品牌原型类型的差异有哪些？

第十章

品牌关系

相知无远近，万里尚为邻。

——张九龄《送韦城李少府》

学习目标

知识学习目标：
1. 了解品牌关系的概念，熟悉品牌关系的形成阶段，理解品牌关系质量及其评价。
2. 了解消费者—品牌关系纵向演进的阶段，熟悉锻造品牌关系质量的方法。
3. 了解品牌社群的内涵、特征与价值，熟悉品牌社群形成的过程与机理。
4. 了解品牌—利益相关者关系的内涵、模式及生命周期，理解品牌治理的思想。

能力培养目标：
1. 能辨析狭义、广义和生态型品牌关系的概念。
2. 能制定提升品牌关系的策略与方案。
3. 能掌握品牌社群运营的一些方法。

价值引领目标：
引导学生正确参与和处理各种品牌关系。

导入案例

"与辉同行"首播大获成功！

这段时间以来，一个名字在互联网上迅速走红，他就是董宇辉。自从董宇辉因为"小作文"风波闹得沸沸扬扬之后，董宇辉的人气不减反增，更加逼迫俞敏洪做出了大胆的牺牲和改变，让董宇辉成了东方甄选的高级合伙人，还为董宇辉开设了新的直播间——与辉同行。

2024年1月10日，与辉同行首播的成绩出炉。董宇辉作为与辉同行的首播主持人，凭借着深厚的文化底蕴和独特的带货风格，吸引了超过3000万名观众，销售额更是突破了1亿元，交出了满意的答卷。这一数字不仅创下了董宇辉带货的新纪录，更让人们对知识带货产生了浓厚的兴趣。

与辉同行的首播之所以能够大获成功，除了董宇辉的才华之外，更离不开他背后的团

队。团队成员们通过深入挖掘产品背后的故事和文化内涵，将产品与文化、情感等元素紧密结合在一起，让消费者在购买产品的同时，也能够感受到一份深厚的文化底蕴。这种带货方式不仅让消费者获得了物质上的满足，更让他们在精神上得到了滋养。当然了，与团队相比，董宇辉这一个团队核心是最关键的。如果没有董宇辉，团队的价值将一文不值。或许这就是 IP 时代的好处与弊端。

随着互联网的发展和人们消费观念的转变，消费者对于产品的需求已经不仅仅局限于物质层面。他们更加注重产品的文化内涵和情感体验，希望能够通过购买产品来表达自己的价值观和生活态度。知识带货正是满足了这一需求，让消费者在购物的同时，也能够收获知识和文化。

与辉同行的成功不仅仅是一个数字的突破，更是标志着知识带货时代的来临。相信在未来，会有越来越多的知识型主持人涌现出来，用他们的才华和智慧引领着消费者走向更加美好的生活。

资料来源：青云宗柳如烟，"与辉同行"首播大获成功！超 3000 万人支持董宇辉，销售额超 1 亿，有改动。

第一节 品牌关系概述

关系营销思想自被提出以来就一直受到营销学术界和实务界的重视。最初，关系营销属于服务营销和工业品营销的范畴，主要指顾客与服务或工业品供应商的关系。20 世纪 90 年代以来，这一概念被运用到品牌和产品的层面，形成了品牌理论研究的新领域——品牌关系（品牌与消费者关系），并不断扩展为品牌相关的消费者与消费者的关系，以及品牌与其相关利益者之间的关系等。

一、品牌关系的概念

品牌关系理论是关系营销理论在品牌层面上的应用，学者在研究中对品牌关系的定义有着不同的表述，根据侧重点的不同，有狭义的品牌关系、广义的品牌关系以及生态型品牌关系之分。

（一）狭义的品牌关系

狭义的品牌关系是指消费者对品牌的态度和品牌对消费者态度之间的相互作用。这种互动体现在两方面：一方面，品牌通过定位战略形成品牌个性展示在消费者面前，此时品牌为客观品牌；另一方面，消费者对品牌个性会形成自己的态度，即消费者如何看待品牌，称为主观品牌。因此，狭义的品牌关系，即主观品牌和客观品牌之间的相互作用。狭义品牌关系模型揭示了基于企业视角与基于消费者视角的品牌之间差异性的存在，突出了品牌的两面性（主观性与客观性）。通过该模型可以认识到，企业要想塑造理想的品牌关系，必须达到主观品牌与客观品牌的统一。

（二）广义的品牌关系

从广义角度看，品牌关系扩大到不同品牌与不同消费者之间的相互作用。假如市场上有互相竞争的品牌 A（对应消费者 1）与品牌 B（对应消费者 2），狭义品牌关系模型只关注品牌 A 与消费者 1、品牌 B 与消费者 2 之间的关系，而广义品牌关系模型还注重研究以下主体之间的关系：品牌 A 与品牌 B 之间、品牌 A 与消费者 2 之间、品牌 B 与消费者 1 之间、消费者 1 与消费者 2 之间等。因此，广义品牌关系模型不仅考虑品牌与消费者之间的互动，还考虑品牌与品牌、消费者与消费者之间的互动关系，这为研究品牌生态系统内品牌间的博弈与共生现象、品牌社区内消费者间的互动奠定了理论基础。

（三）生态型品牌关系

生态型品牌关系就是从影响公司品牌的相关品牌、利益相关者、资源和环境四个方面的关系要素出发，建构生态型品牌关系的整体框架。在这一框架里，公司品牌是公司职能部门、员工、管理者和内部品牌组合，并借助于物流、资金流、信息流、人流和商流向利益相关者传递各种讯息，以培育品牌关系，同时，公司品牌还受着外部宏观环境的影响。因此，生态型品牌关系应注重对所有关系的经营和培育。企业生态型品牌关系的框架建构，有助于拓展传统的品牌（产品）——顾客关系的视野，认识和研究企业品牌与所有相关品牌、利益相关者、资源和环境之间的整体关系。

丰富中国电影品牌主体 构建品牌关系网络

中国电影产业的发展实践决定了品牌构成主体的多元性，电影制作、传播各个阶段的电影人都是中国电影品牌培育的主体。

从营销角度来说，电影的制作团队和宣传团队是中国电影品牌培育主体中的核心主体，电影制作人应通过电影故事取材的技巧更好地与多区域电影消费者进行沟通，加强电影与多区域消费者的互动效果，从内容上强化中国电影的品牌内涵；宣传团队则应充分采用借势营销等手段，将影片与实时热点相联系，激发观影者热情，更大程度地提升电影的观影前知晓度、观影中参与度以及观影后好感度。

与此同时，面向终端消费者播放渠道的易获得性和便捷性直接影响了电影品牌的影响力，中国电影应将世界各地的电影分发渠道作为电影品牌建设辅助主体，充分构建品牌的可感知性与认同度。

为激发中国电影品牌培育及发展的内生持续动力，必须认识到中国电影品牌关系并非单一接受关系，而是业内人士与消费者的多元互动关系，电影消费者也是品牌培育的主体之一，消费者个人对电影的传播以及相关评价影响会通过社交媒体进行传播，对品牌口碑的形成具有决定性作用。因此，引导中国电影消费者参与中国电影品牌建设尤为重要，利用社交媒体引导消费者进行电影评价，因势利导也是调动消费者主体参与品牌培育的核心所在。

中国电影品牌关系网络的构建与品牌关系质量的保持，对于中国电影品牌培育过程中品牌价值的凸显、资源的优化配置以及良好竞争机制的建立也具有重要意义。

资料来源：陈清爽. 基于品牌生态学视角的中国电影品牌培育［J］. 青年记者，2023（10）：113-115. 有改动。

二、品牌关系动态模型

品牌关系动态模型的视角是消费者与品牌之间的关系如同人际关系的发展一样，有一个从无到有、从陌生到熟悉、从一般到亲密直至忠诚的渐进过程。目前这类研究大多借鉴了关系营销中的关系动态模型，如 Levinger 的关系五阶段论（起始、成长、维持、恶化、瓦解）。

一些品牌关系动态模型趋于雷同，奥美广告的关系五阶段论、Dyson、Farr 和 Hollis 的品牌动态金字塔模型、Millward Brown International（简称 MBI）咨询公司的金字塔式模型等几项研究只是对同一个模型用了不同的表述。故以下仅介绍 MBI 咨询公司的模型。MBI 公司认为，品牌与消费者关系的动态发展具有金字塔式的层级关系。随着二者关系由松散到紧密，品牌力也逐渐变得强劲。这五个层面是：存在——提示前知名度、相关——满足某种核心消费需要、功能——产品功能和绩效、优点——独特竞争优势、联结——某种情感联结。MBI 金字塔模型围绕的一条主线是消费者需求的满足。其关系建立的逻辑思路是：品牌所提供具有优势的功能利益或独特的情感利益满足了消费者需求，从而最终形成了品牌与消费者之间紧密的情感联系。

Cross 和 Smith 也提出过一个品牌关系五阶段论，包括认知、认同、关系、族群、拥护。不过他们的研究视角与上述几项研究不同：他们的阶段论是以消费者与品牌的接触过程作为主线。在这个接触过程中，消费者逐渐形成了对品牌的态度，并采取行动。需注意的是，该模型不只涉及消费者与品牌的关系，还涉及消费者与其他消费者的交流。可以看出，该模型的分析框架与 Mundkur 思路一致。

Fournier 的品牌关系动态模型是六阶段论即注意（getting noticed）、了解（getting acquainted）、共生（growing together）、相伴（staying together）、分裂（dissolution）、复合（getting back together）。可见，这一模型的主线是消费者与品牌的相处过程。其他学者的研究描述的是一个良好的关系怎样形成，而 Fournier 的六阶段论与此有很大差异。首先，该模型不只陈述了关系的形成过程，也指出关系会由于种种原因而破裂，因此更加客观和全面地描述了关系的动态过程；其次，该模型是一个循环论，认为破裂的关系也可失而复得，从而为品牌危机公关和重塑品牌形象提供了理论依据。

10.1 中国移动的消费者—品牌关系重塑

三、品牌关系质量

品牌关系质量（brand relationship quality）是指品牌关系的状态及其强度（strength）。

由于品牌关系在品牌资产中的重要地位,对品牌关系质量的测量已成为品牌体检(brand audit)的重要环节。

Blackston 通过研究消费者与企业品牌的关系发现,成功的、受到肯定的品牌关系都具有两个元素:顾客对品牌的信任和顾客对品牌的满意。Blackston 认为信任与亲密性有关,亲密性是衡量品牌与消费者关联程度的指标。关于顾客满意,Blackston 提出一个方程式:前瞻自发性+支持性=顾客满意度。值得置疑的是,仅用两个指标来衡量品牌关系可能显得薄弱。

Fournier 指出,品牌关系质量可分解为以下六个维度:爱与激情(love and passion)、自我联结(self-connection)、相互依赖(interdependence)、个人承诺(commitment)、亲密感情(intimacy)、品牌合作伙伴质量(brand partner quality)。Fournier 的品牌关系质量模型贯彻了其人际关系的研究思路,相对于其他测试指标体系来说具有显著特色,但目前尚未将指标量化,因而存在操作上的缺陷。

Duncan 和 Moriarty 从企业实际运作的角度提出用八个指标来评价消费者与品牌的关系:知名度、可信度、一致性、接触点、同应度、热忱心、亲和力、喜爱度。相比较其他指标体系而言,以上八个指标更具操作性价值,但指标数目是否完善、指标之间是否有排他性就不得而知。

儒家缘分关系视角下的品牌资产

儒家缘分关系视角下品牌资产有 11 个维度。其中惜缘阶段包含情感表达、交往信念、亲密互动、信任感、愉快 5 个维度;良缘阶段包含承诺、忠诚、依恋、信任、幸福快乐、包容 6 个维度。在这些测量维度中,交往信念、情感表达、亲密互动、包容、幸福快乐 5 个维度属于儒家缘分关系视角下特有的品牌资产测量维度。

结缘是基于缘分关系的品牌资产形成与演化的前提和基础,因此夯实缘分关系的"结缘基础"是品牌资产管理的首要任务,其核心是建立消费者与品牌的"缘分感"。消费者与品牌能在多大程度上感觉相互契合是产生缘分感的关键,因此实现消费者与品牌之间的高度契合就成为企业品牌资产管理的重要策略。例如,企业让消费者觉得品牌产品所表现的某些性能、特性是为自己"量身定做"的,让消费者觉得其所期待的产品和服务"不期而至",让消费者觉得品牌的消费理念、价值观、品牌个性和形象与自己"不谋而合",都可能让消费者对品牌产生"缘分感"。此外,企业应加强品牌与消费者互动,使消费者产生与品牌进一步交往的意愿。重要的是,企业不能让消费者的"缘分感"仅停留在结缘阶段,而应该使它贯穿于惜缘至良缘的过程,使"缘分感"得到不断的验证、强化和深化。

资料来源:唐玉生,张小溪,邓秋迎,等.儒家缘分关系视角下品牌资产量表开发与验证[J].南开管理评论,2021,24(02):37-45+47+105+48-49. 有改动。

第二节 消费者—品牌关系

1992年Blankston在关系营销理论和社会心理学的人际关系理论的基础上,率先提出品牌关系(brand relationship),他认为品牌关系是指消费者对品牌的态度与品牌对消费者的态度之间的互动。在他的研究体系中,品牌关系的主体是消费者与品牌。

一、消费者—品牌关系的纵向演进

在消费者—品牌关系的学术探索和营销实践的不断更新中,有五个标志性的节点豁然显现出来,主导和统领了顾客品牌关系的不同阶段和趋势走向。即以"时间"作为主轴,顾客品牌关系的进化可以用五个特征性节点简洁描述出来,它们是:感觉—满意—体验—依附参与—浸合。

(一)品牌感觉(brand feeling)

品牌广告早就追求感觉,特别在1955年品牌形象提出之后。学者挖掘了"品牌感觉"的重要性,认为品牌关系始于感觉,并且归纳出了六种主要的品牌感觉:温暖感,如美国Quaker麦片、中国的同仁堂等;乐趣感,如迪士尼、QQ;兴奋感,如耐克、MTV;安全感,如IBM电脑、奔驰汽车、华为手机;社会认同感,如Facebook、微信;自尊感,如苹果手机、路易威登。这六种品牌感觉可分为两大类:前三种是即时的和体验性的,其强度会不断增加;后三种是持久性的和私人的,其重要性会不断增加。

(二)顾客满意(customer satisfaction)

自从1965年卡多索(Cardozo)通过实验研究,提出了"顾客满意"的概念。在长达30年左右(20世纪60—90年代)的时间里,顾客满意也是营销学学术研究中最受青睐的主题之一。20世纪80年代出现过开发满意度测量的高潮,学者纷纷从不同的角度提出各种满意度测量模型,例如奥利弗(Oliver)提出的期望差距测量模型等。研究者的使命是使"顾客满意"的概念清晰化、准确化,更重要的是为管理实战提供科学的测量方法和指标。于是,顾客满意度或品牌满意度,以及顾客满意指数亦成为在很长时间内公司管理和营销实战中追求的核心指标之一。

顾客满意是顾客关系的重要阶段,其基本思想是极力让顾客满意来争取顾客关系得到高的分数。在满意度的基础上,顾客忠诚度或品牌忠诚度也成为营销学术和实践追逐的目标。一时间,品牌忠诚度似乎成为顾客关系发展的根本方向和终极目标,不过,后来的发展证明,顾客关系正确的前进路径却另有玄机,忠诚度太过于笼统,已经被更加精细、更有深度的其他变量所替代。

(三) 品牌体验 (brand experience)

品牌实战发现,尽管有了产品特色、好的品牌名称,甚至正面的品牌联想,似乎仍然缺少某些赢得消费者的要素。因此,人们从关注"满意"转向关注"体验",顾客关系的视角发生了根本性的转换:从供应商为主转向以顾客自身的感受为主。过去的问题是我如何让你更满意?现在的问题变成你的体验是怎样的?如何激活你的更美好体验?顾客满意和顾客忠诚尽管与体验相关,却并不相同。体验产生于顾客从外而内,由此更加深入持久。例如,21世纪初的苹果智能手机,就是通过品牌体验营销而大获成功的经典案例。

(四) 顾客参与 (customer participation) 和品牌依附 (brand attachment)

20世纪末,顾客参与的思想已经初见端倪。它比之前消费者行为学中的介入 (involvement) 概念更进一步。参与 (participation) 甚至被称为营销组合的第5个"p"。中国小米手机在开发产品过程中让其粉丝大量参与发表意见,这是产品制造过程中的顾客参与。借助机器,顾客自助服务的情景已经随处可见,例如在沃尔玛购物快速自助付费、机场自助办理登机等。这是服务中的顾客参与。

如果说,"顾客参与"关注的是关系中的行为,那么,很快出现了关注心理和情感的另一个新的学术概念——"依附"。"依附" (attachment) 的概念最早发源于社会心理学中人与人关系的研究 (如对妈妈的依附)。1992年前后被引入消费者行为研究中,2005年帕克等开始将其应用在消费者品牌关系方面,并强调了"依附"与"满意" (satisfaction) 和"介入" (involvement) 之间的不同。"品牌依附"成为品牌关系中的新概念并构成了一个研究方向。显然,品牌依附从一开始就指向情感和心理的方面。2010年,帕克等人发表了被广泛认可的"品牌依附测量量表",用四个题目测量品牌依附的程度:我真的喜爱这个品牌;如果这个品牌消失的话,我真的会想念它;这个品牌对我具有特别的意义;对我而言,这个品牌不仅仅是个产品。

(五) 品牌浸合 (brand engagement)

顾客浸合 (也称为顾客融合、顾客浸入),这是顾客品牌关系的最新境界。"浸合"的特质在于,它是互动体验和共创价值而形成的关系。这种关系非同一般,用一个比喻,这是婚约的关系,而不是参加朋友婚礼的关系。婚约是订婚,虽然不是结婚,却也是一种稍弱的契约关系。"品牌浸合"包含顾客关系和品牌关系的许多方面 (态度、行为、情感、责任、共同价值、共生共创等)。它是从品牌社群互动体验和共创价值中孕育出来的新概念,反映消费者和品牌已经浸为一体的状态,如"我心爱的品牌就是我的一部分""我心爱的品牌能够显示我是谁"。

二、锻造品牌关系质量

何佳讯根据Fournier的研究方法,提出了针对中国消费者—品牌关系的六个维度:社会价值表达、信任、相互依赖、真有与应有之情、承诺和自我概念联结。研究结论印证了中国消费者比西方消费者更重视品牌的社会价值,对大多数中国消费者来说,品牌的基本目的是社交。因此,在中国市场上,可以从这六个维度锻造品牌关系质量,创建强势品牌。

(一) 善用"面子感"塑造品牌价值

反映消费者与品牌关系质量的"面子感"可定义为:消费者对品牌象征性地赋予自己社会地位、社会性赞赏和影响的感知程度,带给消费者愉悦性的骄傲情绪。这里所指的"社会地位",其更真实的内涵是品位与风格。

"面子感"是中国文化中用来反映品牌关系质量的独特成分,在中国,品牌在更大程度上被用于与其他外部群体保持距离,同时维持群体内的相似性:群体内部对消费者品牌的选择有更大的影响。此外,中国消费者在更大的程度上把自身的社会地位与使用的品牌相匹配。有历史资料证明,早在明清时期,品牌就是用来划分社会地位的物质符号。时至今日,品牌的这种社会功能仍然十分重要。

作为消费者与品牌关系质量的一个衡量方面,消费者个人面子需要的程度以及品牌能够给予的面子大小两者产生了互动作用,共同影响着关系质量评价的好坏程度。从社会互动的角度看,品牌可以给消费者带来面子;反过来,特定的消费者(使用阶层)也可以给品牌带来面子,从而进一步影响这个品牌带给消费者面子感的能力。品牌的面子感是影响中国消费者对品牌的溢价支付意愿的最重要因素。换言之,品牌的面子感可以有效地塑造品牌的价值。

品牌可以通过卓越的产品表现、成功的代言人身份、特定的社会性关注、重要的适用场合、奢华的消费梦想等形成品牌的面子感。

(二) 提升"关系"建立品牌信任

品牌信任是消费者对品牌行为按照自己期望发生的认知和感觉程度。与新品牌相比,中国消费者给予老品牌更多信任;新品牌立足于市场最基本的前提是建立消费者信任。企业可以直接用"信任"概念建立品牌。例如,支付宝平台有一个代表性广告,广告中用四个与信任相关的场景,打出支付宝品牌主题——因为信任,所以简单。

在中国市场环境中,信任具有两种目标角色:建立消费者信任首先是一项初级目标,其次又是一种高级目标。信任是中国人际关系建立的心理起点,信任感在建立消费者与品牌关系的过程中具有非常基础性的作用,是品牌建设初级阶段的任务。在这种初级阶段,品牌被当作质量保证的符号,品牌创建的主要策略是突出品牌产品的质量与可靠性,给消费者带来保证和信任。品牌信任又是建设消费者与品牌关系质量的高级目标。研究表明,具有高级关系的顾客,他们的态度转化为信任与承诺,继而影响未来意愿;低级关系的顾客,则是转化为满意度,继而影响其未来意愿。也就是说,在消费者与品牌关系建设的高级阶段(即对于高级关系顾客),企业的重要目标是强化品牌信任,而非顾客满意。综合初级目标与高级目标来看,品牌信任是品牌建设的长期任务。

品牌可以通过让消费者感到安心、用数据与证据说话、把群众影响当作武器、以悠久历史进行背书、打造企业社会责任感等策略增强品牌信任感。

(三)巧用"依赖"建立品牌依附

在中国的人际关系中,相互依赖受人情原则驱动,与互惠和回报行为密切相关。中国人际关系中的"人情"突出了为人处世中"情"的成分。这意味着,用相互依赖区分关系质量的好坏,还要考虑这种互依形态是否存在条件。在高质量的关系中,互依形态是无条件的,即在心理和行为上彼此无保留地依赖对方,不附带明显的具体条件;而在低质量的关系中,互依形态是有条件的,且越是讲条件,则依赖的存在限度越低。

很多研究表明,人际关系中的相互依赖可对建立与提升品牌强度提供有效指导。反映消费者与品牌关系质量的"相互依赖",即品牌依附可以定义为:消费者基于成本和价值回报的比较,与品牌积极互动的心理期待和行为表现。这个定义强调,相互依赖不仅体现在日常行为上,而且还要强调评判结果的标准,即如果没有现在的品牌,消费者会怎样;同时指出,只要最终是利己的,那么即使需要努力和牺牲,也值得付出。

品牌可以通过让消费者心生期待、真实展现密切关系、为拥有而愿付出代价、对比拥有与失去的反差、为获得做出超常努力等策略提升品牌依附感。

(四)"双管齐下"建立品牌情感

中国文化注重情感,在人际交往中总要给对方最起码的人情。这种"人情"带有很强烈的义务性和强迫性,使得在表达情感时"情"与"礼"之间产生了间隙和分离,有时我们知道按"礼"应该给某人"情",但心中并无这种"情"的存在。可以用"真有与应有之情"来反映中国市场中消费者与品牌关系质量的情感构面。在对品牌使用中,消费者有对品牌喜爱产生的难以控制的正面情绪反应(真有之情),如高兴、愉快、温暖和乐趣等,以及受文化规范影响(如爱国主义、家庭和传统、场合和礼节)而产生的义务上的感情(应有之情)。我们有理由认为,揭示中国人的品牌情感世界,应该考虑纯粹亲密情感之外的应有之情才显得合理和完整。

两种品牌情感对品牌忠诚的作用在中外品牌之间是存在差异的。对于国产品牌,应有之情比真有之情对品牌忠诚及其结果产生更重要的作用,而对于国外品牌则反之。也就是说,我们既要重视采用"应有之情"建立品牌关系的现实性,又要意识到与"真有之情"相比"应有之情"方式存在的局限性。理想的做法是开启品牌情感的双通道,以全面推进消费者对品牌的忠诚关系。如果仅有应有之情,完全没有真情相伴,这种情感就会被认为是虚假的;而真情的表露如果完全不顾场合和情境所要求的应有之情,也会被认为是相当鲁莽的。

品牌可以通过唤起喜爱、营造温暖、渲染愉快等真有之情的策略,以及倡导观念、担当责任等应有之情的策略,双管齐下地提升中国消费者的品牌情感。

(五)以"承诺"创建品牌制高点

中国文化价值观具有更突出的长期时间取向。在这种文化环境中,个体更可能具有作出承诺的心理和行为。因此,承诺在中国文化中是衡量关系质量的重要指标。中国人际关系中特有的基于人情、面子和回报的互惠特性,显然有利于促进关系的持续性保持,其关系动力的内在机制保证了关系一旦建立,便有延续不绝的可能趋势。

那么，如何把"承诺"用到消费者与品牌关系的情形中呢？首先，我们可以相应地做出品牌承诺的定义，即"不管环境是可预见的还是不可预见的，与品牌保持长久关系的行为意图"，包括自认为的忠实和忠诚，常常表现为申明的誓约和公开的意图。通常我们把创建强势品牌分为四个步骤：建立品牌身份、确定品牌含义、推进品牌响应、打造品牌关系。那么，品牌承诺则是创建强势品牌的制高点，高水平的承诺存在于强势的品牌关系中。值得指出的是，除了消费者对品牌的承诺外，还存在品牌对消费者的承诺即品牌与消费者保持长久关系的积极意愿。

品牌可通过对消费者作出承诺、展现长期顾客关系、演绎共同成长主题、回溯品牌发展过程和把承诺作为品牌价值等策略来创建品牌制高点。

（六）搭建"桥梁"沟通自我与品牌

在社会互动过程中，传统中国人不是以内在自我意象为重心、强调个人或自我一致性，而是以外在社会情境为重心。每种关系中的角色行为都有许多规范化的信念要求角色的扮演者加以遵循，以满足对方根据角色规范所形成的期望。因此，中国人的"自我"与一个人的社会角色紧密相连，表现为关系性自我，即个人超越自身实体，并使之与外在社会关系相结合，以追求两者间的和谐一致为目的，以此界定对自己的期许。

在中国迅速变迁的社会环境中，年轻一代的"自我意识"与传统价值观产生了很大变化，西方人的这种自我概念在中国年轻一代中愈发显现出了重要性。中国的消费者已从历史上"儒家的我"，到 20 世纪 40 年代的"无私的我们"，再到当下的"个体的我"，经历了一个变化的过程。在消费者与品牌关系的情形中，使自我概念与品牌产生联结是建立和提升品牌关系质量的重要途径，即所谓的自我品牌联结。这个概念揭示了品牌对一个人的身份、价值观和目标的贡献程度。品牌可以用于表达个人自我的重要方面。这种个人自我既可以是过去的，也可以是现在的；既可以是真实的，也可以是理想的。

品牌可以通过刻画用户的自我形象、描绘用户的价值观、展现用户的理想自我、重视用户经历的过去、让自我与品牌互为化身等策略，让消费者的自我与品牌浸合交融在一起。

10.2 Keep运动社交平台

第三节 品牌社群

品牌关系最早被学者 Blackston 界定为消费者与品牌之间的互动体系，随后 Mundkur 将消费者之间的关系纳入其中。学者 Muniz 与 O'Guinn 进一步对以品牌为核心的消费者之间的关系进行研究时，创新性地提出了品牌社群（brand community）的概念，引起了众多学者的关注。这一概念与品牌体验和品牌浸合一起构成支撑 21 世纪品牌思想殿堂的三根支柱。

一、品牌社群的界定

（一）品牌社群的定义

品牌社群是指建立在使用某一品牌的消费者间的一整套社会关系基础上的，一种专门化的、非地理意义上的社群。品牌社群已突破了传统社群意义上的地理区域界限，代之以消费者对品牌的情感利益为联系纽带。在品牌社群内，消费者基于对某一品牌的特殊感情，认为这种品牌所宣扬的体验价值、形象价值与他们自身所拥有的人生观、价值观相契合，从而产生心理上的共鸣。在表现形式上为了强化对品牌的归属感，社群内的消费者会组织起来（自发或由品牌拥有者发起），通过组织内部认可的仪式，形成对品牌标识图腾般的崇拜和忠诚。从品牌社群的产生来看，它是消费社群的一种延伸。

品牌社群发展的三个阶段

自20世纪80年代以来，品牌社群的发展经历了传统实体品牌社群、基于论坛网站的在线品牌社群以及基于移动应用平台的在线品牌社群三个阶段。

一、传统实体品牌社群（20世纪80年代至20世纪末）

传统品牌社群的表现形态以线下实体社群为主，为品牌与消费者提供面对面沟通的平台，能够在互动交流过程中影响社群成员对品牌的感知与态度，进而提高社群成员的品牌忠诚度。总体而言，传统实体品牌社群具有地缘聚集、广泛交流、以文化价值提高认同的特点。

二、基于论坛网站的在线品牌社群（21世纪初至21世纪10年代）

Web2.0时代，网络技术的发展与理念的变迁带动了消费者的线上聚集，不少企业将基于BBS、论坛以及博客等网站的虚拟社区视为品牌社群的培养皿，将品牌社群进行线上延伸，在线品牌社群顺势而生。这一时期品牌社群具有提供便捷服务、线上线下联动的特征。

三、基于移动应用平台的在线品牌社群（21世纪10年代至今）

移动互联网时代，人们的聚集方式逐渐趋于移动化，基于手机、平板等移动终端的社交平台成为在线品牌社群的主要载体。基于移动应用平台的在线品牌社群呈现出类型多元、功能集合以及成员广泛参与、价值共创等特征。

资料来源：崔丽娟，杜春娥. 40年品牌实战：品牌社群的实践发展研究[J]. 视听，2023（05）：36-39. 有改动。

品牌社群是一个关系集合，根据不同的学者对其中参与方的界定不一，形成了不同的结构模型。

1. 三角关系模型

在整理许多学者的研究成果后发现，消费者重视自身与品牌及自身与其他消费者的关系，因此有学者在传统的"消费者—品牌"关系中加入其他消费者，形成品牌社群三角关系模型，强调的是以品牌为中心的消费者之间的关系。此模型表明了消费者因品牌而联结在一起的意义，也表明消费者之间的关系在品牌创建中的重要作用。但是，该模型也有一些缺陷，比如品牌社群中有的成员是竞争对手的消费者，他们也会对本品牌的消费者产生影响，同时对于品牌社群的形成机理、消费者之间如何互动没有进行深入的研究。

2. 焦点消费者模型

后来有学者在对品牌社群三角模式研究的基础上，将品牌社群的概念进一步发展，提出焦点消费者的概念，认为品牌社群是以消费者为中心形成的四对关系，即消费者与品牌、消费者与产品、消费者与营销者、消费者与消费者。该模型的重要特征是突出了焦点消费者在品牌社群中的联结作用，并强调消费者对品牌的全方位体验。尽管这一结构更加全面，但是同样存在一些局限，即并未解释顾客认同品牌社群的动机，以及在加入品牌社群后又是如何进一步形成品牌忠诚意愿和行为等问题。

3. 利益相关者关系模型

在品牌社群三角模型及焦点消费者模型的基础上，有学者提出了一个更加复杂的模型，在他们的模型中，所有与品牌有关的利益相关者（包括雇员、消费者、股东、供应商、战略伙伴等）与品牌的关系共同组成了品牌社群。此模型虽然强调了利益相关者对品牌创建的意义，但是由于涉及面太广，其中的各种关系很难在一项研究中同时得到考虑，所以该模型在品牌社群的实证研究上受到了很大制约。同时，该模型强化了品牌的核心位置，却淡化了品牌社群中消费者在品牌创建过程中的重要作用。

（二）品牌社群的特征

尽管社群概念随社会的发展而不断发展，但其主要特征还是由共同的群体意识、仪式和传统、责任感三方面组成。

1. 群体意识

共同群体意识主要指社群成员彼此间所感到的一种固有联系，以区别于社群外其他人的一种集体意识。它是社群成员在对待事物中所表现出来的共同意识，是对所共同拥有物的共识，这要比共同的态度或表面上的一致性更强烈。共同意识中还包括成员资格的"合法性"和抵制竞争品牌的品牌忠诚。

2. 仪式和传统

仪式和传统是一个重要的社会过程。品牌、品牌社群的意义通过仪式和传统得以复制和传递，社群所共有的历史、文化和意识得到了传承。在品牌社群中的仪式和传统，包括庆祝品牌历史的活动和共享成员与品牌之间的故事（如成员的经历和体验等）。通过这种庆祝活动和分享，品牌的意义也得到了交流和传递，社群成员能够更深刻地感知品牌意义，建构自我对品牌的认同。

3. 责任感

责任感是对整个社群或其社群成员的一种责任感或义务。这种责任感没有必要太大，其反映在日常琐

10.3 微信群聊的四条礼仪

碎的事务上。例如社群成员之间的相互致意、问题探讨、经验交流和相互帮助，社群成员吸纳新成员和维持老成员等。而且当社群遇到威胁时，这种精神上的责任感就会导致集体的行动。

此外，品牌社群还具有类宗教性的特征，即品牌崇拜，由此可以更好地理解消费者对其钟情品牌的极度热爱，甚至是信仰。人们认为这比自我分享更有意义，更具力量并且非同一般。在有共同信仰的社群成员中，当社群成员将自我喜好完全奉献给某一品牌时，都会体现出消费的宗教性。

（三）品牌社群的价值

顾客为什么要加入和光顾品牌社群？品牌为什么要投入资源来运营品牌社群？这是一个关乎品牌社群生命力的问题。

1. 对成员的价值

第一，品牌社群降低了成员的购买成本。许多顾客来品牌社群的首要目的都是买到更便宜的东西。品牌社群从三个方面为顾客降低了购买成本：通过加入客户俱乐部成为一名正式会员，顾客能够享受到会员价、消费积分、抽奖和其他促销优惠；由于社群成员大量交流产品价格，从而增加了价格信息的对称性，减少了因盲目购买而导致的价格损失；成员们组织起来进行团购，以大批量采购的形式来增加价格谈判的筹码。

第二，品牌社群带给成员归属感。"社会人"的属性促使人们总是寻求组织依靠，以求心灵慰藉，品牌社群就是人们在消费领域的感情依附体。这种归属感有两个生成的机制：一是类别化，即各成员消费同一品牌，他们之间或多或少会产生一定的亲切感；二是关系化，即成员之间进行友好互动，大量社群成员拥有共同的价值认同和兴趣爱好，他们之间的各种活动加深了成员之间的关系，增强了成员的归属感。

第三，品牌社群赋予成员一种个性。当顾客选择一个个性鲜明的品牌时，其背后原因往往是顾客个性与品牌个性产生了共鸣。按照社会心理学理论，品牌是顾客延伸的自我，看到品牌就像看到自我。美国著名营销学者卢瑟·贝克教授所说的"我消费什么，我就是什么"，品牌社群则为成员个性化的身份进行了直接的诠释，作为某一品牌社群的成员，成员自然会带有该品牌的鲜明个性。

第四，品牌社群提高了成员的社会地位。随着中国经济社会发展的日新月异，作为一名中国人的自豪感会比以前更强烈。学术界把这种由集体评价带来的成员自尊称为"集体自尊"，这一集体自尊感同样可能来自一个品牌社群。当所处行业属于高消费（如高尔夫）或品牌自身定位高端（如LV），又或者在社群中处于高端会员等级（如白金会员）时，品牌社群将帮助成员抬高社会地位。

第五，品牌社群为成员提供了信息。社群成员来自四面八方，有着不同的背景和经历，因此很容易实现信息"人无我有，互通有无"。对于那些问询者，便捷获取信息的价值自然是吸引其光顾的重要原因；对于那些答问者，这种免费热心答疑的利他主义行为是源于自我价值实现和成就感的动机。随着交往的深入，社群信息会从单纯的产品信息扩展成包罗万象的生活信息，由于交流发生在成员之间，而非企业的广告传播，因此信息是中立和客观的。一项名为"我们何时开始信任陌生人"的全球最新调研发现，在虚拟的网络空间中，人们对于素未谋面的陌生人和亲近朋友的信任度是相等的，网络社群中每个人都拥有影响别人的能力。

2. 对企业的价值

第一，品牌社群是自然形成的细分群体。企业面临的一大营销难题是如何在复杂的人群中接近目标市场以开展传播。不能准确靠近目标群体，企业的传播成本将会像"美国百货商店之父"约翰·华纳梅克所说的，"我知道我的广告费浪费了一半，但不知浪费的是哪一半"。物以类聚，人以群分，作为一个有着共同兴趣和爱好的集合体，品牌社群集结了众多类似的顾客，企业真心诚意地为他们提供价值，就能有效地向这些群体传播品牌信息。

第二，品牌社群帮助传播正面的品牌形象。传统上认为，人们只会在互联网上抱怨，其实不然，许多网民都很愿意跟别人分享自己或朋友的正面消费体验，这种自我表达的动机源于别人的认同和自我价值实现。比如一些车友会将自驾的游记连同照片发到网上，让人在欣赏游记的过程中也对其爱车产生好感；一些明星粉丝团则会大量收集明星的照片和报道，与其他粉丝分享。在这一信息传播过程中，发帖者无形之中成了公司在网络上的免费推销员。

第三，反品牌社群是顾客意见反馈通道。有研究表明，只有不足5%的不满意顾客会向公司投诉，其他人则通过向朋友倾诉来发泄不满。这对企业来说不是好事，因为投诉还可通过事后补救来解决，而不满的情绪扩散了则无法控制。当人们聚集在一起来口诛笔伐某一品牌的时候，反品牌社群便形成了。这对企业来说倒是一个好消息。因为不满的顾客聚在一起，就相当于将顾客不满的意见进行了汇总，企业可以很轻松便捷地了解到顾客为何不满、顾客对产品有何要求等，之后根据顾客需求信息重新开发或调整产品。需要注意的是，反品牌社群当中提出的问题应当尽早解决，不然扩散后的负面影响将对企业非常不利。

二、品牌社群的形成

企业与消费者在品牌社群中占据核心地位，对品牌社群的形成起着至关重要的作用。在二者的共同作用下，品牌社群形成稳定的社会网络，并促进品牌忠诚的实现。

（一）品牌社群形成过程与机理

国外学者多从宏观层面谈论品牌社群的形成进程，而我国学者周志民等人在前人的基础上提出了品牌社群形成机理模型，更加详细地阐述了这一进程。

1. 品牌社群形成过程

一些学者概括性地总结了品牌社群的形成过程，Amine与Sitz对尼康与佳能的在线品牌社群进行研究后，总结出其形成过程分为"地方"与"符号"的两个阶段，资深品牌爱好者倾向于搭建一个"地方"供消费者沟通交流，消费者在互动中会形成社群独有的"符号"使社群得以延续。王斌等人将品牌社群的形成概括为"品牌互动—品牌体验、象征与利益—品牌依恋—社群意识"的过程，认为社群意识的形成是品牌社群形成的标志。

2. 品牌社群形成机理

还有一些学者提出了详细的品牌社群形成机理模型来揭示这一过程。周志民将消费者的让渡价值作为其加入品牌社群的前提条件，将社群忠诚作为促使品牌社群长期发展的结果，构建了"期待—体验—满意—忠诚"的模型。薛海波则从宏观视角出发，以企业品牌基础与顾客参与动机作为前提条件，以成员的仪式与惯例作为互动要素，以成员共同意识与责任感的形成作为品牌社群形成结果来构建模型，描述品牌社群的整合过程。此模型充分肯定了品牌的内涵与文化等客观条件对品牌社群形成的重要作用，强调了企业在其中的决定性作用。任枫在此基础上引入了品牌社群融入这一变量，以消费者需求与品牌社群外部客观因素作为品牌社群形成条件，构建了"诉求—体验—社群融入"的形成机理模型。

（二）品牌社群形成的影响因素

从品牌社群形成过程和机理模型中可以看出，影响品牌社群的因素主要有品牌体验、社会认同、信息价值和文化差异等。

1. 品牌体验

消费者通过参与品牌社群的活动感受品牌本身的独特魅力，能够获得某种品牌体验，这种体验能够促进品牌社群的发展。通过研究参与式体验对品牌社群的影响发现，消费者在参加品牌社群活动后会形成与品牌、品牌营销者及其他的品牌拥有者之间更正面的关系，并且会促进品牌社群整体质量的提高，可见参与度的提高可以改善品牌社群质量。通过研究消费者在品牌社群中的独特体验对其品牌态度的影响发现，当消费者的独特体验使期望的高价值得到满足时，其对品牌营销活动往往会采取积极态度，并会加强与品牌社群的联系。

2. 社会认同

品牌社群有利于消费者表达自我，以强化或改变形象识别。消费者形象的社会认同度会影响其对品牌社群的偏爱度，同时社会对品牌社群认同度高也会导致社群成员对品牌个性的能力和热情维度呈现更高程度的偏爱，此类偏爱的形成会增强消费者对竞争品牌的抵制，因而能够提高消费者的品牌忠诚度。有研究者提出了一个基于消费者行为计划、社交意图与社会认同三方面（包括成员自我认同、情感承诺和成员重要性）的品牌社群模型，并且认为消费者的社会认同度越高，参与社群的意图就越明显。尽管品牌个性强的社群能彰显成员的形象，但过强的品牌个性对品牌社群而言未必是好事。品牌独特性过强有可能引发社会对该品牌的责备，从而导致对社群基础有效性和社会接受程度的质疑。

3. 信息价值

信息价值是指消费者通过成为品牌社群成员能够获得非成员无法获得的信息。品牌社群作为一种消费者代理形式，可以使消费者的意见得到重视，为消费者提供信息，并为社群成员提供广泛的社交利益。品牌社群为公司和用户建立联系提供了可能，再加上专业用户对于与产品相关的信息交换有强烈的兴趣，因此在B2B关系下可以利用网上品牌社群来促进品牌建设。可见，品牌社群在企业与顾客之间充当了互动沟通的桥梁。一般来说，品牌社群的存在对品牌有支持作用，但也会存在因对品牌反感而形成的消费者群体——"反品牌社群"，可以对品牌形成共同的道德约束，并在网上为社群成员提供信息和支持，帮助他们实现共同的目标、处理消费难题和采取一定的行动。

4. 文化差异

消费者由于受不同国家或种族文化的影响，对品牌社群的态度也会有所不同。民族中心主义对品牌社群产生较大影响，消费者的种族主义感觉越强烈，就越忠诚于尊重他们种族意识的品牌，同时消费者对种族传统的自豪程度、自我评价和阶层认同都会影响其对品牌社群的态度和参与度。正是因为品牌存在跨文化差异，同一品牌在不同地理区域有可能形成不同的品牌社群。

10.4 网络直播社群的建构

三、品牌社群的建设

消费者的融入是品牌社群运营的关键所在。虽然消费体验与让渡价值是消费者参与品牌社群的重要诱因之一，但品牌社群融入的实现需要共同愿景与未来愿景的有效促进，以及对社群成员行为的监督效率也对消费者参与社群活动有正向影响。因此，品牌可重点从以下几个方面开展品牌社群建设。

（一）加速基于营销部门的传统品牌管理模式的升级、转型

随着品牌社群的兴起，基于企业内部职权设立的品牌管理模式已经过时，单纯的营销部门不仅无法有效控制品牌社群中处于企业外部成员的行为，更无法独立地形成品牌社群的共同愿景并调动品牌社群资源为品牌发展服务。因此，企业应当转变品牌发展的理念，从过去的职能管理向引导品牌社群成员共建品牌转化。首先，应将品牌构建、经营、发展等业务上升到企业最高层面，而非受制于某个部门，以便使用企业的名义与品牌社群中其他成员进行沟通、合作，从而减少品牌社群中的合作限制并理顺各方参与者间的关系。其次，在品牌社群成员间的合作过程中，并不存在领导与被领导的关系，品牌所属企业应意识到其自身并非品牌社群的统治者，而应通过引导各方参与者形成共同愿景，提升品牌社群成员的参与度和积极性，最终实现品牌的发展。

（二）构建公共监督模式，发挥品牌社群成员主体责任

提高监督效率有利于构建良好合作氛围，抑制背德行为的产生，是提升社群成员在品牌社群活动参与度的重要手段之一。虽然不少品牌所属企业对各自的品牌社群进行监督与管理，但是通常只关注涉及自身的合作行为，对其他社群成员间的活动漠不关心，不利于品牌社群内良好合作氛围的形成。品牌社群成员间互动往往并非正式合作，而是源于社群成员个体交流或心理上的需求，一旦被纳入监督范围则容易导致社群成员的逆反心理，降低参与品牌社群的乐趣。考虑到品牌社群的特性，依托品牌社群构建关系网络中信息传递与交流的便利，形成一种社群成员相互监督的社群惯例无疑是一种更高效、更和谐的选择。当有成员采取背德行为时，其余知情者可以通过品牌社群的关系网络将信息公布，从而实现有效监督。

（三）培养品牌情感，构建长期愿景

培养品牌情感，构建长期愿景，不仅是降低品牌社群成员间对立与冲突的重要手段，

还是维持品牌社群发展活力的重要途径之一。构建长期愿景可以将品牌社群成员从短期的利益冲突中解放出来，着眼于更稳定的长期发展战略，减少成员间心理对立的同时维护了品牌社群的可持续发展。然而，我国本土企业通常较注重眼前利益，忽略了对品牌社群长期愿景的培养，导致品牌社群虽然在创立之初能够吸引大量参与者，但一段时间后，品牌社群成员会逐渐淡忘或退出。因此，我国本土品牌应注重培养品牌社群成员的长期品牌情感，以形成长期愿景，增强品牌社群的生命力。

10.5 完美日记的私域社群运营

第四节 品牌—利益相关者关系

随着品牌逻辑的进化，越来越多的学者将关注点从企业与市场的二元关系中解放出来，转而研究如何通过保障由多元利益相关者参与的品牌共建来实现品牌价值的提升。因此，品牌研究的重点逐渐从消费者—品牌关系、品牌社群关系管理转向品牌—利益相关者关系治理。

一、品牌—利益相关者关系管理概述

（一）品牌—利益相关者关系的内涵

品牌关系中的利益相关者是指能够受企业品牌决策和行动影响，同时也有力量对企业品牌构成影响的组织或个人，一般包括员工、股东、供应商、中间商、竞争者、最终顾客、金融机构、大众媒体、政府和社会公众等。组织品牌代表着组织内外部对它的总体印象（Davidson），即使公司拥有品牌名称和商标所有权，但品牌的真正拥有者却是利益相关者。从这个意义上来说，品牌已经是一个为组织内外部利益相关者而存在的概念，它存在于利益相关者的心目中，利益相关者对公司和品牌的印象与看法影响着他们的支持度，这种支持的大小影响着公司成本和收益。只有当企业内外部不同利益相关者都能从组织品牌中获得满意并对品牌表现出信任和支持时，品牌才真正具有了美誉度和忠诚度的基础。因此，利益相关者视角下的品牌关系认为，组织品牌管理的实质是对品牌和利益相关者的关系进行管理。

（二）品牌—利益相关者关系视角的全面品牌关系质量管理

许多企业对互动关系的管理处于"各自为政"的分割状态，顾客关系管理、公共关系管理、企业品牌管理等分属于不同部门，关系之间缺乏整合，这种分割的"专业化"关系管理，降低了企业管理效率，浪费了关系管理资源，不能达到最佳管理效果。利益相关者视角下的品牌关系质量管理的出现，为这种状况的改善提供了发展契机和运作平台，作为一个人格化的整体概念，企业品牌本身应该是完整的概念。

基于品牌与利益相关者互动视角下的全面品牌关系质量管理（total brand relationship quality management，TBRQM），是指一个组织以品牌关系质量为中心，全员、全过程参与管理，对利益相关者进行全面关系管理，以实现关系质量水平处于持续性改进状态的管理活动。全面品牌关系质量管理强调"三全"：第一，全面关系管理。关系管理要照顾到主要利益相关者，而不仅仅是顾客或某一类利益相关者。第二，全员参与管理。企业员工不但是企业重要的利益相关者，而且是连接企业内外部其他利益相关者的纽带，全员参与品牌关系质量管理，有助于凝聚关系管理行动动力，提高管理资源运营效率，提高品牌管理效果。第三，全过程管理。在品牌关系发生发展的各个层面和各个阶段都进行管理。在所有的关系管理环节上，企业品牌始终作为一个人格化的化身，展示一种整体形象。全面品牌关系质量管理处于中心位置，通过品牌关系生命周期管理（时间维度）、品牌关系界面管理（空间维度）、品牌社会关系网络管理（网络维度）和整体品牌体验管理（情感维度）四个维度，实现全面关系管理、全员参与管理、全过程管理，组织品牌与利益相关者进行有效互动，利益相关者的需求和期望得到满足，品牌关系质量得以持续提高。

二、品牌利益相关者关系的模式

（一）基于相关者的品牌关系模式

根据利益相关者类型的不同，品牌—利益相关者的互动关系包括品牌—利益相关者之间"一对一"的互动关系、员工（部门）—外部利益相关者之间的互动关系、品牌利益相关者之间的人际关系、品牌利益相关者的角色重叠关系四个方面。

1. 品牌—利益相关者之间"一对一"的互动关系模式

品牌—利益相关者之间"一对一"的互动关系模式包括以下三种关系：一是品牌与利益相关者之间一对一的沟通交流及传播关系，其作用是获得利益相关者对品牌的价值需求、期望和想法等，并增进彼此了解，建立信任关系；二是品牌与利益相关者之间共同的价值创造关系，其作用是有效利用利益相关者的资源（包括人、财、物、知识、信息和关系等）；三是品牌对利益相关者的价值需求的满足或实现的关系，其作用是通过有效满足利益相关者的价值需求，增强利益相关者对品牌的认同、信任和承诺，激发利益相关者对品牌价值创造的参与、合作、消费和支持的积极性和持续性。

2. 员工（部门）与外部利益相关者之间的互动关系模式

在以人为主导的市场上，品牌是从内部开始的，始于企业员工及其责任心和热情，然后向外辐射，绝不是始于外部环境中的某种因素、广告噱头或捏造的特征。员工既是品牌塑造的利益相关者，又是与外部利益相关者进行沟通、向其传递品牌价值的桥梁。具体包括以下两种关系模式：基于价值传递的员工—外部利益相关者互动关系模式，以及基于职能部门的员工—外部利益相关者互动关系模式。

3. 品牌利益相关者之间的人际关系模式

品牌—利益相关者的互动关系模式除了"一对一"双向关系和员工—利益相关者互动关系之外，还存在品牌利益相关者之间的人际关系模式。该模式包括以下两层关系：品牌利益相关者与其他利益相关者之间的人际关系和品牌利益相关者与社会公众（如与关系密切者）的人际关系。

4. 品牌利益相关者的角色重叠关系模式

利益相关者之间除了以人际关系形式出现的互动关系之外，还存在利益相关者自身对品牌关系所扮演的多重角色。这是因为品牌利益相关者作为社会公众成员，同时需要履行多重角色。这种"角色多重性或角色重叠交集"现象增加了品牌—利益相关者互动关系网络的复杂性，对品牌关系、品牌—利益相关者之间的互动关系效应产生重要影响。

（二）基于相关关系的品牌生态系统

根据品牌与利益相关者之间的相关关系的不同，可以形成由环境要素品牌关系、支持者品牌关系、合作者品牌关系、消费者品牌关系和品牌社群关系等构成的利益相关者五维度品牌生态系统。

1. 环境要素品牌关系

环境要素品牌关系包括品牌与政府、媒体和行业协会等环境要素的关系。首先，Upshaw以及后来的学者将政府纳入企业的生态共生关系中，强调政府导向和制度力量对企业发展的影响。品牌的进入、成长离不开政府的作用，因为政府的行业导向作用、优惠政策直接决定产业规模。与政府保持良好沟通，有助于品牌发展投资、合作、许可生产等多个变量组合关系，实现品牌权益的增长。其次，媒体也被视为品牌竞争力来源之一，是消费者、协会及营销者建立良好沟通的纽带。多样化的媒体渠道有助于企业采取理性和感性策略，满足处于不同生态位的消费者群体需求，是企业实施利基战略、提升次市场竞争能力的途径。最后，行业协会也被Trendafilova等视为品牌经理应该关注的焦点之一。综合文献与访谈的分析结果可知，政府的政策导向、区域政府的支持等是生态环境中的重要力量，在媒体方面，媒体关系维护、媒体多元化运用、行业协会支持方及协会营销传播均不可忽视。

2. 支持者品牌关系

王兴元将投资者、供应商和代理商等作为品牌的支持环境构成要素，品牌与他们保持着竞争和合作关系。首先，投资者意愿和参与意识决定了品牌生存的融资环境，为品牌的产品功能研发和市场拓展提供充足的资金来源，因此，投资者关系维护成为战略管理者的重要任务。有的公司借助于"投资者关系互动平台"与投资者交流、互动，将其建议和看法纳入企业决策之中，提高其参与度和满意度。此外，供应商作为营销供应链的上游环节，对品牌及载体生态位具有重要的作用。原材料资源的易获得性和丰富程度也决定了品牌的成长空间。除了资源供应关系，供应商有时候也会参与到企业的项目开发中，创造新的利润空间。其次，供应商品牌对生产商品牌知名度也有促进作用，因为品牌消费者往往属于产品高卷入消费者，不仅关注产品本身，而且关注产品原材料及供应商。最后，代理商作为营销供应链的下游环节，对整个价值链竞争力具有一定影响，是生产企业品牌生态的一部分。现在的代理商已经不能简单地将其描述为从事买卖交易的商业中间商，在生态系统中他们是实现品牌与消费者之间价值创造与交付的商业伙伴。而且，代理商也是市场信息反馈的重要渠道，在品牌设计和管理中起到双向信息传递的作用。同时，代理商也是品牌企业应付款融资的一种重要渠道，与代理商保持好沟通与合作，获得代理商的支持是营销经理重要的工作任务。

根据以上分析，结合访谈结果可知，在支持者关系中，投资者和供应商的合作意愿和关系满意度对于品牌建设所需的资金支持和原材料资源获取具有重要的影响，他们的参与意愿决定了品牌对上游价值链资源占有的实力，代表了品牌在商业生态系统中所获得的资源生态位势，而代理商的品牌认同、伙伴关系甚至加盟意愿也有助于品牌实施有效的整合营销传播，提高品牌的市场竞争力。

3. 合作者品牌关系

除了外部环境和营销价值链要素，还有一些与品牌保持合作关系的要素，主要包括代言人、成分品牌和联合品牌。尽管这些要素不属于品牌或者公司的一部分，但对这些合作者的作用不容忽视。代言人往往以签约的形式在一定时期内与品牌保持合作关系，代言人形象对顾客感知价值和品牌信任具有正向影响，而后两者是消费者进行品牌选择时考虑的主要因素。根据社会认同理论，消费者认为代言人代表企业和产品的品牌形象和属性，那么对代言人的认同可以移植到品牌上面，当然，消费者更愿意接受与自己个性追求相匹配的代言人。所以，生产商应该在确立市场定位后选择与顾客群个性特质一致的代言人进行合作，以获得品牌认同。除了代言人，还有成分品牌和联合品牌也属于合作人关系之列。成分品牌指产品所使用的材料、成分和零件等，其本身具有品牌价值，也属于产品的品牌权益之一。成分品牌化能够向消费者传递质量内涵，唤起消费者品牌联想和情感，导致最终的购买行为。实际上，成分品牌并不孤立存在，可以构建一个复杂的成分品牌生态系统。Pinar 等从行业价值链的角度，建立了一个服装品牌的成分品牌生态系统，将棉花种植—加工—制衣—零售—目标市场整个过程嵌入了成分品牌，用于最终的品牌传播上，创造整体品牌优势。此外，联合品牌也是企业重要的利益相关者，特指企业通过两个或多个品牌进行合作推出的新品牌，借助原有品牌的市场影响力，并产生联合效应，影响消费者对新产品的态度，使品牌权益增值。综合理论分析及访谈结果，在合作者关系中，代言人形象与本品牌是否匹配，与消费者群体的个性特质是否一致，成分品牌是否与消费者定位及本品牌形象相符合，联合品牌是否能够产生联合效应及实现商业模式转化，都是合作者生态关系的关键点。

4. 消费者品牌关系

消费者品牌关系的研究重点在于结构维度研究，主要包括愉悦体验、情感依恋、信任交互、关系承诺、服务满意及功能创新参与等。首先，产品品质、服务质量和价格优惠是消费者认知结构中最重要的部分，品牌管理者可以在这些方面与消费者建立沟通，使其产生良好品牌体验。如果品质和服务感知大于消费者的价格成本付出，则会产生正向的感知价值，这种性价比上的"愉悦体验"和"服务满意"是消费者关系的两个重要因素。其次，品牌消费者在产品体验过程中，容易将健康、快乐和成功体验与品牌联系在一起，产生"品牌情感"，"品牌情感"与"品牌信任"及"品牌承诺"都是品牌忠诚的重要驱动力。除了个性化需求定制，品牌管理者应处理好与消费者多个接触点关系，提升关系满意度。最后，消费者参与意识也是品牌发展战略是否契合消费者需求的重要因子。Kunkel 等强调品牌经理应该吸引消费者参与到品牌建设中，特别要将意见领袖作为一种强有力的品牌资源，保持消费者对产品功能开发、品牌创新等方面的高参与度。

5. 品牌社群关系

品牌社群已经成为社会化媒体营销的一种途径，群体价值认同、社群信息与知识交流、社群情感依恋及关系维护等是品牌社群关系的重要因子。因为社群成员比较容易被吸纳到信息沟通、知识共享等集体行为中，这为品牌价值共创提供了条件。社交网络建设有效性的关系强度和密度、偏好的同质性和中心性对品牌情感依恋、关系维护及重购意愿具有正向影响关系。

三、品牌利益相关者关系生命周期及管理对策

利益相关者视角下的品牌关系生命周期（brand relationship life cycle，BRLC）在阶段划分和表现特征上都不同于顾客视角下的品牌关系生命周期，一般要经过以下七个阶段：起始阶段、成长阶段、聚合阶段、成熟阶段、恶化阶段、解体阶段和复合阶段。

（一）起始阶段

在这个阶段，企业和产品知名度低，缺少忠诚的顾客。与组织品牌发生关系的利益相关者比较单一，品牌忠诚度较低，企业与供应商、中间商、顾客等一般局限于交易关系，中间商和顾客对企业和产品品牌处于认知阶段，品牌关系质量低且提高缓慢，关系质量指数变化方向一般为正。

此阶段应采取关系开拓策略，以提高企业和产品知名度作为首要目的。由于这个阶段品牌关系发展处于起步阶段，企业品牌关系管理的重点是促进利益相关者对企业和产品的认知，为此，企业可以采取开发型广告（pioneering advertising）和公共关系等手段，唤起消费者对新产品的注意、认知、需求和购买，鼓励顾客和其他利益相关者与企业接触。

（二）成长阶段

在这个阶段，企业和产品知名度开始提高，有了一部分忠诚的顾客。与企业品牌发生关系的利益相关者开始增加，品牌忠诚度开始较快提高，供应商、中间商、顾客一般与企业开始建立较为持久的互惠关系，中间商和顾客对企业和产品品牌处于熟悉阶段，品牌关系质量较低但提高较快，关系质量指数变化方向为正。如果只评价品牌与顾客的关系，这个阶段"品牌—顾客"关系质量将是快速上涨时期。

此阶段应采取关系发展策略。由于经过了起始阶段的开拓策略，此时企业已经在市场上有了一定的知名度，成长阶段品牌管理的重点是提高企业美誉度，在定位明确、特色鲜明的基础上，塑造企业和产品品牌形象，变"交易"导向营销为"关系"导向营销，在发展客户关系的同时，开始尝试和其他利益相关者建立联系。

（三）聚合阶段

在这个阶段，企业和产品知名度大幅提高，有了大批忠诚的顾客。与组织品牌发生关系的利益相关者种类和数量众多，品牌关系开始网络化发展，品牌忠诚度开始快速提高，供应商、中间商、顾客等利益相关者一般与企业开始建立了较为稳定的互惠关系，中间商

和顾客对企业和产品品牌处于熟悉并喜欢阶段,品牌关系质量较高且提高很快,关系质量指数变化方向为正。

此阶段采取关系整合策略。此时企业品牌管理重点由以顾客关系为主转变为企业对利益相关者关系进行全方位系统化管理。改变由部门分割而导致的分散的品牌关系管理状态,设法满足利益相关者合理需求,协调品牌和利益相关者之间的冲突。通过企业全体员工共同努力,实施整合营销,把分散的品牌关系进行整合,以一个整体形象展示给企业所有利益相关者。

(四) 成熟阶段

在这个阶段,企业和产品知名度高,有大批忠诚的顾客。与企业品牌发生关系的利益相关者种类和数量众多且稳定在一定程度上,品牌忠诚度处于高水平,供应商、中间商、顾客、员工、社会公众等企业内外部利益相关者与企业建立了较为稳定的关系,品牌关系处于一种"平衡品牌"状态,品牌关系网络化程度较高。品牌关系质量高,品牌关系质量指数有时会有小的波动。企业一般希望在这个阶段能够长期保持,即实现"品牌之树常青"。当然,此阶段不排除中间有个别利益相关者关系恶化或破裂,但只要品牌关系主体是完好的,品牌关系就算处于稳定状态。如果此阶段不能对企业品牌关系进行持续且有效管理,将会出现品牌关系质量下降,从而品牌关系进入恶化阶段。

此阶段应采取关系维持策略。此阶段品牌关系质量达到了一个较高的水平,企业品牌管理重点是维持关系在这一水平上。为此,一是要继续保持和提高关系质量,二是要防止伤害品牌关系的危机事件发生,并在出现危机事件时进行有效的危机管理,及时修复断裂的个别利益相关者关系。

(五) 恶化阶段

在这个阶段,由于危机事件、经营不善、竞争加剧等原因,企业和产品品牌形象和美誉度下降,客户开始流失。一些利益相关者与组织品牌的关系开始出现断裂,品牌忠诚度下降,品牌关系质量由高点持续下降。

此阶段应采取关系修补策略。品牌关系的恶化多是从某个利益相关者关系环节开始的,如果不及时修复,就可能会导致品牌关系进一步恶化。当出现品牌关系恶化时,应该及时采取有力且有效的危机公关,修补恶化的品牌关系,避免进一步发展而走向解体。

(六) 解体阶段

在这个阶段,由于在品牌关系质量恶化阶段没有有效地遏制关系恶化趋势,企业和产品品牌形象美誉度下降到低点。大批客户流失,大批利益相关者与企业品牌的关系出现断裂,品牌忠诚度下降到低点,品牌质量处于非常低的水平。很多企业品牌在这个阶段之后就彻底退出了市场。

此阶段应采取关系恢复策略。此阶段品牌关系恶化到崩解的边缘,企业要么完全放弃生存而退出市场,要么采取有力的恢复措施,如企业变革、战略调整、兼并重组、品牌重振等行为,避免走向崩解,寄希望能逐渐恢复"元气"。

（七）复合阶段

这是品牌关系修复再续"枯木逢春""起死回生"的阶段。一些企业在品牌关系解体阶段，由于采取了强有力的品牌关系修复措施，有可能使品牌关系焕发新的生机，品牌关系质量重新开始上升，品牌关系走上一个新的生命循环周期。

此阶段应采取关系重塑策略。一些企业在品牌关系解体阶段，通过强有力的品牌关系修复措施，使品牌关系焕发新的生机，品牌关系走上一个新的生命循环周期。此时，企业应该化危险为机会，重新发展和利益相关者之间的关系，重塑品牌形象。企业可以采取一些公关行为，或者是采取品牌重新定位等战略和措施以"驱散"利益相关者心中的品牌形象恶化的"阴影"。

李宁品牌与利益相关者的互动驱动品牌资产构建

影响李宁品牌资产的主要利益相关者包括顾客、经销商、竞争者和政府等，品牌与这些利益相关者的关系互动驱动品牌资产构建。第一，品牌与顾客关系互动以传递体育品牌知识并建立品牌关系质量；第二，品牌与经销商关系互动以获取体育品牌市场信息进行渠道调整；第三，品牌与竞争者关系互动以驱动体育品牌不断变革和完善；第四，品牌与政府关系互动以营造体育品牌良好经营环境和提升品牌形象。

资料来源：段艳玲，邱慧，刘广胜．多维关系互动下我国体育用品品牌资产驱动模型的构建——基于李宁品牌的案例研究［J］．山东体育学院学报，2018，34（02）：21-26. 有改动。

四、从品牌管理到品牌治理

关于品牌治理的内涵，有两种流行的观点，分别以 Merz 与 Hatch 为代表。Merz 等将通过利益相关者合作创造品牌价值定义为一种全新的品牌逻辑，并指出品牌治理就是在这种全新品牌逻辑下对品牌及品牌利益相关者关系的管理。该定义首先对品牌逻辑的发展与进化作出肯定，提出品牌价值并非仅由企业和顾客创造，而是通过各种利益相关者协同合作创造。因此，在品牌发展过程中，明晰利益相关者所扮演的角色，理顺利益相关者关系，有助于企业构建和掌握品牌价值提升网络。由于这一活动涉及对多元利益相关者关系网络的管理，Merz 等人将其称为"品牌治理"，这也便于与传统品牌逻辑下的"品牌管理"做出区分。另一种观点以 Hatch 和 Schultz 为代表，他们认为品牌治理是以品牌控制权共享为基础对品牌共建过程中各品牌利益相关者参与模式与制度的设计。该观点更侧重于设计一种制衡手段或制度，通过各种规则的约束，保证利益相关者品牌共建行为的顺利实施。Hatch 和 Schultz 采用"品牌治理"一词，主要为了强调在品牌共建过程中，应该通过对利益相关者参与方式的设计，明确企业与利益相关者有关品牌的权、责、利关系。

虽然这两种观点的研究角度不同，但都遵循同一个基本假设，即品牌价值的来源不仅是企业与顾客，而且包括更广泛的利益相关者，品牌共建才是创造品牌价值、提升品牌竞争力的关键。根据 Merz 等人的观点，品牌治理研究应侧重于对品牌价值产生机理的分析，以合作过程为导向，探索能够创造品牌价值的利益相关者与品牌及企业的关系，通过引导、满足利益相关者诉求，建立和谐的关系网络，激励利益相关者参与品牌共建。Hatch 和 Schultz 的研究则侧重于模式与机制探讨，强调通过在品牌共建中设计合作规范以及监督和约束机制，保证合作过程合规与公正。以上两种观点究其根本是一脉相承的，针对品牌价值产生机理的研究为设计品牌共建模式与制度提供依据，而模式与制度则是品牌价值创造得以实现的保障。

综合两种观点，品牌治理可以定义为在利益相关者参与品牌共建的条件下，以激励和约束机制保证合作过程有效、公正与合理的制度安排。

"中国地理标志"品牌治理模式

中国地理标志治理模式直接决定其成长状态和质量。由于中国地理标志治理具有内生的复杂性，各利益主体均依托于共有集体资源，存在水平资源的共用治理；企业和农户之间会结成上下游关系，形成垂直资源的控制治理；各种利益主体的交织和演进形成整体网络治理。通过典型案例分析将中国地理标志治理模式分为核心企业主导型、无组织型和政府管理型三种。核心企业主导型模式以微山湖四鼻鲤鱼和烟台葡萄酒为代表，核心企业通过先入为主或历史积淀的方式将自身与特定产品捆绑为一体。无组织型模式以鱼台大米和莱阳梨等为代表，这种模式呈现"点式"布局，即依靠农户个体的力量推动品牌。政府管理型模式以日照绿茶和肥城桃为代表，作为社会事务管理者的区域政府在品牌生态系统中发挥重要作用，并逐步成为中国地理标志成长的内源式动力。

资料来源：姬志恒，王兴元．"中国地理标志"品牌治理模式的多案例研究［J］．现代经济探讨，2013（12）：87-90. 有改动。

思考与讨论

1. 品牌关系的形成有哪些阶段？如何评价品牌关系质量？
2. 消费者—品牌关系纵向演进有哪些阶段？如何打造消费者—品牌关系质量？
3. 品牌社群有哪些特征？如何构建品牌社群？
4. 品牌—利益相关者关系有哪些模式？
5. 如何理解从品牌管理到品牌质量的转变？

第十一章

品牌杠杆

衡而必正,说在得。

——《墨经》

 学习目标

知识学习目标:
1. 了解品牌杠杆的含义及理论依据,理解品牌杠杆的相关实体发生作用的条件。
2. 了解国家品牌和区域品牌的杠杆作用,理解国家品牌和区域品牌的建设途径。
3. 了解代言人、赞助和第三方认证的杠杆作用,理解外部相关实体匹配性的重要性。
4. 了解品牌联合和品牌授权的类型及杠杆作用,理解品牌联合的条件及运用原则。

能力培养目标:
1. 能分析判断相关实体是否适合作为品牌杠杆的支点。
2. 能制定企业的品牌杠杆战略。

价值引领目标:
引导学生领会中国国家品牌的特征及实现路径。

导入案例

联手肯德基、必胜客还不够,米哈游登上了刀塔赛场

"帮帮我,肯德基爷爷!"在肯德基餐车旁,一些玩家喊出这样的口号。这是游戏公司米哈游的营销新玩法。在《原神》连续和肯德基、必胜客等知名餐饮连锁品牌完成联名合作后,上线半年时间的《崩坏:星穹铁道》(以下简称《崩铁》)联手肯德基,于国庆期间再次上线了这个活动。规则是玩家前往指定肯德基餐车,消费满20元并喊出上述指定口号,能够获得联动明信片1张。相比于《原神》时期就出现过的与肯德基、必胜客的合作,米哈游此次进一步丰富了线下联动周边的种类。

事实上,除了米哈游,近几年各大游戏厂商都在不断拓展自己的用户阵地,通过将玩家带到线下获取更丰富的体验感和更强的用户黏性的同时,也让更多年轻人在餐厅、咖啡厅、奶茶店等场景发现新游戏。游戏与餐饮场所的合作并非新鲜事,在手游还未盛行的年代,星巴克曾推出过限定版的《魔兽世界》主题咖啡杯和饮品,麦当劳也曾以游戏角色为

其推出过限定套餐及玩具。

从《原神》到《崩铁》，餐饮及快消领域的异业合作成为游戏厂商们拓新的主阵地，而米哈游悄悄开辟了新战场。2023年10月2日，中国刀塔代表队夺得了亚运会金牌，《崩铁》紧随其后宣布将赞助AR战队出征TI12刀塔国际邀请赛，这样的操作在行业中也是鲜有的，而此前赞助刀塔战队的更多是游戏外设厂商和快消品牌。

实际上，从《原神》开始，米哈游就在不断尝试"破圈"，这一点不仅落地异业合作上，同时也在游戏的内容及玩法中有所体现。《崩铁》同样如此，游戏风格虽然是二次元，但很多剧情和玩法方面的创新，目的就是吸引此前并不玩二次元游戏的玩家。从游戏品类的角度看，《崩铁》和MOBA类电竞游戏《刀塔》是完全不同的两款产品，用户画像重合度也不高，且《刀塔》在东南亚、北美、欧洲地区拥有庞大的玩家群体，这次赞助很符合米哈游近几年的全球化策略。

资料来源：刘士武，联手肯德基、必胜客还不够，米哈游登上了刀塔赛场，有改动。

第一节　品牌杠杆概述

传统的品牌资产创建模式主要依赖于品牌的内部资源，品牌杠杆理论提供一个与传统品牌资产创建模式不一样的思路，即通过整合外部资源来达到借力、省力目的的品牌资产创建新模式。

一、品牌杠杆的含义

品牌杠杆理论强调"借用"外部实体的力量来创建品牌自身的资产，即通过与品牌外部的实体建立联系，将人们对这些实体的积极态度、印象、评价等转移到品牌上来，从而增强品牌的实力。品牌杠杆的基本工作原理有点类似于"爱屋及乌"。简单来说，如果在消费者心目中与品牌建立联系的外部实体是好的，那么消费者也会认为该品牌是好的。凯文·莱恩·凯勒认为，消费者的这种推理是"认识的连续性"作用的结果：如果消费者在长期的实践过程中积累了有关某一实体的知识、态度或信念，那么当一个品牌与该实体相关联时，消费者就会推论属于该实体的性质同样也属于该品牌。

表11-1总结了传统品牌模式与品牌杠杆模式的主要区别。

表11-1　传统品牌模式与品牌杠杆模式的区别

序号	传统品牌模式	品牌杠杆模式
1	内向战略：依赖公司内部资源创建品牌的无形资产，视野相对狭隘	外向战略：除了利用公司内部资源外，还强调借助多种外部资源创建品牌的无形资产，强调"借力"，视野相对开阔

续表

序号	传统品牌模式	品牌杠杆模式
2	关注消费者：把调查、了解、满足、超越消费者需求作为品牌创建的准则；视消费者为品牌的被动接受者	关注利益相关者：关注合作品牌、渠道、政府等重大利益相关者，向他们传递价值；消费者仅是最重要的利益相关者；把消费者视为品牌创建活动的主动参与者与合作者
3	战术反应：对市场、竞争品牌的营销活动做出被动的、临时性的反应	战略思维：对市场、竞争品牌及其外部实体均实施战略规划，对品牌利益相关者的关系实施战略管理
4	中低层经理：品牌责任人多为中低层经理，他们资历浅、经验少，决策范围有限	高层经理：品牌责任人多为高层经理，他们资历丰富，有权决策重大、长远的品牌活动
5	单一结构管理：单一品牌、单一市场，很少考虑公司内部的品牌之间以及品牌与关联品牌之间的关系	多元结构管理：多元品牌、多元市场，重视管理公司品牌与产品品牌、产品品牌之间、品牌与关联品牌之间的多元关系
6	本地视野：在本国市场管理品牌，认为品牌塑造与国家形象无关	全球视野：在全球市场管理品牌，深知品牌受国家形象影响，强调企业品牌战略与国家形象战略之间相互关联
7	品牌资产：品牌建设的最终目标是为增进品牌的无形资产	品牌领导：品牌建设的最终目标是谋求品牌的全球领导力，以品牌魅力和影响力辐射、管理各种利益相关者

品牌杠杆模式更能整合外部资源，视野更长远、更开阔；更重视战略而非战术；不只关注单一品牌，而是关注管理多品牌及其之间的关系；更有全球视野。品牌杠杆模式呼吁构建品牌领导力（brand leadership），包括品牌魅力和品牌影响力。其一，品牌魅力。品牌若能提出卓越的价值主张，超越产品本身建立与顾客的情感关系。同时，品牌所在公司又拥有独特的管理模式、领导风格、CEO个性鲜明、公司在公众中的形象良好等，都可以让品牌魅力倍增。而具有魅力的品牌会吸引众多优秀的利益相关者加盟，他们会自愿将其优质资产转移给品牌。可见，品牌魅力是品牌领导力的重要维度。其二，品牌影响力。通过建立技术和产品创新方面的领先地位，品牌能够极大增强其影响力。开发最前沿的新技术，拥有广为人知的专利及研发，掌握技术标准的话语权，企业就能发挥品牌影响力。掌握行业标准的品牌，就是世界领导品牌。此外，履行社会责任，担当优秀的企业公民，也能增强品牌影响力。

二、品牌杠杆的理论依据

品牌杠杆的作用机制建立在信息源可信度理论、情感迁移模型、认知一致理论和分类理论这四大理论基础之上。

（一）信息源可信度理论

信息源是指信息传播的起点。信息源可信度（source credibility）是指信息发出的源头

(人或物）在人们心目中所具有的专业性、客观性、可靠性等方面的感知。信息源可信度对信息是否被接受有很大的影响，而信息源可信度的两大重要维度是专有能力与诚信。凯勒和阿克证实了专有能力和诚信影响消费者对延伸产品的评价，且专有能力具有更大的正面影响效应。品牌的来源国、品牌所属的公司、品牌的零售终端等都是品牌是否可信的信息源，它们都是品牌可以借助的重要杠杆。

（二）情感迁移模型

情感迁移模型（affect transfer model）认为，消费者会将对外部实体的情感转移到品牌上来。外部实体的情感转移有两条路径。第一条路径：直接迁移。当外部实体与品牌之间关联度很紧密时，直接迁移模式发挥作用。例如，当外部实体是延伸品牌的母品牌时，消费者对延伸品牌的态度就可能通过直接迁移模式发挥作用。第二条路径：间接迁移。多数情形下，外部实体的态度和情感并不能直接转移到品牌上来。因为这种转移要受到外部实体与品牌之间匹配度的影响。当外部实体与品牌之间匹配度高时，消费者对外部实体的好感能顺利地迁移到品牌上；当外部实体与品牌之间匹配度低时，消费者对实体的好感不能顺利迁移到品牌上来。

（三）认知一致理论

认知一致理论（cognitive consistency theory）认为，人的信念或态度如果与其观点或行为发生矛盾，就会倾向于自我调整，以达到或恢复认知上的相符、一致状态。20 世纪 50 年代就产生的认知一致理论至今仍有很大影响力。认知一致理论有助于解释品牌与外部实体之间的杠杆作用机制。如果外部实体的形象、个性、态度与品牌不一致，很可能的结果就是改变品牌的形象、个性、态度，这就会使品牌形象、个性变得模糊，最终稀释品牌资产，营销者的任务是要通过科学的策略规划来改变消费者的这种认知。

（四）分类理论

分类理论（categorization theory）认为，当人们注意到一个新成员时，会在已有知识基础上推断新成员未知的特质。在品牌杠杆情形下，当消费者最初接触到外部实体时，如果外部实体与品牌明显匹配，则可以借用这些实体的情感、联想来强化现有品牌的联想。如果匹配度较差，消费者则会根据实体与品牌的相似程度，进行进一步精细加工，决定是否进行情感迁移。

三、品牌杠杆的作用条件

当消费者没有足够的知识去判断或选择品牌时，品牌外部实体（比如产地、代言人、第三方认证等）的杠杆往往就会发挥作用，帮助消费者做出购买决定。外部实体往往会在以下几个方面对消费者的产品评价产生影响：第一，使产品本身的优点与其他实体属性中的优点相结合，对总体品牌评价产生影响。第二，外部实体可以起到标识作用，暗示更多的产品特色。第三，外部实体可以起到启发作用，简化消费者的产品评价过程。第四，外部实体可以作为产品比较时的一种标准。来自品牌外部的实体如果要起到杠杆作用，需要满足以下三个基本条件。

（一）实体的知名度和影响力

实体的知名度和影响力是产生杠杆作用的基本条件。这一因素决定了受众的数量和广度，进而影响品牌的知名度和影响力。品牌在选择可借力的外部实体时，应首先考虑消费者熟悉的实体，如果消费者不熟悉或不了解该实体，该实体就没有什么资产可以转移到品牌上。只有具有较高知名度和影响力的实体，才能实现提高品牌知名度和影响力的目的，但与高知名度和影响力的实体合作往往意味着企业需要付出更高的成本。例如，聘请名人代言品牌时，作为外部实体，该名人需要被目标消费群体了解和熟悉，并且在目标消费群体中拥有较高的认同感，只有这样，名人代言才能发挥杠杆作用。

（二）实体与品牌的相关性和寓意性

实体与品牌的相关性和寓意性是产生杠杆作用的核心条件。实体应该与品牌存在相关性，具体表现为实体档次与品牌档次相当、实体受众与品牌目标顾客群体接近、实体内涵与品牌文化接近。并且，实体要能启发消费者产生丰富、强烈、积极的联想、判断和感觉。只有当存在较强的相关性和寓意性时，才容易唤起受众，达到品牌联想的效果。人们对实体的一些联想、判断和感觉，对于品牌而言有很强的相关性和价值，而有些联想、判断和感觉对品牌而言却没有意义。最理想的状态是通过实体联想起品牌理念和品牌文化，唤起受众的心理诉求和思想诉求，从而提高品牌影响力。例如，作为讲究"知识"、强调文化感的网络问答社区，知乎一贯的风格是低调、务实、内敛。近年来由于用户体量的增大和进一步走向大众的需求，2018年上半年知乎选择刘昊然为首位代言人。一方面，刘昊然"青年演员"的路线规划和"学霸"特质等正面形象与知乎的气质相契合；另一方面，刘昊然所吸引的"95后""00后"群体正是知乎的潜在用户群体，获取这一群体的关注符合知乎的战略目标。

（三）实体知识的可转移性

实体知识的可转移性是必要条件，这种可转移性将影响品牌杠杆的作用程度。有些实体知识容易转移，有些则不容易转移。一般而言，抽象的实体知识容易转移，具体的实体知识不容易转移，这是因为具体的实体知识，如功能性的效用和属性，往往依附于实体本身，具有深刻的实体"烙印"，受众看到实体很难联想到其他。但是，抽象的实体知识，如象征性的联想、判断、感觉等往往属于意识层面，相较之下更容易转移。例如，霸王邀请毛不易做品牌代言人正是巧用了"毛不易"的名字梗，霸王在其官方微博戏称"毛不易"这一名字会产生"每一根毛发都不容易"的联想。其实，霸王最看重的还是毛不易背后的年轻消费群体，为顺应脱发人群年轻化的趋势，霸王也希望能塑造一个更年轻的品牌形象。而此举确实为霸王带来了不少流量，微博话题"霸王首席养发体验官毛不易"有565万阅读量，讨论达28万。

四、品牌杠杆的支点

品牌可借力发挥杠杆支点作用的外部实体可以是人物、事件、地点或其他品牌等（如

图 11-1 所示）。

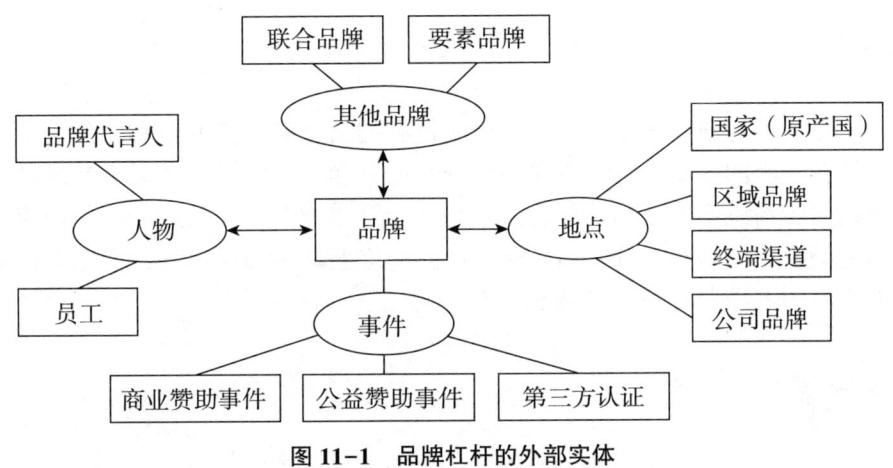

图 11-1　品牌杠杆的外部实体

外部实体可根据是否体现品牌的源头信息划分为以下两种类型。

（一）标示品牌之"源"的外部实体

属于地点的公司品牌、终端渠道、区域品牌、国家（原产国）四种外部实体表明了品牌的源头。这几种外部实体能够传达这样一些信息，即品牌由哪家公司创建？在哪里生产？在何处销售？这些"源头"信息会影响品牌，优质的"源头"可以提升品牌形象，使品牌从中"借力"。

（二）相关人物、事件或其他品牌构成的外部实体

品牌在选取这类外部实体作为次级杠杆时，一般会考虑其所具有的较高知名度和较优形象，并且是与本品牌相契合的。通过与这些外部实体相关联，将消费者对外部实体的认知、联想等与本品牌相联结，以弥补或强化品牌自身在某些方面的不足。

在品牌杠杆的具体实施过程中，品牌可根据自身条件、营销目标、外部环境等因素选择一种或多种外部实体，以达到增加品牌资产的目的。

11.1 名字是品牌的第一杠杆

第二节　国家与区域

国家和区域是品牌的原产地（country of origin，COO）。以往的研究已经证明了原产地效应（COO effect）的存在，即原产地形象会影响消费者对该地区具体产品的态度、评价，甚至是购买行为。通过原产地效应，国家和区域的形象会产生杠杆作用，影响消费者的品

牌信念和购买意向。

一、国家

国家形象是人们对该国各地区、各方面所持有的信念和印象的总和，代表了人们心目中与某国联结在一起的大量信息片段和联想记忆的总和。消费者将产品与其原产国联系在一起，并由此产生情感价值，我们称之为"国家品牌资产"。在国际市场，国家品牌形象形成一个固定的模式，并左右着人们对该国产品的好恶。在国内市场，国家对品牌的作用表现在如何影响国内消费者的"国货意识"。

中国国家品牌的特性及其实现路径

国家品牌是一个时期内一个国家在其他国家公民心目中的总体形象，也是一个国家竞争力的综合体现。中国国家品牌的特性主要有道路自主性、效率显著性、优势共享性、长远一致性。其实现路径为：凝神聚力，发挥中国梦的价值引领作用；推动"三个转变"，高质量建设社会主义现代化强国；彰显文化魅力，提升新时代中国文化软实力；建立国际信赖与合作，为构筑人类命运共同体作出积极贡献。

资料来源：舒咏平．中国国家品牌内涵、特性及其实现路径研究［J］．江淮论坛，2021（04）：137-142+193．有改动。

（一）国家品牌的杠杆作用

在原产地效应的原理下，消费者对品牌原产国的认识和信任可以转移给品牌，从而产生杠杆作用。

1. 国家形象作为外在线索影响消费者评价和购买

原产国的形象是一种重要的外在线索，影响消费者的评价和购买。当消费者拥有的内部线索（比如品牌知识、经验等）不足时，消费者就会利用原产国的形象帮助选择和评价。比如，大部分消费者不具备红酒的专业知识，当他们购买红酒时，会根据红酒的原产国来帮助判断品牌的品质。

2. 存在产品属性和类别的差异

国家对品牌产生的杠杆作用还与产品的属性和类别有关。比如，对法国的奶制品和葡萄酒来说，国家形象在品牌杠杆中会产生积极的作用，来自法国的奶制品和葡萄酒品牌往往能够得到人们较高的评价；而对于法国的电子产品，国家起到的杠杆作用相对就没有那么明显。

3. 受文化和民族差异的影响

在原产地效应中，爱国精神、民族自豪感等心理因素会引发消费者不同的产品评价和态度。研究表明，与倡导个人主义的美国相比，在倡导集体主义的日本，消费者对本国产品的评价更高。因此，在不同的文化和民族背景下，国家的杠杆作用会有所区别。比如品牌的"国货"标签会引发特定文化和民族背景的消费群体对品牌的偏爱。

（二）国家品牌杠杆的利用

国家品牌是国家"软实力"的基础，是一个国家重要的战略资本。企业可以利用消费者对原产国的认识和信任，推广自身的品牌形象，例如在广告、包装中强调原产国的信息。在有的情形下，则需要弱化原产国与品牌之间的关联，避免产生负面效应。打造国家品牌提升国家的形象和国际影响力，对提升本国品牌的消费者评价和扩大市场份额有着重要的意义。打造国家品牌，建立积极的国家形象可以从以下几方面入手。

1. 对国家形象进行定位

每个国家都有自己的形象定位，如美国推广的形象是自由和创新，德国推广的是严谨与完美，意大利推广的是吸引力，法国推广的是浪漫与时尚，瑞士推广的是精确性，日本推广的是品质。定位是打造国家品牌的第一步。每个国家都有自己的特色，应该根据国家的历史、文化、政治等背景进行国家品牌的定位。比如，在1997年亚洲金融危机之后，马来西亚政府发起了"马来西亚：真正的亚洲"（Malaysia：The Truly Asia）运动，以应对亚洲金融危机对其经济造成的严重影响。马来西亚的国家品牌发展团队给马来西亚找到了一个独特和差异化的国家形象定位——将马来西亚作为各种亚洲文化（中国文化、印度文化、马来文化和其他国家文化）的联合代表，一个便宜、安全、摩登的旅游胜地。

2. 传播和推广国家形象

将国家品牌的营销常规化，借助媒体传播、事件营销、活动营销、民间交流等各种各样的方式传播和推广国家形象。比如，为了向世界各地的游客传播这一独特和差异化的国家形象定位，马来西亚投入了大量的资金进行推广。其中包括拍摄以"The Truly Asia"为主题的广告宣传片，在许多国际电视频道上播放，成功地使马来西亚成为想要安心体验亚洲风景的人们的绝佳去处，马来西亚也因此成为世界十大旅游胜地之一。

3. 倡导各方积极参与

政府、企业和个人在打造国家品牌、建立国家形象中均起到重要的作用。政府要树立良好的形象，做好购买国货的表率，全力支持本土品牌的发展。企业要有社会责任感，努力创新、追求卓越，打造一批国际知名品牌，在国际市场上树立起国家品牌的良好形象。个人要具备良好的公民素质，做好国家的形象大使。

11.2 论中国产品向中国品牌转变的国家品牌基础

二、区域

和国家一样，区域的良好形象也能转移给品牌，对消费者产生影响。除了区域形象，区域的特色产业优势，以及在区域特色产业优势的基础上形成的区域品牌，同样能够发挥品牌杠杆的作用。

（一）区域品牌的性质

这里的区域品牌指的是基于区域特色产业优势形成的产业集群品牌，通常表现为"区域+产业"的形式，比如"普洱茶""莆田鞋""新会陈皮""安化黑茶""阳澄湖大闸蟹""景德镇陶瓷"等。与产品品牌和企业品牌不同，区域品牌具有特殊的性质。

1. 区域品牌具有公共性

区域品牌属于公共品牌，区域内特定行业的企业都可以从中受益。因此，区域品牌的管理主体通常包括政府、行业协会等。在区域品牌的管理中，政府在产业规划、政策支持、区域营销等方面发挥着主要作用；行业协会在促进行业有序发展、规范区域品牌的管理（比如区域品牌的注册、传播、渠道、品控、授权等）方面起到重要作用。

2. 区域品牌具有区域性

区域品牌不能脱离特定的区域而存在，任何区域品牌的形成都与本区域的特色密切相关。

3. 区域品牌具有产业特性

区域特色产业是区域品牌形成的基础，区域品牌的建设则是区域特色产业不断发展、成熟的结果。

（二）区域品牌的模式

区域品牌是区域产业集群内所有企业和产品的整体形象，是众多企业品牌精华的浓缩与提炼。企业品牌数量的多寡及其实力的强弱决定着区域品牌的基础是否牢固，因此，区域品牌与企业品牌是相互依赖、相互促进的。具体而言，区域品牌与企业品牌的互动主要有以下三种模式。

1. 依托型

如果区域品牌是由区域内的优势企业品牌转化而来的，可将区域品牌与企业品牌的关系称为"依托型"。此种模式下，区域品牌的创造主要依靠企业自身发展和技术创新，并以此带动区域内中小企业的发展，使该区域形成以该企业或行业为中心的产、供、销一体化网络，同时推动区域内服务行业的发展。该模式适用于经济比较发达且具有优势企业的地区，如以海尔与海信等家电品牌为核心，山东青岛逐步打造成为一个融合高技术和工业化的品牌城市。

2. 覆盖型

覆盖型区域品牌的特点是区域内存在大量规模较小的企业。区域内的企业品牌知名度低，甚至某些企业没有自主品牌，但是众多的小企业形成合力共同占据市场，在市场中众多小企业为区域品牌的建立做出了贡献。这种区域品牌模式的缺点在于区域内众多小企业自身品牌建设乏力，竞争力偏弱，严重依赖区域品牌所发挥的效力。一旦出现技术创新，区域内的企业将无力迅速跟进革新，市场竞争力会急剧下滑。

3. 混合型

这种模式是由少数强势品牌与众多品牌实力较弱的同类产品的中小企业共同支撑而形

成的，这种区域产业品牌与企业品牌的关系可以称为"混合型"。

从区域产业品牌的影响力来看，由于不同类型的区域产业品牌形成的根基稳固性不同，所以品牌优势在时间和空间上的维持情况也不相同。依托型和混合型的区域产业品牌由于有强势的核心品牌做支撑，影响力相对更为持久；而覆盖型的区域产业品牌如果不能对区域内的企业进行有效整合，不能对企业的经营行为进行合理规范和引导，将很有可能产生"株连效应"，其最终结果是使区域产业品牌的市场声誉受到损害甚至衰落。

（三）区域品牌的杠杆作用

区域品牌以产业集群为载体，其产生、成长和成熟是以集群内部一定数量的优质企业品牌为基础的，而区域品牌的发展也会带动集群内企业品牌的发展。具体而言，区域品牌的杠杆作用有如下几方面。

1. 利于产品推新

区域品牌作为集群中本产业所有企业的共同资产，构成了这些企业的"品牌伞"。一方面，集群内中小企业在区域品牌的荫庇下推出新产品时，其市场开拓成本低、风险小；另一方面，以区域品牌为媒介可以实现对市场、客户、技术等资源的整合配置，推动企业结成营销联盟，形成柔性的品牌价值链，提升企业整体的市场竞争力。

2. 提供品质担保

区域品牌影响了购买者对区域产品的形象和价值的总体认知。这种认知的基本来源是该区域产品在行业竞争中的地位、特性，事实上是该区域产品为购买者创造的价值。当特定区域的某一产业获得较大的竞争优势和较高的市场声誉后，区域品牌就会成为某一产业的代名词。这时，区域品牌可以展示区域产业的专家形象，为区域内的企业提供品牌背书，成为企业产品的品质担保，赢得更多的市场认可，并为企业品牌的成长创造差异化优势。

3. 共享无形资产

区域品牌可产生正向的外部效应，集群内的所有企业都能从共同的品牌声誉和形象中分享到好处。一个区域品牌建立在该区域优势产业的基础之上，是该区域内的企业共同拥有的无形资产。它不仅是使本区域的产业与其他区域相同产业得以区别的识别性要素，而且是区域产业与企业在市场竞争中获取竞争优势的重要来源。某一区域产业拥有一个具有广泛知名度与美誉度的区域品牌，对于吸引产业发展的要素资源、扩大市场份额、提升产业竞争力意义重大。与企业品牌或产品品牌相比，区域品牌具有更广泛、更持久的品牌效应。

（四）区域品牌杠杆的利用

企业可以在营销活动中利用区域形象建立原产地的联想，使之发挥杠杆作用。比如，将原产地作为品牌广告的主题。如农夫山泉通过对其产品水源地——长白山春夏秋冬四季野生动植物的实拍，体现了"我们不产生水，我们只是大自然的搬运工"的品牌理念，使人们产生了农夫山泉"自然"和"安全"的品牌联想。为了利用好区域品牌这一杠杆，需要做到如下几方面。

1. 打造强势区域品牌

政府、行业协会、企业等利益相关主体的共同努力，打造强势的区域品牌，让区域内的企业有区域品牌杠杆可以使用。打造强势区域品牌的具体管理措施包括：将区域品牌注册成集体商标；制定品牌授权和使用方面的规章制度；实施标准化工程，保证产品质量；推动产业升级；等等。

2. 推动区域品牌健康发展

通过科学、规范的区域品牌管理，避免株连效应的发生，推动区域品牌健康有序地发展，打造出强势的区域品牌。

3. 获得区域品牌使用授权

企业应该争取得到强势区域品牌的使用授权，然后通过"区域品牌（母）+企业品牌（子）"的母子品牌战略，放大区域品牌的背书作用。

11.3 丽水(山耕)："点绿成金"的品牌标杆

第三节　代言人、赞助与第三方认证

除了标示品牌来源国家和区域品牌的杠杆外，相关人物或事件构成的外部实体的杠杆作用也非常突出，其中代言人、赞助和第三方认证等方式较为常用。

一、代言人

对许多品牌而言，邀请名人为其代言是常用的营销手段之一。名人代言是一种借势的宣传营销策略，利用名人所具有的名气优势来推介产品或品牌，以快速提升产品或品牌的知名度，促进产品的销售或品牌形象的提升。尤其是在社会化媒体时代和粉丝经济时代，通过借助名人的"流量"和IP，品牌能够更好地触达和刺激消费者，若运用得当将有助于实现品牌与代言人的双赢。

（一）代言人的杠杆作用

在新媒体环境下，注意力即资源，塑造和传播品牌的核心就是吸引公众注意力并获得其认可。具备较高公众识别度的名人本身就是注意力的焦点，因此借助名人代言能对品牌产生重要作用。

1. 扩大公众认知，提高品牌知名度

利用代言人的知名度或好感度，可以迅速提高品牌的公众知名度和认可度，这对成长初期的品牌而言尤为明显。近年来，随着粉丝经济的盛行与女性消费权力的崛起，邀请新生代明星做代言人成为许多品牌的推广策略。例如，2023年8月1日，足球明星梅西官方微博账号发文称，很高兴成为赤水河酒的品牌代言人。9月21日，梅西&赤水河酒品牌代言签约仪式在迈阿密隆重举行。梅西的这一代言行为让赤水河这一尚未正式上市的酱酒品牌的知名度大幅提升。

2. 提高品牌美誉度，增强公众信任感

邀请口碑好、公众认可度高的代言人为品牌代言，将更易于说服公众接纳和购买该品牌。一方面，消费者容易将名人的美誉度与具体的产品进行组合、嫁接和联系，进而产生对产品或者品牌的某种美好印象。另一方面，消费者对作为公众人物的代言人的信任度相对较高，代言人可以起到意见领袖的作用，他们的推荐会提升消费者对品牌的信任度并促进购买。2023 年 9 月 25 日，华为新品发布会邀请了华语影视巨星刘德华作为非凡大师形象大使，共同开启一段新的非凡之旅，见证华为新一轮的突破发展，大幅提升了公众对华为的信任感。

3. 提高产品销量，扩大市场份额

名人一般拥有广泛的粉丝群体，这一群体是名人的坚定支持者和拥护者。他们不仅支持名人在事业上的发展，对其代言的品牌也会尽力去支持。因此，名人代言可以直接带动产品的销量。与没有代言人的竞争对手相比，有名人代言的品牌在竞争上可以形成相对优势，从而帮助品牌进一步扩大市场份额。vivo 是中国最具影响力的科技品牌之一，而鹿晗则是年轻人中的时尚代表人物。在 2017—2019 年期间，当 vivo 推出新款手机时，邀请鹿晗作为代言人出镜，成功地吸引了一大批手机爱好者和年轻人的关注和购买。

4. 强化品牌文化，提升品牌资产

品牌文化的宣传与推广需要"人格化"的支撑和推动。通过将代言人的人物形象、故事成就、独特个性等与品牌相联系，可以赋予品牌联想与内涵。选择合适的代言人，建立起品牌与代言人的相关联结，对于企业品牌资产的每一个方面——知名度、忠诚度、知觉品质、联想等都具有重要意义。例如，火星人选择黄磊作为品牌代言人正是看中他与品牌形象的契合，无论是工作、家庭还是生活，黄磊传递给受众的都是积极和正能量的形象。火星人通过与"黄小厨"强强联合，不仅向消费者传递了积极健康的生活方式，还向外界展现了火星人打造厨房潮流与品质生活的品牌形象。

（二）品牌代言的原则

品牌在名人代言的选择与实施过程中，应当综合考虑多方面因素，并遵循如下原则。

1. 可靠性原则

可靠性包含两个要素：一个是名人的信誉，包括是否诚实、客观、公正等品格特性；另一个是专业权威性，即名人对特定的问题是否有发言权。品牌应选择在公众领域有影响力、可信度高的人物，一般是某个领域的名人、专家、明星、科研人员等，他们作为目标受众群体的"意见领袖"能对目标受众群体产生重大的影响。品牌传播要取得良好效果，必须首先重视这些意见领袖的存在。

2. 匹配性原则

匹配性原则是指品牌代言人与品牌本身间的拟合程度，包括两层含义：一是代言人个人的名气与企业品牌的影响力和号召力相匹配；二是代言人的气质与品牌个性相匹配，代言人与品牌的匹配度越高，信息就越容易被内化，名人的名气与气质就越容易转移至品牌上，从而产生积极的代言效果。相反，如果代言人与品牌不匹配，则会导致代言人的相关

信息与品牌所要传播的信息产生冲突，将不利于提升品牌形象，甚至会稀释和损害品牌资产。

3. 对接性原则

代言人对不同的消费者有不同的吸引力，品牌应根据目标市场的特征，如目标群体的喜好和消费习惯等选择代言人。针对不同消费者群体的消费观念、消费模式和经济文化背景等因素对代言人进行细分，找到目标市场与代言人间的最佳契合点。如华为手机考虑到代言人与消费者的形象重合度，为主打国内年轻人市场的华为 nova 手机选择的代言人是关晓彤、张艺兴，主打粉丝经济；而为开拓国际市场，则力邀国际足球巨星梅西作为全球品牌大使，更注重高端人士的接受度和体验感。

4. 品牌为主原则

品牌为主原则是指在品牌代言中要突出品牌而不是代言人。为了达到好的传播效果把代言人融入品牌之中才是上策。然而，许多企业在选择和使用名人代言时，往往放大代言人的地位而弱化品牌本身，导致消费者只记住了名人而不记得品牌。这样的代言对于品牌来说无疑是失败的。因此，在开展品牌代言时应分清品牌与代言人间的主次关系，把创意重点和营销方向引向产品和品牌。

5. 连贯性原则

连贯性原则是指品牌在不同时期所选择的代言人应该在形象、内涵、个性上保持连贯。代言人的形象连贯有助于品牌形象的前后连贯，强化品牌资产的积累。如可口可乐为了传递出活力、激情、创新等品牌个性，同时对标产品的目标消费人群，在中国代言人的选择上一贯以年轻顶流为主，在不同时期，分别起用张惠妹、谢霆锋、飞轮海、鹿晗、朱一龙等各阶段的"新人类"做广告代言人，始终走"年轻化"路线。

（三）品牌代言的管理

品牌代言对品牌资产有加法效应，也有减法效应，如何管理品牌代言人变得十分重要。

1. 树立正确的品牌代言意识

恰当的名人代言可以树立品牌形象，起到锦上添花的作用，不当的名人广告反而会加速企业的消亡，尤其是对自身基础较差的企业而言。因此，企业应树立正确的名人代言意识，不要盲目高估名人代言的效果。产品是企业生存发展的基石，关键是确保企业产品与品牌的质量，这是名人代言成功的前提。

2. 注重品牌代言的整合营销传播

很多代言人只在广告片中出现几秒钟时间，便再也没有为品牌做任何宣传推广活动，这样能够起到的效果是有限的。除广告之外，代言人还应该在品牌公关、事件营销、包装、促销甚至终端推广活动中发挥作用。在传统媒体与社会化媒体并存的时代，品牌在借助代言人营销时，更应整合线上线下，全方位布局，扩大品牌的影响范围和影响程度。

3. 定期更新品牌代言人

为防止消费者"审美疲劳"，也防止代言人"老化"，公司需要适时为品牌更换或更新代言人。更换代言人时，需要坚持连贯性原则，新的代言人要在形象、气质上与原有代言人保持一致。一般而言，公司在推出新包装、新配方或新营销策略时，均需要考虑更新代言人。相对于品牌名、标识、标语等的更新，品牌代言人的更新会更为频繁。

4. 注重代言人的危机管理

一旦选择了代言人，那么其一举一动就与品牌息息相关，而当其出现负面新闻时，如果处理不当，会严重影响企业的品牌形象。在品牌代言危机管理中，危机预控管理主要表现在制定系统的预警方案。危机发生后，要积极面对：首先，应及时有效地作出回应，通过媒体向公众传播企业态度，避免谣言；其次，转移公众注意力，及时宣传企业的其他产品或品牌以减小损失；最后，应根据危机的严重性，考虑是否更换代言人。

11.4 大数据赋能代言人营销的高阶玩法

二、赞助

企业通过赞助社会活动或者公益事业，可以提高品牌知名度，增加品牌联想，树立品牌形象，促进品牌产品的销售。

（一）赞助的主要对象

赞助的对象主要包括体育事业、文化事业、教育事业、社会福利和慈善事业等。除了这几种主要的赞助对象，其他社会事业也可以成为企业的赞助对象，比如环境保护社会基础设施建设等。

在运用赞助这一品牌杠杆时，切忌盲目选择赞助对象，一定要根据企业和品牌的实际情况做出选择。

（二）如何使用赞助杠杆

赞助的杠杆能够起到多大的作用，与所选择的赞助对象、赞助计划、与品牌整合营销传播方案相融合等因素有关。

1. 赞助对象

赞助对象需要符合匹配性的原则。被赞助的对象与品牌的目标受众需要一致，或者被赞助的对象与品牌拥有相同的价值观。只有选择与品牌相匹配的赞助对象，赞助对象与品牌之间的关联才能得到强化，才有利于品牌的发展。

2. 赞助计划

赞助计划的管理要科学。企业要向公众公布品牌的公共关系赞助政策；将赞助列入品牌长期发展计划；视经营情况决定赞助的预算和范围；根据赞助的目标设计赞助形式传播方式和实施方案。

3. 与品牌整合营销传播方案相融合

作为品牌的整合营销传播方案中的一环，

11.5《十三邀》第七季×沃尔沃独家冠名：内容IP呈现品牌价值观

赞助方案要与品牌的整合营销传播方案融为一体，传递"一种声音"，这样才能够保持统一的品牌形象。

三、第三方认证

来自第三方，比如组织、专家、重要杂志等的认可和支持，可以改变人们对某一品牌的认知和态度。因此，通过权威、中立的第三方认证，可以使品牌获得品质过硬的形象，从而增强品牌在消费者心目中的影响力。

第三方认证往往被认为值得信赖。比如人们会根据米其林指南判断餐厅的服务品质，因为米其林指南会将星级授予那些特别优秀的餐厅。米其林三星代表"卓越的烹调，值得专程造访"，米其林二星代表"烹调出色，不容错过"，米其林一星则代表"优质的烹调，不妨一试"。

由于第三方认证能够产生杠杆作用，因此第三方认证常常被用于品牌的广告、包装等。比如，获得米其林星级的餐厅会在广告和餐厅的有形展示中使用这一荣誉；牙膏香皂等品类的品牌也喜欢在广告和包装上传递和强调诸如"中华口腔医学会""中华医学会"等第三方认证的信息。

以"标准+认证"为手段培育"品字标浙江制造"区域品牌

浙江省通过构建"好产品+好企业+好服务"的先进标准体系，塑造高品质的产业形象和区域形象；通过"第三方认证/企业自我声明+政府监管"的创新认证模式和公共品牌授权方式促进区域品牌价值的实现；通过"一次认证、多国证书"的认证结果采信和互认打通国际、国内两个市场，提升浙江产品在全球供应链中的价值地位。

一方面，标准的先进性有助于保证产品和服务的高品质特性，也有助于提升企业的管理水平，能够在一定程度上满足消费者心目中对高质量产品和企业形象的期待；进一步地，基于信任、情感、战略等元素的作用，高品质的区域品牌形象由此得以在消费群体中成功塑造。另一方面，认证通过质量信号传递机制、企业行为约束机制、市场互认信任机制等路径提升区域品牌价值，能够较好地满足企业、政府、市场和行业、消费者的多样化需求，是区域品牌实现价值规范的重要方法和手段。

资料来源：虞岚婷，张月义，周慧，等．以"标准+认证"为培育手段的区域品牌化实践——"品字标浙江制造"的典型案例分析［J］．标准科学，2021（04）：46-50. 有改动。

第四节　品牌联合与品牌授权

除了标示品牌来源国家和区域、代言人、赞助和第三方认证等相关实体外，品牌联合和品牌授权等利用其他品牌作为杠杆支点的方式也较为常用。

一、品牌联合

品牌联合是在维持两个或两个以上消费者高度认可的品牌原有特性的条件下，将这些品牌组合在一起的一种商业合作形式。一般而言，品牌联合的本质是各方品牌声誉的相互背书和竞争力的合作，通过将各方优势结合在一起并提供一个新的产品或服务，实现"1+1>2"的效果。对于发起方来说，实施联合的主要动机是希望借助其他品牌所拥有的品牌资产来影响消费者对新产品的态度，进而增加购买意愿，并借以改善本品牌的品牌形象或强化某种品牌特征。

（一）品牌联合的类型

根据合作中共有价值的创造因素，品牌联合可以划分为四种类型。这四种类型在所创造的价值上由低到高分别为接触或认知型品牌联合、价值认可型品牌联合、元素组成型品牌联合、能力互补型品牌联合。

1. 接触或认知型品牌联合

接触或认知型品牌联合是通过在合作伙伴的消费群体中进行宣传，从而迅速提升公众对品牌的认知，这是共同参与和价值创造的最低水平。在这个共同价值创造的最低层次上，对合作伙伴的选择可以是非常广泛的，即使是没有太多共同的品牌特点（如战略价值、定位等）的不相关品牌方之间也可以建立联系，并且实现相对低水平的联合投资等。通过这种合作，品牌联合的合作伙伴们可以从品牌联合关系中获得利益和收入，在更广泛的客户群中提高对品牌的认知。对于消费者而言，也需要确认有可以增加的利益，这样才会激发他们与品牌建立联合的关系。

2. 价值认可型品牌联合

价值认可是这一类型的品牌联合得以实现的原因。各方品牌间在核心特性和价值上有着紧密联系，具备或者想取得在用户心目中品牌价值的一致性。价值认可型品牌联合有三种：第一种是两个或两个以上互补型的专业品牌进行合作，强调的是品牌的专业性；第二种是某行业品牌与奥运会等强势品牌之间的合作，可借以提升自己的实力；第三种是某行业品牌与慈善、环保等公益事业品牌之间的合作，旨在提升品牌的公益形象，彰显企业的社会责任感。与第一个层次的品牌联合旨在获得品牌认知的目标相比，品牌价值的相互认可与一致性的要求对可开展品牌联合的潜在伙伴进行了筛选，但也提高了价值的创造潜力。

3. 元素组成型品牌联合

元素组成型品牌联合是指成分品牌与最终产品品牌之间的合作，目的是凭借对方的专业声望来提高自身品牌的品质和声誉。因此合作各方当中至少有一方是非常知名的品牌，如果各方的品牌声誉都很好，就可以实现相互的强化。例如，联想、惠普等个人计算机制造商和英特尔进行品牌联合，在包装、广告等加上"Intel Inside"的独特标志。总体来说，元素组合型品牌联合的精髓是：品牌联合的各方希望传递关于产品性能和品质等的特定信息，成分品牌本身的形象提升了最终产品品牌所期望的性能和品质，而其在保证销售额的同时，也因增强了产品的品牌效应而获益。

杜邦的要素品牌战略

杜邦是一家成功的要素品牌销售公司。杜邦实施要素品牌战略，推出了许多成功的要素品牌，比如 Teflon、Dacron、Kevlar、Lycra、Tedlar、Tyvek 等。其实，在实施要素品牌战略前，杜邦走过弯路。起初，由于不懂得使用要素品牌战略，杜邦研发的第一种有机化学纤维"Nylon"（尼龙）成为这种纤维的通用名称，杜邦因此失去了把"Nylon"注册成商标的机会，给公司造成了巨大的经济损失。从这之后，杜邦开始实施有效的要素品牌战略，并因此获得了竞争优势，包括带来了更高的溢价、提高了品牌忠诚度、提高了渠道谈判能力等。

资料来源：余云珠. 品牌管理［M］. 北京：中国人民大学出版社，2023. 有改动。

4. 能力互补型品牌联合

能力互补型品牌联合是指几个具有能力互补性的强势品牌，在联合中集中各自的核心技术和竞争优势共同提供一个产品或一种服务。这种形式是品牌联合的最高层次，共同价值创造的潜力最大。与仅为终端产品提供可分离的实体成分的成分品牌联合相比，能力互补型品牌联合的互补能力不仅包括有形的、可分离的实体成分，还包含无形的、不可分离的要素。例如，2018 年，鲜丰水果与罗森合作的便利店亮相杭州，此次合作中鲜丰水果强大的供应链体系为罗森在鲜果模块的品种、价格等方面创造了竞争优势；而罗森则帮助鲜丰水果增加了品牌曝光度，在不新增门店和人员等资产投入的情况下，鲜丰水果利用罗森门店拓展了销售渠道。

（二）品牌联合的杠杆作用

品牌联合能给合作的品牌带来巨大利益，因而被广泛使用。具体而言，品牌联合具有以下作用。

1. 助力新市场开拓，降低品牌营运成本

通过与知名品牌合作，一个新进入的品牌能够产生"搭便车"的效果，降低进入市场的费用和风险。品牌联合能够打开新产品的市场，特别是对科技产品而言，品牌联合能够提升产品的专业技术水平和产品形象。与单纯的品牌延伸相比，品牌联合的优点是能使新产品由于联合中各品牌的作用而让消费者认识到产品的独特性，从而取得较高的市场地位。在开拓市场方面，由于促销费用由合作各方共担，加之各品牌早期的广告和促销活动对联合品牌又助了一臂之力，因此，各方的促销费用都大大降低。

2. 推动市场资源共享，实现品牌优势互补

品牌联合中的各个品牌要素可能在某些方面具有自己独特的优势，那么通过联合将进一步强化品牌的内涵和个性。此外，一个品牌所具有的某种优势可能恰好是另一个品牌缺

乏并且是必需的。各方通过分享各自的客户资源，充分利用各自的品牌优势，联合开展一系列合作推广活动，可以谋求品牌建设和市场拓展的"双赢"。因此，进行品牌联合可以更好地实现各个品牌间的优势互补。

3. 促进消费者认可，提高品牌资产价值

品牌联合可以从两个方面提高各联合品牌的品牌资产。一方面，合理的品牌联合能够提升各联合品牌渗透对方品牌消费市场的能力，促进本品牌被对方品牌的消费者接受和认可。各联合品牌通过品牌认知度和好感度的转嫁，可以与对方市场的消费群体建立联系。另一方面，品牌联合可以扩展和改善联合品牌的联想，从而提高联合品牌的资产。一个品牌通过与另一个品牌的联合，使消费者对两个品牌的联合信息进行整合，他们对这两个品牌的联想内容会更加丰富。通过扩展品牌联想的内容，能够增强品牌的差异性和相关性：差异性能够使品牌独树一帜，提升品牌的竞争力；相关性能够使品牌联想渗透到更广阔的消费市场，这两点都能使品牌的资产价值发生质的飞跃。

但同时，品牌联合的各方也必须意识到，任何商业上的合伙关系都要承担一定程度的风险，而品牌联合涉及两个乃至多个品牌成员，其复杂程度自然非同一般。企业经营者在追求品牌联合的巨大利益的同时，必须警惕因联合不当而产生的重大风险：如果品牌联合运作得当，可以达到双赢的效果；如果运作不当，合作的一方或者多方都会遭受挫折，甚至会无辜地受到对方过失的牵连。

（三）品牌联合的运用

为充分发挥品牌联合的杠杆作用，在实施品牌联合时，应注意如下几个方面。

1. 联合品牌需具备基本的特质

参加品牌联合的品牌都要具备足够的品牌知名度和强有力的、良好的、独特的品牌联想，即联合品牌都要具备一定的品牌资产，这是品牌联合杠杆发挥作用的必要条件。联合品牌的品牌资产直接影响品牌联合的效应，联合品牌的品牌资产越高消费者对联合品牌的评价就越高。

此外，联合品牌的感知质量、消费者对联合品牌的态度都会对品牌联合的效应产生影响。当产品质量的可观察性较低时，联合品牌的感知质量越高，品牌联合传递出的质量信号可信度越强，消费者对联合品牌的感知质量越高；当一个不知名品牌与高质量品牌联合后，消费者对不知名品牌的评价提升程度远高于其与低质量品牌进行联合的情形；联合前消费者对联合品牌的态度与消费者对品牌联合的态度呈正相关。

参加品牌联合的品牌需具备一些基本的特质才能够充分发挥品牌杠杆的积极效应。因此，在挑选品牌联合的联合品牌时，要从知名度、品牌联想、感知质量、态度等方面综合考量。

2. 联合品牌要达到逻辑上的契合

除了具备基本的品牌特质外，联合的品牌之间还需要达到逻辑上的契合，即联合匹配性，才能保证品牌联合的杠杆作用。这种逻辑上的契合主要表现在产品匹配性和品牌匹配性两个方面。

产品匹配性是指参加联合的品牌在产品类别上的匹配性。比如碧浪和小天鹅的品牌联

合，洗衣粉（碧浪）和洗衣机（小天鹅）联合品牌在产品类别上能够高度匹配。消费者对产品匹配度的评价越高，对品牌联合的评价也就越高；产品互补的品牌联合能被市场迅速接受，并达到品牌认知的最大化。

品牌匹配性是指参加联合的品牌在形象上的匹配性。品牌匹配度与消费者对品牌联合的态度呈正相关。因此，参加品牌联合的品牌最好在品牌内涵、目标受众、分销渠道等方面具备匹配性，这样品牌联合的效果才会更显著。

3. 联合品牌要实现利益的一致

"利益一致"是品牌联合的动力，品牌之间开展联合也是为了聚合资源，并作用于市场，借以获取品牌利益。没有一致的利益作为推动力，品牌联合就难以持久。开展品牌联合的合作伙伴只有存在共同或接近的市场目标，才能够使品牌联合统一方向，才能够聚集资源形成市场能量，共同作用于同一渠道、同一市场、同一消费群体，从而实现品牌利益的最大化。

品牌联合各方必须获得均等机会。品牌选择进行联合，无论哪一方都希望能够"借东风"，利用合作伙伴的资源获得更多的品牌利益。因此，品牌联合就存在一个博弈与制衡的问题，博弈的最终结局就是联合品牌间的立场逐渐回归本位，在合作中获得均等的机会。因此，"机会均等"是品牌的重要保障，是各个品牌开展合作的心理底线。

百雀羚与故宫的品牌联合

创立于1931年的百雀羚是中国历史悠久的著名护肤品牌。百雀羚讲究东方护肤的平衡和谐之道，是东方之美的品牌典范。从2017年开始，百雀羚与故宫进行品牌联合，展开跨界合作。百雀羚将故宫深厚、独特的东方美融入产品，先后推出了"燕来百宝奁"限量礼盒、"雀鸟缠枝美什件"等人气产品。为了探讨东方美学，百雀羚还在故宫建福宫花园举办"致美东方·生活美学论坛"，邀请来自故宫博物院等机构的专家学者共同探讨东方生活之美。而在故宫博物院出品的《上新了，故宫》节目中，百雀羚以特约战略伙伴的身份出现，向故宫文化致敬。

百雀羚与故宫的跨界合作堪称品牌联合的成功典范。倡导东方之美的百雀羚和拥有传统东方美学宝库的故宫，文化基因非常匹配。通过故宫这一强大的品牌杠杆，百雀羚将品牌文化的理念展现得淋漓尽致，实现了非常好的品牌传播效果。

资料来源：余云珠. 品牌管理 [M]. 北京：中国人民大学出版社，2023. 有改动。

二、品牌授权

品牌授权（brand licensing），又称品牌许可，是指授权者（品牌拥有者或代理者）利用自身的品牌优势，以合法的协议形式允许被授权者在一定范围内使用品牌生产、销售某类产品或提供某种服务，并向品牌拥有者或代理者支付授权费用的经营方式。对被授权者来说，品牌授权是一种"租借"他人品牌带动自己品牌发展的做法，是品牌发展的一条捷径。

（一）品牌授权的方式

品牌授权的方式主要包括商品授权、促销授权、主题授权、通路授权等，除了这四种授权方式外，不同的品牌授权者根据品牌特点的不同还有各自独特的授权方式。联合品牌被授权者可以根据自身实际情况进行选择，合理使用品牌授权杠杆建立起自身的品牌资产。

1. 商品授权

商品授权指的是被授权者可以将授权品牌的商标、人物及造型图案运用在商品的设计开发上，并取得销售权。比如，奥飞娱乐股份有限公司获得了2018年3月31日至2021年3月30日期间"小猪佩奇"IP人偶、玩具车、场景类等玩具在中国生产相关的小猪佩奇玩具的许可权。奥飞娱乐股份有限公司也因此成为"小猪佩奇"玩具授权品类的中国主要合作伙伴。

2. 促销授权

促销授权包括促销赠品授权和图案形象授权两种。

（1）促销赠品授权。促销赠品授权指的是被授权者可以运用授权品牌的商标、人物及造型图案，与自己的促销活动结合，规划赠品，促进公司产品的销售。比如，麦当劳获得史努比的促销赠品授权，消费者购买麦当劳开心乐园餐就可以获得赠送的史努比玩具。

（2）图案形象授权。图案形象授权指的是被授权者可以运用授权品牌的商标、人物及造型图案，与促销活动结合，规划主题广告、创意主题活动，以达到促销的目的。比如，深受学龄前儿童喜爱的小猪佩奇在国内热播后，一些购物中心和品牌开展以小猪佩奇为主题的促销活动，以吸引家庭消费者。

3. 主题授权

主题授权指的是被授权者可将授权品牌的商标、人物及造型图案作为主题，策划并经营主题项目。比如，全球三大主题乐园运营商之一默林娱乐集团获得了"小猪佩奇"商标的持有者娱乐壹英国有限公司（Entertainment One UK Limited）的品牌授权，在上海开办了全球首个以"小猪佩奇"IP为主题的室内家庭主题乐园"小猪佩奇的玩趣世界"。

4. 通路授权

通路授权又称渠道授权，指的是被授权者可加入授权品牌的连锁专卖店和连锁专卖专柜，统一销售授权品牌的商品。比如，在我国，胜道、滔博等知名运动品牌经销商通过获得耐克、阿迪达斯、彪马等品牌的通路授权，从而获得在国内开设专卖店或专柜销售这些品牌产品的资格。

（二）品牌授权带来的杠杆作用

1. 加快市场接受速度

一个强大的品牌能够让消费者产生清晰的识别并唤起消费者的品牌联想，进而促进消费需求。通过品牌授权，能够帮助被授权者的产品和品牌迅速获得市场认知，加快被市场接受的速度。

2. 提高利润水平

品牌授权能够提高被授权者的利润水平。得到知名品牌的授权能够让产品更受市场和分销渠道的欢迎，可以给被授权者带来更高的定价和更多的销售额。为了维持品牌的知名度，品牌授权者会不断地增加对品牌的投入，被授权者可以获得更好的销售业绩，节省市场推广成本。

3. 提高管理水平

获得知名品牌的授权后，被授权者可以学习知名品牌的成功经验和经营模式，从合作中得到成长，提高自身的管理水平，带动自有品牌的发展。

迪士尼和其品牌授权

迪士尼公司是诸多全球著名品牌的总部，目前拥有迪士尼、皮克斯、漫威、星球大战四大系列品牌。迪士尼公司凭借丰富的动漫人物形象成为全球最大的品牌授权商。根据《全球特许》（License Global）杂志发布的"2021年全球最大授权商排行榜"（The TopGlobal Licensors 2021）指出，迪士尼公司以540亿美元的零售额排名第一。事实上，迪士尼公司多年来一直凭借庞大的IP内容稳居品牌授权榜单的前列。迪士尼公司的品牌授权始于1929年，此后迪士尼公司成立了消费品部专门负责品牌授权业务。迪士尼公司的品牌授权涵盖时尚、玩具、电子产品、家具、游戏等品类。迪士尼中国曾经表示，在大中华区，每秒钟就有66件迪士尼授权商品售出。

资料来源：License Global 官方网站和迪士尼中国官方网站，有改动。

思考与讨论

1. 品牌杠杆的外部实体有哪些？
2. 国家品牌和区域品牌有哪些杠杆作用？
3. 如何匹配品牌代言人？
4. 品牌联合的条件有哪些？

第四篇

品 牌 扩 展

第十二章

品牌延伸

路漫漫其修远兮,吾将上下而求索。

——屈原《离骚》

学习目标

知识学习目标:
1. 了解品牌延伸的概念、类型,理解品牌延伸的积极和消极作用。
2. 理解影响品牌延伸的因素,熟悉开展品牌延伸的步骤。
3. 了解品牌延伸的 A&K 模型、品牌延伸能力模型、品牌延伸边界模型,理解品类优势和例证优势的关系。
4. 了解垂直品牌延伸的方式,理解垂直品牌延伸带来的风险。

能力培养目标:
1. 能辨析狭义、广义和生态型品牌关系的概念。
2. 能制定开展品牌延伸的方案。
3. 能掌握品牌延伸模型,合理制定品牌延伸策略。

价值引领目标:
引导学生正确处理职业发展中的"一专"与"多能"的关系。

 导入案例

都是造车,为何华为不自己造,小米则亲自下场?

华为和小米是国内手机领域的两大品牌,现在都开始跨界造车,不过很明显,华为和小米的模式非常不一样。小米是自己亲自下场造车,在汽车上打上自己的 LOGO,表明这是小米汽车。而华为虽然在造车,但至少表面上没有亲自下场,都是与合作伙伴一起造车,汽车上没有华为的 LOGO,华为表示自己是技术提供方,不是汽车品牌。

那么问题来了,为何都是互联网造车,都是从手机跨界到汽车,为何两者却完全不同呢?这其实与双方业务逻辑相关。

小米一直以来的业务逻辑是什么?其实是互联网模式,也就是最高效率整合产业链供应商,加上自己的研发、设计,制造出产品,再以最低价格进行销售,依靠绝对低价和性价比迅速抢占市场后,再通过服务、软件、互联网等来赚钱,小米是典型的面向消费者的企业。

而华为呢?华为更像是传统的IT企业,虽然也整合资源,但依靠的更是自己扎实的技术、深厚的积累,给其他合作伙伴提供技术、服务等来赚钱。虽然手机方面,华为最终是自己面对消费者,但其实华为骨子里还是面向企业的企业,手机业务只是一个特例而已。

所以在造车上,小米选择的也是自己最为擅长的,那就是自己亲自面对消费者,为消费者造车,所以汽车上印的是小米的LOGO,称之为小米汽车。华为造车,而与华为的模式一样,主要面向的是企业,为企业提供技术、服务等,帮合作伙伴造车,自己不亲自面对消费者。余承东曾经是想华为亲自造车,就像华为手机一样,但这个提议华为公司不认可,任正非表示华为不自己造车,只利用ICT技术帮伙伴造车,其实逻辑就在这里,华为骨子里的模式是面向企业,不是消费者。

可见,小米和华为汽车之间,本身并没有太多的竞争关系,对于华为而言,小米也是一家汽车企业,那么华为的技术、服务能力,就有可能向小米输出,所以未来,说不定我们会看到小米汽车中有华为的技术,不信我们等着瞧。

资料来源:作者根据网络资料编写。

第一节 品牌延伸概述

企业在激烈竞争的市场环境中不断推出新产品是赢得竞争优势的根本战略;把企业原有的品牌资产发扬光大,则是竞争战略的核心。这两者的结合,就形成了品牌延伸管理的核心方面。

一、品牌延伸的概念

所谓品牌延伸(brand extension),是把一个现有的品牌名称使用到一个新类别的产品上。如本田公司利用"本田"之名推出了许多不同类型的产品,如汽车、摩托车、铲雪车、割草机、轮机和雪车等;三菱从重工业一直延伸到汽车、银行、电子乃至食品业。品牌延伸,不仅是指公司利用一个已建立的品牌推出新产品,还包括将新品牌与一个现有品牌结合使用以推出新产品。这里必须指出,品牌延伸并非只是借用表面上的品牌名称,而是对整个品牌资产的策略性使用。当一项创新不属于品牌核心产品市场时,意味着品牌将在这一核心之外进行延伸,这涉及品牌意义的重新界定。

品牌延伸战略与多元化战略十分相近,但又有明显的区别。多元化是企业层面上经营不同产业类别或不同业务类别,最终产品有很大的差别,可能会采用同一个品牌,也可能采用多个品牌。如果采用的是同一个品牌,则属于品牌延伸,如三星公司的三星液晶电视、三星手机和三星洗衣机等就属于品牌延伸;反之,如果采用的是多个品牌,则不属于品牌延伸，如宝洁旗下有飘柔洗发水、汰渍洗衣粉、玉兰油护肤品等，品牌均不相同，不属于品牌延伸。

康师傅和统一：品牌延伸和建新品牌

康师傅和统一同为台湾快消品企业，但康师傅习惯采用品牌延伸的方式推新品，统一近年来一律启用新品牌推出新品类。从市场表现来看，统一新推出的海之言果味饮料、小茗同学、汤达人等新品牌都取得了不错的销量，更大力提升了统一集团品牌的影响力。而康师傅推出的新品却未引发市场关注，对消费者而言康师傅推出的海晶柠檬茶不过是上百款产品中又新出的一款产品而已，在与海之言独立品牌的竞争中落入下风。

资料来源：李相如，品牌延伸推新品，康夫如何应对徕芬的价格封杀？有改动。

二、品牌延伸的类型

（一）产品线延伸和产品种类延伸

品牌延伸从广义上可分为产品线延伸和产品种类延伸两类。

1. 产品线延伸

产品线延伸（line extension）是指利用具有影响力的原有品牌，在同一产品线下推出新的产品项目，新产品项目可能具有不同的成分、不同的口味、不同的外形设计、不同的使用方式、不同的档次等。例如，康师傅方便面根据口味不同分为红烧牛肉面、香辣牛肉面、海鲜方便面等系列产品就属于不同口味的延伸，而宝马三系、五系、七系的各种车型则属于不同档次的延伸。

2. 产品种类延伸

产品种类延伸（category extension）是指利用原有品牌推出属于不同种类的新产品。产品种类延伸又分为相关延伸和间接延伸。相关延伸是借助共同的核心技术、核心市场等优势资源进行的延伸。例如，海尔借助制冷技术推出冰箱、冷柜、空调等类别的产品。间接延伸则是将原有品牌延伸到与原有产品并无技术联系的新产品类别上。例如，海尔除家用电器外，还有生物制药、物流、旅游、房地产等。产品延伸远离了原有的产品领域，品牌覆盖的产品范围更广。

（二）垂直延伸和水平延伸

品牌延伸还可以从水平和垂直两个角度进行分类。

1. 垂直延伸

垂直延伸（vertical extension）指品牌在同一产品领域里的产品延伸，根据方向的不同有向高端市场、低端市场的延伸或双向延伸。向高端市场的垂直延伸称为向上延伸

(upward stretch)，向低端市场的垂直延伸称为向下延伸（downward stretch）。也有学者把垂直延伸称为纵向延伸。

2. 水平延伸

水平延伸（horizontal extension）指企业利用原有的品牌资源，在产品质量定位不发生明显变化的情况下，进行其他产品领域的延伸或同一产品类别内的延伸。企业对于消费者的需求差异及需求变化十分敏感，会根据地区、年龄、性别、文化背景等差异进行区分，有针对性地实施品牌延伸。这样的延伸能减少消费者对于新产品的观望与审视，利用消费者对原品牌的信任与良好印象，引导消费者对新产品做出顺势选择。

（三）持续延伸和非持续延伸

从延伸产品的相关程度看，品牌延伸可以细分为两种类型：持续延伸（或称相关延伸）和非持续延伸（或称间断延伸）。

1. 持续延伸

持续延伸，是指在同一大类或近类产品之间进行延伸。持续延伸往往借助于技术上的共通性进行延伸，如光学品牌可以延伸到复印机上，佳能、美能达等品牌都是这样的延伸。再如阿迪达斯、耐克、李宁和双星等运动品牌可以包括所有满足运动需求的产品，这意味着延伸与最初的产品技术领域相接近，品牌覆盖了较狭窄的范围。

2. 非持续延伸

非持续延伸是指品牌延伸超出了产品之间的技术和物理上的局限，覆盖完全不相关的产品类别行为。即间断延伸抛弃了作为产品之间的物理桥梁的技术上的亲密关系。比如海尔电器延伸到海尔生物医药业、金融业，这意味着延伸到远离品牌原有的最初领域。

12.1 农夫山泉的品牌延伸

三、品牌延伸的积极作用

合理使用品牌延伸，公司可以从中获得多重的积极收益，除基础性作用外，还有市场拓宽作用和对品牌的反哺作用等。

（一）品牌延伸的基础性作用

1. 降低消费者对新产品的感知风险

使用新的品牌名称推出新产品往往会让消费者有不确定感和未知购买风险。相反，采用一个知名的和有正面形象的已有品牌名推出新产品则不会出现这样的问题。消费者会根据对已有品牌的认识和产品知识来形成对新产品的品质预期。此时，消费者对新产品的风险感知更低。

2. 提高延伸产品的质量认知

知名的与受欢迎的已有品牌的一个明显优势是消费者对其品质有更高的评价。对于延伸产品而言，消费者会根据他们对于品牌的认知，以及延伸产品与品牌的关联程度，来形成对于延伸产品质量的判断。例如，阿迪达斯推出一款新的徒步鞋，消费者就会根据他们对于阿迪达斯的了解，以及徒步鞋与阿迪达斯的相关程度，来推断阿迪达斯徒步鞋的质量。显然，这款徒步鞋沿用阿迪达斯的品牌名比取一个全新的品牌名更容易获得消费者的质量认可和积极反应。

3. 满足消费者的多样化需求

当消费者对已有产品系列感到厌倦时，往往希望更换它们。如果品牌在同一产品类别中提供多种具有差异化的产品供消费者选择，就可以使顾客不用寻求其他品牌也能解决购买问题。品牌延伸中的产品线延伸就能够填充已有品牌名下的产品线。例如，可口可乐公司在碳酸饮料产品领域就有健怡可乐、樱桃可乐、香草味可乐、青柠味健怡可乐、零度可乐等产品，还有不属于可乐系列的雪碧、芬达等碳酸饮料，这些产品满足了消费者在需要探索饮料时的多样化选择。

4. 提高营销效率

采用相同的品牌名、包装、标签，在分销渠道和终端渠道、各种传播媒体、赞助事件或联合营销等活动中，企业可以更有效率地促进新产品推广。不仅如此，以相同的品牌名推出系列延伸产品，也更容易说服零售商接受延伸产品，知名品牌名下的系列产品是公司增加与零售商议价能力的重要筹码。从营销传播的角度看，品牌延伸具有明显的优势。产品生命周期有导入期、成长期、成熟期、衰退期等。在导入期阶段，如果新产品以知名品牌冠名推出，营销传播只需帮助消费者建立延伸产品与品牌之间的关联性就可以了。企业仅需要通过较少的广告支出就可以达到同样好的效果。由于延伸产品与品牌旗下的其他产品是一个整体，其广告传播效率会得到提高。如果企业选择创建新品牌名的方式来推出新产品，仅在市场调研和品牌名、标识、包装等设计方面，就需要投入巨额费用。

（二）品牌延伸对市场的拓宽作用

品牌延伸可以为品牌及其所有者带来战略层面的积极结果，主要表现在拓宽市场和深化市场两方面。

1. 拓宽市场

品牌延伸使公司接触到新顾客，增加了品牌的市场覆盖，从而使公司的收入增加。例如，高露洁通过产品线延伸，不断推出各种款式、香味的牙膏，提高了品牌的市场份额。又如，传统医药品牌云南白药将品牌延伸到牙膏产品，并逐渐发展成为功能性牙膏高端市场的领导品牌。

2. 深化市场

通过品牌延伸还可以将市场做深、做透，提高顾客份额（share of customer）。品牌延伸能够让同一个消费者购买相同品牌名下的更多不同种类的产品，占据了该消费者更大的购物支出份额。例如，商业银行通过品牌延伸从传统的银行业务，拓展到个人理财、信用卡、住房信贷等业务，那么，商业银行通过交叉销售（向同一消费者销售多种业务）就能够提高品牌的顾客份额。同样，互联网企业腾讯通过 QQ 品牌黏住了用户，产生了巨大的用户流量，然后通过品牌延伸，向相同顾客群推出腾讯的门户、搜索、社交、音乐、电子商务等服务项目，腾讯的品牌延伸起到了很好的深化市场作用，大大提高了顾客份额。

（三）品牌延伸对品牌的反哺作用

品牌延伸的最佳效果是能够为品牌带来反哺作用，包括丰富品牌内涵、提升品牌形象、拓宽品牌用途等。

1. 丰富品牌内涵

品牌延伸得当，可以丰富品牌内涵，进而强化品牌的特色和定位。例如，劲霸男装还发布自有IP——劲H & 霸H及它们的虚拟时空家园"劲象空间"。劲H与霸H两个虚拟人物，一个链接当下，一个链接未来，不仅有着正面活力的年轻形象，在他们成长的背景故事中还寄托着该时尚品牌与新时代年轻人"同年轻，共成长"的情感价值。劲霸男装的这种艺术化、潮流化、IP化的品牌延伸形式丰富品牌故事的内涵、增添人文温度，是品牌与未来年轻消费者的沟通方式的积极探索。

2. 提升品牌形象

如果延伸产品具备更高品质，就能提升品牌形象。成功的品牌延伸有助于提升消费者对品牌所在企业的信誉感知，包括企业的专业程度、可信度、吸引力等。例如，耐克从跑步鞋延伸到专业的篮球鞋、运动服、运动器材，由于这些延伸产品卓越的产品品质，因而强化了耐克品牌"卓越表现"与"运动时尚"的形象与定位。

3. 拓宽品牌用途

企业成立之初往往聚焦于某个细分市场，消费者容易将品牌与该细分市场画等号。随着企业的扩张，最初狭窄的品牌定位使产品的使用范围受到限制，企业需要更为宽泛的品牌定位，需要拓宽品牌的使用情景。如果企业能够选择合适的品牌延伸，就能够拓宽品牌的应用边界。如云南白药于2004年推出以"防止牙龈出血"为主要诉求点的云南白药牙膏，拓宽了云南白药的用途。

四、品牌延伸不当引起的负面效果

（一）延伸的新产品不成功

1. 品牌的联想不能转嫁给延伸产品

如果延伸产品与品牌的品牌联想存在较大的差异，消费者就难以将品牌积极正面的联想、记忆、印象等转移给延伸产品。企业进行品牌延伸的目的是希望借助品牌的知名度与美誉度，但能否使延伸产品受益还取决于延伸产品与品牌之间的匹配性。例如，李维斯牛仔裤品牌让人联想的是休闲的生活方式，它使用质朴但耐用的原材料。可以想象，如果李维斯延伸至高档服饰，已有的品牌联想就造成品牌延伸的巨大障碍，因为延伸产品与品牌已建立的联想或留给消费者的印象，显得格格不入。

2. 产生不合时宜的品质联想

如果品牌的品牌联想根深蒂固，而品牌延伸目标品类的特点与品牌又截然不同，消费者就可能对延伸产品产生怪异的品质联想。例如，999 本是胃药领域的知名品牌，在胃药领域建立起很强的品牌知名度和品牌联想，以至于 999 成为胃药的代名词。但当三九集团收购石家庄市一家啤酒企业之后，就将原来的啤酒品牌名"嘉禾"更换为 999，并投放广告词"九九九冰啤酒，四季伴君好享受"。这让消费者产生很怪异的感觉。消费者在饮用 999 啤酒时会联想到胃药；999 胃泰的功效在于护胃，而饮酒过量却伤胃，999 牌啤酒与 999 牌胃泰存在认知冲突。直到 2004 年三九集团资产重组时，石家庄三九啤酒有限责任公司更名为"石家庄市嘉禾啤酒有限责任公司"，又使用先前的"嘉禾"品牌名。

（二）延伸产品对品牌形成伤害

如果品牌延伸没有为延伸产品带来益处，反而对品牌造成伤害，这将是最糟糕的结果。

1. 模糊品牌定位

如果延伸产品与品牌难以找到共同点，就会使品牌的定位更加模糊。延伸产品与品牌之间的差异不仅仅体现在产品类别与用途方面，同样可能表现为品牌形象的差异。如果延伸产品与品牌的差异体现在品牌形象方面，与产品类别和用途方面的差异相比更有可能模糊品牌的定位。比如，"娃哈哈"以极为个性化的品牌名称魅力吸引了广大儿童，在人们心目中形成与儿童紧密相连的印象。因此，公司后来开发的八宝粥、矿泉水甚至儿童感冒液都可以归入原有的定位，但冰糖燕窝、关帝酒等则属于另外性质的产品了。

2. 损害品牌形象

失败的品牌延伸会损害品牌的形象。如果品牌旗下的产品与延伸产品越相似，品牌就越有可能受到延伸产品的伤害。例如，皮尔·卡丹一度以高贵的品质与香奈儿、路易威登齐名，后来皮尔·卡丹将品牌延伸到廉价的日用品上，严重损害了品牌原先高贵的形象，从此皮尔卡丹难以再回到品牌的巅峰时期。

12.2 "一专多能"让人生更出彩

第二节　品牌延伸的影响因素与步骤

品牌延伸成功的前提是品牌要具备较高的知名度，以及清晰和丰富的品牌联想。如果消费者头脑中还没对品牌形成好印象，那么消费者就不可能对延伸产品形成好的预期。因此，品牌要以优质品牌资产为前提和基础，全面考虑影响品牌延伸的因素，遵循一定的步骤，确保品牌延伸是恰当的。

一、品牌延伸的影响因素

品牌延伸的成功与否受到原品牌、消费者、市场、公司及其他因素的影响。

（一）原品牌

原品牌，即进行品牌延伸的品牌，会对品牌延伸的效果产生重要的影响。原品牌对品牌延伸的影响可以细分为以下几种。

1. 品牌优势

原品牌已经取得一定的市场地位，即具有一定的品牌优势是品牌延伸的先决条件，品牌优势体现在积累了广泛的知名度和较高的忠诚度、构建了一定规模的市场渠道、树立了良好的品牌形象等。原品牌的品牌优势越明显、品牌越强势，品牌延伸的成功率就越高。

2. 相似性

延伸产品与原品牌之间的相似性也是品牌延伸成功的关键因素。延伸产品与原品牌之间的相似性越高，品牌延伸成功的可能性就越大。相似性可以分成两大类。

（1）与产品有关的相似性。与产品有关的相似性包括三种。第一种是产品的关联度，即原品牌产品与延伸产品在价值链上是否存在关联关系，如共享核心技术、共享营销渠道等。比如海尔从海尔冰箱延伸到海尔冷柜、海尔空调。第二种是产品的互补性，即延伸产品与原品牌产品具有互补关系。比如华为从华为手机延伸到华为耳机。第三种是可替代性，即原品牌产品与延伸产品是否可替代。

（2）与产品无关的相似性。与产品无关的相似性，主要指超出技术、资源等物理局限，遵循的是形象、价值等无形的、与产品本身无关的相似性。比如，卡特彼勒从掘土机成功延伸到工装靴就是因为延伸产品保持了品牌"户外、坚韧"的形象和核心价值。

3. 品牌定位

原品牌的定位偏向于功能意义还是象征意义，或偏向于属性定位还是非属性定位对延伸结果亦有直接影响。偏向于象征意义、非属性定位的品牌更有利于品牌延伸。比如，偏向于"尊贵"象征意义的劳力士手表，比偏向于功能定位的天美时手表更容易实现延伸。卡普费雷尔曾指出，品牌延伸的空间与品牌内涵存在对应关系。如果品牌从产品或专有技术的角度定位，那么品牌延伸的空间就会比较小；而随着品牌的定位往利益、个性、价值理念的方向发展，品牌的延伸能力会越来越强，品牌延伸的空间也会越来越大。

（二）消费者

品牌延伸的成败最终取决于消费者对品牌延伸的态度和评价，如果延伸产品与原有品牌产品的消费群体相同或相近，则延伸比较容易成功。

12.3 为什么人们对苹果和格力的同路径品牌延伸态度迥异？

（三）市场

影响品牌延伸的市场因素主要有竞争因素以

及产品生命周期因素。

1. 竞争因素

品牌延伸会受到市场竞争因素的影响。当市场上存在强势品牌时，进行品牌延伸的难度相对较大；当市场容量大但品牌竞争格局尚未稳定时，说明还存在延伸的空间，品牌延伸也比较容易成功；当消费者的需求发生变化，或是出现市场变革时，意味着市场的竞争结构会发生变化，品牌也就拥有延伸的机会。比如5G技术给手机市场带来变革，拥有技术优势的品牌可以趁机进行品牌延伸，重新定义市场竞争格局。

2. 产品生命周期

延伸产品处于不同的生命周期，会使品牌延伸的结果不同。一般来说，如果产品处于导入期，消费者接受这一新产品需要一个过程，那么品牌延伸也存在风险，一旦延伸失败，会极大地损害原品牌的形象和信誉；在成长期、成熟期，竞争者之间的力量对比可以达到某种程度的平衡，品牌延伸的成功概率较大，但延伸的费用相对较高，特别是成熟期，一般机会较少，除非有市场空隙或者市场发生变化；对处于衰退期的产品，由于消费者已经没有需求或者需求在不断减少，因此不应该再进行品牌延伸。

（四）公司

品牌延伸是由哪一家公司进行的，这家公司的背景及状况会影响品牌延伸的结果。公司因素的影响主要反映在：第一，公司的可信度。消费者对公司专业水平和可信度即公司信誉的印象，是进行品牌延伸时有价值的联想。这些联想能够降低消费者感知到的风险，从而增加品牌延伸的可接受程度。第二，公司的相关度。即公司与延伸的产品之间是否相关，以及关联的紧密程度。

（五）其他因素

品牌延伸时，其他营销组合因素的配合也会对品牌延伸的效果造成影响，比如延伸产品的定价、销售渠道的状况、促销组合的搭配及力度等。

二、品牌延伸的步骤

品牌延伸是一个系统工程，主要包括确定品牌联想、选择最好的候选产品、选择候选品牌名称、进行战略考量四个步骤。

（一）确定品牌联想

发展延伸品牌的第一步就是确定由核心品牌名称产生的品牌联想。对品牌联想的识别可通过多种技巧达到。例如，名称联想法，即选定一组消费者，向他们询问当品牌被提及时，有什么东西进入脑海（如可口可乐一被提起，人们就会想到一种有特殊口感的饮料及其特殊包装等）；放映技巧法，即询问消费者吃下亨氏番茄酱后，对该产品的印象如何；探寻智力差异法，即探寻某品牌同其他品牌有何区别，例如，香奈儿产生了昂贵品质、典雅、时尚等联想，索尼产生了优质、日本、家电等联想。一种品牌往往会产生整套联想，包括了许多种类,此时企业必须以与品牌的联想强度为准,将重点放在仅有的几种或十几种联想上。

(二) 选择最好的候选产品

在此过程中,先假设品牌是适于延伸的,它应当提供一些有优势的立足点,然后从产品清单中选择有限的数量来进行概念测试和检验。检验的主要内容之一是延伸品牌的适应性,即消费者对延伸品牌感觉是否舒适。对适应性进行检验的方法之一就是简单地询问受调查的某种品牌名是否适应一系列可选择的产品。当然,低适应度并非一定致命,有些产品看着不适应,但如果从强化品牌和产品间的联系方式来看,实际上可能是适应的。检验的内容之二是延伸是否提供一些具有优势的立足点,品牌名称是否能成为购买的原因,它是否能成为一种类似更高的质量、更多的价值、更可靠的性能的立足点,然后从产品系列中选择最好的候选者。根据调查检验的结果,如果有较少甚至没有相同的部分,则说明两者之间的联系不紧密或者无联系,核心品牌就不应该向该产品延伸,应另选延伸产品。

(三) 选择候选品牌名称

在确定了延伸产品之后,紧接着要为其选择相应的品牌名称,选择延伸品牌名称要从以下两点出发。

(1) 消费者从心理上是否接受延伸品牌的名称。如果核心品牌准备通过转移一种质量感受或消费者的一种强劲有力的品牌联想来帮助延伸品牌,那么延伸品牌名称就比较容易使消费者感到愉快。如果消费者觉得延伸品牌名称使他们感到不舒服,他们就不希望原有品牌名称转移到新产品上。判断延伸品牌名称是否让消费者感到舒服的方法是选择一组消费者,询问他们品牌名称是否适应一系列可供选择的产品,例如,可以问消费者认为以下哪类产品可以以"小米"命名:书籍、文化产品、计算机、摩托车、化妆品、香烟。

(2) 延伸品牌名称是否能为延伸产品提供一些好处。这些好处主要来自消费者对延伸品牌名称的感觉。由于核心品牌是成功的品牌,一般能给消费者留下良好的印象,而延伸品牌应该是这种良好印象的延续或加强,它应该成为消费者购买延伸产品的原因,或者说延伸品牌相对于核心品牌而言,就应当成为一种具有更高质量、更多文化附加值、更可靠的性能或有一定地位的品牌。当品牌名称有助于在一个混乱的市场上树立消费者的品牌意识或者增加产品销量时,品牌延伸就会在某个已成熟的产品市场上具有更大的比较优势。在产品市场还不成熟时,品牌延伸将有较大的风险。

12.4 突出"姓"还是"名"?文化框架对品牌延伸命名策略的影响

(四) 进行战略考量

由于品牌延伸是一个战略性的问题,在采取这种行动时,有必要对战略性的问题加以考量。

第三节　品牌延伸模型

品牌能否顺利地延伸到新的产品类别，主要取决于消费者对原有品牌的认知程度及延伸产品与原有品牌产品的关联程度。

一、消费者品牌延伸评价模型

消费者是如何评价品牌延伸的呢？大卫·阿克和凯文·莱恩·凯勒对此进行了一项研究，并提出了一个模型（简称 A&K 模型），见图 12-1。A&K 模型的基本思想是，消费者对品牌延伸的态度取决于三个因素：消费者对原品牌的感知质量，原产品与延伸产品的契合度，以及延伸产品的设计、制造难度。

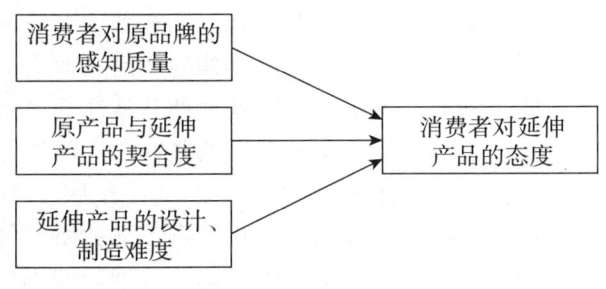

图 12-1　A&K 模型

A&K 模型包含四个基本假设：第一，消费者对原品牌的感知质量越高，那么对延伸产品的接受程度就越高，反之就越低。第二，原产品与延伸产品的契合度越高，原产品的高品质特征越容易转移给延伸产品，反之这种转移效应将受到限制。第三，原产品和延伸产品的契合度越高，消费者对品牌延伸的评价就越高，反之则越低。第四，延伸产品设计、制造难度越大，消费者对品牌延伸的评价就越高，反之则越低。

我国学者符国群运用残差中心化方法对 A&K 模型进行了再次检验，结果证明消费者对品牌延伸的态度受到 A&K 模型中提出的三个主变量（消费者对原品牌的感知质量，原产品与延伸产品的契合度，延伸产品的设计、制造难度）的影响。由此可见质量、契合度、设计与制造难度这三个因素会影响消费者对品牌延伸的评价。

12.5 茅台跨界进军咖啡行业，是"噱头"还是"商机"？

二、品牌延伸能力模型

要确保品牌延伸成功，就要把握原有品牌与延伸品牌的关联程度，使延伸产品与原有品牌产品的内核在逻辑上是合理的，并且具有较高的契合度。卡普费雷尔（Kapferer）提出了一个品牌延伸能力模型（如图 12-2 所示）。

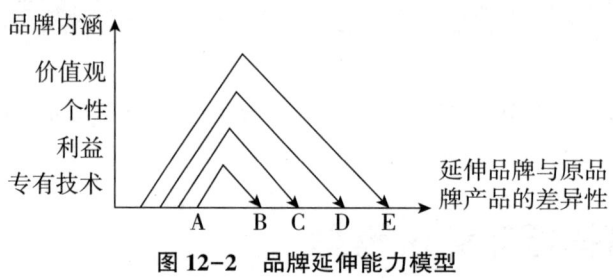

图 12-2　品牌延伸能力模型

该模型的纵轴是品牌内核元素，横轴是延伸产品与原品牌产品的相似程度。品牌内核元素是指原品牌具有显著特征的一个方面，包括专有技术（know-how）、利益（benefit）、个性（personality）和价值观（values）。产品相似程度是指延伸产品与原产品之间的技术相关性。

由模型来看，根据品牌类型的不同，延伸产品与原有品牌产品的相似性也不同。专有技术是原有品牌产品所具备的技术性特征，所延伸的产品与原有品牌产品应在技术上具有较强的相似性或相近性。例如，海尔的制冷技术使其从冰箱品牌很自然地延伸出新的产品类别——冰柜、空调。品牌利益是品牌带给消费者的产品利益，据此所延伸的产品与原产品相距稍远。例如，立白洗涤用品的利益是"不伤手"，这使其能顺利地从立白洗衣粉延伸到立白洗洁精。个性是品牌的拟人化特点，据此所延伸的产品可以离原产品较远。例如，万宝路的个性是豪迈、粗犷，因而能从香烟延伸到牛仔裤。价值观是品牌所持有的理念，所延伸的产品可以与原产品在技术上不相干，只需要保持理念和核心价值一致，如海尔的核心价值观是对顾客的真诚，核心价值是"真诚到永远"。海尔品牌包括冰箱、彩电、洗衣机、空调、橱柜等在内的众多产品，都时刻践行着对客户"真诚"的价值观。

三、品牌延伸边界模型

影响品牌延伸成败的决定性因素主要有两个。一是消费者对原有品牌的认知，主要表现为消费者所能记住的品牌的主要特征，包括由品牌所能联想到的产品类别，该品牌下产品的优势、市场形象等。二是延伸产品与原有品牌产品之间的关联性，包括技术的关联性，市场的关联性，价值、理念的关联性，主要表现为支持原有品牌产品的要素与支持新产品的要素的契合度或转移程度。对原有品牌的认知是品牌延伸的优势基础，与原有品牌的关联性是品牌延伸的指导原则。将二者结合起来，可以构建一个品牌延伸的边界模型（如图 12-3 所示）。

品牌延伸的成败取决于延伸产品是否脱离了原有品牌所规定的延伸边界。消费者对原有品牌的认知可以分为功能性和表现性两种。如果再将每种认知分为高低两种，那么消费者对原有品牌的认知就有高功能—高表现、高功能—低表现、低功能—高表现、低功能—

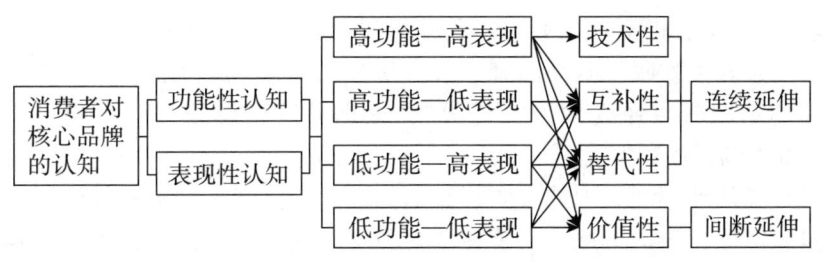

图 12-3　品牌延伸边界模型

低表现四种情况。延伸产品与原有品牌间的联系又可以分为与产品特征有关的技术性、互补性、替代性以及与产品特征无关的价值性四种情况。其中，技术性是指核心技术和品牌资源的可转移性或迁移性，如丰田轿车根据消费者越野活动的需求，开发了丰田 SUV 车型，根据全家旅游的需求开发了 SPV 车型；互补性是指延伸产品与原有品牌产品之间的配套补充，如华为手机、耳机、鸿蒙操作系统；替代性是指延伸产品与原有品牌产品可以满足消费者的同一需求，它们之间可以相互替代，如茶饮料与矿泉水、香皂与沐浴液等；价值性是指品牌概念、表现、内涵等核心价值的一致性。结合以上两个决定性因素，可以确定四类品牌延伸的边界。

（1）高功能—高表现品牌。可以在技术、互补、替代、价值上延伸，较少受到限制，成功的机会也比较大。例如，劳斯莱斯轿车可以向私家游艇延伸（技术性、价值性），可以向专用轿车配件、装置延伸（互补性），可以推出另一型号的豪华轿车（替代性）。又如，牛津大学不仅开设其他教育机构和出版专业图书（功能性延伸），而且授权一家服装生产商推出一个颇具人文气息的服装品牌（价值性延伸）。

（2）高功能—低表现品牌。应选择技术性、互补性、替代性三个方面的延伸，而不宜向价值性延伸。例如，海尔可以很成功地延伸到各类家电产品，却无法进入高档手表或名贵香水等表现性产品市场。

（3）低功能—高表现品牌。适合采用价值性延伸，也可以向互补性和替代性产品延伸。例如，高档洋酒本身并无太大功能性，但其名贵的特征会满足部分人的虚荣心，所以更适合向名贵家居装饰品或珍藏品延伸（价值性），也可以延伸到高档酒具（互补性）以及其他口感的高档洋酒（替代性）。

（4）低功能—低表现品牌。从理论上讲，延伸难度很大。但是，如果在互补性与替代性上操作的好，也能获得成功。例如，一种普通食盐品牌可以延伸到碘盐、铁盐、钙盐（替代性），也可以延伸到味精、酱油等其他调味品（互补性）。

12.6 跨品类延伸对老字号品牌的影响

四、品类优势与例证优势

品牌能够延伸多远依赖于对一个品牌核心联想边界的确定，品牌联想的双重性是确定品牌延伸限度的一个重要方面。品牌形象是感知的联想集合体，这种"联想网络"由若干节点组成，联结品牌和联想物。联想的力量反映了一个网络中两个节点之间的"语义相关性",可以是无定向的,即品牌与联想物处于一种自由的关系中;也可能是定向的,分为两种方向,即从某相关物联想到某品牌,或者从某品牌联想到某相关物。把一个品牌与一种相关物之间的定向联想强度称为"优势",根据品牌联想的方向不同,品牌的优势有"品类优势"和"例证优势"两类。

品类优势是指从品类到品牌的定向联想的强度。它以产品类别的提示激发其下的品牌的程度来测量。例如,佳洁士这个品牌在牙膏品类下都具有很强的代表性。这是高品类优势的例子。例证优势是指从品牌到品类的定向联想的强度。它以品牌名激发其所属的产品类别的程度来测量。例如,提及吉列使人马上想到剃须刀,这就是一个高例证优势的例子。显然这两种优势是可以同时存在的,而且通常是同时存在的。如果两者都很强大或都很微弱,我们就能看到它们之间的对称性,如果一强一弱则产生不对称。对品牌管理来说,要分清品牌的三种情形:高品类优势(不管例证优势是高还是低);非高品类优势,但是高例证优势;既非高品类优势,又非高例证优势。

(1) 在高品类优势的情形中,品牌应该"牢牢守家",在其原先的类别上收获它的强势定位。对高品类优势品牌的直接延伸不大可能获得成功,除非目标品类和原先品类十分接近。一般情况下,潜在购买者不管品牌的例证优势高低,会选择有高品类优势的品牌。通常品牌不是单独浮现在人们的脑海里,而是以良好的品牌形象为基础,所以具有高品类优势的品牌就能得到高品牌资产。

(2) 在非高品类优势但高例证优势的情形下,当产品类别中其他品牌不具有高品类优势时,这个品牌才在其原先的品类中具有强大的定位。这时,品牌管理有两种可能的策略:一是培育品类优势,这样可以优先获得有竞争力的品牌;二是充分开发现有的高例证优势,延伸到对这个品牌合适的新的产品类别中去。

(3) 在既非高品类优势又非高例证优势的情形下,品牌联想太弱,很难产生杠杆作用。在记忆里产品品类最先被激活的消费者购买情形中,中间态的品牌极可能被漏掉,所以这些品牌很少进入消费者考虑的范围中,也很少出现在消费者的购买搜索过程中。

第四节 垂直品牌延伸

垂直品牌延伸是品牌延伸的特例,包括向上延伸和向下延伸,一般属于公司层次的品牌战略,是品牌延伸领域的新课题。

一、垂直品牌延伸的定义

垂直品牌延伸(vertical extension),是指品牌从原来的产品档次,向上延伸至更高端的产品档次,或向下延伸至更低端的产品档次。垂直延伸的主要目的在于通过延伸产品扩大市场覆盖面,接触更多的目标消费群。通过垂直延伸,品牌可以进入更低端或更高端的市场。而水平延伸主要是用于覆盖更多不同的产品业务领域。垂直延伸分为向上延伸和向下延伸两类。垂直延伸时,无论是向上延伸还是向下延伸,延伸产品要取得成功,并不对原品牌构成负面影响，往往需要启用一个新的品牌名。因此，一般意义上讲垂直延伸的原品牌通常是公司品牌。

（一）向上延伸

1. 品牌升级

向上延伸是指公司推出新的、更高端的产品品牌，以此提升公司原有的形象。如果企业推出高端品牌的做法是为了改变原有的更为低端的品牌形象，此时向上延伸又称为"品牌升级"。品牌向上延伸时，需要启用一个新的品牌名才更有助于延伸取得成功。例如，海尔以卡萨帝进军高端家电市场。福田汽车最早使用"福田"品牌名生产农用车，后来，福田生产轻客，继续沿用"福田"，但销售业绩不理想。原因在于市场对"福田"的品牌印记与"农"有关。因此，福田开始在不同品类产品运用不同品牌名，对重卡就采用"欧曼"品牌名。

2. 声望品牌

公司品牌向上延伸时，如果品牌升级所推出的延伸产品主要用于满足顾客的身份、社会地位、形象等方面的动机需求，则此类延伸产品称为声望品牌。声望品牌更关注顾客的自我概念和形象表达，而功能品牌更关注顾客对产品功能方面的需求。声望品牌具有高卷入度，可以给消费者带来社会认可、感官满足和思维激励。声望品牌更能向多种不相关的产品领域延伸。

声望品牌往往具有带领原品牌实现品牌升级的重任。例如，雷克萨斯就是丰田汽车的声望品牌，它提升了整个丰田汽车的形象。因此，声望品牌要与原品牌之间在定位、品质、定价、形象等方面保持足够远的距离，在视觉识别系统上要保持尽可能大的差异。同时，还需视产品类别的不同，在营销、销售、研发、生产、物流等营运上保持尽可能大的独立性。

12.7 小米如何走上高端之路？

（二）向下延伸

1. 品牌降级

向下延伸是指公司在原来生产的高知名度、高价品牌的基础上，转而增加生产价格更低、包装更简易的产品，也视为品牌降级。向下延伸时，公司往往也采取启用一个新的品牌名的方法。今天，从日用品、服装到家用电器、电脑等，消费者倾向于购买低价格产品的趋势越来越普遍。为何公司需要在适当时候实施品牌向下延伸战略？总的看来，公司实施品牌向下延伸的情境分为如下几种。

其一，竞争者竞相投放低价产品。这些竞争者有可能是商店品牌，也有可能是制造商品牌，还有可能是来自成本更低的国家或地区的外国品牌。在这种背景下，制造商投放开发新的低价产品就更有必要，这是为了防御竞争者通过低价产品侵蚀自己的市场份额。

其二，新型零售环境迫使制造商品牌向下延伸。过去的仓储式零售商（如沃尔玛）、直销商（如戴尔）等零售变革推动了产品价格的下降；今天，电子商务和网上销售再次把目标瞄准在降低价格上。因此，制造商需要推出低价格的产品以应对零售环境带来的挑战。

其三，技术演变。新技术变得成熟之后，成本自然会降低，产品也变得更简单和更容易。

2. 侧翼品牌

向下延伸时，公司通常推出独立的、价格更低的新品牌名，此时的延伸品牌又称为"侧翼品牌"（flank）。拥有侧翼品牌，公司固有的高知名度和美誉度的高端品牌就不会受到伤害。和处理声望品牌的方式一样，公司对侧翼品牌也要采取最大差异化的品牌名称和视觉识别系统，以便公司原有的正面品牌资产不受侵蚀。很多公司成立一家新公司来经营侧翼品牌。

还未远走的喜小茶下线

2020年4月3日，喜小茶首店正式开业，主要产品品类分为奶茶、果茶、咖啡、冰淇淋等类别，不光是产品，连门店空间与选址都与主品牌喜茶有较大差异，更为灵活。在当时，喜茶的定价为30元左右，而喜小茶的定价却在6~16元区间，也被业内看作喜茶布局下沉市场的重要伏笔，与喜茶形成互补。

2022年11月2日，喜茶子品牌喜小茶关闭了最后一家门店，自此正式下线。事实上，喜小茶止步于此的原因似乎与喜茶的业务调整有着直接关系。一位接近于喜茶的内部人士表示，喜小茶的出现是因为喜茶希望借此来进行差异化市场布局，形成互补。但随着喜茶进行调价并推出平价产品后，喜小茶便与喜茶业务上存在一定重复性，因此选择关闭此业务线。

就在2022年2月24日，喜茶宣布完成当年1月以来开展的全面产品调价，年内不再推出29元以上的饮品类新品，并且承诺现有产品年内不涨价。可见，随着茶饮市场消费增速到达拐点，喜茶便根据市场节奏进行调整，例如降价和推出平价商品，不再需要通过喜小茶进行补充。不过，茶饮市场竞争激烈，对于喜茶而言，推出低价产品吸引更多客群是一方面，还需通过不断创新和提升产品品质来提升品牌综合实力。

资料来源：张天元，还未远走的喜小茶下线，有改动。

二、垂直品牌延伸的结果

垂直延伸存在许多有利或有害的结果，具体表现为以下几点。

（一）向上延伸与提升原品牌形象

品牌向上延伸能提升原品牌的形象，因为品牌高端版本通常能带来积极的品牌联想。例如，雪佛兰与大众都推出了高端SUV车型，以此来提高目标客户的原品牌评价。但是这样的品牌延伸也可能会模糊消费者对原品牌定位的认知，从而带来负面效应。如果高端定位与固有品牌定位冲突，沿用现有品牌名向高端延伸往往难以成功，这正是雪佛兰与大众的高端车型没能获得积极市场反应的原因。

(二) 垂直延伸与品牌定位

无论是品牌向上或向下延伸都可能给消费者带来困惑，从而模糊原品牌定位。由于消费者对原品牌存在一定范围的价格预期，品牌的高端版本因为超出了消费者的价格预期而被拒绝，而品牌的低端版本则因为劣质的联想而损害原品牌的形象。

(三) 向下延伸不当会损害原品牌形象

高端消费者希望品牌是"独享"的，他们一旦认可了高端品牌，就不希望和自己不是一个档次的消费者享用同样的品牌。例如，五粮液本来是浓香型白酒的代表，是高档酒的代名词，而目前五粮液的品牌延伸却是一味向下的低档化策略，从一百多元的五粮春，到几十元的五粮醇，再到几元钱的东方龙，让消费者已经弄不清楚五粮液究竟是高档酒的代表还是低档酒的象征。而万宝龙却在困境中坚守自身的高端定位而不是选择走低端路线，其结果是再次提升了品牌形象，造就了"书写艺术"的卓越品牌形象。

(四) 侵蚀原品牌的销售

虽然垂直延伸可以吸引新顾客，但也许会抢走大部分已有的顾客，品牌向下延伸时这个问题尤为突出。例如，当苹果公司在推出高端手机 iPhone 5S 的同时，还推出了更低端的 iPhone 5C，结果 iPhone 5S 的销量大约是 iPhone 5C 的 2.5 倍，iPhone 5C 的销量远远不及当初的预定目标。

为了有效应对垂直延伸可能带来的负面结果，企业往往将延伸产品与原品牌的定位有效地、最大限度地区分开来，采取不同的品牌名称与营销渠道是较为普遍的策略。不论是向上延伸，还是向下延伸，开发一个新品牌名，撇开延伸产品与现有品牌名之间的联系都是更为合适的战略。例如，上海家化推出的高端品牌双妹，对现有品牌和新品牌而言，不仅具有独立的品牌名称，其营销渠道也是独立的。

炫耀性产品品牌策略：品牌延伸或新品牌？

现实中，企业经常以垂直产品线扩展的形式引入新产品，此时新产品的品牌策略成为企业要思考的难题。对于炫耀性产品，如果企业采用品牌延伸策略推出新产品，那么购买新产品与购买原产品的消费者将享有相同的身份效用，且此身份效用由新产品和原产品的购买者的总体平均财富水平和身份地位决定；而如果企业采用新品牌策略推出新产品，则新产品与原产品带给消费者的身份效用由各自的购买者财富水平和身份地位决定。

通过对无低端产品、采用品牌延伸推出低端产品以及采用新品牌推出低端产品三种模式的建模分析，发现：

(1) 垄断情形下，企业的最优策略是采用品牌延伸推出新产品。

(2) 在竞争情形下，消费者的炫耀性消费总是对高端企业有利，而对低端企业不利。高端企业总是希望消费者有更大的身份地位偏好，而低端企业则相反。企业的最优策略是采用新品牌推出与原产品质量差异不大的低端产品。企业推出新产品的目的是针对不同的消费者进行不同的价格定位，从而占领更多的市场。但是在竞争情形下，企业推出新产品需考虑是否会加剧与低端企业的竞争，如果新产品质量较低，则可能适得其反。同时，由于品牌延伸策略下企业的内部产品间的蚕食效应较强，所以其不是一个好的选择。

资料来源：王琦君，聂佳佳. 炫耀性产品品牌策略：品牌延伸或新品牌？[J]. 中国管理科学，2022，30（07）：110-120. 有改动。

思考与讨论

1. 品牌延伸有哪些？品牌延伸对品牌来说有哪些积极作用和消极影响？
2. 影响品牌延伸成效的因素有哪些？
3. 品牌延伸的 A&K 模型、品牌延伸能力模型、品牌延伸边界模型之间有何关系？
4. 垂直品牌延伸的方式有哪些？如何避免垂直延伸带来的风险？

第十三章

品牌国际化

> 海内存知己，天涯若比邻。
>
> ——唐·王勃《送杜少府之任蜀州》

学习目标

知识学习目标：
1. 了解品牌国际化的内涵、度量、动因和障碍。
2. 了解品牌国际化的模式及其选择，理解品牌国际化模式选择的影响因素。
3. 了解品牌国际化的路径与方式，理解品牌国际化传播的意义。
4. 了解发展全球品牌的步骤，理解品牌定位的特点。

能力培养目标：
1. 能帮助企业选择品牌国际化的模式。
2. 能帮助企业制定品牌国际化的战略。
3. 能辨析全球品牌与国际品牌概念。

价值引领目标：
引导学生了解品牌国际化对"一带一路"倡议的意义。

 导入案例

科沃斯已成为全球最大的扫地机器人品牌

作为全球最早开启服务机器人研发与制造的厂商，科沃斯有着20多年的深厚底蕴，其产品已经成功覆盖全球145个国家和地区。

如今，科沃斯旗下有地宝、窗宝、沁宝为代表的完整立体化家用服务机器人产品线，产品功能覆盖了消费者日常使用的多个场景。同时在每个场景下，科沃斯的产品能力都要更优于其他品牌，拿最新产品科沃斯地宝T20系列来说，在继承上代产品优势的同时搭载了科沃斯首创的55度热水净洗功能，不但解决了扫拖机器人自清洁不彻底的问题，还使得此类产品的清洁能力大幅提升。

另外，科沃斯在2022年发布的家用智能割草机器人GOAT G1、DEEBOT PRO K1/M1还将服务机器人从家用场景拓展到了户外以及商用场景。可以说，围绕生活、生产、生态

场景，科沃斯都进行着持续创新，为市场带来了真正好用的服务机器人。

根据相关资料显示，科沃斯扫拖机器人系列地宝在中国、澳大利亚和东南亚市场占有率超40%；科沃斯窗宝在德国市场占比达84%；主要面向海外市场的智能割草机器人 GOAT G1 在欧洲上市，获得了不错的反响。另外，科沃斯在营收方面已经超越了美国巨头智能机器人公司 iRobot，2022年，该品牌在海外的业务收入同比增长20.2%，占自身收入比重达31.8%。2020—2021年，科沃斯的研发费用复合增长率更高达48.4%。

在"中国智造"这项重要发展战略中，可以看到许许多多国产品牌做出了极为重要的贡献，科沃斯的企业实力与创新能力获得了行业和用户的高度认可，也让全球消费者再次看到了中国品牌的能量。

同时，凭借全球化的市场布局以及领先的技术优势、自研能力和完善的上下游产业链体系，让其成为服务机器人领域独一无二的存在。更重要的是，科沃斯推出的产品覆盖了我们日常使用的多个场景，真正解决了日常家庭清洁时的多项烦恼。

资料来源：主观科技论，在世界品牌大会中获奖，科沃斯已成全球最大的扫地机器人品牌，有改动。

第一节　品牌国际化概述

历史和现实都已经证明，世界市场竞争的核心是国际化品牌的竞争，国际化品牌的状况也是决定一个国家国际竞争力的重要因素。近些年，我国企业品牌得到了长足的发展，但要想与跨国巨头竞争，我国企业必须在产品质量和生产技术等方面，进一步保证卓越的品牌形象、优良的产品和服务，强化服务观念，巩固国际化品牌的发展，建设更多强大的全球性品牌。

一、品牌国际化的内涵

品牌国际化，又称品牌的全球化经营，是指将同一品牌以相同的名称（可以有不同的翻译）、标识、包装、广告策划等向不同的国家、区域进行延伸扩张，以实现统一化与标准化带来的规模经济效益及品牌的超额收益。事实上，品牌国际化是一个隐含时间与空间的动态营销和品牌输出的过程，该过程将企业的品牌推向国际市场，并期望获得广泛认可使企业取得特定的利益。

（一）品牌国际化的空间

品牌国际化的空间是指品牌输出的国际市场布局。品牌国际化含有很强的国别信息，至少走出国门才有可能是国际品牌。由于所进入的国家的经济发展水平和国家数量不同，其品牌国际化的程度也不同。同时，品牌所选择的目标国家或地区的市场也需要一个分阶段进入的过程。

（二）品牌国际化的时间

品牌国际化的时间是指品牌的输出有一个时间过程。品牌的国际化实际上是一个系统工程，不仅需要企业有强大的经济实力、技术实力、管理实力和文化实力等做后盾，还需要一个良好的品牌国际化经营战略，以持续有效地提高品牌的国际影响力。品牌的国际化不是一蹴而就的，而是十几年、几十年甚至上百年长期积累的结果。世界顶级品牌可口可乐上百年的历史就是一个明证。在新兴的互联网行业，微软、苹果、亚马逊、谷歌、华为、小米品牌可以依靠其先进技术较快走向国际化，但也都需要经历一些时间。

（三）品牌国际化的动态营销

品牌国际化的动态营销是指品牌的国际化过程中需要因地制宜，以"全球化策略、当地化实施"的战略来适应目标国家环境。品牌形象、品牌个性和品牌定位应该全球统一考虑，具体实施时需要根据当地的情况灵活调整。汇丰银行（HSBC）的品牌口号"环球金融，地方智慧"就是动态性的具体体现。

（四）国际化的品牌输出

国际化的品牌输出一般有三种方式：初级形式是品牌随产品或服务向国际市场输出，国际贸易是其实现手段；中级形式是品牌随资本输出，对东道国进行投资，使品牌植根当地，更能取信于人；高级形式是品牌的直接输出，通过品牌的特许使用而获取品牌收益。很明显，这三种方式成递进关系，也是品牌国际化程度逐步深化的过程，其最高形式也就是品牌成为公认的国际品牌。海尔、宝马等跨国巨头都经历了从产品输出到资本输出的过程，而麦当劳、肯德基等快餐巨头则多采取加盟计划，进行品牌的授权经营。

（五）品牌国际化的广泛认可度

品牌的认可度包含品牌的认知度和美誉度。仅有认知还不够，还必须有美誉、值得信任才能被"认可"。品牌的国际认可度是品牌国际化的基本标准和前提。没有广泛的国际认可就无法成为国际品牌。广泛的国际认可度不仅是企业国际化实力的体现，也是检验品牌国际化运作成效的指标。

（六）品牌国际化的特定利益

品牌国际化是一个具有特定的国际化目标或利益的行为，或是提高国际认可度、美誉度，或是谋取国际订单等。不具有任何利益的纯粹的国际化对于企业毫无意义，品牌国际化的实质是利益的国际化。因此，企业在进行品牌国际营销时必须考虑国际利益。

13.1 希音：打败国际大牌登顶行业巨头

二、品牌国际化程度的度量

品牌国际化是一个历史过程，不可能一蹴而就。在品牌国际化程度的衡量方面，有学者提出以下几点主要内容。

（一）产品外销比重

国外销售额占全部销售额的比重越高，该品牌的国际化程度就越高，反之，国外销售额占全部销售额的比重越低，该品牌的国际化程度就越低。例如，华为公司海外收入占全部收入的比重超过50%，结合其他指标，可以说其品牌国际化程度较高。

（二）全球知名度和美誉度

针对国际目标市场客户对该市场主要品牌的知名度、美誉度进行市场调研，确定品牌在该市场的地位。其中，知名度是关键指标，是品牌国际化程度的主要指标。一般来说，能够在较小市场上排名前五位、在较大市场上排名前十位的品牌，可以视为知名品牌。而这样的品牌是否就是国际化品牌，还要结合其他指标进行判别。美誉度调查主要是确定品牌信心及品牌策略是否适当，以预测知名度的提升潜力并确定相应的对策。

（三）国际市场区域分布

有些国际化品牌虽然具有较高的国外销售额，但是其销售分布却相当有限。例如，中国有很多企业虽然每年的产品出口量很大，但绝大部分局限在第三世界国家，而面向欧美地区的出口额却很少，因此这类品牌也只是处于国际化的初级阶段。例如，传音手机的出口量在国产手机中位列首位，但是其绝大多数国外市场位于非洲地区，在欧美地区市场却难觅身影。由此看来，品牌的国际化发展不仅要求走出国门，还要求在国际市场上广泛地参与竞争。

13.2 传音进入全球手机厂商排名前五

（四）资源的国际化程度

品牌国际化随着进程的深入，必须逐步向资源尤其是人力资源国际化方向迈进。资源的国际化主要指品牌运营所需的资本、劳动力和原材料等资源实现本土化的程度。随着全球经济一体化进程的不断深入，各国之间的经济技术联系不断加强，品牌本土化运营几乎成为所有跨国公司的必然选择。典型的如雀巢公司，其品牌本土化运营的情况非常突出。在许多国家，雀巢连一美元的投资也没有，其所投入的只是雀巢这个品牌的使用许可权以及雀巢的管理和经营经验，而资本和厂房设备等投入全部由所在国的合资方解决。与此同时，人力资源国际化是品牌国际化的最高层次，企业雇员尤其是高层雇员中外籍人员的比例越大，外籍人员的来源分布越广，该品牌的国际化程度越高；相反该品牌的国际化程度就越低。华为创始人任正非指出，外国科学家是华为成功必不可少的部分，华为要学习美国，吸引全世界的科学家到华为。

三、品牌国际化的意义

品牌国际化可以促进生产与流动的规模经济，降低营销成本，扩大市场影响范围，促进知识的迅速传播。

（一）促进生产与流通的规模经济

从供应方面来看，品牌国际化能持续产生大量生产和大量流通的规模效应，降低成本，提高生产效率。由经验曲线可知，随着累计产量的增加，生产制造成本会有所下降，品牌国际化能促进产品的生产和销售，带来生产和流通的规模经济。

（二）降低营销成本

品牌国际化的实施可以体现为在产品包装、广告宣传、促销以及其他营销活动方面开展统一的活动，从而降低营销成本。如果在各国实施统一的品牌化行为，降低营销成本的潜力则更大。实施全球品牌战略是降低营销成本最有效的一种手段。

（三）扩大市场影响范围

国际化品牌无疑在向世界各地的消费者传达一种有关可靠性的信息：品牌产品能在全球畅销本身就说明该品牌具有强大的技术能力或专业能力、质量可靠、服务完善，并能给顾客带来便利。

（四）促进知识的迅速传播

无论是在企业的研发、制造还是营销方面，品牌国际化过程能够促使品牌在一个国家产生良好构想，并迅速且广泛地被其他国家吸收或利用。因此，品牌国际化可以通过在全球范围内新知识的繁衍，最大限度地利用企业现有资源，不断促进品牌的改进，从而提高企业整体的竞争力。

四、品牌国际化的障碍

品牌国际化受到许多因素的制约，因为不同国家的法律、文化和竞争环境不同，消费者对品牌的了解、认知和理解也可能不完全一样，而且他们的需要和使用目的也不尽相同。

（一）竞争结构

竞争结构是影响品牌国际化的重要因素，不同的国家都有独特的产业发展过程，有一些品牌在本地已牢牢地占据了某种地位，因此新品牌难以把品牌定位和联想移植到他国从而使品牌国际化遇到阻力。品牌国际化试图改变这种格局，有必要对原有的品牌定位及营销的组合策略做出调整。

（二）社会文化环境

社会文化环境是阻碍品牌国际化的又一个因素，有时甚至会完全阻碍品牌的国际化。社会文化环境是指人们在一定的社会环境中成长和生活，久而久之会形成某种特定的信仰、价值观、审美观和生活准则。处于不同的社会文化背景中，消费者的品牌认知和消费者行为取向也会有所差异。例如，可口可乐在全球的包装采用统一的深红色，而在中东地区却改为绿色包装。

（三）法律环境

不同国家有不同的法律体系，知识产权的保护要求不一样，产品也有不同的标准，这些都会影响品牌的国际化。同时，在一个国家是合法的营销行为、品牌内涵和定位的表达方式，在另一个国家却有可能是非法的。例如，某些诉求在欧美国家是合法的，在我国是不被允许的，而在伊斯兰国家则是禁止的。在英国，不允许用英雄人物作为烟草广告的代言人；在奥地利，不允许用儿童做广告。这就很可能使在一国极为成功的品牌及其营销组合无法延伸到其他国家。

（四）品牌性障碍

品牌性障碍是指由品牌的构件（文字、图案、色彩、名称等）所带来的品牌国际化障碍。例如，包括一些国际知名品牌在内的很多品牌在创立之初未考虑国际化需要，选了具有当地文化色彩的品牌名称。这些品牌在本国发展非常成功，然而在国际化时遇到了严重阻碍。例如，婴儿爽身粉品牌"芳芳"，国内消费者更多地联想到甜美、纯洁的小女孩形象，但其汉语拼音 FangFang 由于 fang 在英语里是指"蛇的毒牙"，受到了外国消费者的排斥。因此，联想、李宁、抖音等品牌在国际化前都对其名称、标识甚至包装进行了重新设计。

"一带一路"中国品牌走出去，如何塑造我们国家形象？

相关品牌我们分成三个类别，第一是非常有影响力的基建领域。基建领域都是很大的工程，耗时很久，产品也会产生持久、长期的影响，这一部分中国品牌做了非常多、非常扎实的成果。比如中国高铁、中建三局、国家电网等。第二是科技领域，科技领域有很多龙头企业走向海外，为我们创造了一个数字化强国的形象。第三是文化品牌，实际上在提到中国的时候，文化还是一个非常核心的主旋律，是我们中国品牌走向世界品牌的文化根基，也是能够在世界范围内产生影响的一个很重要的来源。

在把基建领域、科技领域、文化品牌分别进行了各个维度的整理之后，我们看到三个领域分别塑造了负责任大国、数字中国、文明新国的形象，最后形成了现代中国的新形象。

资料来源：宫月晴，"一带一路"背景下中国品牌对国家形象的建构与传播，有改动。

第二节 品牌国际化模式

品牌国际化中标准化能够带来巨大的规模效应，而本土化则可以更好地贴近目标顾客，获得更大的市场占有率，但同时销售的成本也会随着本土化而提高。

一、品牌国际化的模式

品牌国际化的基本模式有两种：标准全球化模式和标准本土化模式。在实际选择过程中，往往把两种模式结合起来，以充分利用两种模式的优点，由此产生了四种不同的品牌国际化模式。

（一）标准国际化

标准国际化（standard internationalization）的特点是，在所有的营销组合要素中除了必要的战术调整外，对产品、包装、广告策划等其余要素均实行统一化和标准化。这种模式强调一致性和统筹规划，以便于企业的集中管理和操作，有利于保持营销战略实施上的全球连续性，并给世界各地的消费者以稳定安全的形象认知，增强品牌定位的准确性和品牌的凝聚力。然而，需要注意的是，因全球需求存在区域差异性，故其营销组合的制定与实施相对困难，有时甚至会出现与当地文化相冲突的情况。实践表明，标准国际化营销只适用于某些产品品牌，如高档耐用消费品宝马、奔驰等，具有较好形象的非耐用品可口可乐等，高层次的全球服务项目美国运通金卡等。另外，实行标准国际化应具有充分的根据。首先，交通、通信工具的现代化使各国之间在地理和文化上的差距逐步缩小；其次，经济全球化使跨国公司逐步消除国别色彩；最后，国际市场的统一化形成了全球消费品市场的趋同倾向，生活在不同国家的居民更乐于接受相同的产品和生活方式。这类品牌约占品牌总数的25%。

（二）标准本土化

标准本土化（standard localization）是全球化程度最低的品牌国际化策略。在国际化策略实施的过程中，所有营销组合要素的出台都要充分考虑所在国的文化习俗，并根据当地市场情况加以适当的调整。这类策略主要适用于食品和日化行业。例如，在欧洲市场上销售得非常好的Playtex内衣品牌，在意大利的产品设计实施标准化，即产品的含棉量要高于其他国家的产品。另外，其品牌名称在不同的国家也不相同，在法国名称为Coeur Croise，在西班牙则是Crusa-doMagico。这家公司生产的另外一种无钢圈内衣同样如此，在美国的品牌名称是Wow，到了法国则变成了Armagigues。这类品牌约占品牌总数的16%。

（三）模拟国际化

模拟国际化（simulation internationalization）是指除了品牌形象和品牌定位等实行全球统一化以外，产品、包装、广告策划等其他要素都要根据当地市场的具体情况加以调整，以提高品牌对该市场的适应性。从行业来看，比较典型的是汽车行业。例如，欧宝汽车在欧洲的销售量很大，但是除了品牌标志、品牌个性等至关重要的要素以外，其他要素基本实行本土化策略。生产什么款式、出售什么价格等事务则全部由子公司决定，总公司不予干预。模拟国际化是介于标准国际化和标准本土化中间的模式类型，采用这类模式的品牌约占品牌总数的27%。

（四）体制决定型

体制决定型（system determined）的品牌国际化是指受制度因素的影响，产品的设计、传播沟通、销售服务等营销相关活动必须遵守所在地的规章制度要求，企业只能在规章制度约束的框架下制定品牌营销策略。根据制度理论，体制决定型的品牌国际化策略受三个方面因素的影响。第一，所在地产品相关的法律及规章制度。如在信仰伊斯兰教的国家，食品经营企业严禁销售猪肉制品和酒精饮品，跨国食品公司在从事品牌经营时必须遵守相关法律。第二，所在地产品经营的行业规范，是除法律规定外所有经营企业对产品标准形成的共识或约定俗成。如对于奶粉产品，除达到国家层面的标准要求外，还要达到行业标准，且一些国家的行业标准甚至高于国家标准，这样可以起到提高进入壁垒的作用。对于外来品牌进入者而言，品牌策略需要遵守行业规范。第三，所在地的文化价值观。它对于消费决策有着重要影响，如在消费者环保意识较强的地区产品的过度包装有可能引起消费者的抵制，因此品牌国际化策略需要遵循当地消费者的文化价值观。这类品牌约占品牌总数的32%。

二、品牌国际化模式选择

选择品牌国际化模式时，一般是从品牌国际化的标准化和本土化因素出发，在考虑品牌国际化中的标准化压力和本土化压力两个因素后，建立品牌国际化模式选择影响因素模型（如图13-1所示）。

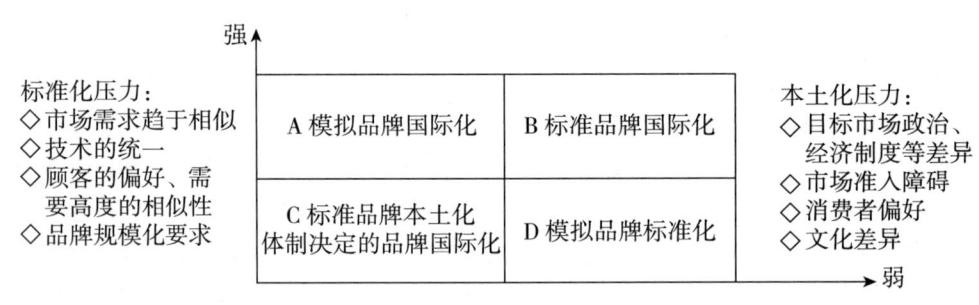

图13-1 品牌国际化模式选择影响因素模型

在区域A，由于本土化和标准化的压力都很大，企业可以根据自己的经营状况和目标市场的本土化压力来源，采用模拟品牌国际化模式，将压力大的营销因素本土化，同时考虑标准化的规模效应。也就是说，在品牌的战略决策方面（如品牌定位、品牌个性、广告主题等）较多采用标准化决策，在品牌的战术决策方面（如品牌名称、广告表现形式，模特选择和媒体选择等）较多采用本土化决策。

在区域B，品牌标准化压力大，而目标市场本土化的压力小，企业宜选择标准品牌国际化模式。但是在管理实践中，由于受到目标市场经济、政治和文化等方面差异的影响，纯粹的标准品牌国际化不容易展开，而且在多元化文化营销中，目标市场的压力往往制约着纯粹的标准品牌国际化模式的实施,因此目前很少有公司采用纯粹的标准品牌国际化模式。

在区域 C,品牌国际化的标准化压力小而本土化压力大,企业可以选择标准品牌本土化模式,根据目标市场的营销环境聘请本地管理人员有针对性地进行品牌本土化经营。如果目标市场的经济体制和其他因素有很大的限制,企业应选择体制决定的品牌国际化模式。

在区域 D,标准化压力和本土化压力都比较小,企业应该从自身出发,根据企业竞争力选择模拟品牌国际化模式。虽然目标市场的本土化压力比较小,但是由于此类企业的实力往往不是很强,因此要根据企业自身状况选择本土化和标准化的因素,合理采用模拟品牌标准化模式。

三、品牌国际化模式选择的影响因素

企业在品牌国际化的过程中,必须考虑标准化和本土化两个方面的压力,并考虑企业本身的资源情况和所在行业状况,分析企业所处市场环境状况来选择适合自己的品牌国际化模式。因此,品牌国际化模式选择还要考虑以下因素:

(一) 企业所在行业特征

一般来说,产品消费受文化差异影响比较大的行业就不宜采用标准国际化模式;反之,则更倾向于标准国际化模式。从欧洲企业的情况看,食品行业品牌在全球化过程中采用标准化的最少,其原因是食品行业需要根据不同地区的消费习惯来实施品牌国际化战略。相反,奢侈品、化妆品最容易实施标准化策略,其根本原因是世界各国对该种类型产品的需求动机基本一致,如在全球范围内,人们购买化妆品的动机不外乎抗衰老、防晒、治疗痤疮、保湿等。

(二) 企业所在国家的经营传统

卡普费雷尔发现,欧洲企业品牌的国际化战略类型与企业所在国有密切关系,如拉美国家与盎格鲁-撒克逊国家(如德国、英国)企业的品牌国际化战略有明显差别,意大利、法国企业在实施品牌国际化的过程中更倾向于采用本土化战略。

(三) 目标市场国经营难度

对一个国际化的品牌来说,最大成功之处就在于能将它们的品牌模式与国际市场上的环境相匹配,包括消费者的生活方式、行为习惯、购买力,目标市场国的法律、市场竞争等。例如,欧美市场是非常成熟的市场,由于进入艰难,我国公司目前进入欧美市场一般都充分考虑当地市场的具体情况,而南非等国家本土化压力小,可以更多地进行品牌标准化。例如,海尔在美国的宣传更多地考虑当地的技术标准,而在亚洲其他国家则更多地考虑通行标准。

(四) 企业本身的品牌管理能力

由于品牌本身包含诸多构成要素,不同要素的国际化难度存在较大差别,因此,具有较高的品牌管理能力和较丰富的国际市场开拓经验的企业，可以尝试从企业形象标识体系建设、产品质量和服务质量提升等具有较大国际化难度的品牌构成要素入手，打造一流的企业文化，培育良好的国际形象，以开拓国际市场。相反，具有较低的品牌管理能力和较少的国际市场开拓经验的企业，可以采用先突破某个国外市场等较为容易的品牌国际化模式，以便分阶段地开拓国际市场。

13.3 名创优品的品牌本土化出海战略

第三节 品牌国际化策略

品牌的国际化经营状况是由一系列决策决定的，包括进入哪些市场、如何进入市场、确定什么营销活动等方面，以实现跨越区域和文化的隔阂，为消费者建立统一的品牌形象。

一、品牌国际化进入路径

品牌国际化首先应将国家发展程度和品牌相对优势作为两个维度，以此决定品牌进入哪些国家和地区。国家发展程度可以分为三个层次：第一个层次以欧、美、日等发达国家和地区为代表；第二个层次以东欧、南亚与南非等发展中国家和地区为代表；第三个层次以第三世界等欠发达国家和地区为代表。品牌进入国际市场有三个路径选择。

（一）先易后难模式

先易后难创国际性品牌的方式是逐级上移：先进入不发达国家，然后进入中等发达国家，最后才进入发达国家，是大目标小步走，类似于"农村包围城市"。这种模式的优点是市场容易进入，甚至还有一些优惠政策。不发达国家大都比较小，经济水平较低，因而建立品牌形象和品牌信誉的投资比较少，时间也要短一些。先易后难可以为公司在国际市场上建立品牌信誉和品牌形象提供直接而丰富的操作经验，同时需要付出的代价较低，因而亦能承受，更加可行。再者，先易后难可以在较短时间内见效（如 TCL 在越南），有助于增强企业创国际性品牌的信心和决心。总之，先易后难的模式在公司财力有限、经验不足、信心不强时，不失为一种可取之策。

但先易后难模式也存在固有的不足。最大的不足是在不发达国家市场建立的信誉和形象，基本上无法扩散到其他国家。如 TCL 在越南的成功，并不能使"新、马、泰"等国市场的消费者认可和接受 TCL，要想进入这些国家的市场并建立起信誉，还得从头做起。换言之，越南市场上的品牌信誉不能有效传播到其他国家，就像中国国内的知名品牌信誉无法有效传播到越南、印度一样。因此，先易后难模式需要拾级而上，必须至少经过三级跳，且每次都得从零开始做起。从建立品牌信誉和形象角度讲，唯一的好处是有了成功经验，在操作时更加从容，更加熟悉和熟练，从而可以提高进入更发达国家市场的成功率。

从建立国际性品牌的高标准看，至少需要经过三个从品牌不认识到认识、从认识到熟悉、从熟悉到信任的过程。因而，必将是十分耗时费力，最终能否成功也未可知。

（二）先难后易模式

先难后易模式是先集中力量主攻发达国家市场，然后再转向相对容易的其他国家和地区市场。这种模式的优点非常显著，只要攻下发达国家，在它们那里树立起品牌信誉和形象，那就意味着品牌经受了世界上最严格的考验，它就是国际性品牌。此时再挥师转向中等发达国家或不发达国家市场，就势如破竹，很快就会被全球市场所接受。在主攻发达国家市场时尤以美国市场特别重要，美国市场的成功对在欧洲、日本市场的成功极有帮助。先难后易模式，实质上就是占领市场竞争制高点的品牌国际化策略，一旦成功即成为强势品牌，此时品牌就可以借势把产品推向世界各地。海尔在近两年产品迅速覆盖全球，是先难后易模式的最好写照。

先难后易模式是日本人创造国际性品牌的拿手好戏，索尼、松下、丰田等都采用了这一模式。但这种模式的见效时间是比较漫长的，但经年累月后，效果越来越显著，让人忽然意识到时品牌的信誉和地位已经确立。海尔在美国花了整整十年时间，从产品出口做起，方有今日地位。因此，先难后易建品牌，一要有耐心，二要有韧心，三要有信心。再者先难后易需要大投入。毕竟不是发展中国家，广告费用多，人力成本高，经营费用大，因此，要在发达国家树一个品牌，少则千万美元，多则上亿美元甚至更多。这也是我国品牌国际化过程中轻易不敢选择先难后易策略的重要原因。

（三）中间路线模式

中间路线模式试图取先易后难和先难后易两种模式各自的优点，同时又想避开它们的缺点。中间路线模式确实有其内在的优越性：第一步是先进入中等发达国家市场，一是积累在异国他乡建立品牌信誉和形象的经验；二是积累由中等发达国家市场向周边不发达国家扩散品牌信誉和形象的经验；三是积累更多的资本实力和营销经验；四是可以增强信心。因此，对有实力但又不够强大的企业，这确实是一条可取之路。第一步目标实现后，再走第二步，转向发达国家市场。由于积累了丰富的市场运作经验，因而在发达国家树立起品牌的时间会短一些，需要投入的资源也会有所节省，不会像直接进入发达国家市场那样需要很长的时间，不大会对信心带来严峻的考验。因为企业已有了成功运作的经验，已有了足够的自信。这一步成功以后，第三步再向其他国家和地区市场扩散就是十分自然的事情了。

二、品牌国际化进入方式

品牌国际化是随着企业经营的国际化向全球市场扩张，企业国际经营市场化有几个不同的阶段与方式，一般是指从间接性的产品出口、直接性的产品出口、许可合同、合资经营到直接投资等几个阶段。而品牌进入国际市场的方式也有多个选择。

（一）随产品或服务向国际市场输出

品牌在国际市场中最初级和最普遍的出现方式是随着产品的国际贸易出口而进入国际

市场。然而，由于仅通过国际贸易的方式来实现品牌输出只是品牌国际化阶段性的初级形式，企业无法掌控品牌在消费者心目中的形象与认知价值，因此这对品牌的长远发展是危险的。较典型的如中国电机，虽然我国电动工具出口量已占世界电动工具销量的 70%，但利润仅为销售收入的 10%。其主要症结在于品牌输出、销售渠道和售后服务网络均没有实现自主掌握，而自主的品牌输出又没有终极市场。因此，要使品牌获得高度的认同，建立品牌信心、品牌忠诚甚至品牌依赖就必须扎根于目标市场。

13.4 跨境电商出口的模式

（二）收购及兼并东道国现有品牌

首先，有利于企业迅速地进入国外市场，建立国外产销据点，以帮助企业迅速获得现成的管理人员、技术人员和营销人员。其次，有利于企业扩大产品种类和获得专业技术，尤其是收购发达国家的品牌可以获得先进的营销技术和专利权，同时拥有优良的品牌形象与品牌资产。最后，能够利用被收购方在目标市场上的销售渠道，在当地市场上迅速占有一席之地。与单纯输出自创品牌相比，运用资本力量收购拓展品牌不仅减少了财力和精力的投入，还能免受当地市场中各种竞争力量的排挤。例如，字节跳动以收购 Musical.ly 的方式进军美国市场，并将其改名为 TikTok，也被称为抖音国际版。通过并购，企业可以实现业务全球化，达到多元化经营的目标，进而有效地降低经营风险，同时帮助企业寻找较合适的切入点，增加经营成功的机会。当然这也要看被收购品牌的品牌文化是否能融入收购企业的企业文化。若不能融入，就会造成管理上的困境。文化改造也不是一蹴而就的，因此收购品牌失败的概率通常较大。

（三）品牌联合

品牌联合能促进品牌所有者迅速打入新的市场。新的市场可能是品牌所有者察觉自身没有能力进入的新区域，即使是大品牌所有者，也有可能发现进入不熟悉的市场所面临的挑战令人生畏，也会谋求一个当地知名品牌的支持以使成功机会最大化。通过达成品牌联合协议，企业可以实现进入一个新市场或领域所需要的花费最小化。例如，安踏与美国国家航空航天局 NASA 联名的御空之作和漫威系列联名潮鞋，以及与可口可乐品牌联合推出的氢跑鞋，助力安踏进一步地打开了国外市场。另外，品牌联合还提供了一种方法克服进入新国家的非财物性障碍，例如，在法律限制经营者注册数量的地方，或是进行特种商业活动需要计划许可的地方等。品牌联合最主要的吸引力是降低了企业进入新市场的风险，且不一定降低回报。但是，品牌联合存在一些缺点，例如，相互合作的品牌企业文化不兼容、合作伙伴品牌的重新定位困难、合作伙伴的财务状况多变、丧失品牌特征独有性等问题。

（四）品牌特许使用

品牌特许使用是指通过对品牌的特许使用，即通过签订商标使用许可合同等方式，获取品牌收益。许可合同交易是介入国际营销的最简单的形式，许可方与国外受许可方达成协议，向受许可方提供生产制造技术的使用权、商标权、专利使用权、商业秘密或其他有价值的项目，从而获取收入或提成。采用这种方式的许可方不用冒太大风险即可打入国外市场，受许可方也能获得成熟的生产技术、生产名牌的产品或使用名牌的商标。公司许可合同交易有管理合同、合同制造与特许经营等多种方法。其中，特许经营（franchising）是一种较完整的许可形式，许可方向受许可方提供一个完整的品牌观念和操作系统，而受许可方参与投资和支付费用给许可方作为回报，如麦当劳、肯德基等都是通过特许经营的方式将品牌推向国际市场的。但是，品牌特许经营的方式也存在一些潜在的不利因素，即企业对受许可方的控制较少，有可能影响品牌的形象与声誉。另外，如果受许可方经营得很成功，许可方就会丧失唾手可得的利润，一旦合同期满或终止，也可能直接与这些被自己培养且熟知自身品牌操作模式的受许可方在市场上展开竞争。

（五）直接投资

直接投资指企业通过股份控制，例如全资子公司、分公司、合营子公司等方式，对东道国直接投资，直接参与东道国市场的产品生产，并对企业的经营管理、品牌运作拥有直接控制权，以达到品牌创建或扩展的目的。直接在东道国进行品牌投资是国际经营活动的高级形式，也是企业品牌国际化成熟的标志，因为企业可以直接贴近当地市场的环境、文化与消费者，将品牌深度植入消费者的心智中。但是，由于国内外环境存在差异，因此，直接投资的风险也不可忽视。

13.5 中国农业企业品牌国际化路径的典型模式

第四节 全球品牌

开拓世界市场和追求品牌全球化已成为企业发展和增长的趋势，但其实现历程并非易事，要经历相当长的努力过程。在实践中，品牌经理们早就认识到了全球品牌不可估量的价值，也深知创建与维护全球品牌任务的困难，因此，有关全球品牌与全球品牌化问题的研究也日益受到重视。

一、品牌全球化与全球品牌

全球品牌（global brand）是公司全球品牌化（global branding）的结果。全球品牌化是公司选择、管理和控制品牌跨越地理和文化边界开展全球营销的方式，以达到获得规模和范围经济效应、持续创新和提升品牌价值等目的。

（一）国际营销、跨国营销和全球营销

为更好地理解全球品牌，先要明确"全球营销"与我们所熟悉的"国际营销""跨国营销"之间的区别。

1. 国际营销

国际营销是企业寻找与本国相似的国外市场，这对企业而言是从内向型往外向型转变的一个重大突破。这种营销以自我条件为参考标准，可以说是本土中心主义的延伸。最典型、最常见的组织特征是在企业的组织架构中专设一个处理国外事务的国际部门，在企业运作中将原有的营销策略和产品延伸到国外，由企业专门派人在外国负责海外部门的重要职务，控制国外市场。

2. 跨国营销

跨国营销的概念始于 1974 年。与国际营销的区别在于，它已经开始重视到各个国外市场的差异性，基本上把各国市场视为独立的个体，以"多元中心主义"为导向，配合不同国家的特色而采取因地制宜、以修改产品为主的营销战略。随着跨国营销业务的成长和繁荣，企业成为真正的跨国公司，他们在很多国家直接投资，并对世界上任何可利用的地方做出决策。

3. 全球营销

全球营销是基于上述两种营销之上的，把世界当作一个统一市场，致力于开发某些有着共同需求及信息的基本产品，以满足全球各个市场的需求。全球营销的最独特优势在于可以利用经济转移、系统转移、规模经济、资源共享，即全球策略的杠杆作用。跨国公司如果在其所有的国家内使用几乎同样的营销策略，就成为全球公司；它们创造出了全球品牌。

从一国营销向世界性营销发展，宜采用相应的品牌使用和品牌战略。国际营销和跨国营销可以使用与本国一样的品牌，也可以使用针对某个市场的当地品牌（local brand）；而全球营销则使用同一个品牌，但在符号设计上可以有所变化。全球性品牌与当地品牌相比，典型的区别在于，前者提供一个统一的品牌形象，与来源国紧密联系，而当地品牌能产生独特的品牌联想和情感。

（二）全球品牌、国际品牌与全国品牌

全球品牌具有较高的国际知名度，享有很高的国际信誉度，具有强大竞争优势和巨大的经济价值。在战略意图和内在品质上，全球品牌在全球具有同样的、鲜明的品牌本质、特征和价值观（品牌身份）；使用同样的战略原则和市场定位；提供的产品或服务基本上相同，如麦当劳快餐，用统一的产品、形象、理念、文化、服务，向世界众多国家的消费者传播"清洁、方便、美味、家庭氛围"等消费文化，但不排除有一些细小的差别，例如可口可乐的甜度为适应当地的口味略做变化，麦当劳的菜单上也会附加一些当地口味的食品；尽可能地使用相同的营销组合。在品牌的业绩和外在表现上，全球品牌在全球各地广泛分布，因此在某种程度上可被称为"无国籍品牌"。

全球品牌与国际品牌（international brand）的概念容易混淆，其实两者的确存在某些模糊的界限。区别在于两个方面：首先，在营销组合的使用方面，全球品牌要比国际品牌的相同程度高。国际品牌的范畴包括那些在某一地区内是标准化的品牌（但是在地区间存在差别），以及那些在参与竞争的每个市场上都各不相同的品牌。其次，在销售地分布方面，全球品牌要比国际品牌更广泛。

全球品牌反映品牌一种理想的最高境界。从品牌发展的进程看，第一步首先要成为全国品牌（national brand），再逐步向国际品牌和全球品牌努力。全国品牌是指畅销本国的品牌，有大规模的、持续性的营销投入支持，市场占有率较高，消费者的熟悉度也较高，在大多数的通路上皆有销售。

二、全球品牌定位

全球品牌定位的核心在于，从企业视角看，如何建立全球品牌的价值；从顾客视角看，如何让消费者感知其全球地位。前者的核心构念是全球消费者文化定位，后者的核心构念是品牌感知全球性。

（一）全球消费者文化定位

根据奥尔登等人的观点，全球消费者文化随着全球消费者细分市场的成长而出现。所谓全球消费者细分市场，是指消费者与特定的地方、人物和事情的相似意义联系在一起。所谓全球消费者文化是全球消费者细分市场成员共享对他们来说有意义的与消费相关的符号（品类、品牌、消费活动等）集合，不与单一国家（本国的或外国）的文化元素相联系。例如，蓝色牛仔裤。全球消费文化的兴起并不意味着分享相同的喜好或价值观，相反，在不同的国家中，人们经常有冲突的观点，尤其是在共享的交流中。这种交流的重要象征符号就是全球品牌。

全球消费者文化定位（global consumer culture positioning，GCCP）可以定义为一种战略，即把品牌作为一种既有的全球文化的一种象征。这种战略用文化意义来投资品牌，所使用的核心文化象征要素是语言、美学风格和故事主题。广告表现通常可以是全世界的消费者使用一个特定的品牌，或者诉求于特定的人类共性。有两种定位战略与全球消费者文化定位相对应，分别是本土消费者文化定位（local consumer culture positioning，LCCP）和外国消费者文化定位（foreign consumer culture positioning，FCCP）。前者是指把品牌与本土文化联系起来，后者是指把品牌与特定的非本土国家的文化联系起来。营销者可通过消费者文化定位框架，即语言（广告中或包装中所采用的语言种类）、美学风格（标识或代言人）和故事主题（广告所表达的整体内涵和象征性意义），使品牌与上述某一种定位战略建立联系。

冈崎等人提出，如果相同的诉求在不同市场间被感知为同质性的有利评价，那么这种诉求才是作为使用全球消费者文化定位战略的良好候选。事实上，全球消费者文化定位战略既可以使用软销广告诉求（间接的，以形象为基础），也可以使用硬销广告诉求（直接的，以信息为基础）。他们对美国和日本这两个工业化国家进行跨国比较，表明软销诉求比硬销诉求能够更多地在不同国家之间被感知到同质性和相似性。这说明，以抽象的文化价值观进行诉求对实施全球消费者文化定位战略是非常重要的。对企业而言，把品牌与全球消费者文化相关联，有助于塑造全球品牌形象，使品牌更有力、更有价值，获得特别的可信度和权威性，提高销量；对消费者来说，根据消费者文化理论，全球品牌中被感知到的文化资本是消费者用来建构身份的资源，可以给他们带来自我价值的强化。

全球消费者文化定位战略是全球品牌定位，或者是品牌实施全球化定位的重要选择。全球消费者文化所蕴含的价值观可以内蕴在品牌中，成为品牌定位的概念。

（二）品牌感知全球性

斯廷坎普、巴特拉和奥尔登提出品牌感知全球性（perceived brand globalness，PBG）构念，认为消费者对这种"全球"的感知能够这样形成：消费者相信品牌在多个国家销售，并且在这些国家中该品牌总体上被认为是全球性的。在这一构念的基础上，全球品牌被定义为被消费者感知为全球性的程度。这样，全球品牌的有关跨市场标准化程度的界定就转变为品牌"全球性"程度的衡量，并且不同个体的评价存在差异。按斯廷坎普等人的做法，品牌的全球性是根据消费者感知品牌在本国之外的外国市场进入数量程度进行操作化测量。也就是说，作为全球品牌，可以存在更多或更少的"全球性"。对"全球性"构念至少存在两种解释：一是把品牌全球性看作一个独特的品牌构念，与其他属性（例如质量、功能性、价格和形象）类似，消费者对之进行直接评价。例如，根据奥兹萨默的研究，全球性作为一种品牌联想，能够增加或减去价值，这与国家（即新兴市场与成熟市场）、品类（食品与非食品等）和消费者特征（消费者年龄因素）有关。二是把全球性看作具有晕轮效应的构念，与原产地构念相似，消费者可能不直接对之评价，但对更客观的产品属性评价产生影响。两种构念都可能解释市场行为。

（三）全球和本土价值的结合

全球化总是与本土化交织在一起。因此，全球品牌定位并非意味着采用单一价值意义和元素，消费者对全球品牌定位的感知和评价也存在复杂的心理机制。

1. 品牌感知全球性与品牌本土象征价值

在斯廷坎普等人把品牌本土象征价值（brand local icon value）作为与品牌感知全球性相对应的构念，研究其对品牌购买可能性的影响。之后奥兹萨默等人提出本土象征性（local iconness）构念，作为与品牌感知全球性对应的构念，并将其定义为品牌象征本国成员的价值观、需要和渴望的程度。

研究表明，感知全球性和本土象征性都对品牌购买可能性产生影响，尽管在不同情况下两者的影响作用大小存在差异。在全球品牌定位中，品牌的全球价值和本土价值这两种力量并行不悖。本土品牌在向全球品牌的发展过程中，兼顾或融合本土文化要素与全球文化要素是战略选择方向之一。品牌通常是通过本地化生存而获得全球化繁荣。当全球品牌通过全球公民身份与文化的主题开展它们的营销时也增强了民族自豪感，为本地制造商提供了支持。

2. 全球认同与本土认同

全球认同和本土认同与消费者对全球品牌和本土品牌态度的评价之间存在着较为一致的关系。阿内特认为，全球化对身份认同产生重要的心理影响，他把在个人层面测量全球化影响的结果概念化为双文化认同（bicultural identities），包括全球认同与本土认同，即部分认同源于当地文化，部分认同源于与全球文化关系的意识。很多人在发展全球认同的同时仍然保持着本土认同，通常我们要把全球价值和本土价值这两种力量和因素结合起来考虑，形成合适的全球品牌定位。

此外，全球化也对传统文化实践和信念产生了巨大影响，这种影响导致更多的混合认同（hybrid identity）而非双文化认同，即把全球文化元素与当地文化结合起来。例如，相关研究印证了中国消费者存在的双文化认同：对广告中的全球化诉求与本土化诉求的反应受两种方式的驱动。一方面，为了面子，极大地受对表达世界主义和地位的商品的向往的驱动；另一方面，受反映本土来源的中国价值观的驱动，表现为更多的民族主义意愿。在全球化过程中，前者并没有取代后者。事实上，只有极少消费者的全球认同和本土认同是等同的，绝大多数的情况是一种认同强于另一种认同。

三、发展全球品牌

发展全球化品牌具有许多明显的优势，包括规模效益、降低成本、减少竞争威胁风险、提高盈利机会等，许多跨国公司在产品和品牌的涉世之初就以全球为目标市场。特别在数字化和互联网平台环境下，实施这种战略和商业模式的初创企业越来越多。发展一个全球性品牌并不存在神秘公式，但是有证据表明某些方法更能提高成功的概率。下面的步骤虽然不一定总是有效，却是十分实用的。

（一）准备基本条件

将一个弱小的地区性品牌转变成一个全球性品牌，面临一些基本的要求。在这些条件成熟之后，品牌可以向品牌全球化方向迈进。

1. 持久的竞争优势

企业必须高度客观地评估本品牌与其在所有的市场中可能遇到的竞争对手相比具有哪些差别化优势。

2. 一定的经济规模

生产成本函数并不是线性的，也就是说，成本并不总是随着产量的上升而稳定地下降，在短期内成本会急剧上升。因此，必须弄清楚的是，当实现何种预期的国际销售水平时，成本会达到一个有竞争力的水平。

3. 细分市场的规模

各地的细分市场不一定要有同样的规模，但是每一细分市场都必须足够大，才能支持品牌进入足够多的市场。

4. 全球化组织的保障

跨国营销和全球营销是不同的，实施全球营销必须对企业进行组织结构的调整。无论是集权还是分权，都必须将组织的资源集中起来。在一个集权的组织机构里，中心品牌小组制定发展战略，然后将这一战略传递到所有目标国家实施。在一个分权的组织结构中，可以让一个品牌小组负责一个国家的品牌发展过程。

（二）确定品牌定位和价值

在企业全面理解的本地市场、能够发挥企业优势的市场或竞争最激烈的市场（能产生对企业创造、发明和效率的激励作用），确定品牌定位和价值，并以此发展整体品牌战略。这并不意味着忽视全球市场的消费者，而是使用一个特定的市场来检验品牌战略的有效性。

要深入了解及瞄准消费者的需要，全面分析当前市场上的竞争对手形势。这也涉及企业组织的人员配备，相关机构必须由懂市场、懂语言、懂文化的人组成。然后，界定品牌所代表的意义和价值所能延伸的范围与边限，建立完整的品牌战略平台，包括品牌愿景、使命和价值观、品牌联想和差异化优势、品牌个性等。

用足够强大的价值定位建设世界级品牌

世界级品牌要具备世界性影响的价值。中国领先企业要"建立世界级品牌"，品牌的价值定位要足够强大。内蕴足够强大的价值意义的品牌，才符合迈向世界级品牌顶层设计的要求。这有两大基本方向。

第一，用人类的基本价值和价值观进行定位。足够强大的价值意味着要思考人类的基本价值。长久增长的品牌需满足人类五类基本价值：激发愉悦、建立联系、激励探索、唤起自豪以及影响社会。比如，可口可乐激发愉悦，星巴克建立联系，谷歌激励探索，奔驰唤起自豪，IBM 影响社会。

第二，用人的长期价值需求进行定位。其核心是看能否满足人们的长远目标。消费目标有两个维度。第一个维度是实用性消费和享乐型消费，消费的升级是从实用性消费走向享乐型消费。第二个维度是短期目标和长期目标。有些消费是满足短期目标的，有些是满足长期目标的。比如，吃维生素可能是为了短时间内感冒快点好，也可能是为了长远健康；读书学习为了应试就是短期的，为了自我的终身发展就是长期的。将两个维度相结合，可以发现"享乐型+长期目标"是美好生活的需求。因此，品牌为了长期发展、实现基业长青的使命和愿景，要关注人们长期性享乐消费目标。

资料来源：何佳讯. 品牌的智慧：为企业和政府建言献策 [M]. 上海：格致出版社，2020. 有改动。

（三）检查目标市场

对所有重要的目标市场进行检查，以确定哪些因素会对品牌的营销组合产生影响和制约作用。比如消费者原有的偏好可能会抵制新品牌的短期销售增长，已占有当地市场的地方企业对外来竞争会予以强烈的反击，当地政府的某些政策法规不能通融等。潘婷在品牌全球化过程前期，挑选数个国家做实地市场测试。它先在美国和中国推出广告活动，吸取当地市场经验。

（四）检查营销组合

为了适应市场而做必要的变通时，要检查重要市场中所有的营销组合要素。视情况对产品特色、品牌要素、标签、包装、颜色、材料、价格、销售促进、广告（主题、媒介和执行）等方面做相应的调整。所有的调整要以市场测试结果为前提，不能主观臆断，如多芬香皂曾打入许多国家，公司很清楚这个词在意大利语中是"哪儿"的意思，这看上去好像不太合适；但市场反应表明，这并不是一个障碍。要注意的是，在调整营销组合要素时要注意品牌身份的金字塔结构，品牌的精髓和本质是最根本的要素，不能随意变动。

以中国元素建设国家品牌资产

在全球化时代，国家软实力尤为重要。传统上，我们通常重视通过重大事件（比如奥运会）和公共外交的手段提升国家声誉。但事实上，国家品牌资产内化在商业品牌中的现象非常普遍，比如加拿大鹅、哥伦比亚咖啡、瑞士军刀等。商业品牌在人们日常消费中被广泛感受和体验，相比于重大事件和公共外交，从商业品牌的角度提升国家品牌资产，影响面更广，发生更为频繁，理应得到重视。

我们通常可将内化在商业品牌中的国家品牌资产称为文化元素。对于中国来说，就是"中国元素"。对于什么样的元素才可以被称为代表中国的"中国元素"，众说纷纭，笔者给出以下定义：来源于中国文化传统，或在中国现代社会发展中产生的与中国文化紧密联系的符号、精神内涵或实物，为大多数中国人认同，消费者能够借之联想到中国文化而非其他国家文化。中国元素在各个领域已有广泛影响。我们可以看到不少中国领先品牌成功运用中国元素，在全球市场上建立了差异化定位优势，既借用到了国家品牌资产，又对提升国家品牌资产产生积极影响。两者相互影响，相得益彰。"李宁"就是一个代表性案例。

资料来源：何佳讯. 品牌的智慧：为企业和政府建言献策[M]. 上海：格致出版社，2020. 有改动。

（五）挑选国家快速扩张

对于品牌首次上市是在原产国还是在其他国家，以及进入多少个国家、具体是哪些国家等诸多策略性问题，要根据产品的性质、市场和竞争情况而做出权衡。为使利润最大化，应该在尽可能短的时间内向尽可能多的国家同时推出这一品牌。这很关键，为的是不给竞争者留下模仿的时间。

（六）不断创新维护品牌优势

按照长期品牌管理的基本理论和方法，不断深入地了解消费者的内在心理和需求开发更新的技术和生产方法。宝洁公司的经验表明，这一点对维护品牌的持久生命力十分重要。它通过更深的消费者洞察、新的技术或新的制造科学等不断推出更新的产品。

13.6 河钢集团的世界级品牌建设之路

思考与讨论

1. 品牌国际化的内涵和度量标准是什么？
2. 品牌国际化的模式有哪些？如何选择品牌国际化模式？
3. 品牌国际化的途径与方式有哪些？
4. 发展全球品牌的步骤有哪些？

第十四章

品牌组合

一花独放不是春，百花齐放春满园。

——《古今贤文》

学习目标

知识学习目标：
1. 了解品牌组合的四种模式，理解品牌组合的概念和意义。
2. 了解纵向品牌组合的四个层级和横向品牌组合的四个角色。
3. 了解品牌组合的建立方式，理解品牌跨界合作和品牌并购及整合对品牌的影响。
4. 了解优化品牌组合的方式，理解扩大和精简品牌组合的策略。

能力培养目标：
1. 能识别和设计公司品牌组合模式。
2. 能绘制公司品牌组合纵横图。
3. 能制订公司品牌组合的优化方案。

价值引领目标：
引导学生体会国有企业品牌组合管理的实力和水平。

海底捞新品牌嗨捞

在中国的火锅市场，海底捞的名字可谓家喻户晓。从 1994 年成立之初，海底捞以其创新的服务理念、出色的食材品质和独特的餐饮文化，成为行业的标杆。顾客不仅仅享受到美食，还能体验到如美甲、鞋子擦洗、免费 Wi-Fi、桌游和抻面表演等增值服务，让用餐成为一种全新的体验。

尽管海底捞已经稳坐中国火锅市场的领军宝座，但是餐饮市场的快速变革和消费者需求的多样化让海底捞面临新的挑战。随着趋势的变化，消费者开始更加关注性价比，同时对快速、便捷的用餐体验有了更高的期待。为了满足这些变化，海底捞在 2023 年 9 月 26 日在北京推出了其全新子品牌——"嗨捞火锅"。

嗨捞与海底捞在定位上有所不同，它针对的是追求性价比、快速用餐体验的年轻消费者。首家店铺位于北京的繁华商圈，整体装修风格简洁大方，偏向暖色调，富有现代感。大厅中央设有一个开放式厨房，让顾客能够直观地看到食材的处理和烹饪过程，保证了食品的新鲜与透明。

尽管嗨捞在服务上做了简化，但其依然保留了海底捞的核心理念，即以顾客为中心，提供出色的用餐体验。员工热情友善，会主动为顾客提供帮助，但不再提供海底捞那种增值服务。

嗨捞的出现，不仅仅是海底捞对于市场变革的应对策略，更是其对于未来餐饮市场的前瞻性布局。在一个消费者日益关注性价比、追求快速体验的时代，海底捞与嗨捞的结合，形成了一个完整的市场覆盖体系，既有高端的服务导向，也有平价的快速体验。然而，嗨捞需要面临和思考的问题依然很多。

其实在嗨捞之前，海底捞就做过很多不同子品牌的尝试。2019 年 4 月，海底捞推出首个子品牌十八汆，这在彼时曾掀起一波热议。紧随其后，海底捞陆续推出了乔乔的粉、佰麸私房面、捞派有面儿、大牟田、饭饭林、秦小贤、苗师兄鲜炒鸡等数个快餐副牌，品类涵盖面食、米粉、小吃、日料等，但如今这些品牌当中至少有 4 个品牌，出现不同程度的经营问题、闭店歇业。而此次的嗨捞是海底捞首次借用自己的供应链优势在自己的主力火锅赛道开创的一个新品牌。

资料来源：管小研管理学，海底捞新品牌嗨捞：品牌延伸与市场定位，有改动。

第一节　品牌组合概述

随着企业的发展与成长，企业逐渐进入拥有多个品牌的阶段。多品牌阶段的到来，让企业在管理品牌组合方面面临更多挑战和考验。如何科学地管理好企业旗下众多品牌之间关系，成为品牌战略管理的重中之重。

一、品牌组合的内涵

品牌组合英文名为"brand portfolio"。其中，"portfolio"一词原用于定义金融领域的投资组合。品牌组合是指公司出售的每一特定品类产品所包含的品牌和品牌线的集合。品牌组合战略（brand portfolio strategy）是指公司运用一套系统方法，对多个品牌进行系统化和精细化管理的过程，便于公司理顺和解决现有的、将来的品牌关系问题。品牌组合战略是品牌管理的核心内容之一，其主要回答三个问题：组织向市场提供哪些品牌、这些品牌在标识产品时扮演什么角色、各个品牌的市场跨度有多大，其目的是对有限资源进行合理分配，取得多品牌协同价值最大化。

14.1 海尔集团旗下有几个品牌

品牌组合有狭义与广义两种内涵。狭义的品牌组合是指公司多个自有品牌之间的内部关系管理问题。广义的品牌组合在狭义的品牌组合基础上，还涉及公司自有品牌与外部品牌（如联盟品牌、租赁品牌、授权品牌、第三方品牌等）之间的关系管理问题。

二、品牌组合模式

根据公司品牌与下属各产品或各业务品牌之间协同程度的不同，品牌组合基本可以划分为四种模式。

（一）单一品牌组合模式

单一品牌组合是指公司与公司下属产品业务都采用公司品牌名（又称为集团品牌名，英文为 corporate brand）作为统一的品牌名称。例如，美国通用电气集团，主要采用单一品牌组合模式。公司品牌名覆盖公司下属所有产品业务，每个业务或产品的品牌都采用与公司品牌相一致的品牌名称和品牌标识，在各个业务层级都显示相同的品牌形象，并与公司品牌名醒目地关联在一起。采用单一品牌组合模式后，由于一个公司跨越不同的产品业务领域并在多种产品业务中只使用一个单一的公司品牌名，此时如何充分利用公司品牌，集中营销力量，使得品牌规模最大化成为非常重要的市场决策问题。与此同时，该模式的风险表现为多个产品业务或多个项目很容易给市场传递混乱的定位，并存在束缚各业务或产品领域的营销创新的可能性。因此，采取单一品牌组合模式的公司尤其要重视品牌危机与风险防范管理。

（二）担保品牌组合模式

担保品牌组合是指公司品牌为公司旗下的产品或业务品牌进行品牌背书（brand endorsement）。在集团公司中，担保品牌组合表现为集团品牌为下属业务品牌提供信誉和组织担保，而下属产品或业务品牌又为公司品牌的整体发展增值。担保品牌起到的是信号作用，特别是为产品质量提供担保，能够显著影响产品的质量和独特性感知。担保品牌组合又可以分为强势担保（如英特尔为旗下各处理器系列产品的担保）、名字关联（如麦当劳通过 Mc 为各个产品品牌的担保）和影子担保（如欧莱雅为旗下各细分市场品牌的担保）。担保品牌组合模式可以使集团下属品牌更好地与消费者接触，增加消费者的信任度，切入多个不同细分市场，从而成功推出各产品或业务品牌。但下属品牌的失败也可能导致集团品牌受损。

（三）互不关联品牌组合模式

互不关联品牌组合是指公司品牌与旗下的产品或业务品牌相互独立，不产生关联性。采用这种品牌组合模式的结果是，消费者不能从产品或业务品牌中，明显地看到集团品牌的符号或痕迹。如五十七度湘公司旗下拥有好食上、海食上、57度湘、我爱鱼头、水货、好食上青年餐厅、小猪猪、鱼乐水产、吃饭皇帝大等众多相互独立的餐饮品牌。这种模式有利于公司内部各产品或各业务的品牌与目标顾客实现更有效的沟通，并通过对各业务品牌的区隔管理来获得各业务或产品之间的差异最大化。但相互独立的产品或业务品牌运作模式会导致集团公司的整体营销成本偏高,各个产品或业务品牌之间也可能产生恶性竞争,处理不当的话,会不利于形成整体品牌组合的最优绩效。当集团公司下属各业务领域互不关联且各业务品牌之间的共性很小时,采用单一的集团品牌难以协调存在巨大差异的各产品或业务领域,此时,集团公司在各业务或产品领域,往往倾向于采用互不关联的品牌组合模式。

(四) 刻意回避品牌组合模式

刻意回避品牌组合是指集团公司刻意回避与下属各业务或各产品品牌之间的联系。如世界第一大香烟生产商菲利普·莫里斯集团就刻意回避旗下万宝路香烟、卡夫食品、奥利奥饼干、麦斯威尔咖啡等品牌同属该集团的事实。采用这种品牌组合模式的用意,主要是为了回避母品牌对各产品或业务品牌造成负面影响。

以上四种模式反映绝大多数的公司品牌组合现象,但也不能穷尽每个公司在处理集团层面和产品或业务层面的品牌识别方面的协同情况。泰伯特在品牌组合模式方面,提出了品牌之屋模式(houses of brands)和品牌化结构模式(branded structure)的理论,这一理论中,品牌化结构模式更接近于单一品牌组合战略,而品牌之屋模式则代表的是另外三种品牌组合模式。这一理论反映出品牌组合模式的两个极端,现实中的公司要么属于两种模式之中的一种,但更多的情形是偏向于却并不完全等于其中的一种。例如,宝洁是典型的品牌之屋模型,拥有许多不同的品牌,即使在同一产品领域也拥有多个品牌。而戴尔(Dell)和维珍集团(Virgin)则是典型的品化结构模型,在多种产品或业务领域使用单一的主品牌即公司品牌。

14.2 科学构建品牌架构 优化集团品牌生态

三、品牌组合的意义

一个成功的品牌组合能够产生更有利于公司整体发展(品牌组合发展)的三大优势。

(一) 产生规模效应

全球经济的发展促进了品牌数量的增加,也对品牌管理质量提出了更高的要求。对于公司来说,统一的品牌组合管理可以在广告、销售及分销等方面获得规模经济效应,这既有利于在企业端增加公司内部的良性竞争,也有利于在零售端提高商场的货架铺货率,从而加强公司对零售商的吸引力并提升公司对零售商的议价能力。

(二) 驱动市场发展

一个品牌如果在品牌组合中属于侧翼品牌(一般情况下是低价位的),则可以保护旗舰品牌甚至吸引新的消费者。而品牌组合中的旗舰品牌,又可以增强整个公司的知名度和信誉。因此,通过品牌组合管理对各品牌的角色进行合理分配,有利于发挥各品牌的优势,取长补短,促进各品牌之间的协同发展,使企业的资源利用达到"1+1>2"的效果,从而提升企业整体的市场竞争力。

（三）提升管理效率

企业将所有品牌作为一个组合整体来管理，可以及时发现组合中是否存在品牌过多或过少的情况，从而判断一些品牌是否可以合并、摒弃或者卖掉等，有利于解决品牌管理中的混乱和低效率问题，降低企业的管理成本。

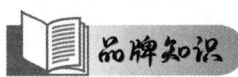

品牌组合战略对子品牌/品类间溢出效应的影响

以 Rao 等对品牌组合战略的分类为研究框架，分析品牌战略及其相关的子品牌/品类数量、共有特征数量和熟悉度对子品牌/品类之间溢出效应的影响发现，品牌组合战略类型不同，子品牌/品类之间的溢出效应具有差异，单一品牌战略比多品牌战略具有更高的溢出效应；子品牌/品类数量对不同品牌战略类型下的溢出效应差异具有调节作用，子品牌/品类数量较少时，单一品牌战略具有更高的溢出效应，相反，多品牌战略具有更高的溢出效应；共有特征数量对溢出效应具有正向影响，共有特征越多，溢出效应越高；熟悉度对溢出效应具有正向影响，熟悉度越高，溢出效应越高。

资料来源：李启庚，余明阳．品牌组合战略对子品牌/品类间溢出效应的影响研究[J]．软科学，2012，26（10）：71-75．有改动。

第二节 品牌架构

一个企业的品牌架构中存在品牌纵向关系和品牌横向关系。品牌纵向关系是指在品牌架构中品牌间的层级关系，回答了"品牌架构中有多少品牌层级"这一问题。品牌横向关系是指在同一品牌层级上不同品牌各自的身份和角色。

一、品牌纵向组合

品牌纵向组合体现了品牌组合中的层级关系，清晰地体现公司目前的品牌层次和组织架构。品牌纵向关系一般分为四个层级。

（一）公司品牌

公司品牌（corporate brand）为最高层次的品牌。当一个公司旗下拥有众多的子公司或事业部，此时的公司品牌就是指集团品牌。集团品牌之下可以有多个公司品牌。但在品牌理论上，通常只用公司品牌这一称呼。因此，未特别说明的情况下，集团品牌和公司品牌可能会交替使用，属于品牌架构最高层级。公司品牌的下一级有多个品牌家族或战略性品牌。

公司品牌是代表一个公司或组织的品牌。公司品牌资产定义为公司品牌名及其联想在其多重利益相关者心目中带来的差异化反应。具体来说，公司品牌资产是指公司的顾客、员工、股东、商业合作伙伴、竞争者、政府等利益相关者，对公司品牌积累的联想、记忆、印象等（远景、行为、产品和服务等）给利益相关者针对公司行动所产生的差异化反应。使用多品牌战略的公司，其品牌数量多且杂；而仅使用公司品牌的公司，其品牌层级相对更为简单，因此合理利用"与生俱来"的公司品牌就成为品牌管理的重中之重。

公司品牌是最终的品牌集合体，拥有很多产品品牌无法比拟的优势。首先，在不同产品和市场中使用公司品牌将使品牌管理更加容易和高效。其次，公司品牌能为旗下产品品牌的顾客传递一种更为可靠和宝贵的品牌联想。再次，公司品牌能够支持与利益相关者之间的沟通。最后，在进行国际扩张时，公司品牌背书能够节约成本，产品可信度会因公司品牌的强大而更易被消费者认同。

但并非所有的公司或业务都可以使用公司品牌来进行其营销活动。碰到以下三种情况时，产品或业务品牌要弱化自身与公司品牌的关联：第一，如果公司品牌仅使人联想到了某些特定产品类别时，使用公司品牌就会使品牌范围过于狭窄，于是公司品牌的作用就受到限制；第二，如果公司品牌缺乏相关的价值主张，这时就需要一个新品牌来阐明更细致的定位和消费者需求，而不能盲目地使用公司品牌；第三，当公司品牌具有负面联想时，不要使用公司品牌，以免造成更大的风险。

（二）家族品牌

由于公司规模扩张或业务发展，在公司品牌下有必要增加一个品牌层次，从而诞生了家族品牌（family brand）。例如，在海尔集团，海尔是公司品牌，卡萨帝（Casarte）就是海尔旗下的一个家族品牌，代表了高端家电品牌。卡萨帝于2006年成立，源自意式生活灵感，卡萨帝秉持"创艺家电，格调生活"的品牌理念，产品设计原则是"汲取精致生活的灵感，缔造永恒的艺术品质"。卡萨帝从产品范围来看，和其公司品牌海尔有很大的重叠，旗下拥有冰箱、酒柜、空调、洗衣机、热水器、厨房电器（抽油烟机、灶具、消毒柜、烤箱、蒸炉、微波炉、洗碗机等）、生活小家电（咖啡机、面包机、榨汁机、搅拌机、柳橙机、暖杯碟机、电水煲等）、电视机以及整体橱柜等9大品类的众多产品。这个家族品牌致力于为都市精英人群打造优雅精致的格调生活。

家族品牌除了来自自创之外，另一个重要来源是公司的品牌兼并和收购。例如，通用汽车就是通过收购和重组获得了凯迪拉克、别克、雪佛兰等家族品牌。中国联想通过收购，获得了个人电脑领域的全球知名家族品牌ThinkPad。ThinkPad原来是IBM个人电脑事业部旗下创立的便携式计算机品牌，凭借坚固和可靠的特性在业界享有很高声誉。2005年被联想（Lenovo）收购，ThinkPad商标归联想所有。ThinkPad自问世以来一直保持着黑色的经典外观并对技术有着自己独到的见解。家族品牌在食品行业中很常见（如亨氏等），在化妆品行业也被广泛应用（如欧莱雅等）。家族品牌与多个产品品牌相联系，是单个产品品牌的上一级品牌（母品牌）。家族品牌是为多种相互独立的产品建立共同联想的有效手段。采用家族品牌作为新产品的品牌名称，可以降低新产品的市场导入成本，提高市场接受的可能性。但家族品牌也容易受到失败的子品牌或产品

14.3 欧莱雅集团：我们的全球品牌组合

品牌的牵连，因此，公司必须仔细考虑使用量身定制的家族品牌战略。

（三）单个品牌

单个品牌（Individual brand）是指在产品层次上每个产品品类或战略业务都采用独立的品牌名的战略。虽然单个品牌只限于在某个产品类别或业务类别中使用，但这个品牌名下可以包含不同型号、不同包装或不同风格的多种产品系列。例如，飘柔洗发水作为单个产品品牌，本着为人们升级柔顺体验的信念，名下推出的产品系列就包括了精华护理系列、家庭护理系列、倍瑞丝系列等产品线。一家公司使用单个品牌战略的主要优点是通过品牌个性化来满足具有不同特定需求的多个顾客群体。由于单个品牌一般都有特定的目标市场，因此当品牌失败时带给其他品牌的风险相对最小。但对于整个公司来说，如果每个产品或业务都有自身的品牌，要为不同产品或业务打造各自的品牌，这无疑会提高营销成本；而且，要将多个品牌打造得富有个性和资产，其营销活动的管理也相对复杂。

（四）品牌修饰层

品牌修饰层（brand modifier）是指在某个品牌名下，为了区分不同的产品系列，将产品要素进行品牌化的品牌经营方法。多数情况下，品牌修饰层是对单个品牌的某一具体产品款式、型号、特殊版本或产品进行品牌化处理的方法。不管是使用了公司品牌、家族品牌还是单个品牌，都有必要根据产品款式或型号的不同类型进一步做品牌化区分。增加一个修饰成分，往往可以达到让品牌在某些方面加以区别的目的。例如，世界著名的苏格兰威士忌品牌尊尼获加（Johnnie Walker）通过其威士忌酒的五种色彩（红、黑、绿、金、蓝），共同构成了其五彩斑斓的"永不停步"（Keep Walking）的梦想阶梯，五种色彩构成尊尼获加色彩浓烈的品牌个性标签。通过颜色修饰或区别的尊尼获加品牌的不同产品，反映了不同的品质。可见，品牌修饰层的作用就是在单个品牌或家族品牌中展现其内部不同产品的微小但有意义的差异点。

二、品牌横向组合

从品牌架构的横向来看，品牌角色通常分为以下几种。

（一）旗舰品牌（flagship brand）

旗舰品牌一般称为主品牌，其市场份额和市场增长率高，是长期发展的核心品牌。如贵州茅台以"飞天茅台"为主打，坚持高端定位。长期以来，"飞天茅台"的销量与售价均为中国白酒第一，为集团贡献了85%~90%的营业收入。旗舰品牌在每一个品牌层级中并非只有一个，有些公司内会出现"多辆马车并驾齐驱"的现象。各个旗舰品牌通常有着不同的战略定位，可能是行业不同，也可能是消费者细分市场有差异，如著名化妆品公司欧莱雅旗下的圣罗兰、薇姿、卡诗品牌分别对标彩妆、药妆、美发行业。又如小米公司旗下有着红米和小米两个手机品牌，分别满足低端和高端市场的顾客需求。

（二）侧翼品牌（flanker brand）

侧翼品牌通常为旗舰品牌保驾护航，常常具有与竞争品牌更多的相似之处，以使更容易盈利（或者更重要）的旗舰品牌保持其理想地位。如果将侧翼品牌定位为低价位品牌，就可以降低品牌认知的门槛，吸引新顾客；当侧翼品牌被定位为高端品牌时，就能提高整体信誉度，更有利于开发旗舰品牌的宣传点。例如，五粮液集团推出针对中低端市场的五粮春，以满足不同层次用酒需求。同时，五粮春还肩负着保护主品牌"五粮液"的市场责任。当竞争对手以低价格进行市场渗透时，五粮春可以通过价格调整与竞争对手在中低端市场周旋，从而在侧面为五粮液做了掩护，稳住了主品牌的市场地位。

（三）现金牛品牌（cash cow brand）

虽然此类品牌的销售额可能停滞不前或缓慢下滑，但仍有一批忠实的顾客，能产生可观的现金流，保有顾客转化的机会。例如，尽管技术的进步使吉列的主打产品变成了新剃须刀锋速3，但吉列仍销售其老款产品，如特拉克2、阿特华和感应等，因为撤出这些品牌并不一定能使顾客转向吉列的新品牌，而保留这些老品牌也许能使吉列获得更多利润。

（四）弱势品牌（weak brand）

弱势品牌是指在发展过程中遗留下来的不受消费者青睐的品牌或问题产品。企业只有对此类型品牌作精简处理，才能提高整个品牌组合的效率。例如，五粮液旗下的"五粮PTVIP""VVV"等高仿产品，对五粮液的销售贡献率不足3%，且严重透支了五粮液的品牌资源。2019年4月，五粮液对上述产品在公开渠道进行了下架处理，并停止相关产品宣传。

将公司的品牌架构的纵横关系用图14-1品牌组合纵横图来展示。品牌组合纵横图有4个品牌层级，每个层级中有4种品牌角色。需要注意的是，每一个层级不止一个品牌，每一个角色也可以由多个品牌来担任。

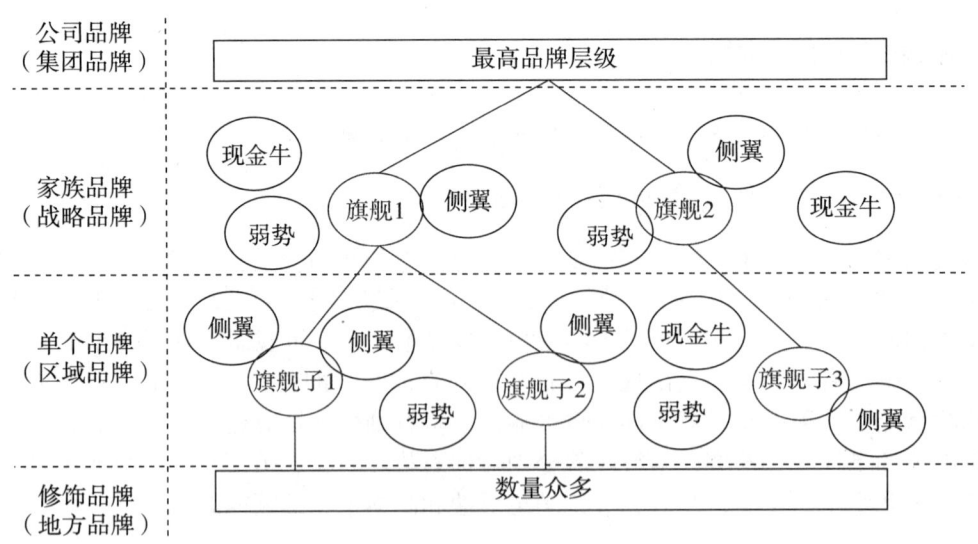

图14-1　品牌组合

第三节 建立品牌组合

品牌组合管理的前提是公司实施了多品牌战略。多品牌战略（multi-brands strategy）是指一个企业发展到一定阶段后，在同一产品类别之内或不同产品类别之间，产生发展出多个品牌。

一、建立品牌组合

公司产生多品牌的背景主要有内部进入、战略联盟进入和品牌并购三种。

（一）内部进入

内部进入是指公司通过自身努力，在同类别产品中或在新的产品类别中，开发和向市场投放新品牌。例如，苹果公司在创立之初，主要开发和销售个人电脑 Macintosh，之后通过不断的研发与创新，推出了智能电子设备 iPod、智能手机 iPhone、平板电脑 iPad、无线耳机 AirPods、手表 iWatch 等新的产品类别，满足了不同的市场需求，获得了巨大成功。由此可见，内部进入这一途径有助于公司经营和控制旗下品牌，在对不同品牌进行区别定位的同时，也可以在同一领域把组织经营、市场营销和技术等职能发挥得淋漓尽致。

（二）战略联盟进入

战略联盟进入可分为两种类型。第一种是合作，是指企业为了实现特定的战略目标采取具有独立治理结构的共担风险、共享利益的相对长期的合作协议，且该协议并不涉及股权安排。例如，2023 年 9 月，东风本田与比亚迪合作推出全新自主品牌"灵悉"。新品牌旗下车型由东风本田负责技术研发，比亚迪负责提供磷酸铁锂刀片电池。第二种是合资，企业各方共同投资兴建合资企业，涉及股权安排。例如，2021 年，百度与吉利签约成立合资公司——集度汽车有限公司，2023 年，两者又合资成立汽车科技公司极与越，并正式发布汽车品牌"极越"，首款车型正式命名为"极越 01"。通过战略联盟，企业间可以有效协作，相互借势，从而提高新品牌的市场影响力与接受程度。

（三）品牌并购

品牌并购是公司进入新的产品类别或新的目标市场的快捷途径，并购能直接获得产品类别中的专有技术、管理经验与营销渠道，能够获得供应商网络、客户资源等资源与能力。例如，2018 年上市的水羊股份的前身为御家汇，是一家以自主品牌为核心，自有品牌与代理品牌双业务驱动的美妆企业。法国 EviDenS de Beauté（伊菲丹）成立于 2007 年，是一家专为敏感肌研发的高奢抗衰品牌。2022 年 7 月，水羊股份发布公告收购伊菲丹 90.05% 股权，由此伊菲丹和御泥坊、小迷糊等自主品牌一起成为水羊股份旗下品牌之一。品牌并购既可以使公司在原有业务领域中增加市场份额，也可以让公司在更多的产品或行业中获取新的市场增长点。

二、品牌跨界合作

在传统模式中，品牌或企业的联合或合作通常发生在相似或相关行业间，或者是产业链上下游之间，体现的是垂直思维。品牌跨界合作是合作品牌化或品牌联盟的特殊方式。所谓跨界，是强调合作品牌各自所处的品类、行业或领域，彼此跨度大、相似性小，甚至看起来毫不相干，但运用创新性的水平思维，找到了联结点。互联网具有广泛的链接性，例如社交媒体，可以让人们接触到在传统环境下接触不到的广泛的人、事、物，人们的心态逐步变得包容和宽容，对跨界联结的接受度自然变得更高。

（一）品牌跨界合作的方式和功效

常见品牌跨界合作有四种方式，能实现相应的功效。

1. 提升品牌知名度的跨界合作

这是品牌跨界合作的基本方式，目标是实现品牌知名度的提升。实现的方式通常是一方品牌具有很高的曝光度或关注度，从而带来另一方品牌的高关注度，例如大白兔与纽约时装周的合作，新华社民族品牌工程入选企业今世缘的高端品牌"国缘 V9"与珠海欧比特公司进行卫星冠名的合作。或者，由双方合作在一起的新奇性带来高关注度或话题效应，从而提升双方知名度，例如大白兔与美加净合作推出联名款的奶糖味润唇膏。这个方式对于老字号品牌振兴具有基础性的作用和意义。很多老字号的产品领域比较狭窄，地域特征强，总体知名度不高，通过跨界活动引发热度，能够有效提升消费者对老字号品牌的关注度。

2. 创新品牌联想与形象的跨界合作

品牌跨界合作，是公开利用合作的品牌的名义，因此合作品牌各自拥有的品牌意义会产生互动和转移，带给对方品牌新的联想和感觉。品牌可以寻找拥有那些自己迫切需要补上的联想内涵的其他品牌进行合作。如果战略目标清晰、持续时间长久，久而久之就会改变品牌形象。这对于老字号品牌来讲又是非常重要的进行品牌活化的路径。老字号品牌具有传统、真诚、保守的形象感知，迫切需要改变形象，向年轻化方向发展。跨界合作给老字号品牌带来新感觉，人们会觉得老字号品牌变得新奇、大胆、有趣。

上述提升品牌知名度和创新品牌联想的跨界合作，可以采用促进 IP 输出的方式。IP 即知识产权，通常包括三个方面：专利、商标和著作权。现在流行的 IP 输出，主要是指商标和著作权的输出。对于品牌来讲，独特的核心形象要素就是其商标权（品牌标识图案）或著作权。前者通常是形象人物或象征符号，是由独特的文字和图案形成的形象权。比如，大白兔奶糖和时装女鞋品牌 Laber Three 的跨界联合，在鞋子上突出大白兔的形象，实现了品牌形象资产的输出，进而通过消费者购买和使用 Laber Three，提升大白兔的知名度，给大白兔带来了时尚年轻化的联想。

3. 借力成分和性能优势的跨界合作

在这种合作方式中，通常一方的品牌具有市场领先的产品质量和性能，另一方品牌通过合作，在产品上使用这种成分，从而赢得独特的功能性优势。这本是一种常见的品牌合作方式，最经典的例子是 Intel Inside。但是，跨界合作与通常的产业链上下游之间的合作不同，它是并不常见的创新性合作方式，例如，奢侈品牌万宝龙与意大利高端轮胎制造商倍耐力（Pirelli）合作，推出限量联名款旅行箱，采用轻质材料外壳而非镁铝合金，倍耐力的"彩色轮胎"成分在旅行箱上清晰可见，售价高达 6000 元人民币。双方秉承的是对创新技术、卓著性能和设计之美的共同追求。

4. 扩大市场覆盖的跨界合作

这种合作方式，目的在于扩大合作方的市场覆盖彼此引流，通过合作把各自的顾客汇聚到一起，成为共同的顾客。这种跨界合作最典型的就是各大银行发行的各种联名卡。例如，招商银行的个性联名卡有 QQ 钱包卡、滴滴联名借记卡、饿了么信用卡、初音未来信用卡、芒果联名借记卡、Hello Kitty 花样年华信用卡等。这种跨界合作的有效性前提在于，合作品牌的市场具有顾客特征上的相似性从而使这些顾客成为合作品牌的共同顾客。

（二）避免跨界合作的负面影响

品牌跨界合作其实是企业间商业合作在品牌名称联合使用上的体现，但在涉及品牌名义的使用时，需要谨慎评估双方的合作是否会对某方的品牌资产造成不利影响。

1. 要把品牌跨界合作控制在一定的范围内

也就是说，对公开使用品牌名义的合作要谨慎评估，合作不能过频。过频的品牌跨界可能带来一些负面效应，会让消费者觉得品牌不够严肃，损害品牌的真实性。所谓真实性，就是让消费者感受到品牌是正宗可靠的，这就需要品牌保持原来的传统、精髓和核心意义。如果过度地进行跨界营销、广泛地涉足各个行业的话，会让人觉得品牌发展比较随意，会改变品牌本身的意义。

2. 要把品牌跨界控制在潜在一致的层面上

品牌跨界，不同的是品牌各自所属的行业和领域，即有形资产不一致；彼此合作是基于能力和优势互补以取得共赢。但是，在获得有形收益的同时，要注意是否会对品牌资产造成不利影响。适得其反的情况往往是潜在的、在无形资产上的不一致造成的，包括品牌地位反差、品牌联想冲突、品牌价值观不融、品牌个性差异等。

茅台在实行"茅台+"战略，与蒙牛、瑞幸和德芙等品牌跨界合作推出冰激凌、咖啡和巧克力等产品后，宣布暂停跨界合作产品的开发。茅台之所以这么做，就是想从以上两个方面避免跨界合作的负面影响。

三、品牌并购与整合

品牌并购中需要科学决策的两大关键问题为：在并购之前，主并方如何根据公司品牌战略，寻找合适的品牌（组合）进行并购；在并购之后，主并方如何将收购来的品牌（组合）与已有品牌（组合）进行整合，从而提升品牌组合的收益和企业绩效。

（一）并购前的品牌选择

在品牌并购前，主并方首先应决定选择相似品牌，还是互补品牌；选择强势品牌，还是弱势品牌；选择国际品牌，还是本地品牌等。

1. 相似性与互补性

目标品牌与主并方品牌在战略、目标市场、产品特性、顾客态度等方面可能具有相似性，也可能具有互补性。根据双方品牌细分市场和地域市场不同可以分为四种情况：顾客细分市场和地域市场均重叠；顾客细分市场重叠、地域市场互补；顾客细分市场互补、地域市场重叠；顾客细分市场和地域市场均互补。

一些研究认为应选择相似品牌进行并购，因为密切相关的品牌之间存在潜在的协同效应。并购前顾客对双方公司品牌的态度越类似，合并后品牌资产越高；顾客对双方公司品牌感知匹配度越高，合并后品牌资产一般也会越高。但双方相似性越高，品牌间的冗余度会更大，员工抵制、内部干扰和员工离职可能性更大。为了避免冲突，应该并购有一定差异的品牌，这样预期的协同效应更可能实现。

另外一些研究认为应选择互补品牌进行并购。互补性的重要好处来源于跨组织知识分享和转移的潜在可能，可能是由主并方向被并方转移，也可能是由被并方向主并方转移，还可能相互转移。品牌营销能力弱的公司，可以通过并购品牌来获得相关营销团队。缺乏多样性品牌组合的公司，可以并购品牌组合多样性水平较高的目标方，主并方品牌组合多样性程度较高时，不管并购单一品牌还是多样性品牌组合，其更有能力充分发挥出目标品牌的价值。

2. 强势品牌与弱势品牌

根据目标方品牌与主并方品牌在价格水平、质量定位以及品牌相关资源等方面的差异，可将目标方品牌分为相对强势品牌或相对弱势品牌。海尔并购通用电气家电业务、吉利并购沃尔沃、联想收购IBM个人电脑业务、三一重工收购德国普茨迈斯特（Putzmeister）、TCL收购汤姆逊都是弱并强的典型案例。

购买比主并方现有品牌质量和价格定位更高的品牌，会提高主并方品牌组合的平均感知质量和价格定位，也会提升公司价值。但是，强势品牌与弱势品牌混搭在一起，会导致品牌侵蚀（brand corrosion）的现象，弱势品牌会稀释强势品牌，或者强势品牌弱化弱势品牌，也就是弱势品牌可能被强势品牌遮盖而受"伤害"。在品牌并购中，如果采用品牌联合策略，这种强势品牌稀释弱势品牌的可能性同样存在。

3. 国际品牌与本地品牌

国际品牌在全球所有的目标市场上采用统一名称、定位和相同的营销策略，最大的优势是规模效应以及在市场上发布新产品的速度等。而本地品牌则具有更易满足某个地域内特定顾客的需求、更灵活的价格策略、更快进入当地市场等优势。企业应根据自身需要，选择并购本地品牌或国际品牌，以实现品牌组合的扩展。三一重工收购德国混凝土行业龙头普茨迈斯特，看重的不仅是这家德国企业的产品，而是从战略性角度看待该收购对象所带来的国际品牌与先进技术以及其全球的销售和服务体系；而光明食品集团并购的以色列最大的综合食品公司特鲁瓦（Tnuva），占据以色列70%的乳制品市场。

对于主并企业来说，品牌并购不仅仅是获得品牌，也传承了被并购品牌所处的制度环境因素，包括其与所有利益相关者的关系。除了正式制度外，非正式的制度，如地区之间、母国与东道国之间在发展程度、文化语言及其他多方面的差异，对并购绩效的影响也非常明显。一个国家或地区的市场潜力，会吸引企业跨过制度、文化等方面的距离去实施品牌并购。虽然一般公司都会首选文化上更接近自己国家或地区的企业作为并购的目标，但当目标国家的市场潜力较大时，文化距离对并购的影响会减弱。

(二) 并购后的品牌整合

并购活动发生后，通常涉及一系列整合工作，包括品牌、研发、设计、生产、组织结构、人力资源和企业文化等各个方面。其中，被收购的品牌与收购方的品牌如何有效整合需要慎重考虑。

1. 进行品牌整合战略分析

收购品牌后，双方的品牌可能在目标市场、定位、产品线、定价、渠道等方面存在重叠，从而在销售方面发生相互蚕食的情况。因此，必须对此进行仔细检查，进行必要的调整。企业可以从顾客细分（重叠还是互补）以及地理覆盖（重叠还是互补）两个维度，从收入增长和成本节约的角度，进行资产剥离或资源重新配置。

2. 制定品牌整合总体战略

如果并购方品牌和被并购品牌都是公司品牌，并购后存在四种战略可以选择：单一品牌战略（A 或 B）、联合品牌战略（A-B）、灵活品牌战略（A&B）以及新品牌战略（C）。面对被并购的产品品牌，并购方总体上有四种战略：一是选择，即放弃某个并购的品牌；二是增长最大化，对并购的品牌联合起来管理，实现增长的最大化；三是协调，调整并购的品牌，以规模化实现成本节约和运营效益改进；四是衬底，即基于并购的品牌或它们的元素，开发新品牌或新能力。对于新兴市场中的龙头企业来说，并购方必须决定是将并购来的品牌作为其品牌组合中的一个独立品牌来运作，还是将其与并购方的品牌融合在一起，取消某个品牌。通常，如果被并购的品牌满足如下五个条件，则并购方将对方的品牌保留下来。这些条件包括在不同的地区和渠道中实力强大、覆盖不同的顾客细分市场、具有独特的品牌形象和文化遗产、在定位和定价方面存在实质性差异、产品重叠很少。

3. 确定并购后的品牌组合战略

如果决定保留并购后的品牌，那么需要确定品牌组合战略。品牌并购后的组合存在四种架构战略：一是岛形架构，公司拥有的产品品牌相互独立隔离，形成岛型组合；二是伞形架构，各个产品品牌相互独立，但都在公司品牌之下；三是梯子架构，产品品牌以价格或质量等级形成梯子组合；四是网状结构，产品品牌各具特色，但相互存在某种联系。通常，拥有国际品牌的大公司会采用品牌屋（branded houses）战略，将主品牌加于所有收购的品牌上，以增强其品牌资产，地区性公司则倾向于使用多品牌（houses ofbrands）战略，被并购的公司保留自己的品牌在当地市场开展经营。中国企业并购国外品牌后通常使用多品牌战略。

4. 对双方的品牌元素进行整合

对此我们可以建立这样的两维分析框架，即并购方的品牌名称以及符号是保留还是改变（8 种不同情况）以及被并购方的品牌名称以及符号是保留还是改变（同样存在 8 种不同情况）。这两个维度结合就形成很多种不同形式的整合处理情况。值得注意的是，在现实中并不是各种情况都会出现。某项调查表明，出现最多的形式是并购方和被并购方的品牌符号均保留。品牌元素的调整与整合，结果是向它的顾客、员工和投资者传达了根本性的不同信息。这些信息总体上可以分为四种类型：采用更强势一方的品牌元素；采用双方最佳的品牌元素；过渡后创立新的品牌元素；各自保留，品牌名称和符号均不改变。

中国企业收购发达国家企业或品牌后的使用策略

中国的企业在收购来自发达国家的企业或品牌后，对这些品牌的使用方式是不同的。

联想收购 IBM 的 PC 业务后，得到了 ThinkPad 品牌的所有权以及 IBM 标志的 5 年使用权。联想采取的战略是，先利用 IBM 保持 ThinkPad 的销售势头，然后强调 ThinkPad 品牌，将其与联想建立联系，不断壮大联想和 ThinkPad，提早结束对 IBM 品牌的使用。同时，联想借势推出面向个体消费者的 IdeaPad 新品牌。

2010 年，吉利以 18 亿美元收购瑞典的沃尔沃，当时业界十分关心吉利如何处理与沃尔沃的关系。公司董事长李书福用了形象的比喻：吉利与沃尔沃是兄弟关系，不是父子关系。在营销活动中，吉利汽车和沃尔沃汽车的官方微博、微信账号都是独立的，彼此并没有链接。在天猫、苏宁易购、京东商城等网上商城中，吉利旗舰店仅仅是吉利品牌旗舰店，并未涉及沃尔沃品牌汽车的线上销售。而沃尔沃汽车也在各大电商有售，独立于吉利旗舰店，但并未建立沃尔沃品牌的旗舰店。直到 2021 年 2 月 24 日，吉利才正式对外发布沃尔沃汽车和吉利汽车宣布达成合并方案。在保持各自现有独立公司架构、实现战略目标的同时，继续拓展合作领域，在汽车新四化（电气化、智能化、网联化、共享化）方面深化合作，发挥协同效应，真正实现业务整合的最大价值，强化科技优势，持续引领行业变革。

资料来源：何佳讯. 战略品牌管理——企业与顾客协同战略［M］. 北京：中国人民大学出版社，2021. 有改动。

第四节　优化品牌组合

品牌组合的建立并非一劳永逸，随着市场环境和企业自身战略的变化，还需要站在全局和长期的角度对其进行动态的管理和优化，即增加或减少品牌数量、层级，以实现品牌合力的最大化。

一、扩大品牌组合

扩大品牌组合俗称"品牌加法"，包括在相同的业务领域增加一个新品牌名，或增加一个新的产品或业务及其品牌名。

（一）扩大品牌组合的意义

扩大品牌组合有利于培育新品类市场、覆盖新细分市场，以获得更强的竞争优势，通常适合扩大公司规模或者创新业务发展的情形。

1. 培育新品类市场

通过增加品牌的方式可以形成品牌群落，营造良好的营销氛围，既能创造良好的消费环境，吸引那些寻求多样化的消费者，也能扩大自身品牌的影响力，形成有效的规模效应。如农夫山泉进军果汁类饮料市场，推出"农夫果园""水溶C100""100%NFC""17.5°橙汁"四个品牌，分别代表混合果蔬汁饮料、柠檬味复合果汁饮料、芒果混合汁、鲜果冷压榨橙汁四类果饮。这些品牌在满足消费者多元化需求的同时，也扩大了农夫山泉的业务领域，使之从单一的饮用水公司跨入综合饮料开发深加工企业的行列。

2. 覆盖新细分市场

根据细分市场的需求，企业可以开发出更多的品牌去覆盖新的消费市场。在20世纪80年代，丰田公司想要进军高档豪华车市场，但彼时丰田旗下各品牌如花冠、皇冠、凯美瑞等在消费者心目中的"低档、省油、廉价车"形象已根深蒂固。为改变消费者的固有观念，丰田专门推出了一款全新的高档车品牌——雷克萨斯，该品牌仅用了十几年的时间在北美地区的销量便超过了奔驰、宝马，成功地帮助丰田打开了高档豪华车市场。

3. 获得竞争优势

根据竞争对手的动态，在某一产品领域创造新品牌，通过市场操作等相关战术将有助于应对竞争对手，保证企业的市场地位。例如，创立于2013年12月的一加手机经过多年的不断努力，凭借优秀的产品实力，在全球手机市场的影响力不断提升。在手机行业竞争越来越激烈的情况下，一加为了获得更好的发展，在2021年6月宣布正式与OPPO全面融合，成为OPPO旗下主打性能的先锋品牌。一加与OPPO的合并能够去除双方独立运营带来的重复性投入，而且能够实现优势互补，进一步提升企业整体实力。

（二）扩大品牌组合的策略

品牌横向组合的加法可以通过一个坐标图进行解读和分析。如图11-2所示，图中纵轴代表业务或市场领域的新旧程度，横轴代表新品牌与已有品牌的直接关联程度。公司在品牌组合中增加一个品牌时有以下四种策略。

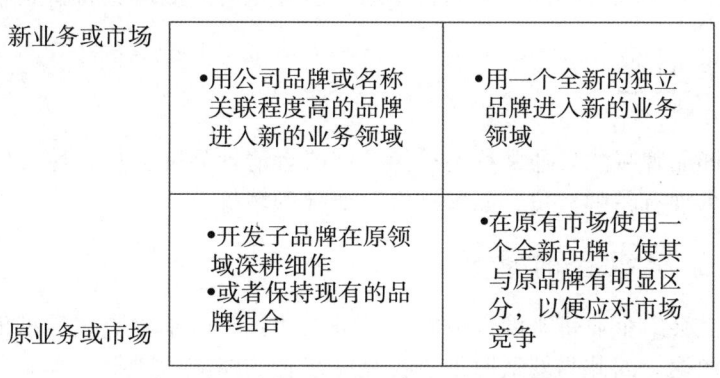

图14-2 品牌横向组合的加法

1. 用和公司品牌或名称关联程度较高的品牌进入新的业务领域

企业可以通过品牌延伸，将公司品牌或母品牌应用在一个新的业务领域，在实践中，更多的时候企业会用一个与母品牌关联程度较高的子品牌进军新市场。如 2019 年 9 月，京东正式上线"京喜"，作为其触及下沉市场，应对拼多多和聚划算低价竞争的利器。"京喜"取名自"惊喜"的谐音，既表明了其与京东之间的关系，暗示了京喜平台的产品品质，也颇有给消费者和京东带来惊喜之意。

2. 用一个全新的独立品牌进入新的业务领域

采用这种方式的企业会为进入一个新的业务领域开发一个全新的品牌。如达利食品集团从 2002 年开始，分别以不同的品牌进入食品和饮料市场：糕点烘焙类食品品牌"达利园"、薯片类休闲膨化食品品牌"可比克"、饼干类烘焙食品品牌"好吃点"、凉茶品牌"和其正"、保健食品功能饮料品牌"乐虎"等，每个品牌都成功地在各自的市场上占据了重要位置。

3. 在原有的业务领域深耕细作或保持原有的品牌组合

将母品牌应用于原有的业务或领域，多指在原有市场深耕细作。如 2019 年年初，农夫山泉旗下品牌"尖叫"重磅推出青芒和白桃两种口味新品。时隔 16 年，"尖叫"系列推出的这两款新品不仅在口味上迎合了当代消费者的偏好，而且在包装上进行了创新。新包装一改旧版"尖叫"半透明塑封装的经典风格，大胆启用了更为迎合年轻人审美、运动感更强的设计路线。农夫山泉表示，这两款新品不会代替原有的经典版"尖叫"，而是一个新的系列。作为功能饮料中的经典品牌，"尖叫"新品的推出将强化其在运动饮料市场的优势。

4. 在原有业务领域或市场中使用全新品牌

这一全新品牌会与原品牌相区别以便应对市场竞争。例如，在原有业务领域设置一个侧翼品牌，以达到保护旗舰品牌打击竞争对手的目的。如 2020 年 7 月，滴滴瞄准下沉市场，推出新品牌"花小猪打车"，相关人员表示，互联网出行渗透率较低的三、四线城市是花小猪的目标市场之一。同时，花小猪只对现有滴滴注册车辆和司机开放，且采取了和滴滴同样的安全标准。对于自家平台的竞争关系，花小猪表示，其与滴滴并非同质化竞争，核心差异点是产品体验的不同。滴滴希望通过差异化的产品体验为新业务带来增量。

二、精简品牌组合

精简品牌组合即品牌减法，通常称为砍掉品牌或者清理品牌，是一种"以退为进"的品牌策略，包括减少现有品牌数量、品牌层级、业务领域等。

（一）精简品牌组合的意义

品牌组合的建立会给企业带来隐性成本，并会在达到某个临界点之后抵消品牌组合的收益，让企业无功而返，因此需要适时地进行品牌组合的缩减。

1. 过多的品牌可能会造成企业内部的恶性竞争

如果品牌之间没有足够的差异化，品牌定位没有独特内涵，则多个品牌容易在公司内部形成恶性竞争。例如，1908年通用汽车公司成立后，最初只有"别克"这一个品牌，随后的几十年间，通用又陆续将"凯迪拉克""奥兹莫比尔""雪佛兰""悍马""土星"等一系列品牌纳入麾下，品牌的逐渐增多在给通用带来效益的同时，也导致了企业内部的恶性竞争。由于与"别克"在品牌定位上存在一定重叠，"奥兹莫比尔"不得不在夹缝中生存。为及时止损，2003年通用汽车撤销了连续10年亏损的"奥兹莫比尔"品牌。

2. 过多的品牌可能会导致企业整个品牌组合的效率低下

如果企业盲目追求对市场的全面覆盖，产生过多的小品牌，而其中的重要品牌又得不到有效管理，就会导致企业整个品牌组合的效率低下，品牌组合将无法产生应有的效果。维持数量众多的小品牌，比销售几个大品牌更费钱。这是因为，一方面，在生产环节，制造大量不同的产品会产生巨额的生产成本；另一方面，在营销终端，过多的小品牌也需要更多的营销投入。小品牌数量过多，不仅无法产生品牌组合的规模经济效应，还会分散企业的营销力量，使得效益较高的大品牌得不到应有的发展。

3. 过多的品牌可能会使得品牌组合的管理过于复杂

在品牌组合管理的过程中需要综合考虑各品牌的业务开发、产品创新、变换包装和零售商促销等，品牌数量越多这一过程越难以推进。而且，公司为品牌泛滥付出的最大代价在于失去了洞察未来的敏锐力，因为品牌经理们在经营众多品牌时很可能无暇顾及公司发展的前景和竞争对手的动向，从而使得公司战略与品牌组合不能及时地应对市场动态和竞争状况。

（二）精简品牌组合的步骤

当公司在进行品牌组合的精简时，需遵循品牌审计、品牌撤销、品牌清理和品牌再塑等步骤。

1. 品牌审计

对现有品牌组合中的每个品牌进行审计，列出每个品牌的年销售额、市场份额等相关数据，确定各个品牌的盈利能力和市场定位，以便管理层达成精简品牌组合的决策共识。品牌审计主要包括两大步骤：品牌盘存和品牌测定。品牌盘存就是对所有相关的品牌要素及辅助营销计划进行分析，并为每一种现实产品或服务编制清单。彻底的品牌盘存可以反映出品牌一致性的程度。品牌测定就是收集消费者方面的详细信息，用品牌研究的方法了解消费者对品牌的看法，尤其是品牌认知度和品牌赞誉度以及品牌联想的独特性。

14.4 品牌架构战略对公司价值的影响

2. 品牌撤销

品牌审计后，公司必须决定保留多少品牌。公司一般采用品牌组合法和市场细分法来解决这一问题。品牌组合法通常只保留那些达到某些主要指标的品牌，是一种自上而下的方法，往往能把品牌的数量减少很多。而采用市场细分法时，公司会根据市场中各个顾客细分群体的需求来决定品牌的去留。这两种方法可以先后使用，一开始公司可以运用市场细分法按照类别逐一进行品牌组合的精简。当品牌还是太多的时候，再使用品牌组合法来完成最后的工作。

3. 品牌清理

在确定了要被撤销的品牌后，公司必须决定以怎样的形式来处理这些品牌。清理的形式包括放弃、榨取、出售和合并，实施的难易程度逐渐增加。如 2019 年 4 月，五粮液放弃了"五星级""富贵吉祥"等 25 个品牌、46 个规格产品，对其进行了下架处理。又如，在连续经历 13 年的亏损后，2014 年茅台对旗下的茅台啤酒采取了出售的清理方式，将其托管给了华润雪花，后者投入 2.7 亿元对茅台啤酒进行重组。

4. 品牌再塑

在撤销一些品牌的同时，公司必须对剩余的品牌进行投资，促进其成长。通过品牌减法从多个方面节约出来的资源，应重点投向几个大品牌上，这样能够使公司在市场、供应链和销售活动方面获得更大的规模经济效益。例如，由于生产线的精简和更大程度的库存优化，成本会随之下降；通过合并市场和销售队伍，公司可以削减行政管理费用和销售费用，且更为集中的市场宣传和广告还能以同样的支出获得更大的影响。

14.5 宝洁旗下品牌组合的扩大与精简

> **思考与讨论**
>
> 1. 企业的品牌组合有哪些模式？
> 2. 企业的纵向品牌组合层级和横向组合角色有哪些？
> 3. 企业建立品牌组合的方式有哪些？
> 4. 企业优化品牌组合的方式有哪些？

第五篇

品 牌 延 续

第十五章

品牌生命周期

绿竹含新粉，红莲落故衣。

——唐·王维《山居即事》

学习目标

知识学习目标：
1. 了解品牌生命周期的阶段划分，理解品牌生命周期与产品生命周期的区别。
2. 了解品牌经营维护和法律维护的内容，理解品牌维护的重要性。
3. 了解品牌更新策略包括哪些方面，理解品牌时间管理金字塔模型。
4. 了解老字号品牌激活的策略，理解老字号品牌老化的原因。

能力培养目标：
1. 能区分产品生命周期与品牌生命周期。
2. 能帮助企业制订品牌更新的方案。
3. 能帮助老字号品牌制订品牌激活的方案。

价值引领目标：
引导学生认识到传承与创新中华老字号的价值与意义。

 导入案例

中国快时尚鼻祖，被现实狠狠上了一课！

2004年，美特斯邦威创始人周成建，给企业制订不一样的战略方案。他不希望企业大费周章建立工厂、开辟市场、来回运输，所以他把精力放在知识和技术上，除知识产权是自己的，其他都外包了。布料、加工、销售，都交给合作方，自己负责创新技术、推广品牌，集中攻克核心能力。就这样，品牌很快就风生水起。

请当红明星周杰伦代言，一句"不走寻常路"，美特斯邦威遍布大江南北。短短几年，美特斯邦威已经打入中国市场，尽人皆知，深入人心。美特斯邦威站在流量的前端，跑在时尚的前沿，被消费者青睐和喜欢，销量遥遥领先，成为行业巨头。

2009年，电商开始兴起，实体店的生意越来越差，美特斯邦威也陷入了困境。周成建意识到危机，积极采取新的措施，开始找寻其他出路。2010年，成立邦购网，除了服装销售,更有互动社区,新闻社区,让消费者眼前一亮。不到一年时间,美特斯邦威发布公告,暂停运营邦购网。

2016年,美特斯邦威已经出现负债情况,财务状态告危。2019年,美特斯邦威开始关掉营业额低下的实体店。

虽然美特斯邦威背负巨额债务,营收正在下行,但是它仍然在艰难前进。2023年6月,美特斯邦威开始直播带货。

直播领域的崛起,已经为美特斯邦威注入新的能量,希望未来也能向好。

艰难的国货服装品牌何止美特斯邦威,像森马、以纯、太平鸟等也开始走下坡路。曾开出万店的拉夏贝尔已被法院受理公司的破产清算,债权金额高达3.4亿元。森马2022年净利润暴跌近六成,是上市以来业绩最差的一年。2022年,太平鸟也交出了上市以来最差年度业绩,全年实现营收同比下降21.24%。

这些国民服饰品牌由盛转衰的背后,都存在激进开店、高库存、重营销轻研发等问题。电商崛起后,很多小众服装品牌抢占市场,价格便宜,质量过关,很多消费者都因物美价廉而下单。各种国际服装品牌也开始抢占市场,面料舒服,性价比高,再加上经常促销打折,抢占市场。

面临种种困境,如何走下去,是每个服装品牌值得深思的问题。但无论如何,面对当下变化,国民服装品牌想要"重生",就必须重视创新和质量。

资料来源:青眼财经,巨亏8.25亿,闭店1500家,中国快时尚鼻祖,被现实狠狠上了一课!有改动。

第一节 品牌生命周期概述

变化是人类社会和自然界永恒的旋律,品牌也有一个生老病死的必然过程,这就是其生命周期。对品牌生命周期的分析,可以更清楚地认识品牌在各个成长阶段的特征,有的放矢可以提高品牌的管理效率。

一、品牌生命周期理论

欧洲经济学院德国籍教授曼弗雷·布鲁恩(Manfredo Buluen)首先提出了品牌生命周期理论,并指出品牌生命周期由六个阶段组成,即品牌的创立阶段、稳固阶段、差异化阶段、模仿阶段、分化阶段以及两极分化阶段。

美国著名的营销学家菲利普·科特勒则认为,应该用产品生命周期的概念来分析品牌,即品牌也会像产品一样,经历一个从出生、成长、成熟到最后衰退并消失的过程。因为品牌隶属于产品,或者说品牌是产品整体一个不可分割的部分。产品生命周期概念实际上可区分为产品种类生命周期、产品形式生命周期和产品品牌生命周期。产品种类具有最长的生命周期,而产品形式周期更能准确地体现标准的产品生命周期的历史,产品品牌则显示了最短的产品生命周期。事实上,现代经济生活中的品牌已能脱离某种具体形式的产品而独立存在。当某一产品品牌原来所代表的产品完全退出市场后,它又代表其后的更新产品;或者该品牌名下本来就有其他同类或不同的产品,因此会出现某种产品退出市场但品牌不会退出市场的现象。

英国学者约翰·菲利普·琼斯(John Philip Jones)对传统的品牌生命周期理论做了较为深入的实证研究,结果发现,品牌发展过程并不完全遵循成熟后必衰退的规律,它是一个自我实现的概念,而不是一个自然生长的概念,不一定会随产品进入衰退期;基于产品的品牌生命周期理论往往会诱导企业不恰当地将旧品牌向新品牌转移,造成真正的资源损失。由于品牌生命周期理论的存在,人们往往会错误地认为任何品牌都将不可避免地走向衰退,从而不恰当地将对已有品牌的投资转移到新品牌上去,结果导致已有品牌附加价值的下降。更糟糕的是,做出如此之大的牺牲而对新品牌进行投资,在许多情况下得到的是一个不成功的品牌,或者是一个平庸的品牌。约翰·菲利普·琼斯认为,品牌发展过程应分为孕育形成阶段、初始成长周期阶段(指从品牌进入市场到销售量下降至最高销量80%的这段时间)和再循环阶段。

我国学者李飞认为,中华老字号品牌的生命周期,是指中华老字号品牌从产生到成长,再到成熟、衰退或消亡的发展变化过程。与一般品牌生命周期的特点不同,老字号品牌大多经历了上百年的发展过程,因此渡过了产生期,换句话说,没有处于产生期的老字号品牌。同时,中华老字号并非完全处于相同的发展阶段,而是分别处于品牌生命周期的成长、成熟、老化和休眠等四个阶段。可见,中华老字号与一般品牌生命周期的最大区别在于,它少了处于产生期的品牌,而增加了处于休眠期的品牌。

黄嘉涛、胡劲认为,品牌实质上是一个消费者概念,反映了消费者在其生活中对产品与服务的感受,这种感受涵盖了消费者使用或享受某一特定的产品或服务时形成对品牌的理解,这种理解构成了消费者对品牌的综合印象。品牌生命周期依据消费者品牌态度的不同而呈现不同的特点,也就是说,在品牌生命周期的各个阶段,消费者的品牌态度各不一样。如果以时间为横轴、以品牌态度为纵轴,那么品牌生命周期可以用一条S形曲线表示,称为品牌生命周期曲线。他们认为,随着时间的推移,品牌生命周期依次经历品牌认知期、品牌美誉期、品牌忠诚期、品牌转移期四个阶段。

二、品牌生命周期阶段划分

综合上所述,品牌生命周期是指从品牌伴随产品或企业进入市场到该品牌退出市场的整个过程。与所代表的核心产品相比,品牌具有相对独立的生命周期,完整的品牌生命周期可依次分为品牌导入期、品牌知晓期、品牌知名期、品牌维护与完善期、品牌衰退期等五个阶段。

(一)品牌导入期

品牌导入期是指新品牌伴随产品刚刚进入市场,有待于被消费者认识和接受,此时品牌特征不明显,品牌并未真正形成的时期。这一阶段品牌策略的一个重点就是让消费者了解产品的功能特性。一般情况下,在品牌导入期,品牌与产品二者是合一的,认识品牌就是熟悉产品，即品牌借助产品进入市场，而新产品是靠其功能特性进入新市场的。品牌策略的另一重点就是品牌定位，品牌定位首先应进行市场分析、企业内部分析和品牌竞争者分析，其次是确定和分析细分市场，选择要向顾客强调的核心价值，分析竞争者之间实现有效差异化的可能性。

（二）品牌知晓期

品牌知晓期是指品牌已具有一定的认知度和美誉度，开始脱离产品并逐步积累附加价值，品牌特征基本明朗、差异化特征形成、影响力逐渐加强的时期。这时，应进一步增强消费者的品牌认知，提高品牌美誉度，促使消费者"再购买"，最大化地创造顾客品牌经历的感知价值。这期间的策略包括促销、强势公关和口碑传播。促销包括交易促销和消费者促销，前者常常通过直接或间接给批发商、零售商打折得以实现，后者由生产商向消费者提供某种刺激（折价或商品赠送），以吸引消费者试用其品牌。从回报率的平均水平来看，促销短期内有提高销量的显著效果，仍不失为有效途径。公关是指企业或品牌通过新闻报道和对社会公共活动的参与而进行品牌传播，并由此建立品牌与公众的互动关系。与广告相比，信息上更具互动性和客观性，情感上更具社会性和真诚性。同时，口碑传播作为客体性的"他说"，利用熟知的"证人"、眼见为实的"证物"和信得过的"证词"三者相结合的优势，能够说服或促进其亲朋好友、同事、邻居等对品牌产品的使用和购买。

（三）品牌知名期

品牌知名期是指品牌各方面都得到了充分的发展，品牌所代表的产品占有较高的市场份额，整体市场接受度高，品牌成为消费者选择该产品的主导因素，产品的盈利能力达到较高水平的时期。提高品牌忠诚度，创造品牌的高附加值，推行适当的品牌扩张方案，以提升品牌资产价值，努力巩固和提升品牌地位；企业应高度重视品牌忠诚度的经营开发，通过完善服务体系，使消费者自产品购得直至消费完毕的各个环节都处于满意、放心的状态；此外，常客奖励计划、会员俱乐部、顾客资料库等举措不仅能够提高品牌价值，而且能使企业了解并及时满足顾客的需求，提高顾客的参与感，巩固消费者的忠诚度，也能在一定程度上提升其他顾客的忠诚度。

（四）品牌维护与完善期

品牌维护与完善期是指品牌在经历一段时间的市场运作后发展减缓，对品牌进行维护与完善的时期。随着时代的变迁，品牌的内涵和形式也并非一成不变。当原有品牌定位不能带来消费者认同并开始丧失市场竞争优势时，企业就必须考虑根据竞争形势以及时代特征、社会文化的变化对定位进行修正创新。创新是企业生存与发展的灵魂。品牌创新是指从企业生存的核心内容来指导品牌的维系与培养，包括与品牌有关的形象更新、观念创新、技术创新、制度创新等多项内容。但如果能确认品牌的核心产品处于衰退行业，品牌前景黯淡，难以改良，就应该削减品牌营销的费用支出，避免对该品牌的额外投资，以便及时把资源转移到其他新的或发展中的品牌运作中去。

（五）品牌衰退期

品牌衰退期是指品牌在经历一段时间的市场运作后步入衰老状态，品牌陷入低落，表现为品牌老化和品牌退出。

1. 品牌老化

老化是每个品牌都会面临的问题，即使时尚的奢侈精品也不能幸免。品牌老化不仅与品牌的创立时间有关，而且与消费者的认知也有一定的关系。有学者指出，品牌开始被消费者忽视，即表明它开始衰老。

2. 品牌退出

品牌退出是指品牌退出市场的过程。这有两种情况：一是企业经营管理不善，导致品牌及其所代表的产品或企业已无法生存，而不得不一同退出市场；二是企业为适应内外环境的变化而主动放弃原来的品牌，代之以新品牌。两种情况在实践过程中都存在，只不过第一种情况较常见。

将品牌作为一个生命体，对其进行生命周期分析，有助于根据各个阶段的特征将品牌战略的长期目标与阶段目标统一起来，明确各个阶段的重点，有的放矢。

三、品牌生命周期的变异形态

品牌并非一成不变地按照以上时期演进，有时候会出现以下一些变化：①夭折型。产品进入市场不久就出现滞销而不得不退出市场。②发育缓慢型。产品虽然进入了市场，初期表现也没有什么异常，但没能够在此基础上进一步发展而进入知名期。③快速成长型。有的品牌由于企业的整体形象很好，导入期可能很短，因为消费者很快就会接受它。有的品牌可能知晓期很短，迅速从导入期进入知名期。还有一种可能是：品牌在经历了知名期后，影响力逐渐下降，然后又进入一个新的知晓期，即出现一个循环现象。④未老先衰型。产品没有经历知名期而迅速进入衰退期。⑤永葆青春型。一个企业的产品如果能够较长期地处于知名期，而长久没有进入衰退期的迹象，那么这个企业就经营得非常成功了。

品牌管理者应在其品牌生命周期的不同阶段采用不同的市场营销战略，开发新的市场制定新的竞争对策。他们必须经常对企业各类产品的市场状况进行分析，用新的品牌逐步代替老的品牌，使企业总能在任何时候在市场上保留自己的品牌。最佳的策略是：当某种品牌进入衰退期时，企业的其他品牌正处于导入期、知晓期或知名期。这样，企业就不会因为某一种品牌进入衰退期而处于断档的艰难处境。

15.1 三个知名鞋服品牌的起伏历程

第二节　品牌维护

品牌，特别是知名品牌，有着很高的价值，是一笔巨大的财富、一项重要的无形资产。任何一家企业都不愿让自己苦心经营的品牌被市场无情地淘汰，经营者们在不断探索着维护品牌形象、品牌市场地位的各种方法和途径，以实施品牌保护。

一、品牌维护的内涵

品牌维护是企业针对外部环境变化给品牌带来的影响所进行的维护品牌形象、保持品牌市场地位的一系列活动的总称。

品牌维护贯穿品牌管理的整个过程。品牌创建要经过品牌设计、品牌定位、品牌性格塑造、品牌传播、品牌延伸等步骤,还要规避品牌市场扩张和竞争中的风险。在确立了品牌的知名度、有了忠诚的顾客群体后,有的企业认为品牌建设工作已经完成,剩下的就是充分利用品牌资源挖掘品牌资产"金矿"的过程。事实上,品牌建设是一项经常性、持续性的工作,在经营过程中,要对品牌进行必要的监测,保持品牌与消费者的密切沟通,对品牌要素进行适时的更新,以适应市场变化,防止品牌老化。同时,应注意从法律层面上对品牌进行保护,防止商标等品牌要素在未开发市场上特别是国际市场上被抢注,确保品牌运营的可持续性。

二、品牌的经营维护

品牌的经营维护主要是指针对环境变化,积极面对市场竞争所进行的提高产品质量、进行品牌更新、规范品牌建设和经营行为、建立品牌档案等一系列活动。

(一)维持高质量的品牌形象

质量作为品牌的本质和基础,会影响品牌的生存和发展。对品牌经营者而言,维持高质量的品牌形象可以通过以下几个方面进行。

1. 评估产品目前的质量

目前生产的品牌产品,是否严格按照本企业产品质量管理体系进行?与国际质量认证体系是否还有差距?目前被消费者认为差的因素是哪些?需要在哪些方面做出改进?企业销售人员是否完全具备与产品品牌有关的业务知识?

2. 掌握消费者对质量要求的变化趋势

企业在设计产品时要考虑顾客的实际需要,随时掌握消费者对质量要求的变化趋势,树立独特的质量形象。倾听顾客意见,对现有产品质量进行改良。倾听专家意见,以便在产品质量上有所突破。

3. 建立独特的高质量形象

从品牌广告、营销、公关、策划等多种角度树立独特的品牌质量形象。一方面从设计原料、工艺、技术等方面着手,切实做到产品质量过硬;另一方面注重宣传产品质量,塑造品牌形象,让品牌具有品位高雅、质量可靠、设计时尚等形象。品牌要在物理产品上保证高质量,也要善于包装自己、宣传自己,维护独特的高质量的品牌形象。

(二)建立品牌档案,培养消费者的品牌忠诚度

由于市场竞争激烈,消费者对某一品牌的忠诚度不稳定,通过品牌档案建立品牌与消

费者稳定的、长期的关系，是培养消费者忠诚度的关键环节。收集消费者的资料，包括姓名、住址、职业，以研究消费者的交易行为和交易习惯。在掌握消费者各种相关信息并不断更新这些信息的前提下，深入分析消费者现时的偏好和未来的需求，在成本可行的条件下尽可能服务于消费者，满足消费者的要求。让消费者参与产品设计、品牌塑造过程，认真倾听消费者在产品开发、推广等方面的建议。同时，通过品牌档案，还可以加强与消费者的感情交流，赢得其好感，提升企业的品牌形象。

（三）规范品牌经营行为，降低危机风险

品牌危机起源于企业经营行为。只有时刻保持强烈的忧患意识，才能在日趋激烈的市场竞争中稳中取胜，进而发展自己。规范品牌行为须采取以下措施。

1. 注重品牌的市场定位

随着市场竞争越来越激烈，市场需求呈现多样化的趋势，企业应认真研究产品的特点，看清楚产品是针对哪一类消费者群体，满足消费者的何种需求，以界定企业的目标市场，进而制定品牌规划和实施措施，实现品牌的整体发展。

2. 谨慎品牌延伸

品牌延伸成功的关键在于品牌自身强势度、原有品牌产品与延伸产品的关联度、品牌延伸区域的市场竞争情况三个因素。第一个因素可以确定品牌要不要延伸，如果强势度不足，品牌延伸需要慎重；第二个因素可以确定消费者是否认可；第三个因素可以确定延伸所需的资金支持和市场难度。在决定广告费用与促销投入时需要考虑竞争对手的竞争策略和投入水平。必须结合这三个因素进行综合考虑决定是否进行品牌延伸，而不能盲目行事，避免掉入品牌延伸的"多元化陷阱"。

3. 科学制定传播预算

品牌贵在传播。一定要对品牌的广告行为制定科学的预算，避免广告与企业规模和销售能力严重脱节，否则一旦出现市场波动，企业资金链很可能会断裂。科学制定传播预算，需要根据品牌所处的阶段采取不同的方法。品牌成长的初期，可采用目标任务法和负担能力法；品牌快速成长阶段，可采用销售额比例法；品牌进入成熟阶段，可采用销售额比例法和竞争平衡法确定广告预算。

4. 保持价格控制权，重视非价格手段的运用

价格是企业品牌维护的要点之一。价格不仅关系企业利润，还有可能影响企业品牌形象。品牌形象与价格水平密切相关。因此，企业应保持价格控制权，保持市场价格的统一性和相对稳定性，以维护品牌的声誉。例如，制造商要求经销商按指定的价格销售品牌产品，再根据其销售额给予相应比例的返利。这是维护品牌产品统一价格的有效方法，同时要重视运用非价格竞争手段（如免费提供维修服务等），以提高顾客满意度作为竞争的根本点，增强品牌的竞争力。

（四）从技术上进行品牌维护

品牌技术维护是指品牌拥有者以技术为手段对品牌实施保护的过程，具体包括技术领先、技术标准和技术保密等手段。

1. 以技术引领品牌发展

技术领先是赖以确立和持久维持品牌地位的先决条件。

（1）以技术引领品牌产品生产。企业积极开展技术创新活动，产品生产采用更先进的技术，快速推进品牌产品的更新换代，以最新的观念、材料、工艺与方法，开发出更先进的产品，引领消费潮流变化，使品牌产品比同类产品具有更多的功能，更高的稳定性、价值和效用。

（2）以技术引领市场竞争力。技术引领意味着在市场价格相同的条件下，品牌产品更具市场竞争力，使竞争者只能望其项背，采取跟随策略。品牌企业通过技术创新，开展产业链上的技术合作和服务，引导市场有序竞争，最终成为行业的领导者。

（3）以技术引领市场信心。保持技术领先能给消费者更强的信心，将广大消费者吸引在品牌的周围，促使他们对企业的产品形成品牌偏好，对品牌形成忠诚。

2. 统一技术标准

在激烈的竞争中，一些拥有良好效益和品牌声誉的企业会突破原有企业、地域乃至国界的局限，通过并购、控股、合资等方式延长产业链、扩大生产经营范围和规模。也有很多企业通过联营、承租、品牌特许等方式，允许他人有偿使用企业品牌生产经营，以求获得更多的市场份额和利益。必须牢记的是，质量是品牌的生命，企业在延长产业链、扩大生产范围和规模时，一定要视自己的控制能力而行，严格品牌产品的技术标准，对特许单位坚持统一的技术要求，确保原料、工艺方面的技术一致性，严格按母公司的质量标准组织生产，不能因盲目追求规模、效益而牺牲企业品牌声誉。

3. 严守品牌机密

经济情报是商业间谍猎取的主要目标，严酷的现实要求品牌经营者必须树立保密观念，高度警惕，妥善保护自己品牌的秘密，防止泄密。

首先，对涉及企业生存和发展的核心技术、配方、工艺等应谢绝技术性参观和考察。调查显示，世界上每一项新技术、新发明，有40%左右的内容是通过各种情报手段获得的，而许多经济间谍正是打着参观的幌子窃取情报的。对必需的参观活动，各企业需要安排专人陪同，严密监视，防止技术秘密外泄。

其次，严格限制接触品牌机密的人员范围，对从事技术研发、接触技术秘密的人员要采取法律约束等手段，约束其行为。而对于商业间谍或竞争对手的卧底，要坚决通过法律予以严惩，起到"杀一儆百"的作用。

三、品牌的法律维护

品牌的法律维护是指企业制定一系列措施，预防外部环境变化引起损害品牌声誉事件的发生。例如，预防外部其他生产企业的仿冒等侵权行为，维护品牌专营权；预防外部竞争者的商标抢注行为，维护品牌的合法经营等。法律维护的核心是商标管理，主要包括及时注册商标、注册防御性商标、商标续展、驰名商标认定和保护、打击商标侵权等内容。

（一）及时注册商标

品牌是市场概念，商标是法律概念。品牌只有在注册成为商标以后，才能获得商标专用权，受到法律的保护。因此，企业应该及时对品牌进行商标注册，这样才能够在经营活动中获得法律的保护、维护品牌的正当权益。

企业应该增强商标注册的意识，要以战略发展的眼光进行商标注册的布局。早些年我国有许多企业曾经因为商标注册意识淡薄、缺乏战略发展的眼光，从而遭遇品牌在境外被抢注的情况，自身受损严重。比如，海信和王致和商标在德国被抢注，同仁堂和狗不理商标在日本被抢注，新科和康佳商标在俄罗斯被抢注，五粮液商标在韩国被抢注。虽然海信、王致和、同仁堂、狗不理、五粮液等品牌通过旷日持久的努力和法律诉讼在海外商标维权成功，但是品牌的发展却受到严重阻碍，企业也遭遇严重损失。因此，企业需要充分吸取教训，要以战略发展的眼光对待商标注册，及时在境内外注册商标。

15.2 华为的商标布局

（二）注册防御性商标

注册防御性商标指的是为防止他人恶意抢注相同或近似的商标，在现有注册商标的基础上，将商标注册范围覆盖到其他类别，或者在同一类别上注册若干相似的商标。比如，为了保护"阿里巴巴"这一核心商标，阿里巴巴集团对"阿里巴巴"商标进行了全类别注册；此外，还注册了"阿里爸爸""阿里妈妈""阿里爷爷""阿里奶奶""阿里哥哥""阿里姐姐"等系列防御商标，防止他人侵犯企业的商标权益。

在市场活动中，常常有人利用知名品牌的影响力注册相同或者相近的商标，以获取不正当的利益。为了防止他人恶意竞争，以及降低品牌被复制的风险和商标权的维护成本，如今，主动进行保护和防御性商标注册已经成为很多企业的共识。许多企业除了扩大核心商标的注册范围之外，还注册了许多与核心商标类似的商标，以维护自身的商标权益。比如，小米科技有限责任公司为了保护"小米"商标，注册了"大米""红米""紫米""黑米""蓝米""橙米""玉米"等"米"字家族商标；拥有"大白兔"商标的上海冠生园食品有限公司注册了"大黑兔""大花兔""大灰兔""大红兔"等"兔子"家族商标。

15.3 闲鱼商标之争

（三）商标续展

商标续展是品牌维护中一项重要的工作。《中华人民共和国商标法》第三十九条规定，注册商标的有效期为十年，自核准注册之日起计算。同时，第四十条规定，注册商标有效期满，需要继续使用的，商标注册人应当在期满前十二个月内按照规定办理续展手续；在此期间未能办理的，可以给予六个月的宽展期。每次续展注册的有效期为十年，自该商标上一届有效期满次日起计算。期满未办理续展手续的，注销其注册商标。

我国商标法对没有及时续展的商标给予了一定保护期。《中华人民共和国商标法》第五十条规定：注册商标被撤销、被宣告无效或者期满不再续展的，自撤销、宣告无效或者注销之日起一年内，商标局对与该商标相同或者近似的商标注册申请，不予核准。但是《中华人民共和国商标

15.4 商标未续展"老字号"被抢注

法》第五十二条规定，将未注册商标冒充注册商标使用的，或者使用未注册商标违反本法第十条规定的，由地方工商行政管理部门予以制止，限期改正，并可以予以通报，违法经营额五万元以上的，可以处违法经营额20%以下的罚款，没有违法经营额或者违法经营额不足五万元的，可以处一万元以下的罚款。因此，为了避免商标失效带来麻烦，当商标有效期临近时，要及时进行续展。

（四）驰名商标认定和保护

根据我国《驰名商标认定和保护规定》，驰名商标指的是在中国为相关公众所熟知的商标。为相关公众所熟知的商标可以申请驰名商标认定。驰名商标起源于《保护工业产权巴黎公约》（简称《巴黎公约》），我国是《巴黎公约》的成员国。根据《巴黎公约》的相关规定，驰名商标的专用权跨越国界（在《巴黎公约》成员国范围内得到保护）；驰名商标的注册权超越优先申请原则（即使驰名商标未注册，也在《巴黎公约》成员国内受到法律保护）。此外，《中华人民共和国商标法》对驰名商标也有特殊保护。比如关于注册商标的无效宣告中，第四十五条规定，已经注册的商标，违反本法第十三条第二款和第三款、第十五条、第十六条第一款、第三十条、第三十一条、第三十二条规定的，自商标注册之日起五年内，在先权利人或者利害关系人可以请求商标评审委员会宣告该注册商标无效。对恶意注册的，驰名商标所有人不受五年的时间限制。可见相比普通商标，驰名商标能够获得更高级别的法律保护。因此，符合条件的商标要及时申请驰名商标的认定。

15.5 驰名商标"怡宝"获得跨类保护

（五）打击商标侵权

法律维护是品牌维护最强有力的手段，为维护品牌形象和企业利益，企业要积极运用法律武器打击商标侵权的行为。

根据《中华人民共和国商标法》第五十七条规定，有下列行为之一的，均属于侵犯注册商标专用权：第一，未经商标注册人的许可，在同一种商品上使用与其注册商标相同的商标的；第二，未经商标注册人的许可，在同一种商品上使用与其注册商标近似的商标，或者在类似商品上使用与其注册商标相同或者近似的商标，容易导致混淆的；第三，销售侵犯注册商标专用权的商品的；第四，伪造、擅自制造他人注册商标标识或者销售伪造、擅自制造的注册商标标识的；第五，未经商标注册人同意，更换其注册商标并将该更换商标的商品又投入市场的；第六，故意为侵犯他人商标专用权行为提供便利条件，帮助他人实施侵犯商标专用权行为的；第七，给他人的注册商标专用权造成其他损害的。同时，《中华人民共和国商标法》第五十八条还规定，将他人注册商标、未注册的驰名商标作为企业名称中的字号使用，误导公众，构成不正当竞争行为的，依照《中华人民共和国反不正当竞争法》处理。

15.6 两"茶"之争

《地理标志专用标志使用管理办法（试行）》出台

2020年4月3日，国家知识产权局出台《地理标志专用标志使用管理办法（试行）》（下称《办法》）。《办法》从我国地理标志专用标志的适用范围及样式、机构职责、使用人义务、合法使用人、使用要求、使用人标示方法、对合法使用人的监督管理等方面进行了详细的规定，旨在加强我国地理标志保护，统一和规范地理标志专用标志使用。依据《办法》规定，国家知识产权局负责统一制定发布地理标志专用标志使用管理要求，组织实施地理标志专用标志使用监督管理。地方知识产权管理部门负责地理标志专用标志使用的日常监管。

第三节　品牌更新

所谓品牌更新（brand updating），是指随着内部或外部经营环境的变化，为维护和提升品牌资产，企业针对品牌形象、定位、产品及管理所实施的一系列新品牌营销战略和策略，以强化品牌效应，赋予品牌新的生命力和活力。市场变幻莫测，竞争云谲波诡，为了应对竞争威胁，企业应具备主动"应变"能力将战略思维注入品牌更新之中，不是一味被动地应对，而是将品牌更新作为一项主动性常态化的工作，嵌入品牌生命周期全过程，定期评估品牌现状，决策是否开展品牌更新及选择品牌更新策略、实施品牌更新、评估品牌更新效果等。

一、品牌更新的背景

品牌面临的内部或外部经营环境的重大变化主要包括市场竞争的加剧、产业转型升级、客户需求和偏好的变化、革命性新技术的出现、企业战略调整、品牌兼并、企业上市、品牌忠诚度下降和市场占有率大幅度降低等。

（一）市场竞争态势加剧

随着信息技术和经济全球化的发展，市场更加开放、更加成熟，竞争态势明显加剧。市场环境的高度不确定性，导致竞争环境更加复杂和激烈，企业也面临获得竞争优势的巨大压力。在如此复杂多变的动态环境中，企业的发展必然会面临差异化困难、部分产品类别的品牌忠诚度降低、市场需求发生改变、竞争范围广泛化、竞争同质化等问题。而品牌作为让消费者记住和识别某企业产品的有效载体，集中体现了企业的竞争力和市场地位。当现有品牌已经无法应对当前市场的竞争环境时，需要赋予其更多的品牌内涵，进行品牌更新，以应对市场挑战，把握市场机会，提高品牌的美誉度和忠诚度，保持生命力，这样才能在市场中占据一席之地。

（二）科技创新动能加速

科学技术是第一生产力，科技创新作为内生动力，一直源源不断地为品牌注入能量和营养，同时推动品牌的激活与更新。技术进步带来的改变是巨大的，品牌如果不能顺应技术发展的趋势，现有产品技术含量低，创新效能不足，品牌价值将会贬值，甚至品牌会被市场吞噬。如诺基亚的衰败就是源于没有重视创新，随着科技的进步，安卓的诞生，智能手机的兴起，这个曾经占据全球手机市场近一半市场份额的品牌走向了没落。

（三）消费者需求和偏好改变

随着经济发展和生活水平的提高，消费生活和消费环境在悄然发生改变，人们勇于尝新，敢于换新，消费观念更加开放，更加重视对商品的软性需求，更注重品质生活和品牌保障，对品质的要求更明确，也更重视品牌所象征的商品特性，个性化品牌偏好逐步建立；信息的公开透明、移动互联网技术的应用，令消费者掌握更多的决策主动权；互联网重塑了消费链条，优化了消费链条上的各个环节，改善了人们的购物体验，从而影响了人们的消费方式和消费理念，改变了人们的消费习惯。消费者需求和偏好的改变为商家带来的机遇和考验，既是商家打开消费市场的机遇，也是检验品牌是否需要更新的试金石。

二、品牌更新的时间管理

卡普费雷尔建立了一个三层的金字塔模型（见图15-1），把时间的因素转化为具体化的操作方法。金字塔的顶端是永恒的品牌核心价值与灵魂，是不应该变化的；金字塔的中层为品牌的调性、准则和风格，是不能随意变动的；而金字塔的底层为产品、（传播）品牌主题和细分市场，是应该变化的。也就是说，从时间管理的意义上看，变与不变都是相对的，但变的幅度和频率视营销要素的不同而存在区别。

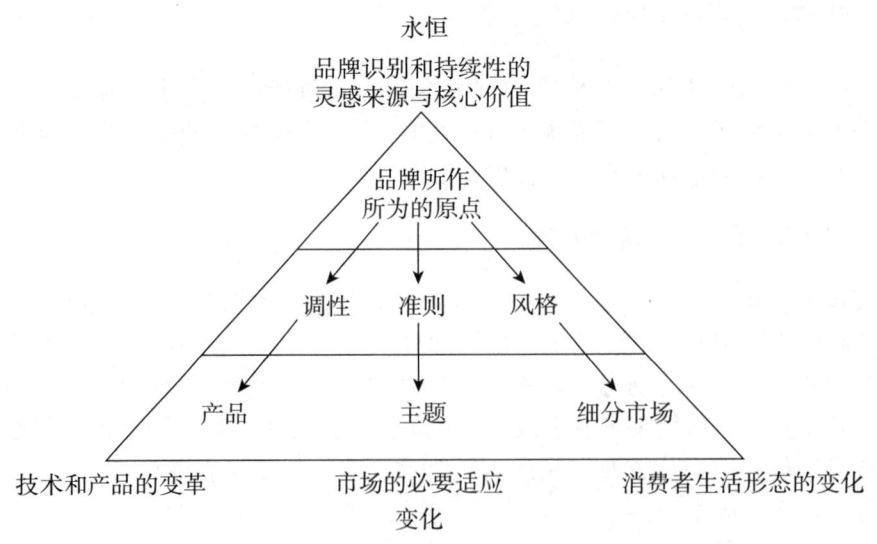

图15-1 品牌时间管理的金字塔模型

(一)金字塔顶端：永恒的品牌核心价值与灵魂

金字塔的顶端是品牌的焦点，是品牌所作所为的原点，类似于品牌的遗传密码。这个原点必须清楚明了，但是不必说出来，也是不可见的。它是品牌的深层次身份，是品牌的核心价值。例如，在美国，汰渍连续占据洗衣粉第一品牌的位子。为什么呢？汰渍这样的品牌意味着"某种含义"，这些含义是消费者很在乎的。汰渍比竞争对手在传播上做得更出色的地方，是无论时间如何流逝都可以保持长久并具有始终如一的持续性。这里的"某种含义"就是品牌的核心价值——消费者长期购买一个品牌的根本原因。汰渍的价值可以用下列语句勾画出来："你能买到的洗涤最干净的""你可以永远放心的、可靠的、可以信赖的朋友""没有什么可以把你的衣服洗涤得更干净了，这一事实也维系了家庭和睦"。这些价值对所有的消费者（美国的、加拿大的、沙特阿拉伯的、摩洛哥的、俄罗斯的和中国的）具有同样的意义。这就是形成全球品牌的基本条件：全世界的人对同一个品牌持相同的观点，共同认同它的价值。

强势品牌都坚持自己一贯的品牌价值和价值象征。例如，"安全"一直是沃尔沃汽车诉求的重点；劳力士手表素以名人来彰显它的性能与持久性，维持了它的极品地位；新加坡航空公司一贯以"新航空姐"为名片来介绍其服务。品牌身份的一致性为公司提供了品牌定位、识别符号和成本效益的所有权，而这三者的结合可以产生惊人的竞争优势。

(二)金字塔中层：不能随意变动的品牌调性、准则和风格

金字塔的中层是品牌的调性、准则和风格，对应于卡普费雷尔品牌身份模型的内在因素：个性、文化和自我形象。它们都是品牌核心身份的反映，是在具体运用中通过文字、图像、声音传达品牌的意义。作为一种推论，它们要时时考虑保持与品牌核心身份的有机联系，因而不能随意改变。从实践看，全球强势品牌都有自己的一套品牌传播准则。

但同时必须明确的是，它们并不是不能改变。相反，为适应时代的潮流和文化的演进，它们要适时做循序渐进的小变动。这与对品牌核心身份的忠诚并不矛盾。打个比喻，我们不能要求一位追求美的女性始终穿一套漂亮的时装来维持她的靓丽，相反，应该随着时尚的变化而做出新的选择。这样做恰恰保持了她追求时髦和潮流的核心价值观。奔驰汽车于1909年至今，品牌标识经历了多次修改，品牌核心标志的基本设计（星状）不变，逐步修正周围元素。这种谨慎的演变，不仅融入公司兼并带来的变化，抓住流行的风格，同时维持鲜明的组成元素，让人们在今日仍能如过去般一眼认出。

(三)金字塔底层：应该变化的产品、品牌主题、细分市场

金字塔的底层是产品、品牌主题和细分市场，对应的就是品牌活化的三个基本做法：在产品、传播主题和细分市场上创新与变化。与卡普费雷尔的品牌身份模型结合起来看，这层的内容反映了品牌身份的外表化要素：体格、关系和反映。

对于一位企图建立一个持久品牌的创业者来说，必须对品牌的核心和原点保持清醒的认识。这是一个自上而下的运动过程。风格的变化不能违背品牌的核心身份，传播的主题和承诺必须落在品牌合法的范围内。这个模型也很好地回答了全球品牌管理的问题：尽管传播的主题和产品在全球各地不尽相同，但只要品牌的核心价值和风格保持相同，就不会

影响其全球品牌的定位。

品牌永存，是因为它能够体现一种价值。除了品牌永恒价值的力量外，一切都将改变。未来的挑战，就是坚持"永恒价值"和"发展"的同步。

三、品牌更新策略

品牌更新包括品牌定位更新、品牌要素更新、品牌产品更新、品牌传播更新和品牌管理更新等。

（一）品牌定位更新

精准的品牌定位可以加强品牌的合理性及独特性，帮助企业赢得更多消费者，赢得竞争优势。从时代发展的角度看，要求品牌的内涵和形式不断变化，品牌定位也会因时代特征、竞争形势、社会文化的变化而有所调整。所谓品牌定位更新（brand positioning update），是指品牌重新提炼核心价值，寻找品牌特征与消费者需求间的平衡点，以修正原品牌定位不充分、定位模糊等问题。如香飘飘品牌经历了从"奶茶就是香飘飘""销量最多奶茶"到"小饿小困"的不断更新，2019年香飘飘提出口号"够有料，更享受"，将品牌定位进一步更新为"休闲享受"，符合当下及未来的消费趋势和消费心理，有助于扩大香飘飘的消费人群覆盖范围和市场空间。

当现有品牌定位已经无法满足当前市场的竞争环境时，需要在之前已有知名度的基础上赋予更多的品牌内涵，以提升品牌美誉度和忠诚度。如天猫在品牌更新前，其定位为"天猫的东西种类繁多，能够满足所有需求"，旨在重点强调天猫的产品种类繁多，能够满足用户不同的需求，希望告诉用户，当他们想要购物的时候，第一反应就是联想到天猫，这是一种偏重功能性的品牌定位。天猫启动品牌更新后，其定位为"天猫传递的是一种理想生活的生活方式，具体来说，这种理想生活是这样的：乐活绿动、独乐自在、人设自由、无微不智、玩物立志"。此时，单说天猫的东西种类多已经不能在用户心中形成强烈的、具有吸引力的认知，需要赋予天猫不一样的品牌内涵，而理想生活正是向用户传递一种生活方式。

（二）品牌要素更新

所谓品牌要素更新就是品牌根据企业发展态势，改良创新品牌名称、标识、包装、代言人等品牌要素，使之更有利于承载企业文化理念，有效建立品牌与竞争者的差异化，为目标顾客带来良好的心理满足感，并且通过不断地强化在消费者心中形成新的印象的过程。品牌要素的改变不仅是为了变得更好看，还是因为背后包含的企业商业策略，即更好地吸引目标顾客，促进顾客重复购买。

1. 更改品牌名称

品牌名称是企业最基本的形象识别要素，改变品牌名称属于品牌形象更新中比较具有颠覆性的做法，因此，要谨慎考虑原有品牌名称在消费者心目中的地位和形象，在更新过程中尽量不要破坏品牌的传承性和一致性。以滴滴为例，2015年9月，随着业务的拓展，滴滴的业务逐渐涵盖了出租车、专车、快车、顺风车、代驾及大巴等出行方式，从而进行了正式的战略升级、品牌更新，在成立三周年之际由"滴滴打车"改名为"滴滴出行"，以此表达自己从一个单一的出租车叫车平台向综合移动出行平台的跃升，既配合了品牌的战略布局，也保持了品牌核心价值的传承性和一致性。

2. 变换品牌标识

品牌标识（brand logo）是品牌视觉管理的核心部分，在承载企业精神、传递企业文化方面发挥着重要作用，包括符号、图案或明显的色彩和字体等要素，能够使消费者对相关产品属性产生联想，进而对产品产生好感。变换品牌标识是指品牌为了适应时代进步和文化潮流，在继承的基础上创新出符合消费者偏好的新的品牌标识要素，拉近与消费者之间的距离，使新品牌标识既能保持消费者对品牌的忠诚度，又能给人以新鲜感。但应注意的是，品牌标识无论怎么变换都不能背离品牌的精髓，即品牌核心价值。

3. 更新品牌口号

一个有影响力的品牌口号能够捕捉品牌认同的本质。与品牌名称相比，品牌口号相对更容易改变、取代或调整。通常，企业需要进行品牌更新时，都会倾向于启用一句新的品牌口号来向市场宣告开启品牌更新的序幕。1983年，百事可乐公司聘请罗杰·恩里克担任总裁。他认为软饮料品牌之间的口味难分优劣，焦点在塑造品牌文化。于是，1984年百事可乐推出"百事可乐，新一代的选择"广告语，昭示着品牌更新的开始。这次品牌更新让百事可乐将目标市场锁定为"二战"后生育高峰期出生的美国青年人（婴儿潮），定位为"新生代的可乐"。新生代超级巨星迈克尔·杰克逊成为品牌代言人，借此塑造了百事可乐"新鲜刺激、独树一帜"的品牌个性，从而与可口可乐老一代消费群界限分明。结果，百事可乐销量扶摇直上，可口可乐与百事可乐市场销售额之比从"二战"后的3.4∶1扭转到1985年的1.15∶1。

4. 更换产品包装

包装是产品品质的外部表现形态，也是消费者识别品牌、与企业进行沟通的重要媒介，因此，改进包装是改变品牌产品形象老化的最直接手段，也是最常用的手段之一。更换产品包装时应当遵循的基本思路是：现代化的设计，表现时代感，人性化的设计贴近消费者；配合产品升级换代，体现品牌的多层次性；加入新元素，传播品牌新理念等。如乳业品牌三元在2019年推出的全新包装设计，以具有独特含义的圆形为视觉符号，象征着企业由良心、责任心、爱心凝结的品质之"圆"，传递了"新鲜"的理念。

（三）品牌产品更新

实施品牌更新，最为基础的是要从产品入手。所谓品牌产品更新（brand product update），是指品牌紧随时代步伐，结合市场消费者的需求，提高产品质量，提升服务水平，寻求市场产品的差异化，以增强品牌的市场核心竞争力。品牌产品更新一般有两种方式：一是挖掘现有产品的潜质；二是开发新品或者拓展新品类。采用何种品牌产品更新方式要视市场机会和自身资源情况而定。但无论选择哪种品牌产品更新方式其共性都是要以提升目标消费者所关注的品质（产品质量）为核心，因为品质是支撑品牌产品更新的重要基点。

1. 挖掘现有产品的潜质

第一，识别新用途。新用途的本质可以通过对消费者的市场调研来获得，如了解消费者如何使用现有产品，在产品使用过程中有什么原来被忽视的效用，或者在原来产品的基础上是否可以增加新的功能。现在产品的同质化趋势越来越严重，只有找出不同于竞争对手的新功能、新用途，才能使产品更具有竞争力，使品牌焕发出新的活力。

第二，增加服务。随着市场竞争的加剧，品牌想在众多的竞争产品中脱颖而出，可以考虑向消费者提供附加的服务或特色。增加的服务应与原有产品有充分的联系，在能产生实际利益的方面进行扩展。

第三，进入新细分市场。如果某种品牌的产品已经很成熟，技术相对完善，再开发出新的产品比较困难，则可以考虑利用原有品牌的无形资产进入新的细分市场，赋予品牌产品更丰富的内容，以获取新的市场份额。

2. 推出新的产品

在现代社会，科学技术是第一生产力，技术领先是保持品牌核心竞争优势的重要基础，是品牌永葆青春的基本保障。企业的品牌要想在竞争中立于不败之地，就必须保持技术创新，不断地进行产品的更新换代。此外，从新产品研发到新产品生产，再到新产品上市和推广，整个过程都应注意要与企业发展战略相符，与品牌核心价值匹配，并要做好市场深度调研，契合消费者的需求和偏好。

（四）品牌传播更新

品牌塑造离不开品牌传播，与时俱进的品牌传播也能够帮助品牌保持活力。品牌传播的创新主要可以通过传播内容的创新和传播媒体的创新两个途径来实现。

1. 传播内容的创新

第一，内容创意。在广告、公共关系以及其他的品牌传播活动中，新颖、独特的传播内容总是能够带给人新鲜的感觉，并且令人印象深刻。因此，要充分重视品牌传播中的内容创意，通过别出心裁、巧妙构思的内容，给品牌传播营造变化，塑造出新的品牌形象。

比如2020年林肯在航海家新车发布会上使用的"无人机表演+广州塔灯光秀+楼宇3D投影"的内容创意不仅产生了非常好的品牌传播效果，而且改变了消费者对林肯这一创建于1917年的品牌"加长的礼宾车"的刻板印象，给林肯这个百年品牌注入了"酷炫""科技""时尚""动感"的元素。

第二，更换代言人。在品牌传播的创新中，更换品牌代言人是一个常用且相对容易操作的方法。更换品牌代言人不仅能够让品牌形象耳目一新，而且当品牌的目标受众发生迭代更替时，新的代言人能够让品牌与年轻的消费者开启成功的对话。

以肯德基为例。一直在品牌年轻化道路上不断努力的肯德基，为了让品牌保持年轻的形象，通过不断地更换代言人以迎合中国年轻的消费者，除了演艺界艺人，甚至选择来自二次元的顶级虚拟偶像洛天依。肯德基通过代言人的频繁更换，牢牢抓住了中国年轻消费者的眼球，也成功抓住了中国年轻消费者的心。

2. 传播媒体的创新

技术的发展不断给传播媒体带来新的变化，品牌传播的载体数量越来越多，形式也越来越丰富。采用新的传播媒体以及媒体组合，也是品牌传播创新的一个重要方向。

如今，以抖音、快手为代表的短视频平台已经成为我国互联网信息传播的主流渠道。当短视频刚开始兴起时，就有许多勇于创新的品牌在第一时间利用短视频平台开展品牌传播,效果显著。比如,阿迪达斯就是第一批入驻抖音的品牌之一,阿迪达斯经常在抖音平台发布其明星代言人的视频,鼓励用户与其明星代言人互动;同时,阿迪达斯多次通过挑战赛的形式在抖音上发起活动,吸引用户创作内容来参与品牌的传播。通过抖音这一互联网新媒体,阿迪达斯树立起品牌的年轻化形象,收获了大量新粉丝。

(五)品牌管理更新

品牌与企业是紧密结合在一起的,企业的兴盛必将推动品牌的成长与成熟。品牌的维系,从根本上说也是企业管理的一项重要内容。许多知名品牌由于缺少精心的品牌管理和维护,失去了原有的光彩。所谓品牌管理更新(brand management update),是指由企业管理创新的核心内容来指导品牌的维护,包括与品牌有关的管理理念创新、管理制度创新、管理过程创新等,并在企业内部打造一支成熟的品牌管理团队,保障品牌价值提升。其中,管理理念创新重在使用新的策划、新的技巧、新的形式打破陈旧观念,敢于标新立异,平衡社会效益、近期利益和长远利益,形成管理特色;管理制度创新是保障,品牌特色发展必须通过制度创新才能获得有效支撑;管理过程创新是指在品牌定位形象、产品的更新过程中做好流程管理和组织管理。

15.7 塔斯汀3.0品牌升级案例分析

第四节 品牌激活

品牌激活(brand revitalization),又称品牌活化,是指在品牌长期管理中,为了克服品牌老化,使品牌保持活力,避免品牌资产流失或贬值而采用的品牌管理手段。

一、老字号品牌

中华老字号(China Time-honored Brand)是指历史底蕴深厚、文化特色鲜明、工艺技术独特、设计制造精良、产品服务优质、营销渠道高效、社会广泛认同的品牌(字号、商标等)。在几千年的历史发展过程中,我国形成了众多老字号品牌,比如同仁堂、胡庆余堂、茅台、老凤祥、六必居、王致和、全聚德、东来顺、火宫殿、张小泉、王老吉、片仔癀。

随着时代和市场环境的变迁,一些中华老字号通过改革和创新使品牌重新焕发出青春,活力不减;也有一些中华老字号在激烈的竞争中勉强维持、惨淡经营;还有一些中华老字号没有经受住残酷竞争的冲击,失去了品牌魅力,被消费者遗忘,品牌也随之消失。2023年,经企业自查、地方初核、专家评审、社会公示等程序,商务部联合相关部门将长期经营不善,甚至已经破产、注销、倒闭,或者丧失老字号注册商标所有权、使用权的55个品牌,移出中华老字号名录;对经营不佳、业绩下滑的73个品牌,要求6个月内予以整改;继续保留1000个经营规范、发展良好的品牌。

中华老字号作为中国自主品牌的代表，不仅拥有得天独厚的历史文化底蕴，而且蕴含着巨大的商业价值和社会价值，承载着中国传统文化传播与市场经济繁荣的双重使命。激活中华老字号，对促进我国自主品牌、民族企业和商业的发展，弘扬中华优秀传统文化和民族精神均具有重要的现实意义。

促进传承创新　　擦亮老字号"金字招牌"

2023年1月，商务部、文化和旅游部、国家市场监督管理总局等五部门联合印发了《中华老字号示范创建管理办法》，释放了推动中华老字号顺应市场机制、守正创新发展的信号，将引领带动更多市场主体实现高质量发展，着力提振发展信心，加快品牌培育发展，促进形成强大国内市场，更好满足人民对美好生活的需要。

中华老字号示范创建以企业为主体，创建企业应当体现品牌示范性、企业代表性、行业引领性，注重理念、设计、研发、工艺、技术、制造、产品、服务、经营等各方面创新，与时俱进、守正创新，彰显经济价值和文化价值。中华老字号示范创建遵循"自愿申报、自主创建、优中择优、动态管理"的原则。

《办法》还提出了明确的示范条件要求，中华老字号企业应具备7个方面的基本条件，即在中华人民共和国境内依法设立；依法拥有与中华老字号相一致的字号，或与中华老字号相一致的注册商标的所有权或使用权，且未侵犯他人注册商标专用权，传承关系明确且无争议；主营业务连续经营30年（含）以上，且主要面向居民生活提供商品或服务；经营状况良好，且具有较强的可持续发展能力；具有符合现代要求的企业治理模式，在设计、研发、工艺、技术、制造、产品、服务和经营理念、营销渠道、管理模式等方面具备较强的创新能力；在所属行业或领域内具有较强影响力；未在经营异常名录或严重违法失信名单中。

资料来源：李远方．促进传承创新　擦亮老字号"金字招牌"［N］．中国商报，2023-02-03（007）．有改动。

二、老字号品牌老化原因

导致老字号品牌老化的原因集中在以下几个方面。

（一）营销观念方面

中华老字号历史悠久，产品具有工艺独特、正宗、货真价实等优点。由于具有产品上的优势，许多中华老字号因此形成了保守的营销观念，信奉产品观念，缺乏"以消费者为中心"的现代市场营销观念，做不到"想顾客所想，急顾客所急"，最终会导致产品和服务的顾客满意度较差，让老字号在市场竞争中失去竞争力。有学者在研究中指出，与肯德基、麦当劳等执行标准严格的服务规程、时刻准备为顾客服务的企业相比，老字号的服务质量相差较大：一方面，有些老字号店大欺客、自恃百年而不注重服务；另一方面，有些老字号服务的随意性大，在可靠性、可信性等方面表现较差，服务质量没有标准化，严重影响顾客的心理感受。

（二）品牌定位

品牌定位决定了品牌在消费者心智中的位置，决定了品牌个性和品牌形象。许多中华老字号没有明确的品牌定位，导致目标市场模糊；或者是原先的定位不能适应市场需求的变化，从而造成品牌的没落。对中华老字号来说，品牌定位是其能否继续吸引消费者以及拥有差异化竞争优势的关键。特别是面对老字号消费者年龄结构老化的严峻事实，中华老字号只有拿出清晰的、有竞争力的品牌定位，才能够吸引年轻的消费者，提高品牌在年轻消费群体中的知名度，才能完成品牌目标市场的更新换代，实现品牌激活。

（三）产品或服务

产品或服务问题是导致许多中华老字号品牌老化的主要原因。具体表现包括以下几方面。

1. 生产技术落后

许多中华老字号由于资金、体制等原因，无法及时更新生产技术，导致产品失去竞争力。以王麻子为例。"北有王麻子，南有张小泉"，始创于1651年（清顺治八年）的王麻子是刀剪行业与张小泉齐名的中华老字号。由于设备严重老化，产品的生产技术落后导致产品缺乏创新，再加上内部管理、市场竞争方面的问题，从20世纪90年代王麻子开始走下坡路，企业效益一直下滑。截至2002年5月底，王麻子剪刀厂的资产负债率达到216.6%，最终被法院裁定宣布破产。破产后的"王麻子"商标由北京栎昌王麻子工贸有限公司接收，由于持续亏损，2020年老字号"王麻子"联姻"金辉刀剪"，引入现代化生产技术，从品牌到市场，从包装到市场管理，均焕然一新，发生了质的蜕变。

2. 对质量的重视不如从前

产品质量是中华老字号最重要的品牌优势。过去，中华老字号凭借考究的原料、精湛的技艺、精细的制作、让顾客满意的服务，获得了消费者的信任和喜爱。然而随着时代的变迁，一些中华老字号对质量的重视大不如前。一旦产品发生质量问题，将给中华老字号的品牌信誉和形象造成严重危机。以中华老字号为宣传点的张小泉为例。张小泉的生产、销售、渠道都受制于人，公司超75%生产靠代工、65%以上的销售靠经销商，品牌的品控问题、供销商管理问题等导致2022年出现"拍蒜断刀惹众怒"的事件，对品牌产生强烈的负面冲击。

3. 产品或服务老化

面对激烈的市场竞争，产品或服务因循守旧、故步自封势必会加剧中华老字号的衰亡。以中华著名老字号全聚德为例。因菜品单一且创新不足，全聚德2017—2019年的业绩呈现连续下滑，老字号陷入经营尴尬的境地。从"吃饱""好吃"，到"吃得健康""吃得多元化""吃得舒适"，我国餐饮市场的需求在不断地发生变化。与此同时，以"90后""00后"为代表的新生代消费群体开始兴起，他们更加注重大健康的消费理念以及时尚和创意。在此市场背景下，全聚德传统烤鸭的油腻似乎与人们追求健康的理念背道而驰，全聚德陈旧的菜单也很难吸引年轻消费者。

(四) 品牌传播

由于存在"酒香不怕巷子深"的想法，一些中华老字号缺乏品牌传播的意识，或者传播的力度不够，导致品牌知名度不断减弱，最终被消费者遗忘。此外，由于品牌传播策略没有与现代的消费者群体之间实现很好的衔接，导致品牌传播效果不理想，这也是一些中华老字号无法与年轻的消费者群体拉近距离的一个原因。创立于1921年的五芳斋是我国首批"中华老字号"。在2009年以前，五芳斋与许多老字号一样，认为老字号有积淀、有名气，所以根本不做品牌传播。但在拓展全国市场时，五芳斋发现，在90后或者00后的认知中，老字号是"父母或祖辈才会去买的""显得老土"。为了改变新世代的消费者群体对老字号的印象和认知，2009年五芳斋确定了未来的发展战略，开始改变品牌的营销策略和传播方式，通过KOL短视频、H5、快闪店等新颖的传播方式以及年轻人喜欢的沟通语言，五芳斋的品牌传播与当下消费者的喜好进行了紧密的结合，使五芳斋这个百年品牌成功地迈向年轻化。

三、老字号品牌激活路径

中华老字号的品牌激活可以从"新"和"旧"两条途径入手，既要复活和传承中华老字号一些"旧"的元素，比如品牌精髓、品牌独特的历史资源、忠实的消费者群体等；也要给中华老字号品牌创造一些"新"的元素，比如新的产品或服务、新的目标市场、新的品牌传播等。中华老字号的品牌激活不能一味地"求新"，一味地"求新"意味着抛弃中华老字号辛苦建立起来的品牌资产，抹去中华老字号的历史文化底蕴；也不能一味地"守旧"，一味地"守旧"意味着故步自封，与时代脱节，那么中华老字号最终将难逃被市场抛弃的命运。只有将"新""旧"两条途径相结合，中华老字号才能够在传承中创新和发展。

（一）复活旧元素

中华老字号拥有悠久的历史、深厚的文化底蕴和良好的商业信誉。对消费者来说，中华老字号不仅代表着品牌本身，还代表着一份时代记忆与一种情怀。历史赋予中华老字号的这些基础和积淀，都是中华老字号独有的品牌优势。通过复活中华老字号中的旧元素（比如老字号的品牌精髓，老字号的人文、历史资源，老字号的商业信誉等），充分发挥历史赋予中华老字号的这些品牌优势，可以唤起消费者对中华老字号独特市场价值的认识。复活中华老字号的旧元素，主要可以通过怀旧和品牌故事来实现。

1. 怀旧

中华老字号拥有厚重的历史底蕴和丰富的文化内涵，因而具有独特的怀旧价值。中华老字号唤起的怀旧情结能够给人以舒适感和亲切感，让消费者联想起以前的时代和自我；而对于一些有阅历或者体验的消费者来说，这种怀旧情结令人难以割舍。对于中华老字号来说，历史悠久、品质优良、风味独特、信誉卓越以及消费者对中华老字号的怀旧情结，这些都是非常宝贵的旧元素。因此，中华老字号可以通过怀旧策略来唤醒人们的怀旧情结，达到与消费者建立关系的目的。

研究证明，强化广告唤起的怀旧情感会导致更好的广告态度和品牌态度，提高品牌的购买意向。除了广告以外,产品的包装和款式等也可以唤起消费者的怀旧情感。在利用产品唤起消费者的怀旧情感时,有两种做法。一种是简单地重新生产老产品,即打造怀旧品牌;另一种是生产老样式、新功能的产品,即打造复古品牌。由于怀旧品牌不能够满足今日苛刻的性能或品味标准,因此为了更好地适应市场需求的变化、拥有更大的市场空间,中华老字号应该打造复古品牌,即只有生产老样式、新功能的产品,才能够利用消费者的怀旧情感实现品牌激活的目的。

2. 品牌故事

在消费者与品牌的互动中,品牌故事是经常出现的一种互动形式,而且品牌故事会在消费者之间相互流传。因此,可以通过品牌故事实现中华老字号与消费者之间以及消费者与消费者之间的互动和沟通,增进消费者对中华老字号的认知和情感,从而实现中华老字号的激活。

中华老字号具有悠久的历史,几乎每一个中华老字号的背后都有一个动人的品牌故事。这些中华老字号的品牌故事往往传承着中华优秀传统文化,比如仁义诚信、爱国爱民、实业兴邦、勤劳勇敢、工匠精神等,反映出中华老字号的品牌精髓。这些中华优秀传统文化具有强大的精神力量,能够引起消费者的共鸣。在中华老字号的品牌激活中要重新挖掘和整理老字号品牌故事中的这些中华优秀传统文化因子,讲好中华老字号的品牌故事。

好的品牌故事可以沉淀中华老字号的品牌精神和文化,可以使中华老字号的品牌传播达到事半功倍的效果,还可以增强中华老字号与消费者之间的情感纽带。中华老字号的品牌故事应该以反映老字号品牌精髓的核心价值观为主题,从创始人的创业经历、老字号的经营理念、发生在老字号商业过程中的故事等方面进行挖掘和打磨,再用当下消费者愿意接受的叙事方式娓娓道来。

(二) 注入新元素

注入新元素是指通过创新给中华老字号带来变化,使中华老字号能够适应新的市场环境,从而实现中华老字号的品牌激活。

1. 创新中华老字号的产品和服务

创新产品和服务是品牌满足日益变化的市场需求的一个基本要求。中华老字号可以通过品牌延伸、品牌联合等策略进行产品和服务的创新;同时,要利用先进的技术,不断提升产品和服务的质量,这样才能够给消费者提供满意的产品和服务,保证中华老字号品牌的竞争力和生命力。

2. 更新中华老字号的品牌形象

在保持品牌精髓的基础上,中华老字号的品牌形象也要随着消费者的需求和喜好进行适当的更新。如前文所述,为实现品牌激活,品牌形象的更新可以通过重新定位、更新品牌要素和传播创新等策略来实现。中华老字号的品牌形象更新也可以围绕品牌定位、品牌要素、品牌传播三个层面来进行。

(1) 确定能适应时代发展、凸显竞争优势的品牌定位。

为了改变老化的品牌形象,中华老字号要根据市场需求的变化、自身的特点以及竞争的情况,确定一个能够适应时代发展并能够凸显自身竞争优势的定位。

以中华老字号同仁堂为例。为了适应时代的发展，同仁堂坚持以中医中药为主攻方向，品牌定位从"服务疾病治疗为主"向"守护人民健康为主"转变，经营格局上形成以制药工业为核心，以健康养生、医疗养老、商业零售、国际药业为支撑的五大板块，构建了集种植（养殖）、制造、销售、医疗、康养、研发于一体的大健康产业链条。同仁堂品牌定位的调整，既坚持了老字号的传统、发挥了自身的优势，又能与时俱进甩掉疲态，推动百年老字号昂首阔步、充满活力地继续向前发展。

（2）更新品牌要素。

中华老字号可以通过品牌标识、包装、口号等品牌要素的更新，对品牌形象进行升级。中华老字号承载着中华民族的民族精神和优秀传统文化，在中华老字号的品牌要素更新过程中要注意保留中华老字号的"原汁原味"，做到"尊古不泥古，创新不失宗"，不失去中华老字号本身的民族和传统文化特色。

1880年诞生于广州的百年老字号陶陶居被誉为"月饼泰斗"。为了改变人们对老字号"老旧、传统"的刻板印象、抓住年轻一代的消费者，陶陶居的产品包装开始朝年轻化、时尚化、新国潮的方向发力。通过将传统岭南文化与新派设计进行融汇呈现，并与知名IP进行跨界品牌联合，陶陶居重新设计的产品包装抓住了年轻一代消费者的心。以陶陶居与颐和园联合推出的"颐和一盒"月饼为例，包装图案源自颐和园乐寿堂内的粤绣百鸟朝凤屏风，并采用了现代插画的表现手法。整个月饼包装不仅设计唯美，而且汲取传统文化精粹、寓意美好，一经推出便受到年轻消费者的青睐。不仅要好吃，还要好玩，好看。百年老字号陶陶居通过包装的固本创新，让中华老字号焕发出了新的生机和活力。

（3）品牌传播与时俱进。

随着传播技术和环境的变化，中华老字号的品牌传播要与时俱进，以弥合中华老字号所代表的传统文化与现代文化之间的鸿沟，拉近老字号与年轻消费者的心理距离。

中华老字号的传播创新包括传播渠道的创新、传播方式的创新以及传播内容的创新等。新兴的数字媒体、新颖的传播方式层出不穷，中华老字号要紧贴消费者的需求，根据消费者的媒体使用习惯和喜好，使用消费者喜闻乐见的语言和方式，加强与消费者的沟通和交流，以增进年轻消费群体对中华老字号的了解和认知，促进品牌好感的形成从而产生购买行为。

比如老字号百雀羚，通过引爆社交媒体的《四美不开心》《包公的渴望》以及一镜到底的长图《一九三一》等广告，成功摆脱了老龄化的标签，树立起年轻化的品牌形象。百雀羚所采用的娱乐营销和内容营销都是当下年轻消费者喜闻乐见的品牌传播方式，非常值得众多中华老字号参考和借鉴。

15.8 老字号民族品牌蜂花火出圈

思考与讨论

1. 品牌生命周期可划分为哪几个阶段？品牌生命周期与产品生命周期有何区别？
2. 如何对品牌进行经营性维护和法律性维护？
3. 品牌更新策略的内容包括哪些方面？
4. 老字号品牌可从哪些方面进行激活？

第十六章

品牌监测与评估

> 春秋之义，度群小事，言之所加，陈力备忘，足以裁事；乘壹寒暑，日礼所检，足以定人。
>
> ——《尚书大传·微子之命》

学习目标

知识学习目标：
1. 了解品牌监测的内容，理解品牌监测数据的意义。
2. 了解品牌价值评估的主要方法，理解主要品牌价值评估方法的异同。
3. 了解ESG的概念及其对品牌价值的影响。

能力培养目标：
1. 能根据已有的品牌监测数据，分析制定品牌应对策略。
2. 能理解不同品牌价值排行榜采用的评估方法。
3. 能理解ESG对企业品牌价值的影响。

价值引领目标：
引导学生认识到制定中国的品牌价值评估体系的重要性。

 导入案例

ESG让游戏的价值不止于此

ESG（环境、社会与治理）议题，聚焦环保、人权和可持续发展，已成为全球商业发展的最重要热点，也成为衡量企业发展价值、稳塑企业形象的重要原则。游戏产业与ESG，一个是地图沙盘，另一个是照明灯指路标，相辅相成，相得益彰，共同促进着娱乐产业携带社会使命与抱负的推陈出新，在全球占据更大规模。

我国政府对游戏行业ESG的重视程度持续升温，政策主要集中在内容监管、未成年人保护和防毒反诈，也包括用户隐私保护和信息安全领域等方面。2013年，中国还没有一家游戏公司披露ESG报告，而近十年，我国游戏公司对ESG披露率逐渐提升。不过，A股上市游戏公司中，有超过半数未获评级，仅有6家企业被标普（S&P）和明晟（MSCI）收录。其中，游戏开发商三七互娱、吉比特等获得Wind数据A级以上，ESG

表现较好。

在中国游戏公司中,虽有半数以上进行了 ESG 信息披露,但是超过 60% 的企业尚未进行实质性议题的分析和管理,潜在问题和市场发展有待于被进一步发现、纳入战略和决策中。而企业的 ESG 定量数据关键绩效,披露率尚不到 35%,给投资者参考的数据仍然不足。

随着游戏产业规模扩张升级,信息化时代的 ESG 隐患也接踵而至。除了可能存在的"漂绿"问题,游戏产业的用户低龄化、数据提取密集等特点,可以说,机遇和风险并存。

中国游戏产业规模大,AI 驱动效益提升,文化美学宝库的资源丰富,且出海前景向好。中国企业若能以世界体系与规范为要求,继续完善良好的 ESG 披露,共创健康的生态圈,有效处理游戏能耗、电子垃圾等问题,齐心守护游戏内的法律道德规范,并投入更多资本与技术支持社会公益、可持续发展事业,为中国经济和文化发展作出贡献。中国游戏企业也势必将用中国的行动,谱写绝美的世界游戏产业蓝本。

资料来源:亿万投资家,中国游戏厂商:ESG 让游戏的价值不止于此,有改动。

第一节 品牌监测

一个强势品牌要在激烈的市场竞争中长足发展,必须对品牌进行监视和测量,清楚了解品牌及竞争品牌在市场上的表现,以及品牌的经营策略与内部资源和外部环境是否匹配等。

一、市场监测

(一)对消费者品牌选择行为的监测

消费者的需求经常变化,从而要求对消费者的需求和购买行为进行监测,这样才能使品牌作出相应的调整,更好地满足消费者的需求。这种监测包括知名度调查、美誉度调查、忠诚度调查和联想度调查等。

(二)对品牌市场表现的监测

市场表现监测主要包括对市场占有率的监测(如区域市场和细分市场的监测)、品牌销售渠道的监测、渠道覆盖率监测等。对品牌市场表现进行监测是为了更好地了解品牌在市场上的地位,更好地适应未来的发展而做出调整。

(三)竞争性品牌监测

在市场竞争中,企业要明确自己的最大挑战来自哪些竞争对手,了解竞争性品牌的目标及其对本企业品牌的影响、竞争对手的实力和弱点、本企业品牌与竞争性品牌的竞争地位如何等。竞争监测就是通过对竞争对手的产品、营销策略和市场表现的分析和比较，了解竞争对手的优劣势和市场趋势，为企业提供参考和对策。通过竞争监测，企业可以了解竞争对手的产品特点、价格、营销策略和市场份额等，调整自身策略和定位，提高市场竞争力。

16.1 美的品牌监测分析

二、经营监测

动态的市场环境充斥着多种不确定因素，品牌在成长过程中危机四伏，品牌的塑造越来越难，维护一个知名品牌更是举步维艰。企业迫切需要采取一定的防范措施，以完善对品牌经营策略的监测，通过监测来维护品牌、减小品牌危机的概率。品牌经营监测的内容与品牌市场监测的内容密切相关，主要包括如下几个方面。

（一）品牌的差异性是否在减弱

品牌经营中必须注重产品创新，保持与竞争对手的差异化。如果产品长期不变，在市场上日显陈旧老化，将会使品牌的竞争力不断下降，最终被市场所淘汰。

（二）产品销售对象是否扩大化

品牌产品只适用于某一消费群体，或满足消费者的某一特定要求。企业如果过分追求市场份额和销售数量，盲目地将消费群体扩大化，改变原有的价格策略，当原目标群体之外的消费者购买和使用后，原有消费层次划分和品牌定位将发生变化，使原来的目标消费群体失去对该品牌的信任，引起市场连锁反应，导致品牌的目标消费群体逐渐萎缩。

（三）品牌延伸是否盲目

有些企业为了发掘品牌的市场潜力，不遵循品牌延伸的规律，任意进行品牌延伸，哪里有机会品牌就延伸到哪个行业（如做药品的品牌向食品延伸）。这种做法会对品牌形象造成严重损害。

（四）品牌传播投入是否过度

企业如果把品牌传播作为品牌成长的催化剂，在广告、电视节目冠名、公共关系方面投入过量资金，依赖品牌传播投入促使品牌快速成长，投入会大大超出企业的承受能力，不仅无法取得预期的市场销量，而且会造成入不敷出的结果。

（五）产品和售后服务质量是否下降

当品牌有了一定的知名度和美誉度后，企业对售后服务质量的要求容易放松。同时，由于企业的生产规模和市场规模不断扩大，企业内部管理和市场管理的漏洞会增多，将导致产品和售后服务质量逐渐下降，对品牌产生负面影响。

（六）是否卷入过度的价格战

过度的价格战不但会使企业利润大幅下降，使企业失去自我发展的能力，也会给品牌形象造成极大的负面影响,增加消费者对产品价格的敏感程度,产生持续的降价期待,难以建立品牌忠诚。

三、法律监测

企业应监测品牌产品的市场状况,了解在品牌经营过程中是否存在以下问题。

(一) 市场是否存在品牌侵权行为

品牌侵权包括商标侵权和专利侵权。商标侵权是一些不法商家利用知名品牌非法销售自己的产品,牟取不法利润,如直接仿制知名品牌的产品、在产品上贴知名品牌的商标及利用知名品牌的包装在市场上销售。还有的商家把知名品牌的名称、标志进行有限修改,作为自己的品牌,像服装品牌花花公子、"兔子头"有多种形式,真假难辨。品牌侵权行为危害很大,不但以低成本抢占了品牌产品的市场份额、蚕食了品牌产品的利润,更重要的是损害了品牌形象,甚至会毁掉一个品牌、一个企业。因此,企业应监测品牌的侵权行为,掌握其性质、规模、发源地等,以便迅速制定品牌维护策略。

(二) 商标注册是否及时

品牌的培育有一个过程。如果由于某种原因未能及时注册,则有可能被一些机构或个人抢先注册,导致自己培育的品牌落入他人之手。品牌抢注有两种情况:一是地域性抢注,如有的品牌在国内已经注册,当要进入某一个国家的市场时,发现自己的品牌已经被别人抢注,品牌产品进入该国有了法律障碍;二是时效性抢注,品牌或商标的保护期限到了而没有合法延续,被别人抢注。抢注的类型包括同名抢注、谐音抢注、域名抢注等。因此,企业要对品牌产品即将进入的或未来的销售市场进行监测,进行商标和品牌注册,防止被恶意抢注。

品牌监测是为了实施品牌维护策略所进行的前期活动。品牌监测可以在公司内部进行,也可以委托专业机构实施。无论采取哪种方式,都是品牌维护必不可少的环节,都是为了保证品牌维护更有针对性地进行。

第二节 品牌评估

品牌作为一种在市场上形成的、能为企业带来未来收益的无形资产,其价值高低既可表明企业的产品和服务在市场上被认可的程度,又能反映企业经营者的工作绩效以及企业的市场表现。因此,对品牌资产价值进行评估具有十分重要的现实意义。

一、品牌评估的意义

简单地说,品牌价值是指品牌形成过程中所带来的价值,其来源具体包括两个方面:

品牌的经济（货币）价值和品牌的非货币价值。

第一，发现品牌价值。品牌价值作为企业的无形资产，构成了企业的软实力。通过对企业品牌价值进行评价，可以让企业认清自己的优势与不足，可以让企业不仅仅关注自身硬实力，也更加关注自身的软实力。比如，有些企业可能经济表现很好，但是其品牌价值在行业中排名却相对落后，这时企业应更加关注自身的品牌价值。对于企业而言，不仅应注重硬实力的提升，软实力的提高同样十分重要。随着品牌作为一种无形资产被社会认可，在企业兼并或收购的过程中，也可以作为一项重要的资产参与评估，投资者也可以根据品牌价值大小决定投资量的多寡，品牌价值同样可以作为资产进行交易。除此之外，品牌价值的评价还可以帮助强化企业形象，通过品牌的培育创造更多的价值。

第二，提升品牌价值。通过品牌价值评价，可以使企业对其品牌价值大小、行业内以及国际排名有一个清晰的认识，可以使企业明白其与同行业其他企业以及国际上的其他企业品牌价值之间的差距有多大以及差距究竟在哪里。通过明确差距，企业可以制定详细的战略计划，为提升品牌价值奠定基础。对于企业而言，提升品牌价值，可以从提升品牌的货币价值入手，也可以从提升非货币价值即效用价值、社会价值和文化价值入手。企业可以根据其自身既定的资源，将品牌价值在它们之间进行合理的配置。

目前，国际上已有一定数量的咨询公司对世界范围内的企业进行品牌价值评价，除 Interbrand 评价方法、Brandz 评价方法以及世界品牌实验室的品牌评价方法等主流方法外，还有其他一些不同视角的评价方法。

二、Interbrand 方法

Interbrand 方法的历史可以追溯到 1988 年，该方法由英国的一家成立于 1974 年的 Interbrand 资产评估公司（Interbrand Group）最先创立并沿用至今。该公司被认为是世界最早、最著名的品牌价值评估公司，对公司品牌价值的评估结果具有很高的权威性，因此其报告结果被很多主流期刊和报纸转载。Interbrand 方法是第一个通过 ISO 10668 国际认证的品牌价值评估体系，它的整个分析方法论被业界公认为具有特殊战略管理价值的工具。Interbrand "最佳全球品牌排行榜"被英国金融时报评选为最受 CEO 重视的三大榜单之一。2022 年 Interbrand "最佳中国品牌价值排行榜"（前 10 名）如表 16-1 所示。

表 16-1　2022 年 Interbrand "最佳中国品牌价值排行榜"（前 10 名）

排行	品牌名称	品牌价值（亿元）	品牌价值变化
1	腾讯	8610.84	15%
2	阿里巴巴	6822.79	8%
3	中国建设银行	1891.91	9%
4	中国工商银行	1663.82	8%
5	中国平安	1628.12	1%
6	中国银行	1189.87	7%

续表

排行	品牌名称	品牌价值（亿元）	品牌价值变化
7	中国移动	992.38	4%
8	中国人寿	915.84	4%
9	中国农业银行	914.05	9%
10	茅台	823.8	9%

（一）评估模型及步骤

Interbrand 方法使用的基本模型为：

$$BV = PR \times M$$

式中，BV 代表品牌价值，PR 代表品牌对企业受益的贡献，M 代表品牌强度。因此，评价品牌价值需要准确评估出品牌对企业受益的贡献和品牌强度之大小。进一步，计算 PR 需要知道企业的沉淀收益以及品牌指数，其中前者是指无形资产超额收益，后者是指品牌资产占无形资产的比重，其关系可以使用如下公式来表示：

$$PR = VC \times I$$

式中，VC 代表企业的沉淀收益，I 代表品牌指数。图 16-1 呈现了 Interbrand 品牌价值评价的具体分析框架。即通过企业的财务分析计算出企业的沉淀收益，即 VC 部分；然后是通过市场分析计算品牌指数，即 I 部分；接着是通过品牌分析估算出品牌强度，即 M 部分；最后是将三项相乘就得到品牌资产价值。

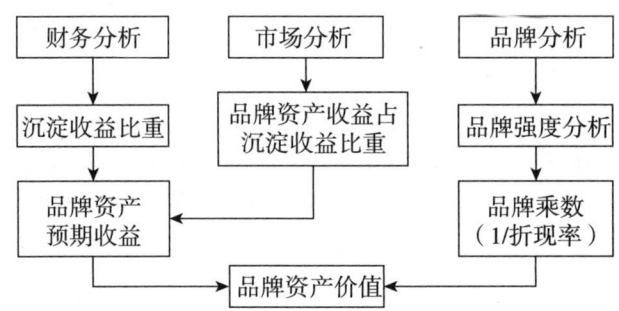

图 16-1 Interbrand 品牌价值评价分析过程

具体来说，Interbrand 方法评估品牌价值步骤包含以下几方面内容。

1. 确定沉淀收益的大小

首先，确定营业收益大小。计算公式为：

$$营业利润 =（营业收入 - 营业成本）- 期间费用 - 税金及附加$$

其次，确定沉淀收益。计算公式为：

$$沉淀收益 = 营业利润 - 有形资产利润$$

最后，预测下一年度的沉淀收益。预测方法有历史加权法和预期收益法两种。

历史加权法的公式为：
$$VC_{t+1} = (VC_t \times 3 + VC_{t-1} \times 2 + VC_{t-2} \times 1)/(3 + 2 + 1)$$
式中，VC 为沉淀收益，下标 $t+1$、t、$t-1$、$t-2$ 分别表示预测年度、当年、上一年度、上上年度。

预期收益法是根据历史收益数据特征，构建相应预测模型，预测出未来 3~5 年的收益水平。

2. 市场分析

该步主要确定品牌作为无形资产，对沉淀收益的贡献有多大，一般使用主成分分析法确定品牌资产对沉淀收益贡献度（品牌指数）的大小。品牌指数和行业特性有关，是在分析不同行业的不同产品品牌对顾客购买决策的差异性影响程度的基础上，多维度评估品牌在多大程度上促进了无形资产收益的形成，即反映品牌对企业业务收入的贡献程度。

3. 计算品牌强度

品牌强度等于品牌资产预期收益的贴现率，其计算依赖于专家打分。Interbrand 先后提出了不同的品牌强度计算方式：七因子加权法、四因子加权法、十评价指标法。其中，七因子加权法中的因子及权重分别为领导力（leadership，25%）、稳定性（stability，15%）、市场特征（market，10%）、国际化能力（internationality，25%）、发展趋势（trend，10%）、品牌支持（support，10%）、品牌保护（protection，5%）。四因子加权法中的因子指：比重（同类产品中的市场占有率）、广度（市场分布）、深度（顾客忠诚度）、长度（产品延伸程度）。十评价指标法分别从内部和外部两个视角来衡量品牌的表现，其中，内部视角的指标包括清晰性、品牌承诺、品牌保护和响应能力，外部视角的指标则包括真实性、一致性、差异性、曝光度、相关性、可理解性，每个指标的分值均为 10 分，总共 100 分。

接下来，根据品牌强度得分推算出品牌强度系数。Interbrand 创造了其独有的 S 形曲线，将品牌强度得分转化为品牌未来收益的折现率，然后根据"品牌强度系数 = 1/折现率"的公式计算出品牌强度系数。根据 S 形曲线，当品牌强度得分为满分 100 时品牌未来收益的折现率为 5%，此时其品牌强度系数为 20，这是品牌强度系数的最大值。

4. 评估品牌价值

根据基本模型计算品牌价值。

（二）适用情形及不足

1. Interbrand 品牌价值评价方法的适用情形

（1）沉淀收益方面。Interbrand 方法假定企业必须处于盈利状态，并且企业利润应大于企业有形资产带来的收益，否则沉淀收益为负值，则最终计算出品牌价值也会表现为负值，因此使用 Interbrand 法首先应保证沉淀收益为正值。

（2）市场分析方面。企业品牌应在市场上至少有一个市场优势，从而可以确定品牌指数。

（3）品牌强度方面。对于导入期和成长期的企业而言，这些品牌强度指标可能均处于劣势，因此处于成熟期或衰退期的企业比较适用此种方法。

2. Interbrand 品牌价值评价方法的不足

（1）未纳入消费者因素。Interbrand 构建的品牌价值评价方法品牌强度评估仅从市场角度考虑，并没有把消费者因素纳入其中，并且品牌强度系数的计算过于主观，没有区分不同行业的特点。

（2）适用面存在局限性。总的来说，Interbrand 方法适用于成熟期的企业，而对于处于导入期、成长期和衰退期的企业并不适用，因而使用该方法评价处于导入期或成长期企业的品牌价值可能会低估，评价处于衰退期企业的品牌价值可能会高估，若不事先对企业的发展阶段进行判断，会使得评价结果出现偏误。

（3）品牌长期性考虑不足。财务表现通常是以短期为导向，而品牌价值则是品牌长时间积累而逐渐形成，Interbrand 方法使用三个年度财务数据的加权平均值不能准确衡量企业长期的财务表现，因此可能高估或者低估品牌价值。

正是存在以上不足，Interbrand 一直没有停止优化其品牌评估模型的脚步，很有可能当读者看到这里时，Interbrand 模型的一些处理做法又发生了新的变化，比如品牌强度的评价指标可能发生改变。

三、Brandz 评价方法

Brandz 的历史稍晚于 Interbrand，创建于 1998 年，属于英国 WPP（全球最大的传播集团）下的凯度华通明略的品牌研究项目，并从 2006 年开始每年发布《Brandz 最具价值全球品牌 100 强》。虽然起步较晚，但是其品牌评价结果在行业内的认可度同样很高。2023 年 Brandz "最具价值中国品牌 100 强"（前 10 名）如表 16-2 所示。

表 16-2　2023 年 Brandz "最具价值中国品牌 100 强"（前 10 名）

排行	品牌名称	品牌价值（亿美元）	品牌价值排名变化（VS2022 年）
1	腾讯	1441.09	0
2	阿里巴巴	901.86	0
3	茅台	884.27	0
4	抖音	466.41	0
5	中国移动	316.76	6
6	美团	305.17	-1
7	华为	270.53	1
8	海尔	269.85	1
9	中国工商银行	265.12	-3
10	京东	247.59	-3

（一）评估模型及步骤

Brandz 模型的计算方法与 Interbrand 品牌价值评价方法的原理一致，品牌评估模型为：

$$品牌价值 = （品牌）财务价值 \times 品牌贡献$$

评估的具体步骤如下。

1. 计算（品牌）财物价值

确定企业利润中有多少是来自该品牌。首先，如果企业有多个品牌，应将其他品牌创造的利润排除在外；其次，还应扣除相应的成本费用，从而确定该品牌上产生的投资回报是多少。评估所采用的财务数据则来自彭博（Bloom berg）、分析师报告、调查机构 Kantar World panel 的数据以及企业向监管部门提交的材料。

2. 确定品牌贡献

确定品牌资产在品牌创造的利润中贡献的份额。上一步计算的企业的品牌利润只有一部分来自"品牌资产"，即品牌贡献。Brandz 通过其自身构建的数据库来计算品牌贡献，该数据库是全球最大的数据库，涵盖上千个企业品牌，并且在全球范围内有 200 万份消费者问卷数据，从而可以量化全世界消费者是如何决策的。通过这些调查数据来计算品牌贡献，从而保证了品牌贡献的计算更加接近于现实生活。

3. 计算品牌价值

在以上基础上确定品牌给企业带来利润增长的潜力，即评估出品牌价值的大小。

（二）优点与不足

比较而言，Brandz 的研究方法与 Interbrand 的方法有所不同，后者属于基于市场要素的品牌价值评价，而前者的品牌价值评价不仅考虑了市场因素，还考虑了消费者因素。Brandz 的评价方法依赖于自身构建的强大的数据库，评价的结果可信度高。但是这种评价方法背后是较高的调查成本，并且不同国家消费者的决策模式受到各国文化等多种因素的影响，这也使得品牌评价更加复杂。

四、世界品牌实验室（World Brand Lab）评价方法

世界品牌实验室成立于 2003 年，总部位于美国纽约，1999 年经济学诺贝尔奖得主罗伯特·蒙代尔为创始人之一。该公司主要致力于品牌评估以及行销策略相关的咨询，其独创的评估方法"品牌附加值"（BVA）评估模型得到企业界和金融界的普遍认可。无形资产作为十分重要的战略和金融资产，成为许多企业并购过程中无形资产评估的重要依据，世界品牌实验室发明的品牌增加值工具箱（Brand Value Added Tools），已经被全世界超过 1000 家大公司引用和采纳。因此，世界品牌实验室的品牌价值评价结果在世界范围内有一定的影响力。2023 年世界品牌实验室"中国 500 最具价值品牌"（前 10 名）如表 16-3 所示。

表 16-3　2023 年世界品牌实验室"中国 500 最具价值品牌"（前 10 名）

排行	品牌名称	品牌价值（亿元）
1	国家电网	6286.71
2	中国工商银行	5516.92
3	海尔	5123.06
4	中国石油	4877.52
5	中国人寿	4855.67
6	腾讯	4653.83
7	中化	4421.45
8	华润	4408.56
9	中国一汽	4291.57
10	中国平安	4145.61

（一）评估模型及步骤

世界品牌实验室使用模型的重点在于将收入回报看作企业拥有品牌的结果，即品牌对于企业现在以及未来的收益贡献率。模型如图 16-2 所示。

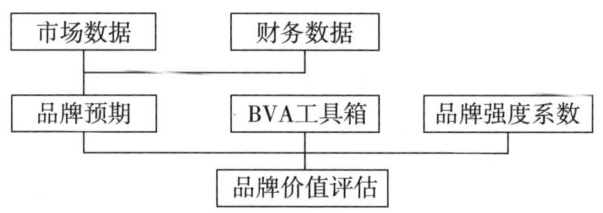

图 16-2　世界品牌实验室品牌价值评估模型

首先是根据近三年的财务情况预测品牌两年后的财务状况，根据主营收入等财务数据以及 BVA 工具箱计算出品牌的五年的税后收益；其次是在设定贴现率的条件下，计算出品牌近五年税后收益的贴现值；最后将近五年的贴现值之和作为品牌的未来的残值，加上五年贴现值平均值与品牌强度系数的乘积，即可得出企业的品牌价值。

需要说明的是，品牌强度系数包括七个方面，分别为品牌领导力、品牌互动力、品牌趋势、品牌稳定性、领导年龄、品牌的行业性质和品牌全球化。其中，品牌领导力主要用品牌的市场份额来衡量，品牌互动力主要使用粉丝、顾客以及雇员参与度衡量，品牌趋势用财务趋势以及关键词热度趋势度量，品牌稳定性用顾客满意度衡量，领导年龄用成立年份度量，品牌行业性质使用同行业对比衡量，品牌全球化使用国外收入占比等来衡量。

（二）优点与不足

世界品牌实验室方法需要对企业的财务状况进行多个年份的预测，因此适用于连续经营的企业。这种评价方法同样存在低估处于成长期品牌的价值,以及高估处于衰退期品牌价值的问题。由于其使用的企业样本是企业自行申报产生的,对于没有申报的企业则不能参与排名,因此评价结果不能涵盖所有的企业。

五、评估方法类型

除了以上介绍的三种品牌评价的方法之外,国际上还有其他的评价方法。根据这些评价方法的角度,可以将这些评价方法分为四类。

(一)纯财务要素的评估方法

纯粹的财务要素的品牌价值评估方法有收益法、成本法、股票价格法和市场价格法等,利用财务成本管理方面的知识即可完成分析。例如,收益法是根据计算品牌的创建给企业现在以及将来带来多少账面(折现)利润来衡量品牌价值,成本法只需要计算企业在创立品牌以及发展品牌过程中的所有成本耗费。股票价格法主要针对上市公司,首先根据公司市值将其有形资产和无形资产剥离开来,其次通过建立数量模型将无形资产进一步剥离为品牌资产、非品牌资产以及由于垄断地位获取的利润,从而最终确定品牌价值。市场价值法是以市场上同行业的相似品牌作为参照,将评估品牌与之进行对比并根据差异做出相应的调整,从而估算出评估品牌的价值。

(二)财务要素与市场要素相结合的方法

财务要素与市场要素相结合的品牌价值评价方法除前文介绍的 Interbrand 方法和世界品牌实验室评价方法外,还有公众所熟知的福布斯评价法以及 Financial World(金融世界)方法等。金融世界的评估方法在借鉴英特品牌价值评价方法的基础上,构建自己的品牌价值评价方法。就影响力而言,金融世界的品牌价值评价结果也得到了广泛的认可。金融世界杂志使用的计算方法是:

$$BV = (营业利润 - 资本 \times 5\%) \times M$$

式中,BV 代表品牌价值,M 代表品牌强度。金融世界的方法认为,任何企业都能从其资本中获得 5% 的收益,因此,营业利润减去依靠资本获得的收益,即为通过品牌对企业收益的贡献。这里的品牌强度计算方法与英特品牌的方法类似,金融世界使用的方法是用两大类共 10 项指标对品牌强度进行计算。

(三)市场因素与消费者因素相结合的方法

市场因素与消费者因素相结合建立的品牌价值评价方法中比较有代表性的是品牌价值五方面十要素(brand equity ten)模型(1996 年)等。这类评价方法将市场因素和消费者因素结合起来考虑品牌价值,其优点是考虑了消费者因素在品牌评价中的重要作用,为此基于消费者因素的品牌价值评估也受到了越来越多的重视。

Aaker 从品牌价值的产生机制将其分为五个方面,分别为品牌忠诚度、品牌认知、品牌联想、品质认知和市场状况,前四个方面是基于消费者因素,最后一个是基于市场因素,进一步将这五个方面细化为十个要素(brand equity ten)。其中,品牌忠诚是品牌价值的核心要素，决定着消费者是否能够持续购买该品牌的产品；品牌认知是指在消费者个人认知里是否存在某品牌；品牌联想是消费者个人印象里能够联想到与该品牌相关的一切事物；品质认知是指消费者对于品牌产品或服务的认知，以及品牌给消费者带来的情感体验；市场评估是基于品牌市场占有率和覆盖率等方面对品牌进行客观的评价。

Yoo 和 Donthu 基于 Aaker 的模型，对其中的前四个维度进行了分析，并提出了两种不同的品牌资产（brand equity）评价标准，分别为多维度品牌资产（multidimensional brand equity, MBE）模型和整体品牌资产（overall brand equity, OBE）模型。Washburn 和 Plank 进一步将 MBE 和 OBE 结合起来，采用调查数据对品牌价值进行了实证分析，认为 Yoo 和 Donthu 的模型需要做进一步改进。总之，brand equity ten 模型的优点是同时考虑了消费者要素和市场要素，对于处在不同发展时期以及不同类型的品牌均适用，不足是对不同的行业可能需要根据行业的特点做相应的调整。

此类方法对于品牌价值的定义是消费者为购买某一产品或服务愿意支付的额外费用，往往通过模拟实验，向消费者提供品牌与价格的组合供给选择，使用相关软件分析得出品牌价值。除以上模型外，还有诸如品牌财产评估（brand asset valuator）电通模型、品牌资产趋势模型、品牌资产引擎（brand equity engine）模型等。共同特点是评估数据均来源于消费者问卷调查结果，实施起来相对复杂，并且问卷的信度决定了评估结果的可靠性。但如果使用大数据技术，基于消费者实际的支付行为对品牌价值进行分析则更加可行。

（四）财务因素与消费者因素相结合的方法

财务因素与消费者因素相结合品牌价值评价方法有联合分析（conjoint analysis）、品牌抵补模型（BPTO）以及溢价法等。

尽管学术界对于品牌价值的研究已经有多年历史，目前仍然没有对品牌价值测量的一致意见，学术界大多采用三种方式，即基于客户（消费者）要素、基于产品（市场）要素和基于财务要素。然而，品牌资产研究两个流派在实证研究中占据主导地位，即基于客户的方法和基于财务的方法。基于客户要素的品牌资产模式的核心是客户与品牌之间的相互作用，以及相互关系产生的结果；基于财务要素的品牌资产模式，则将品牌的财务价值作为成功与绩效的衡量标准。虽然关于品牌评价的研究主张很多，但是目前还没有一个放之四海皆准的评价体系，不同的评价方法或多或少都存在一定的不足，因此需要构建一个尽可能全面并且实用的评价体系。

健全中国特色品牌评价标准体系

中国特色品牌评价标准，除了经济视角的品牌价值、状态评价标准和管理视角的品牌管理体系评价标准之外，应增加社会视角的品牌建设活动合理性评价标准。品牌价值与状态评价标准主要关乎企业高质量发展、品牌全球话语权和国家经济安全的维护；品牌管理体系评价标准主要关乎企业核心竞争力、经济社会资源配置效率和转型升级的提升；品牌建设活动合理性评价标准主要关乎社会进步、真善美风气、社会公共安全和国家文化安全的防范。品牌建设活动合理性评价与商业企业品牌评价，两者不仅在内涵与外延上具有显著差异，而且在评价客体与目的上也完全不同，它们不是一种类型和范畴的评价问题。品牌建设活动合理性评价的目的，旨在厘清是否合理的问题，即重点回答某品牌建设活动是阻碍还是促进社会进步的根本性问题以及阻碍或促进的程度问题。商业企业品牌评价标准涵盖品牌管理体系和品牌价值评价等有关内容，属于品牌建设与管理综合水平等级评估范畴。

资料来源：王春彦，张锐，王红君. 新时代中国特色品牌评价标准体系优化策略研究[J]. 四川轻化工大学学报（社会科学版），2023，38（01）：39-49. 有改动。

第三节　品牌 ESG

随着可持续发展理念的不断深入，环境、社会和公司治理（environmental, social, governance, ESG）话题引起全社会的重视，许多监管机构也开始重视企业 ESG 信息披露，并要求完善企业 ESG 信息披露制度。

企业 ESG 表现与企业品牌价值的提升具有密切的内在联系。企业注重 ESG 体系能够获取企业所需要的非财务信息，促进其评估体系不断发展，投资者可以从中获得有益的信息，规避风险，维护良好形象，提高可持续发展能力，延长广度和深度。

一、ESG 表现

ESG 是从环境（E）、社会责任（S）和治理（G）三个维度对公司可持续发展进行综合考察，ESG 最早由联合国环境规划署在 2006 年提出，关注企业非财务信息，是企业可持续发展能力和企业利益相关者的价值衡量，是一种从多个维度衡量企业可持续发展能力的理念。

自 ESG 概念提出至今，环境、社会以及治理作为社会责任报告的重要支柱部分，近年来受到中国企业以及利益相关者的重视。三个维度包括的含义不限于废弃污染排放、资源合理利用、社会捐赠福利、董事会职责等内容，还包括其他具体内容：环境责任表现主要为企业是否有效执行环境监管要求，生产经营过程中资源合理利用减少对自然环境的破坏，承担起保护环境的责任，采取相应的环境保护措施等一系列行为。社会责任主要体现在企业与社会距离的远近，对责任和利益进行维护，企业在满足自身利益的同时能否满足利益相关者的要求。治理主要围绕公司内部股东、管理层和董事层等层面，如股权机构、董事会规模、管理者薪酬等。

不同组织发布了关于 ESG 信息披露的不同标准。评级机构将通过 ESG 信息披露对企业 ESG 表现进行评估。目前，国际 ESG 评估体系和方法较为成熟，全球共有五家国际机构开展了 ESG 评估体系构建，分别是明晟体系（MSCI）、道琼斯体系

16.2 "2023中国汽车产业ESG先锋指数"解读

(Dow Jones)、汤森路透体系（Thomson Reuters）、英国富时体系（FTSE Russell）和晨星体系（Morning Star）。国内的 ESG 评级体系起步比较晚，主要有商道融绿 ESG 评级、彭博 ESG 评级、华证 ESG 评级等，这些机构将评级的指标分别划入 E、S、G 三个方面。各个机构的评级结果是 ESG 量化的表现，也是对 ESG 进行研究的工具。

二、ESG 与品牌价值

ESG 由第三方评级机构对企业的环境、社会和治理三个维度进行综合评价，涵盖环境责任、社会责任和公司治理三个维度，从社会或环境可持续性的角度来看，可用于评估企业的管理能力和可持续发展能力。它反映企业环境、企业承担社会责任和公司治理情况，是对责任投资理念的延伸，品牌价值是企业的无形资产，是由品牌资产创造出来，由消费者、专利、商标、管理和人才等多种因素共同作用形成，影响股东价值。

（一）环境责任表现与品牌价值

随着环保意识的兴起，企业环境责任不再仅仅是企业社会责任的一部分，而是作为一个重要的独立变量得到学术界和实务界越来越多的重视。环境责任可从两个角度予以解释，从法律的角度来讲，企业环境责任被看作法律为保护环境要求企业必须履行的责任；从道德角度来讲，企业环境责任是指企业出于人文情感或者其他目的而主动履行的环境保护行为。也有学者对环境责任承担定义为：在认识到企业对环境的伦理性责任前提下，企业采取开发环境友好型产品，改善生产流程中的环境影响、提高资源可持续利用率等形式对企业的环境影响进行管理，以实现生态环境改善、资源利用效率提高与污染减排等环境绩效的管理行动和过程。

企业环境责任作为社会责任的重要构成，会对品牌的价值产生影响。一是环境创新对企业的品牌价值有积极的影响。二是一个企业的减排能力越大，企业的品牌价值就越高。三是企业减少对自然资源的使用，能够对企业品牌价值产生积极作用。在可持续发展问题以及消费者环境认知逐渐提升的背景下，品牌可持续性正在成为企业竞争优势的重要来源，而环境责任承担战略能否提升企业品牌可持续性则备受质疑。有关实证研究表明，环境责任承担（CER）战略能够促进消费者认同，改善企业获得发展所需外部资源的能力，从而提升基于品牌可持续性的竞争优势，提升企业品牌价值。企业品牌可持续性能够最大限度地减少企业对自然环境的依赖，也能够提高企业的品牌声誉，影响品牌的忠诚度，影响企业的品牌价值。

（二）社会责任表现与品牌价值

企业发展中，积极履行社会责任，能够激发企业创新发展动力，提升品牌竞争力。随着中国经济的发展，企业数量不断增加，企业的社会问题开始凸显，企业只顾眼前利益，不顾长远的发展，这种短视发展给企业带来了负面影响，阻碍了经济可持续发展的同时，对企业的产品和品牌也带来了伤害。2006 年颁布的《公司法》要求企业在从事生产经营活动时必须承担一定的社会责任，2008 年颁布的《关于中央企业履行社会责任的指导意见》也明确提出企业社会责任承担（CSR）是国有企业的基本价值观。

相关学者开始注重企业社会责任的重要意义，并开始探索企业社会责任的研究。社会责任与品牌价值之间的关系研究尚未形成统一的结论。一是促进作用，履行社会责任有利于促进企业的品牌价值。从企业经营管理与市场营销的角度看，企业履行社会责任时给公司带来良好的声誉，即企业产品或服务得到市场和消费者的广泛认可，会使顾客对公司名称产生更深的记忆，从而产生企业的品牌效应，为企业带来良好的声誉，提升企业的品牌价值。品牌价值的源泉在于其未来获利的能力，归结起来即消费者对于品牌的认同。当消费者对企业产品或服务感兴趣时，企业的品牌在市场中更有竞争力。企业社会责任为提高企业的竞争优势和合法性提供了一个重要的战略工具。企业履行社会责任不仅得到消费者的关注，还能得到利益相关者的认可，企业履行社会责任满足利益相关者的利益要求，对品牌价值具有提升作用。二是抑制作用，企业社会责任对品牌价值具有负面影响。企业社会责任活动是企业所产生的不必要的成本。这些成本的结果对当前和预期的财务业绩产生不利影响，财务业绩是品牌价值的重要决定因素，企业承担更多的企业社会责任活动会不利于品牌价值提升。企业履行社会责任会占用企业资源，挤走了品牌价值所需的资源，会导致品牌价值下降，如果一些企业的社会责任行为受到公众的负面评价，履行社会责任行为存在被公众认为是作秀、道德虚伪的风险，那么它们就不能给企业带来积极的声誉，从而影响了企业的品牌价值。三是非线性作用，企业社会责任与品牌价值呈现倒 U 型。越来越多的企业开始重视企业社会责任，以在市场竞争中获得可持续的战略优势。有学者研究，企业社会责任对品牌价值有显著的倒 U 型关系。

（三）治理表现与品牌价值

近年来，大多数公司认为自身最有价值的资产是产品、品牌和服务。公司治理是企业核心竞争力的重要组成部分，其中包括公司管理层、董事会、股东和其他受益群体之间的一套关系。公司治理水平直接反映着公司治理机制有效运行程度的水平高低。公司治理主要包括薪酬激励、股权激励和股权集中度等，角度不一样，对品牌价值的影响也不一样。

有关学者研究探索了公司治理与品牌价值的关系，将公司治理因素与品牌价值联系起来。主要有以下观点：一是股东、公开披露和透明度评级对品牌价值有显著的积极影响。在公司治理评级的范围内，有学者以信息披露作为公司治理的衡量标准，探讨了公司治理与品牌股权之间的关系。二是公司治理披露与品牌资产之间存在显著相关性。董事会委员会的实力是唯一一个与品牌资产显著相关的公司治理组成部分。三是公司机构股东持股比例、董事会成员数量等公司治理指数与品牌价值呈显著负相关。以上研究表明，公司治理中的各相关变量对品牌价值有一定程度的影响。然而，并非公司治理的所有方面都会影响品牌资产。还有研究表明，公司治理评级得分和品牌价值之间存在着不相关的关系。

思考与讨论

1. 品牌监测的内容包括哪些方面？
2. 品牌价值评估方法有哪些类型？它们之间有何异同？
3. ESG 对企业品牌价值有哪些影响？

参考文献

王延峰，杨珊珊，余明阳．基于品牌营销视角的品牌定义和品牌特征再认识［J］．上海管理科学，2008（04）：29-32．

何佳讯．品牌的逻辑［M］．北京：机械出版社，2017．

王海忠．品牌管理［M］．2版．北京：清华大学出版社，2021．

何佳讯．战略品牌管理——企业与顾客协同战略［M］．北京：中国人民大学出版社，2021．

余云珠．品牌管理［M］．北京：中国人民大学出版社，2023．

卢泰宏．"名牌"一词使用中的缺陷与问题［J］．品牌研究，2016（01）：4-5．

卢泰宏．品牌思想简史［M］．北京：机械工业出版社，2020．

郭美晨．中国品牌发展的区域差异及动态演进［J］．数量经济技术经济研究，2020，37（04）：165-180．

费明胜，刘雁妮．品牌管理［M］．北京：清华大学出版社，2014．

曹琳，孙曰瑶．名人代言的品牌经济学分析［J］．广东财经大学学报，2011（01）：45-50．

孙婧，王新新．网红与网红经济——基于名人理论的评析［J］．外国经济与管理，2019，41（04）：18-30．

申星．读懂虚拟人［J］．企业管理，2022（11）：35-38．

黄静．品牌管理［M］．2版．武汉：武汉大学出版社，2015．

李立．自有品牌占比35% 盒马向商品要流量［N］．中国经营报，2022-11-07（C03）．

殷志平．雇主品牌研究综述［J］．外国经济与管理，2007（10）：32-38．

张锐，张燚，周敏．论品牌的内涵与外延［J］．管理学报，2010，7（1）：147-158．

张昆，王孟晴．国家品牌的内涵、功能及其提升路径［J］．学术界，2018（04）：88-99．

何佳讯，吴漪．国家品牌资产：构念架构及相关研究述评［J］．外国经济与管理，2020，42（05）：3-16．

苏勇，史健勇，何智美．品牌管理［M］．2版．北京：机械工业出版社，2021．

余明阳，薛可，杨芳平．品牌学教程［M］．3版．上海：复旦大学出版社，2022．

谭新政．品牌强国战略体系研究［M］．北京：人民日报出版社，2019．

文义．沉浮于历史的传奇［J］．国学，2012（11）：11-13．

王海忠. 中国品牌演进阶段的划分及其公共政策启示［J］. 中山大学学报（社会科学版），2015，55（04）：169-183.

黄升民，张驰. 新中国七十年品牌路：回望与前瞻［J］. 现代传播（中国传媒大学学报），2019，41（11）：1-11+46.

余明阳，张明新. 论品牌学学科建构［J］. 公关世界，2004（02）：46-47.

黄合水，王霏. 品牌学概论［M］. 2版. 北京：高等教育出版社，2022.

范秀成. 基于顾客的品牌权益测评：品牌联想结构分析法［J］. 南开管理评论，2000（06）：9-13.

何佳讯. 品牌资产测量的社会心理学视角研究评介［J］. 外国经济与管理，2006（04）：48-52.

王新刚. 品牌管理［M］. 北京：机械工业出版社，2020.

凯文·莱恩·凯勒，沃妮特·斯瓦米纳坦. 战略品牌管理——创建、评估和管理品牌资产［M］. 5版. 何云，吴水龙，译. 北京：中国人民大学出版社，2020.

代方梅. "品牌基因"理论视角下体育特色小镇品牌构建研究［J］. 湖北大学学报（哲学社会科学版），2018，45（06）：116-122.

许晖，邓伟升，冯永春，等. 品牌生态圈成长路径及其机理研究——云南白药1999~2015年纵向案例研究［J］. 管理世界，2017（06）：122-140+188.

孟达. 5G物联网时代中华传统文化品牌的塑造——基于文化消费的视角［J］. 新疆社会科学，2020（03）：104-114+151-152.

刘家凤，林雅军. 品牌价值观——概念与测量［J］. 西南民族大学学报（人文社会科学版），2013，34（07）：118-123.

苏勇，陈小平. 品牌通鉴［M］. 上海：上海人民出版社，2003.

乔春洋. 品牌文化［M］. 广州：中山大学出版社，2005.

刘常宝. 品牌管理［M］. 4版. 北京：机械工业出版社，2022.

黎建新. 品牌管理［M］. 2版. 北京：机械工业出版社，2022.

庞守林. 品牌管理［M］. 3版. 北京：清华大学出版社，2023.

黄永春，李光明. 品牌管理：塑造、提升与维护［M］. 北京：机械工业出版社，2021.

余伟萍. 品牌管理［M］. 北京：清华大学出版社，2007.

张云，王刚. 品类战略［M］. 北京：机械工业出版社，2017.

何佳讯，吴漪. 品牌价值观：中国国家品牌与企业品牌的联系及战略含义［J］. 华东师范大学学报（哲学社会科学版），2015，47（05）：150-166+223-224.

何佳讯. 品牌形象策划：透视品牌经营［M］. 上海：复旦大学出版社，2000.

邢彦辉，樊雪琛. 数字时代的偶像崇拜：品牌虚拟形象与受众关系视角［J］. 当代传播，2020（05）：78-81.

程志宇，段姗. 音乐营销的应用及注意事项［J］. 商场现代化，2005（30）：99-100.

韦明，李杨. 品牌管理［M］. 2版. 大连：东北财经大学出版社，2022.

吴丹华. 品牌传播中的声音识别及其实施策略［J］. 中国广告，2019（08）：87-89.

［瑞士］亚历山大·奥斯特瓦德，［比利时］伊夫·皮尼厄. 商业模式新生代［M］.

黄涛，郁倩，译．北京：机械工业出版社，2016．

［美］B．约瑟夫·派恩，詹姆斯·H．吉尔摩．体验经济［M］．夏业良，鲁炜，等译．北京：机械工业出版社，2008．

余云珠，何应龙，Achaya Bannasilp．品牌拟人化沟通在社会化媒体上的实证研究——基于微博数据［J］．嘉应学院学报，2018，36（10）：45-49．

王海忠．中国企业品牌引领力提升战略研究［J］．营销科学学报，2023，3（01）：18-40．

宋伟龙，刘洋．品牌营销中虚拟偶像运用的风险及规避策略［J］．青年记者，2023（04）：70-72．

王佳炜，陈红．品牌竞合中虚拟影响者代言的传播逻辑［J］．当代传播，2021（02）：82-85．

陈贞旭，李姝娴，吴思佳，等．认同、链接与转移：新消费品牌借力虚拟偶像的营销策略探析［J］．现代商业，2023（11）：81-84．

［美］凯文·莱恩·凯勒，［中］王海忠，陈增祥．战略品牌管理（全球版·原书第4版）［M］．北京：机械工业出版社，2021．

庞守林，张汉明，丛爱静．品牌管理［M］．北京：高等教育出版社，2017．

刘英为，汪涛，周玲，等．中国品牌文化原型研究：理论构建与中西比较［J］．营销科学学报，2018，14（01）：1-20．

张燚，张锐．论生态型品牌关系的框架建构［J］．管理评论，2005（01）：18-23+63．

卢泰宏，周志民．基于品牌关系的品牌理论：研究模型及展望［J］．商业经济与管理，2003（02）：4-9．

何佳讯，卢泰宏．中国文化背景中的消费者—品牌关系：理论建构与实证研究［J］．商业经济与管理，2007（11）：41-49．

杜春娥，崔丽娟．品牌社群研究综述：概念界定与形成过程［J］．传播与版权，2023（06）：65-68．

王彦勇，苏奕婷．基于品牌社群融入的企业品牌发展研究［J］．东岳论丛，2017，38（11）：160-167．

侯立松．品牌管理的实质——利益相关者关系管理［J］．求索，2010（04）：61-63．

侯立松，刘永新，张燚．品牌与利益相关者的互动机理和互动模式研究［J］．云南财经大学学报，2014，30（06）：36-43．

张燚，刘进平，张锐．利益相关者视角下的品牌关系模式研究［J］．企业经济，2008（10）：54-57．

王启万，王明．利益相关者品牌生态系统维度及关键要素研究［J］．企业经济，2020，39（01）：26-35．

侯立松．利益相关者视角下的品牌关系生命周期管理［J］．企业经济，2010（07）：56-60．

王彦勇，徐向艺．国外品牌治理研究述评与展望［J］．外国经济与管理，2013，35（01）：29-36．

王海忠，刘红艳．品牌杠杆——整合资源赢得品牌领导地位的新模式［J］．外国经济与管理, 2009, 31 (05): 23-29+37.

陆娟, 吴芳, 张轶. 品牌联合研究: 综述与构想 [J]. 商业经济与管理, 2009 (03): 90-96.

[美] 戴维·阿克. 创建强势品牌 [M]. 李兆丰, 译. 北京: 机械工业出版社, 2018.

符国群. 消费者对品牌延伸的评价: 运用残差中心化方法检验 Aaker 和 Keller 模型 [J]. 中国管理科学, 2001 (05): 62-67.

[法] 让·诺埃尔·卡普费雷尔. 战略品牌管理 [M]. 何佳讯, 等译. 北京: 中国人民大学出版社, 2020.

潘成云. 品牌生命周期论 [J]. 商业经济与管理, 2000 (09): 19-21+65.

李飞. 中华老字号品牌的生命周期研究 [J]. 北京工商大学学报 (社会科学版), 2015, 30 (04): 28-34.

黄嘉涛, 胡劲. 基于品牌生命周期的品牌战略 [J]. 商业时代, 2004 (27): 41-43.

中华人民共和国商务部, 文化和旅游部, 国家市场监督管理总局, 等. 中华老字号示范创建管理办法 [Z]. 2023-01-06.

陆瀚. 数字时代中华老字号品牌传播的创新 [J]. 青年记者, 2020 (08): 17-18.

黄桂红, 谢军. "老字号" 品牌激活的策略研究 [J]. 赣南师范学院学报, 2008 (01): 104-107.

吴水龙, 黄小宁, 周运锦. "老字号" 品牌资产的激活: 机理与路径 [J]. 现代管理科学, 2009 (04): 73-75.

龚艳萍, 谌飞龙. 品牌价值评估的理论演进与实践探索 [J]. 求索, 2014 (03): 24-30.

梁城城, 胡智, 李业强, 等. 国际品牌价值评价方法及最新进展 [J]. 管理现代化, 2018, 38 (06): 86-91.

刘笑笑. ESG 表现对企业品牌价值的影响研究 [D]. 郑州: 郑州航空工业管理学院, 2023.

Boorstin D. The image: A guide to pseudo-events in America [M]. New York: Vintage Books, 1992.

Blackston Max. Observations: Building Brand Equity by Managing the Brand's Relationships [J]. Journal of Advertising Research, 2000, 40 (06): 101-105.

Susan Fourniers. Consumers and Their Brands: Developing Relationship Theory in Consumer Research [J]. Journal of Consumer Research, 1998 (03): 343-373.

Albert M. Muniz, Thomas C. O'Guinn. Brand Community [J]. Journal of Consumer Research, 2001, 27 (04): 412-432.

Mcalexander James H., Schouten John W., Koenig Harold F. Building Brand Community [J]. Journal of Marketing, 2002, 66 (01): 38-54.

David Sprott, Sandor Czellar, Eric Spangenberg. The Importance of a General Measure of Brand Engagement on Market Behavior: Development and Validation of a Scale [J]. Journal of Marketing Research, 2009, 46 (01): 92-104.

Torelli C. J. , Özsomer A. , Carvalho S. W. , et al. Brand Concepts as Representations of Human Values: Do Cultural Congruity and Compatibility Between Values Matter? [J]. Journal of Marketing, 2012, 76 (04): 92-108.

Chris Lawer, Simon Knox. Reverse-market Orientation and Corporate Brand Development [J]. International Studies of Management and Organization, 2007, 37 (04): 64-83.

Yaniv Eitan, Farkas Ferenc. The Impact of Person-organization Fit on the Corporate Brand Perception of Employees and of Customers [J]. Journal of Change Management, 2005, 5 (04): 447-461.